HACKERS IELTS Listening BASIC 200% 활용법

교재 MP3

교재 MP3로 시험에 나오는
영국식/미국식/호주식 발음에
모두 대비하기!

해커스인강(HackersIngang.com) 접속 >
상단 메뉴 [IELTS → MP3/자료 →
문제풀이 MP3] 클릭하여 이용

필수 단어암기장 & 단어암기 MP3

리스닝 필수어휘를
언제 어디서나 보고
들으면서 학습하기!

해커스인강(HackersIngang.com) 접속 >
상단 메뉴 [IELTS → MP3/자료 → 무료 MP3/자료]
클릭하여 이용

[부록] 주관식 답안 Q&A

리스닝 주관식 답안 작성 방법에
대해 궁금했던 점을 확인하고
시험장에서 실수하지 않기!

교재 232 페이지에서 확인!

부록+추가자료까지 200% 활용하고 실력 UP!

리딩/리스닝 실전문제

무료 제공되는 IELTS
리딩/리스닝 실전문제를 풀고
복습하면서 실전 감각 키우기!

고우해커스(goHackers.com) 접속 >
상단 메뉴 [IELTS → IELTS 리딩/리스닝 풀기]
클릭하여 이용

라이팅/스피킹 첨삭 게시판

IELTS 라이팅/스피킹
무료 첨삭 게시판을 통해
자신의 답변을 첨삭받고 보완하기!

고우해커스(goHackers.com) 접속 >
상단 메뉴 [IELTS → 라이팅 게시판
또는 스피킹 게시판] 클릭하여 이용

← 리스닝 실전문제 바로 풀어보기

라이팅 첨삭 게시판 바로가기 →

아이엘츠 입문자를 위한 맞춤 기본서

HACKERS IELTS
Listening
BASIC

해커스 어학연구소

HACKERS
IELTS
LISTENING BASIC

goHackers.com
학습자료 제공·유학정보 공유

최신 IELTS 출제 경향을 반영한
『Hackers IELTS Listening Basic』을 내면서

IELTS 시험은 더 넓은 세상을 향해 꿈을 펼치려는 학습자들이 거쳐가는 관문으로서, 지금 이 순간에도 많은 학습자들이 IELTS 시험 대비에 소중한 시간과 노력을 투자하고 있습니다. 이에, IELTS 학습자들에게 목표 달성을 위한 가장 올바른 방향을 제시하고자 『**Hackers IELTS Listening Basic**』을 출간하게 되었습니다.

리스닝의 기초를 잡아 목표점수 달성!

『Hackers IELTS Listening Basic』은 단순히 문제 풀이에 그치지 않고, 정확한 발음을 익히고 지문을 빠르게 이해하는 방법을 연습함으로써 목표 점수 달성을 위한 기초 청해 실력을 탄탄히 할 수 있도록 구성하였습니다.

체계적인 4주 학습으로 실전까지 대비!

4주 안에 IELTS 리스닝 영역 대비를 위해 필요한 모든 것을 기초부터 실전까지 체계적으로 학습할 수 있습니다. 1주에서 리스닝을 위한 기본을 다지고, 2, 3주에 섹션별로 IELTS 리스닝의 모든 문제 유형을 풀어봄으로써 시험에 대한 이해도를 높인 후, 4주의 Progressive Test를 통해 실전 감각까지 익힙니다.

『Hackers IELTS Listening Basic』이 여러분의 IELTS 목표 점수 달성에 확실한 해결책이 되고, 나아가 **여러분의 꿈을 향한 길에 믿음직한 동반자**가 되기를 소망합니다.

CONTENTS

1st Week 리스닝을 위한 기본 다지기

2nd Week 문제 유형 공략하기 SECTION 1, 2

목표 달성을 위한 지름길,
Hackers IELTS Listening Basic!

01. 4주 완성으로 IELTS 리스닝 영역 목표 점수 달성!

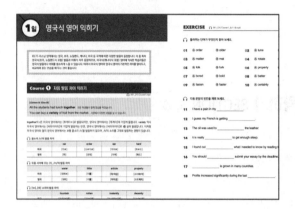

기초부터 실전까지 IELTS 리스닝 정복

IELTS 최신 출제 경향에 대한 철저한 분석을 바탕으로, 4주 동안 기본적인 청해 훈련부터 유형별 풀이 전략과 실전 대비 문제까지 이 한 권으로 학습할 수 있습니다. 목표 점수를 달성하기 위한 훌륭한 발판이 될 수 있도록 IELTS 리스닝 영역의 모든 것을 담았습니다.

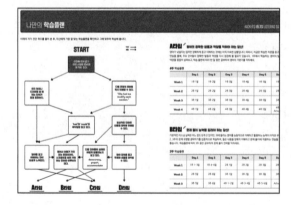

맞춤형 학습플랜

자가 진단 퀴즈를 통해 자신의 실력을 미리 파악하고, 4가지 학습플랜 중 자신에게 가장 잘 맞는 학습플랜을 선택하여 효과적으로 학습할 수 있습니다.

02. 기초부터 실전까지, 체계적인 리스닝 학습!

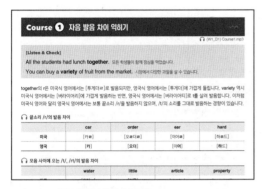

1주 리스닝을 위한 기본 다지기

1주에서는 다양한 청해 훈련을 제공하여 **기본적인 청해 실력의 기반을 다질 수 있도록** 하였습니다. 또한, 영국식 영어 듣기, 받아쓰기 등 실제 IELTS 리스닝 문제를 풀기 위한 연습을 할 수 있습니다.

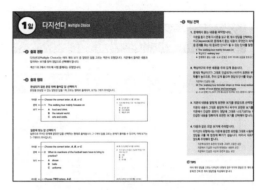

2, 3주 문제 유형 공략하기

2, 3주에서는 **섹션별로 IELTS 리스닝의 각 문제 유형**을 상세히 학습합니다. 각 문제 유형에 대해 효과적인 전략을 소개하고 적용 사례를 보여줍니다. 또한, Daily Check-up과 Daily Test를 통해 앞서 학습한 전략을 문제에 적용하여 풀어 볼 수 있습니다.

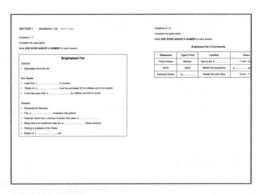

4주 리스닝 실전 대비하기

4주에 수록된 Progressive Test는 IELTS 리스닝의 여러 유형의 문제들을 실제 시험처럼 혼합하여 구성하였습니다. 1~3주 동안 학습해 온 내용을 총정리하고, IELTS 실전 감각을 다질 수 있습니다.

ACTUAL TEST

이 책의 최종 마무리 단계로서, 리스닝 섹션1~4의 한 세트로 구성된 실전 테스트를 수록하였습니다. 실제 IELTS 리스닝 시험과 유사한 구성과 난이도로 제작된 문제를 풀어봄으로써, 실전에 효과적으로 대비할 수 있습니다.

목표 달성을 위한 지름길, Hackers IELTS Listening Basic!

03. 정확하고 상세한 해석과 해설로 실력 UP!

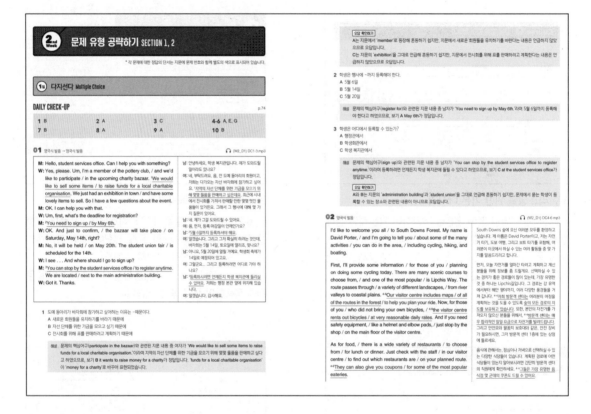

스크립트 및 해석

교재에 수록된 모든 지문과 문제의 매끄러운 해석을 제공하여 보다 정확하게 지문의 흐름을 이해할 수 있습니다. 또한 Daily Check-up과 Daily Test 지문의 스크립트에 끊어 듣기를 표시하여 각 문장의 의미를 명확하게 파악할 수 있습니다.

정답의 단서 및 해설

교재에 수록된 모든 문제에 대한 정답의 단서를 상세한 해설과 함께 제공하여 문제에 대한 이해뿐만 아니라 문제 풀이 방법과 전략을 익힐 수 있도록 하였습니다.

오답 확인하기

교재에 수록된 문제 중 특히 헷갈리기 쉬운 오답 보기의 경우, 오답이 되는 이유를 상세하게 설명하여 틀린 문제의 원인을 파악하고 보완할 수 있습니다.

04. 해커스만의 다양한 학습자료 제공!

단어암기장(PDF)과 단어암기 MP3

해커스인강 사이트(HackersIngang.com)에서 무료 IELTS 리스닝 필수 단어암기장(PDF)과 단어암기 MP3 를 다운로드하여 IELTS 리스닝 각 섹션별 필수 어휘를 들으면서 암기할 수 있습니다.

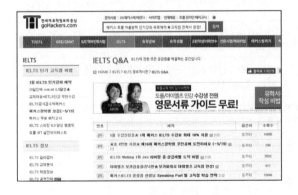

고우해커스(goHackers.com)

온라인 토론과 정보 공유의 장인 고우해커스 사이트에서 다른 학습자들과 함께 교재 내용에 관한 문의 사항을 나누고 학습 내용을 토론할 수 있으며, 다양한 무료 학습자료와 IELTS 시험 및 유학에 대한 풍부한 정보도 얻을 수 있습니다.

IELTS 소개

■ IELTS란 어떤 시험인가요?

IELTS(International English Language Testing System)는 영어를 사용하는 곳에서 일을 하거나 공부를 하고 싶어 하는 사람들의 언어 능력을 측정하는 시험입니다. 리스닝, 리딩, 라이팅, 스피킹 영역으로 구성되어 있으며 시험 시간은 약 2시간 55분입니다. IELTS의 점수는 1.0부터 9.0까지의 Band라는 단위로 평가됩니다. 총점은 네 영역 점수의 평균 점수로 냅니다.

시험은 두 가지 종류가 있는데, 대학교나 그 이상의 교육기관으로의 유학 준비를 위한 Academic Module과 영국, 캐나다, 호주로의 이민, 취업, 직업 연수 등을 위한 General Training Module이 있습니다. 리스닝과 스피킹 영역의 경우 모듈별 문제의 차이가 없지만, 리딩과 라이팅 영역은 모듈별 시험 내용이 다릅니다.

■ IELTS는 어떻게 구성되어 있나요?

시험영역	출제 지문 및 문항 수	시험 시간	특징
리스닝	4개 지문 출제 총 40문항 (지문당 10문항)	30분 (답안 작성 시간 10분 별도)	- 영국식, 호주식, 미국식 등의 발음이 출제 - 10분의 답안 작성 시간이 별도로 주어짐 - 객관식, 주관식, 빈칸 완성, 표 완성 등의 문제가 출제됨
리딩	3개 지문 출제 총 40문항 (지문당 13-14문항)	60분	- 길이가 길고 다양한 구조의 지문 출제 - 객관식, 주관식, 빈칸 완성, 표 완성 등의 문제가 출제됨
	* Academic Module은 저널, 신문기사 등과 같이 학술적인 내용의 지문 위주로 출제되며, General Training Module은 사용설명서, 잡지기사 등과 같이 일상생활과 관련된 지문 위주로 출제됩니다.		
라이팅	Task 1: 1문항 Task 2: 1문항	60분	- Task 간의 시간 구분 없이 시험이 진행됨 - Task 1보다 Task 2의 배점이 높음
	* Academic Module의 Task 1은 그래프, 표 등 시각자료를 보고 요약문 쓰기가 과제로 출제되며, General Training Module의 Task 1은 부탁, 초대 등 주어진 목적에 맞게 편지 쓰기가 과제로 출제됩니다. Task 2는 에세이 쓰기 과제가 동일한 형식으로 출제됩니다.		
스피킹	3개 Part로 구성 Part 1: 10-15문항 Part 2: 1문항 Part 3: 4-6문항	11-14분	- 시험관과 1:1 인터뷰 형식으로 진행됨 - 모든 시험 내용이 녹음됨
약 2시간 55분			

■ IELTS는 어떻게 접수하나요?

1. Paper-based IELTS는 매달 4회, Computer-delivered IELTS는 매주 최대 6회 실시됩니다.
2. 인터넷 접수는 영국 문화원 또는 IDP 홈페이지에서 접수하고, 현장 접수는 IDP 주관 공식 지정 장소에서 가능합니다. 인터넷 접수 및 현장 접수에 대한 자세한 사항은 각 신청기관의 홈페이지를 참고하세요.
3. 접수 시, 여권을 스캔한 파일을 첨부해야 하니 미리 준비합니다.

■ IELTS 시험 당일 준비물과 일정은 어떻게 되나요?

준비물	여권 (여권만 신분증으로 인정)	여권사본 (IDP 이외 경로로 시험을 접수한 경우)	연필/샤프, 지우개 (Paper-based IELTS로 등록한 경우)
일정	등록	– 수험번호 확인 및 신분 확인을 합니다. (사진 촬영과 지문 확인) – 여권, 연필/샤프, 지우개를 제외한 소지품을 모두 보관소에 맡깁니다.	
	오리엔테이션	– 감독관의 안내는 영어로 이루어집니다.	
	리스닝, 리딩, 라이팅	– 필기시험은 별도의 쉬는 시간 없이 이어서 진행됩니다. – Paper-based IELTS와 Computer-delivered IELTS 시험 도중 화장실에 가야 할 경우 손을 들어 의사를 표시하면, 감독관의 동행하에 화장실에 갈 수 있습니다.	
	스피킹	– 각자 배정된 스피킹 시험 시간 20분 전까지 대기하여야 합니다.	

■ IELTS 성적 확인과 리포팅은 어떻게 하나요?

1. 성적 확인

① 성적 확인 가능일은 아래와 같으며, 성적표는 온라인으로 조회 가능합니다.
- Paper-based IELTS는 응시일로부터 13일째 되는 날
- Computer-delivered IELTS는 응시일로부터 1~2일 사이

② 성적표 수령 방법: 시험 접수 시 본인이 선택한 방법에 따라 방문 수령(휴일/공휴일 제외) 혹은 우편 수령이 가능합니다.

③ 성적 재채점: 시험 응시일로부터 6주 이내에만 신청 가능하며 4개 영역 중 원하는 영역에 대한 재채점을 신청할 수 있습니다.

④ IELTS One Skill Retake: Computer-delivered IELTS 응시일로부터 60일 이내에 4개 영역 중 한 영역만 선택해 재시험을 신청할 수 있습니다.

2. 성적 리포팅

전자 성적표를 해외 기관에 보내는 것은 무료입니다. 출력된 성적표는 시험일로부터 일부 기간만 재발급 가능하며, 일부 부수까지만 무료로 발급할 수 있습니다.

*성적 재채점, IELTS One Skill Retake, 성적표 재발급 기간에 대한 기한 및 비용 등과 같은 세부 규정은 시험 접수한 기관 홈페이지에서 확인하세요.

■ IELTS Band Score는 어떻게 계산하나요?

1. Band Score란 1.0점부터 9.0점까지 0.5점의 단위로 성적이 산출되는 IELTS만의 점수체계입니다. 각 영역에 대한 점수가 Band Score로 나오고, 모든 영역 점수를 종합하여 Overall Band Score를 계산합니다.

2. IELTS 점수를 영어 실력 평가의 기준으로 적용하는 기관들은 각 영역의 개별 점수와 Overall 점수에 대한 다른 정책을 가지고 있습니다. 기관에 따라 Overall 점수에 대한 커트라인만 제시될 수도 있고, Overall 점수와 각 영역 점수에 대한 커트라인 모두가 제시될 수도 있습니다.

3. Overall 점수는 네 영역의 점수를 합한 뒤 4로 나누어서 0.25점을 기준으로 소수점 0.25 이상이면 올림 처리, 0.25 미만이면 버림 처리를 하여 계산합니다. 아래는 Overall 점수 계산의 예입니다.

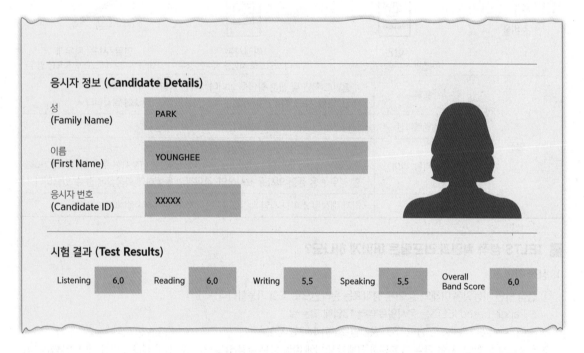

응시자 정보 (Candidate Details)

성 (Family Name)	PARK
이름 (First Name)	YOUNGHEE
응시자 번호 (Candidate ID)	XXXXX

시험 결과 (Test Results)

Listening	Reading	Writing	Speaking	Overall Band Score
6.0	6.0	5.5	5.5	6.0

→ 네 영역의 평균이 5.75점이므로 반올림해서 Overall Band Score 6.0이 나왔습니다.

■ IELTS의 각 Band Score는 어떤 수준을 뜻하나요?

IELTS 시험은 Band Score로 수험자의 영어 실력을 평가합니다. 각 Band Score가 의미하는 영어 사용 수준은 다음과 같습니다.

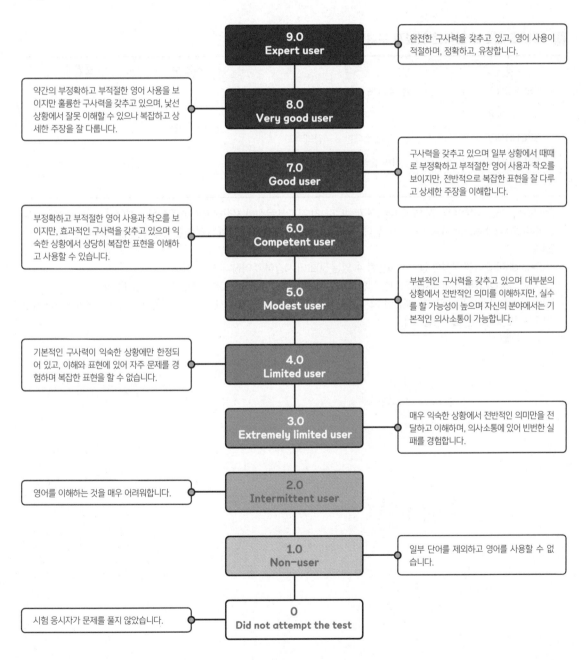

완전한 구사력을 갖추고 있고, 영어 사용이 적절하며, 정확하고, 유창합니다.

9.0
Expert user

약간의 부정확하고 부적절한 영어 사용을 보이지만 훌륭한 구사력을 갖추고 있으며, 낯선 상황에서 잘못 이해할 수 있으나 복잡하고 상세한 주장을 잘 다룹니다.

8.0
Very good user

7.0
Good user

구사력을 갖추고 있으며 일부 상황에서 때때로 부정확하고 부적절한 영어 사용과 착오를 보이지만, 전반적으로 복잡한 표현을 잘 다루고 상세한 주장을 이해합니다.

부정확하고 부적절한 영어 사용과 착오를 보이지만, 효과적인 구사력을 갖추고 있으며 익숙한 상황에서 상당히 복잡한 표현을 이해하고 사용할 수 있습니다.

6.0
Competent user

5.0
Modest user

부분적인 구사력을 갖추고 있으며 대부분의 상황에서 전반적인 의미를 이해하지만, 실수를 할 가능성이 높으며 자신의 분야에서는 기본적인 의사소통이 가능합니다.

기본적인 구사력이 익숙한 상황에만 한정되어 있고, 이해와 표현에 있어 자주 문제를 경험하며 복잡한 표현을 할 수 없습니다.

4.0
Limited user

3.0
Extremely limited user

매우 익숙한 상황에서 전반적인 의미만을 전달하고 이해하며, 의사소통에 있어 빈번한 실패를 경험합니다.

영어를 이해하는 것을 매우 어려워합니다.

2.0
Intermittent user

1.0
Non-user

일부 단어를 제외하고 영어를 사용할 수 없습니다.

시험 응시자가 문제를 풀지 않았습니다.

0
Did not attempt the test

IELTS 리스닝 소개 및 학습전략

IELTS 리스닝 영역은 총 4개의 Section으로 구성되어 있으며, Section 별로 10문항씩 총 40문항이 출제됩니다. 또한, 영국식, 호주식, 미국식 등의 발음이 출제되어 학습자의 다양한 듣기 실력을 측정합니다. 시험은 30분간 진행되며 답안을 답안지에 옮겨쓸 수 있는 시간이 추가로 10분 주어집니다.

■ IELTS 리스닝 영역은 어떻게 구성되나요?

구성	소개	지문 수	문항 수
SECTION 1	일상 주제에 대한 두 명의 대화		
SECTION 2	일상 주제에 대한 독백	각 1지문	각 10문항
SECTION 3	전문적 주제에 대한 2~4명의 대화		
SECTION 4	전문적/학술적 주제에 대한 독백		
답안 작성 시간 10분			

· Section 1~3은 지문이 두 구간으로 나뉘어 재생되며, 각 구간의 음성이 시작하기 전에 문제를 분석할 수 있는 시간이 총 두 번 주어집니다. Section 4는 지문이 한 번에 재생되며, 음성이 시작하기 전에 문제를 분석할 수 있는 시간이 총 한 번 주어집니다.
· 각 Section이 끝나면 작성한 답안을 확인할 수 있는 30초의 시간이 주어집니다.
· 모든 Section이 끝나면 시험지에 작성한 답안을 답안지에 옮겨 쓸 수 있는 10분의 시간이 주어집니다.
· Paper-based IELTS는 리스닝 시험이 고사장에 따라 중앙방송 또는 개별 헤드폰으로 진행되며, Computer-delivered IELTS는 개별 헤드폰을 사용합니다.

■ IELTS 리스닝 영역에는 어떤 문제유형이 출제되나요?

문제 유형	유형 소개
다지선다(Multiple Choice)	여러 개의 보기 중 알맞은 답을 선택하는 선다형 유형
노트/양식/표 완성하기 (Note/Form/Table Completion)	제시된 노트/양식/표의 빈칸에 들어갈 답을 주관식으로 작성하는 유형
문장/순서도/요약문/다이어그램 완성하기 (Sentence/Flow-chart/Summary/ Diagram Completion)	제시된 문장/순서도/요약문/다이어그램의 빈칸에 들어갈 답을 주관식으로 작성하거나, 주어진 보기 중 선택하는 유형
정보 연결하기(Matching)	문제와 관련된 정보를 여러 개의 보기로 구성된 리스트에서 선택하는 유형
지도/평면도/다이어그램 완성하기 (Map/Plan/Diagram Labelling)	제시된 지도/평면도/다이어그램의 빈칸에 들어갈 답을 주관식으로 작성하거나, 주어진 보기 중 선택하는 유형
단답형(Short Answer)	주어진 질문에 알맞은 답을 주관식으로 작성하는 유형

■ IELTS 리스닝에는 어떤 학습전략이 필요한가요?

1. 정확한 영어 발음 및 억양을 익힙니다.

정확한 영어 듣기를 위해서는 원어민의 발음 및 억양과 말하는 속도에 익숙해져야 합니다. 원어민의 음성을 자주 들으면서 다양한 발음 및 억양을 정확하게 익히도록 합니다. 특히 IELTS 리스닝 영역에서는 지문의 절반 이상이 영국식 발음으로 출제되므로, 영국 영어의 발음 및 억양에 익숙해지도록 합니다.

2. 어휘력을 기릅니다.

모르는 단어는 잘 들리지 않으므로, 평소에 교재에 수록된 단어를 비롯하여 다양한 빈출 어휘를 외워두도록 합니다. 단어를 외울 때에는 철자와 뜻뿐만 아니라 정확한 발음까지 함께 익혀두는 것이 중요합니다.

3. 문장을 바꾸어 표현하는 연습을 합니다.

시험에 출제되는 문제들은 지문 속 내용을 바꾸어 표현하는 경우가 많으므로, 교재에 수록된 지문들을 활용하여 바꾸어 표현하는 연습을 합니다. 이때 단순히 어휘만 동의어로 바꾸어 쓰는 것이 아니라 문장 구조까지 바꾸어서 표현해 보도록 합니다.

4. 받아쓰기 연습을 합니다.

IELTS 리스닝에서는 지문에서 들은 내용을 주관식으로 작성하는 문제가 출제되므로, 지문을 반복해서 들으며 정확하게 받아쓰는 연습을 해보는 것이 좋습니다. 또한, 영어 문장을 계속해서 받아쓰다 보면 자신이 영어 듣기에서 어느 부분에 취약한지, 어떤 단어가 잘 들리지 않는지를 쉽게 파악할 수 있습니다.

나만의 **학습플랜**

아래의 자가 진단 퀴즈를 풀어 본 후, 자신에게 가장 잘 맞는 학습플랜을 확인하고 그에 맞추어 학습해 봅시다.

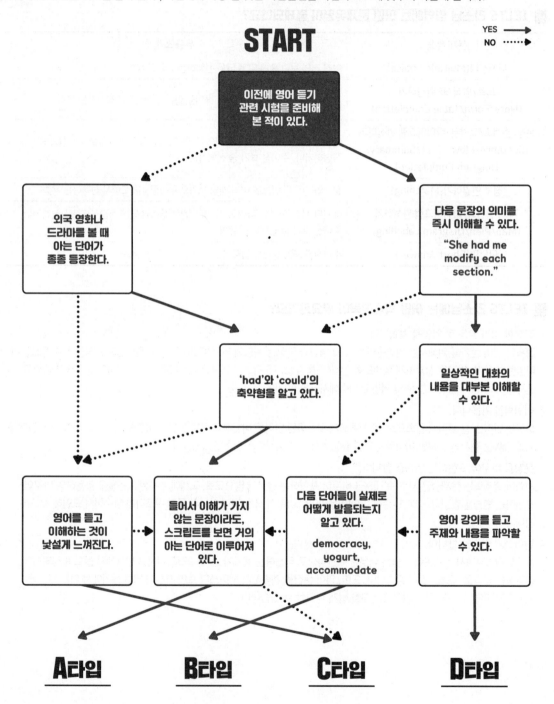

START

YES ——▶
NO ┈┈▶

이전에 영어 듣기 관련 시험을 준비해 본 적이 있다.

외국 영화나 드라마를 볼 때 아는 단어가 종종 등장한다.

다음 문장의 의미를 즉시 이해할 수 있다.
"She had me modify each section."

'had'와 'could'의 축약형을 알고 있다.

일상적인 대화의 내용을 대부분 이해할 수 있다.

영어를 듣고 이해하는 것이 낯설게 느껴진다.

들어서 이해가 가지 않는 문장이라도, 스크립트를 보면 거의 아는 단어로 이루어져 있다.

다음 단어들이 실제로 어떻게 발음되는지 알고 있다.
democracy, yogurt, accommodate

영어 강의를 듣고 주제와 내용을 파악할 수 있다.

A타입

B타입

C타입

D타입

A타입 `영어의 정확한 발음과 억양을 익혀야 하는 당신!`

영어가 낯설지는 않지만 정확하게 듣고 이해하는 것에는 아직 미숙한 상황입니다. 따라서, 지금은 학습한 지문을 듣고 받아쓰는 연습을 통해, 주요 단어들의 정확한 발음과 억양을 다시 점검해 볼 필요가 있습니다. 1주에서 학습하는 영어의 발음, 강세, 억양을 꼼꼼히 살펴보고, 학습플랜에 따라 한 달 동안 공부하여 영어의 기본기를 익히세요.

4주 학습플랜

	Day 1	Day 2	Day 3	Day 4	Day 5	Day 6
Week 1	1주 1일	1주 2일	1주 3일	1주 4일	1주 5일	1주 6일
Week 2	2주 1일	2주 2일	2주 3일	2주 4일	2주 5일	2주 6일
Week 3	3주 1일	3주 2일	3주 3일	3주 4일	3주 5일	3주 6일
Week 4	4주 1일	4주 2일	4주 3일	4주 4일	4주 5일	4주 6일 Actual Test

B타입 `문제 풀이 능력을 길러야 하는 당신!`

기본적인 리스닝 실력은 어느 정도 갖추고 있지만, 귀에 들리는 영어를 능동적으로 이해하고 활용하는 능력이 아직은 부족합니다. 2, 3주의 문제 유형 공략하기를 집중적으로 학습하여, 들은 내용을 정확히 이해하고 문제 풀이에 적용하는 연습을 하는 것이 좋습니다. 학습플랜에 따라 3주 동안 공부하여 문제 풀이 전략을 익히세요.

3주 학습플랜

	Day 1	Day 2	Day 3	Day 4	Day 5	Day 6
Week 1	1주 1~3일	1주 4~6일	2주 1일	2주 2일	2주 3일	2주 4일
Week 2	2주 5일	2주 6일	3주 1일	3주 2일	3주 3일	3주 4일
Week 3	3주 5일	3주 6일	4주 1~2일	4주 3~4일	4주 5~6일	Actual Test

C타입 차근차근 영어 듣기의 기초부터 다져야 하는 당신!

기본적인 어휘력이 부족할 뿐만 아니라, 영어 리스닝의 기본 원리를 잘 모르는 상태이므로, 지금은 무조건 문제를 풀기보다는 듣기의 기본기부터 확실히 다지는 것이 중요합니다. 학습플랜에 따라 6주 동안 공부하여 영어와 친숙해지세요. 내용이 너무 어렵게 느껴진다면 여러 번 복습하며 조금 더 천천히 진도를 나가도 좋습니다.

6주 학습플랜

	Day 1	Day 2	Day 3	Day 4	Day 5	Day 6
Week 1	1주 1일	1주 2일	1주 3일	1주 4일	1주 5일	1주 6일
Week 2	2주 1일	2주 2일	2주 3일	2주 4일	2주 5일	2주 6일
Week 3	3주 1일	3주 2일	3주 3일	3주 4일	3주 5일	3주 6일
Week 4	4주 1일	4주 2일	4주 3일	4주 4일	4주 5일	4주 6일
Week 5	1주 1~3일	1주 4~6일	2주 1~2일	2주 3~4일	2주 5~6일	3주 1~2일
Week 6	3주 3~4일	3주 5~6일	4주 1~2일	4주 3~4일	4주 5~6일	Actual Test

D타입 IELTS 리스닝 실전 감각을 익혀야 하는 당신!

기본적인 영어 리스닝에 대한 감각은 물론, 들은 내용 중 중요한 것을 파악하는 능력까지 갖추었습니다. IELTS 시험 유형에 익숙해지고, 실전 감각을 키워 시험에 도전해도 되겠습니다. 학습플랜에 따라 2주 동안 공부하여 실전 감각을 익히세요.

2주 학습플랜

	Day 1	Day 2	Day 3	Day 4	Day 5	Day 6
Week 1	1주 1~6일	2주 1~3일	2주 4~6일	3주 1~3일	3주 4~6일	4주 1일
Week 2	4주 2일	4주 3일	4주 4일	4주 5일	4주 6일	Actual Test

교재학습 TIP

1 매일 제시되는 전략을 학습한 뒤, 1주에서는 Exercise를, 2, 3주에서는 Daily Check-up을 풀고 자신이 취약한 부분이 무엇인지 체크합니다. 부족한 부분은 전략을 통해 다시 점검해보고, 2, 3주는 Daily Test로 마무리합니다.

2 4주의 Progressive Test를 풀면서 1~3주에서 학습했던 내용을 총정리하고, 자신의 실력을 점검합니다.

3 Actual Test를 풀 때에는 앞에서 학습한 모든 내용을 종합해서 실전처럼 풀어 봅니다. 각 지문에서 주어지는 제한 시간을 정확하게 지키며 실제 시험 시간에 익숙해지도록 하는 것이 중요합니다.

4 문제를 푼 뒤에는 '핵심어구'와 '정답의 단서'를 직접 찾아보고, 정답과 오답의 근거를 찾아본 후 해석·해설을 보며 자신의 분석이 맞는지 확인합니다. 또한, 정답의 단서는 주로 바꾸어 표현된 부분에서 등장하므로, 지문과 문제에서 바꾸어 표현된 부분을 직접 찾아보고 공부합니다.

5 복습을 할 때에는 스크립트를 보며 의미 단위로 문장을 완벽하게 이해하는 것이 중요합니다. 잘 들리지 않는 문장이 있다면 먼저 어휘를 확인하고 반복해서 들으며 발음에 익숙해져야 합니다. 또한, 끊어 듣기가 표시된 의미 단위로 나누어 여러 번 반복해서 듣고 따라하며 문장을 듣는 동시에 의미를 이해할 수 있도록 합니다.

6 자신에게 가장 잘 맞는 학습플랜을 선택하여 학습하고, 하루의 학습 분량을 다 끝내지 못했을 경우에는 반드시 그 주 내로 끝내도록 합니다.

7 스터디 학습을 할 때에는 각자 문제 유형 및 전략 부분을 충분히 학습한 후, 팀원들과 함께 음성 파일을 들으며 문제를 풀어봅니다. 채점을 하기 전에 먼저 지문을 듣고 스크립트를 확인하기 전에 받아쓴 내용을 서로 비교하여 각자 듣지 못한 부분을 확인해 봅니다. 채점을 한 뒤에는 서로의 답을 비교해 보고 전략의 적용에 대해 논의해 보면서 부족한 부분을 채워 나가는 것이 중요합니다.

HACKERS
IELTS
LISTENING BASIC

goHackers.com

학습자료 제공·유학정보 공유

HACKERS IELTS LISTENING BASIC

1st Week

1주에서는 리스닝의 기본을 다지고,
IELTS 리스닝의 문제를 풀기 위해 필요한
다양한 듣기 훈련을 해 보겠습니다.

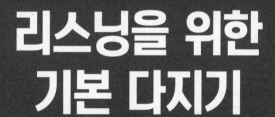

리스닝을 위한
기본 다지기

IELTS 리스닝 영역에서는 영국, 호주, 뉴질랜드, 캐나다, 미국 등 국적에 따른 다양한 발음이 등장합니다. 이 중 특히 영국식(호주, 뉴질랜드식 포함) 발음과 어휘가 자주 등장하므로, 미국식(캐나다식 포함) 영어에 익숙한 학습자들은 영국식 발음이나 어휘를 생소하게 느낄 수 있습니다. 따라서 미국식 영어와 영국식 영어의 기본적인 차이를 알아두고, 비교하며 듣는 연습을 해 두는 것이 좋습니다.

Course ① 자음 발음 차이 익히기

🎧 (W1_D1) Course1.mp3

[Listen & Check]

All the students had lunch **together**.   모든 학생들이 함께 점심을 먹었습니다.

You can buy a **variety** of fruit from the market.   시장에서 다양한 과일을 살 수 있습니다.

together의 r은 미국식 영어에서는 [투게더ㄹ]로 발음되지만, 영국식 영어에서는 [투게더]에 가깝게 들립니다. variety 역시 미국식 영어에서는 [버라이어리]에 가깝게 발음하는 반면, 영국식 영어에서는 [버라이어티]로 t를 살려 발음합니다. 이처럼 미국식 영어와 달리 영국식 영어에서는 보통 끝소리 /r/을 발음하지 않으며, /t/의 소리를 그대로 발음하는 경향이 있습니다.

🎧 끝소리 /r/의 발음 차이

	car	order	ear	hard
미국	[카ㄹ]	[오ㄹ더ㄹ]	[이어ㄹ]	[하ㄹ드]
영국	[카]	[오더]	[이**어**]	[하드]

🎧 모음 사이에 오는 /t/, /rt/의 발음 차이

	water	little	article	property
미국	[워러ㄹ]	[리를]	[아ㄹ리클]	[프러퍼r리]
영국	[워**터**]	[리**틀**]	[아**티**클]	[프로**퍼티**]

🎧 [tn], [tli] 소리의 발음 차이

	fountain	rotten	instantly	decently
미국	[파운(ㅌ)은]	[라(ㅌ)은]	[인스턴(ㅌ)리]	[디슨(ㅌ)리]
영국	[파운**튼**]	[로**튼**]	[인스턴**틀리**]	[디슨**틀리**]

➡ 영어 발음을 우리말로 표기하는 데에는 한계가 있으므로, 반드시 음성을 들으면서 발음을 익혀야 합니다.

EXERCISE 🎧 (W1_D1) Course1_Ex1-18.mp3

🎧 들려주는 단어가 무엇인지 찾아 보세요.

01 Ⓐ order   Ⓑ older   **02** Ⓐ tune   Ⓑ turn

03 Ⓐ matter   Ⓑ mat   **04** Ⓐ rotate   Ⓑ rotten

05 Ⓐ folk   Ⓑ fork   **06** Ⓐ property   Ⓑ properly

07 Ⓐ bored   Ⓑ bold   **08** Ⓐ batter   Ⓑ bat

09 Ⓐ fasten   Ⓑ faster   **10** Ⓐ certainly   Ⓑ certain

🎧 다음 문장의 빈칸을 채워 보세요.

11 I have a pain in my _____.

12 I guess my French is getting _____.

13 The oil was used to _____ the leather.

14 It is really _____ to get enough sleep.

15 I found out _____ what I needed to know by reading the book.

16 You should _____ submit your essay by the deadline.

17 _____ is grown in many countries.

18 Profits increased significantly during the last _____.

정답 · 스크립트 · 해석 p.238

📖 **Vocabulary**

rotten[미 rά:tn, 영 rɔ́tn] 부패한   **decently**[dí:sntli] 깔끔하게   **tune**[미 tu:n, 영 tju:n] 선율   **folk**[미 fouk, 영 fauk] 민속, 사람들; 전통적인
property[미 prά:pərti, 영 prɔ́pəti] 특성, 부동산   **batter**[미 bǽtər, 영 bǽtə] 타자; 공격하다   **leather**[미 léðər, 영 léðə] 가죽

🎧 (W1_D1) Course2.mp3

[Listen & Check]

The **director** had to check the script. 감독은 대본을 확인해야 했습니다.

There are mysterious creatures at the **bottom** of the ocean. 대양의 바닥에는 신비한 생물들이 있습니다.

director는 미국식 영어에서는 [디렉터]에 가깝게 발음되지만, 영국식 영어에서는 [다이렉터]로 들립니다. 모음 /i/를 미국에서는 '이'에 가깝게 발음하는 반면, 영국에서는 '아이'를 살려 발음하기 때문입니다. 또한, 모음 /o/는 미국에서는 '아'나 '어'와 비슷하게 발음하지만 영국에서는 '오'로 발음하므로, bottom 역시 미국식 영어에서는 [바럼]으로 발음하지만 영국식 영어에서는 [보톰]에 가깝습니다. 이처럼 /i/와 /o/ 이외에도 /a/, /u/와 같이 미국식 발음과 영국식 발음이 차이가 나는 모음들이 있습니다.

🎧 모음 /a/, /i/의 발음 차이

	forecast	example	either	organisation
미국	[포어ㄹ캐스트]	[이그잼플]	[이더ㄹ]	[오ㄹ게니제이션]
영국	[포어카스트]	[이그잠플]	[아이더]	[오거나이제이션]

🎧 모음 /o/, /u/의 발음 차이

	popular	problem	opportunity	student
미국	[파퓰러]	[프라블럼]	[어퍼ㄹ투니리]	[스투던트]
영국	[포퓰러]	[프로블럼]	[오퍼튜니티]	[스튜던트]

🎧 들려주는 단어를 듣고 받아써 보세요.

01 _____ **02** _____ **03** _____

04 _____ **05** _____ **06** _____

07 _____ **08** _____ **09** _____

10 _____ **11** _____ **12** _____

🎧 다음 문장의 빈칸을 채워 보세요.

13 All rooms in the hotel include a _____.

14 Scientists are searching for a _____ for cancer.

15 Please stick with your group so that you don't get _____.

16 I skipped my English _____ today.

17 This soil is the most _____ in the country.

18 I preferred being a _____ to working in a company.

19 We should conduct a discussion session _____ the presentation.

20 You might receive an _____ for a new contract from the company.

정답 · 스크립트 · 해석 p.239

📑 **Vocabulary** ────────────────────────────────

mysterious[미 místiriəs, 영 místiəriəs] 신비한 forecast[미 fɔ́ːrkæst, 영 fɔ́ːkɑːst] (일기, 기상 등을) 예보하다 stick with ~의 곁에 머무르다
skip[skip] (수업 등을) 빠지다

Course ③ 비슷한 듯 다른 어휘 익히기

🎧 (W1_D1) Course3.mp3

[Listen & Check]

There is a shop on the **ground floor** of the building.　(영) 그 건물의 1층에는 상점이 있습니다.

There is a shop on the **first floor** of the building.　(영) 그 건물의 2층에는 상점이 있습니다.
　　　　　　　　　　　　　　　　　　　　　　　　　　(미) 그 건물의 1층에는 상점이 있습니다.

I watch my favourite **football** team play every weekend.　(영) 저는 주말마다 응원하는 축구 팀의 경기를 봅니다.
　　　　　　　　　　　　　　　　　　　　　　　　　　　(미) 저는 주말마다 응원하는 미식축구 팀의 경기를 봅니다.

영국에서는 1층을 ground floor, 2층을 first floor로 표현하는 반면, 미국에서는 1층을 first floor로 표현합니다. 따라서 같은 first floor라는 단어가 영국에서는 2층을, 미국에서는 1층을 의미하게 됩니다. 또한, football은 영국에서는 축구를 의미하지만 미국에서는 미식축구를 의미합니다. 이처럼 미국식 영어와 영국식 영어에서는 같은 뜻이지만 다른 어휘를 사용하거나, 같은 어휘를 다른 뜻으로 사용하는 경우가 있습니다.

🎧 같은 뜻, 다른 어휘

	미국	영국
주차장	parking lot	car park
승강기	elevator	lift
쓰레기	trash, garbage	rubbish
아파트	apartment	flat
영화	movie	film
우편번호	zip code	postcode
지하철	subway	tube, underground
2주	two weeks	fortnight
줄을 서다	stand in a line	(stand in a) queue

🎧 같은 어휘, 다른 뜻

	미국	영국
football	미식축구	축구
pavement	노면	인도
pocketbook	핸드백	수첩
subway	지하철	지하도
vest	조끼	속옷

EXERCISE 🎧 (W1_D1) Course3_Ex1-10.mp3

🎧 문장을 듣고 뜻을 정확하게 이해한 것을 고르세요.

01 Ⓐ 런던 중심부에 새로운 자동차 극장이 생겼습니다.
Ⓑ 런던 중심부 근처에 새로 생긴 주차장이 있습니다.

02 Ⓐ 세 달간 옥스포드에 있는 아파트를 빌릴 것입니다.
Ⓑ 세 달간 옥스포드의 방세가 오르지 않았습니다.

03 Ⓐ 출근하는 길에 지하도가 있습니다.
Ⓑ 출근할 때에는 지하철을 타곤 했습니다.

04 Ⓐ 그 경기의 티켓을 구매하고 싶다면 줄을 서야 합니다.
Ⓑ 그 경기의 티켓을 구매하면 경기를 스탠드석에서 관람할 수 있습니다.

05 Ⓐ 많은 보행자들은 그 지역의 노면이 더 평평해져야 한다고 생각합니다.
Ⓑ 더 많은 보행자를 위한 충분한 공간을 제공하기 위해 그 구역에 더 넓은 인도가 생겼습니다.

06 Ⓐ 위층으로 가시면, 이송 코너에서 업무를 처리할 수 있습니다.
Ⓑ 위층으로 가시려면, 모퉁이에 있는 승강기를 이용하시면 됩니다.

07 Ⓐ 부엌에서 구내 식당으로 음식이 바로 보내집니다.
Ⓑ 1층에 있는 식당에서 부엌으로 바로 갈 수 있습니다.

08 Ⓐ 배송 오류를 피하기 위해서 올바른 우편번호를 알고 있는지 반드시 확인해야 합니다.
Ⓑ 물건이 잘못된 곳으로 배송되는 경우 올바른 송장 번호를 제시해 확인해야 합니다.

09 Ⓐ 보안을 위해 수첩보다 스마트폰에 정보를 저장하고 있습니다.
Ⓑ 안에 있는 스마트폰 때문에 핸드백이 보안 검사에 잡혔습니다.

10 Ⓐ 2주에 한 번 맨체스터 중심가에서 농산물 시장이 열립니다.
Ⓑ 맨체스터 요새였던 곳이 농산물 시장으로 바뀌었습니다.

정답 · 스크립트 · 해석 p.239

📖 **Vocabulary** ————————————————————————————

accommodate[미 əká:mədeit, 영 əkɔ́mədeit] 충분한 공간을 제공하다 pedestrian[pədéstriən] 보행자 security check 보안 검사

2일 단어 제대로 듣기

IELTS 리스닝 영역에서는 구체적인 정보를 묻는 문제가 자주 출제되므로, 지문에서 언급된 특정 정보를 정확하게 파악하는 것이 중요합니다. 그러나 때때로 알고 있는 단어를 놓치는 경우도 있는데, 이는 그 단어들의 발음이나 강세를 잘못 알고 있거나 혼동했기 때문입니다. 따라서 평소 알고 있던 단어들이라도 정확한 발음과 강세를 알아두고, 혼동하기 쉬운 자음과 모음 등을 구분하는 연습을 해 두는 것이 좋습니다.

Course ❶ 잘못 알고 있는 외래어 바로 듣기

(W1_D2) Course1.mp3

[Listen & Check]

The car has a leather **interior**. 그 차의 내부는 가죽입니다.

Soft drink cans are made out of **aluminium**. 청량음료 캔은 알루미늄으로 만들어져 있습니다.

눈으로 먼저 보면 interior는 '인테리어'라는 발음이, aluminium은 '알루미늄'이라는 발음이 먼저 떠오를 것입니다. 하지만 실제 발음에서 interior는 [인티(어)리어]에 가깝게 들리고, aluminium의 정확한 발음은 [얼루미넘]에 가깝습니다. 이처럼 머릿속에 잘못된 발음으로 굳어진 외래어들의 정확한 발음을 알고 있으면 익숙한 단어들을 놓치지 않고 들을 수 있습니다.

🎧 귀로 다시 외워야 할 외래어

단어	보이는 발음	들리는 발음
aerobic	에어로빅	[에로우빅]
bacteria	박테리아	[백티(어)리어]
calorie	칼로리	[캘러리]
coupon	쿠폰	[쿠펀]
cocoa	코코아	[코우코(우)]
data	데이터	[미 데(이)라] [영 데(이)타]
film	필름	[필(음)]

단어	보이는 발음	들리는 발음
hegemony	헤게모니	[헤제머니]
ideology	이데올로기	[아이디알러지]
item	아이템	[미 아이름] [영 아이틈]
label	라벨	[레이블]
margarine	마가린	[미 마르저린] [영 마저린]
marketing	마케팅	[미 마르키링] [영 마키팅]
vitamin	비타민	[미 바이러민] [영 비트민]

EXERCISE 🎧 (W1_D2) Course1_Ex1-20.mp3

🎧 들려주는 단어를 듣고 받아써 보세요.

01 _____   02 _____   03 _____

04 _____   05 _____   06 _____

07 _____   08 _____   09 _____

10 _____   11 _____   12 _____

🎧 다음 문장의 빈칸을 채워 보세요.

13 _____ has been a very crowded city since ancient times.

14 The _____ can be utilised to take injured people to the hospital.

15 We decided to have a _____ at our wedding.

16 It is a well-known monument located in _____.

17 I used to spend a lot of money on new _____.

18 The _____ shop near our apartment is closing down.

19 I decided that I needed to try a new _____ before it was too late.

20 I remember watching an educational _____ about whales.

정답 · 스크립트 · 해석 p.240

📖 **Vocabulary** ─────────────────────────────

injured[미] índdʒərd, [영] índʒəd] 부상당한   monument[미] máːnjumənt, [영] mɔ́njəmənt] 기념물   whale[weil] 고래

Course ❷ 강세에 유의하여 듣기

🎧 (W1_D2) Course2.mp3

[Listen & Check]

Be sure to buy a ticket in **advance**. 티켓은 반드시 미리 구매하세요.

We should make use of a range of different **materials** for this project.
우리는 이 프로젝트를 위해 여러 다른 종류의 자료들을 활용해야 합니다.

advance의 발음은 흔히 '어드밴스'로 생각되지만, 정확한 발음을 우리말로 표기하면 [(언)밴스]가 될 것입니다. 강세가 없는 모음은 매우 약해져서, 거의 '어'나 '으'에 가깝게 발음되기 때문입니다. 반면 강세가 있는 모음은 상대적으로 매우 강하게 들리므로, material의 정확한 발음은 [(머)티리얼]에 가깝습니다. 이렇게 강세를 정확하게 알아두면 흔히 알고 있는 발음과 실제 발음이 다른 단어들을 놓치지 않고 들을 수 있습니다.

🎧 강세를 알아두어야 할 단어들

단어	보이는 발음	들리는 발음	단어	보이는 발음	들리는 발음
ac**cor**ding	어코딩	[🇺🇸 (어)**코ㄹ딩**] [🇬🇧 (어)**코딩**]	bal**loo**n	벌룬	[(벌)**룬**]
ad**mit**	어드밑	[(언)**밑**]	be**cau**se	비코우즈	[(비)**커즈**]
ad**van**ce	어드밴스	[🇺🇸 (언)**밴스**] [🇬🇧 (언)**반스**]	car**too**n	카툰	[🇺🇸 (커ㄹ)**툰**] [🇬🇧 (커)**툰**]
af**ford**	어포드	[🇺🇸 (어)**포ㄹ드**] [🇬🇧 (어)**포드**]	de**mo**cracy	데모크라시	[🇺🇸 (드)**마크러시**] [🇬🇧 (드)**모크러시**]
ap**pear**	어피어	[🇺🇸 (어)**피어ㄹ**] [🇬🇧 (어)**피어**]	le**gi**timate	리지터밑	[🇺🇸 (리)**지러밑**] [🇬🇧 (리)**지터밑**]
Athens	아테네	[**애**(쓴)즈]	**no**vel	노벨	[🇺🇸 **나**(블)] [🇬🇧 **노**(블)]
atom	애톰	[🇺🇸 **애**(럼)] [🇬🇧 **애**(틈)]	**po**em	포엠	[**포**(엄)]
at**tend**	어텐드	[(어)**텐드**]	**sen**timent	센티멘트	[**센**트먼(ㅌ)]

EXERCISE 🎧 (W1_D2) Course2_Ex1-20.mp3

🎧 들려주는 단어를 듣고 받아써 보세요.

01 _____	**02** _____	**03** _____
04 _____	**05** _____	**06** _____
07 _____	**08** _____	**09** _____
10 _____	**11** _____	**12** _____

🎧 다음 문장의 빈칸을 채워 보세요.

13 I read a book _____ Japanese traditions.

14 It was part of an _____ to protect endangered species.

15 You should read through the _____ before you _____ the device.

16 The new incentive policy will be _____ at the event.

17 Many companies in England _____ products to Germany.

18 It was a _____ way to avoid negative _____ coverage.

19 Sometimes, memories of _____ school last for a long period of time.

20 I'd like to _____ all of you that the tickets should be _____ by this Wednesday.

정답 · 스크립트 · 해석 p.241

📖 **Vocabulary**

democracy[미 dimáːkrəsi, 영 dimɔ́krəsi] 민주주의   legitimate[미 lidʒítimət, 영 lədʒítəmət] 합법의, 정당한   sentiment[séntimənt] 감성
endangered[미 indéindʒərd, 영 indéindʒəd] 멸종위기의   export[미 ikspɔ́ːrt, 영 ekspɔ́ːt] 수출

Course ❸ 비슷하게 들리는 자음과 모음 구분하기

🎧 (W1_D2) Course3.mp3

[Listen & Check]

Raw vegetables have a relatively **low** amount of calories. 생채소는 상대적으로 열량이 낮습니다.

We need to make a **list** of the **least** expensive advertising methods.
우리는 가장 덜 비싼 광고 기법들의 목록을 만들어야 합니다.

raw의 /r/과 low의 /l/은 발음이 유사한 자음이고, list와 least의 /i/와 /ea/는 발음이 유사한 모음이므로, 들을 때 혼동하기 쉽습니다. 이와 같이 소리가 유사한 자음과 모음을 포함하는 단어들은 혼동하기 쉬운 자음과 모음의 정확한 발음을 파악하는 것을 통해 구분할 수 있습니다.

🎧 혼동하기 쉬운 자음과 모음

[l] & [r]	light [lait]	lift [lift]	gloss [回 glɑːs, 엉 glɔs]	fly [flai]
	right [rait]	rift [rift]	gross [回 grous, 엉 grəus]	fry [frai]

[l]은 우리말의 'ㄹ' 발음과 비슷하게 입천장에 혀를 대고 내는 소리
[r]은 혀를 입천장 가까이로 가져간 후 입을 둥글게 해서 내는 소리

[b] & [v]	bent [bent]	bail [beil]	bow [bau]	bury [béri]	best [best]
	vent [vent]	veil [veil]	vow [vau]	very [véri]	vest [vest]

[b]는 우리말의 'ㅂ' 발음과 비슷하게 입술을 붙였다가 떼며 내는 소리
[v]는 윗니를 아랫입술에 댄 채 목을 울리며 내는 소리

[f] & [p]	file [fail]	coffee [回 kɔ́ːfi, 엉 kɔ́fi]	fat [fæt]	a fly [əflái]
	pile [pail]	copy [回 kɑ́ːpi, 엉 kɔ́pi]	pat [pæt]	apply [əplái]

[f]는 윗니를 아랫입술에 댄 채 바람을 새어나가게 해서 내는 소리
[p]는 우리말의 'ㅍ' 발음과 비슷하게 입술을 붙였다가 떼며 내는 소리

[ɔː] & [ou]*	bought [bɔːt]	lawn [lɔːn]	caught [kɔːt]	cost [kɔːst]	want [wɔːnt]
	boat [回 bout]	loan [回 loun]	coat [回 kout]	coast [回 koust]	won't [回 wount]
	[엉 bəut]	[엉 ləun]	[엉 kəut]	[엉 kəust]	[엉 wəunt]

[ɔː]는 입 모양을 둥글게 한 채 발음하는 우리말의 '오'와 '아'의 중간 소리
[ou]는 입을 '오'와 같이 했다가 '우'와 가까운 모양으로 바꾸어 내는 소리
*영국식 발음에서는 [əu] 발음으로, 입을 '어'와 같이 했다가 '우'와 가까운 모양으로 바꾸며 내는 소리

[iː] & [i]	feet [fiːt]	leaves [liːvz]	neat [niːt]	seep [siːp]	least [liːst]
	fit [fit]	lives [livz]	knit [nit]	sip [sip]	list [list]

[iː]는 혀를 긴장시킨 채 입술을 옆으로 크게 벌리고 길게 '이'라고 발음하는 소리
[i]는 혀와 입술에 힘을 빼고 짧게 '이'라고 발음하는 소리

🎧 들려주는 단어를 듣고 받아써 보세요.

01 _____	**02** _____	**03** _____
04 _____	**05** _____	**06** _____
07 _____	**08** _____	**09** _____

🎧 들려주는 문장에서 어떤 단어를 발음하고 있는지 찾아 보세요.

10 Ⓐ fly	Ⓑ fry	**11** Ⓐ boat	Ⓑ vote		
12 Ⓐ pour	Ⓑ for	**13** Ⓐ pile	Ⓑ fail		
14 Ⓐ caught	Ⓑ coat	**15** Ⓐ slip	Ⓑ sleep		

🎧 다음 문장의 빈칸을 채워 보세요.

16 Be careful not to _____ your head on the cupboard door.

17 You must not take the _____ bus from the airport.

18 It is _____ important to pick those _____ at the right time.

19 Opinions _____ about the health benefits of vegetarianism.

20 As I left the classroom, my _____ pocket almost got _____ on the door.

정답 · 스크립트 · 해석 p.241

📖 **Vocabulary**

bribery[bráiberi] 뇌물 수수   vegetarianism[미 vèdʒətériənizm, 영 vèdʒitéəriənizm] 채식주의

리스닝을 위한 기초 다지기

1st Week

2일

Hackers IELTS Listening Basic

Course ④ 비슷하게 들리는 단어들 구분하기

🎧 (W1_D2) Course4.mp3

[Listen & Check]

Theatre guests are not **allowed** to speak **aloud** during the live performance.
공연장의 관객들은 라이브 공연 중에 크게 이야기하도록 허락되지 않습니다.

The company will **contact** the new staff member about the **contract**.
그 기업은 계약에 관해 새로운 직원에게 연락할 것입니다.

allowed와 aloud는 발음이 같은 단어들이고, contact와 contract는 발음이 유사한 단어들이므로, 들을 때 혼동하기 쉽습니다. 이와 같이 발음이 같거나 유사한 단어들은 단어의 뜻을 생각하여 앞뒤 문맥을 통해 구분할 수 있습니다.

🎧 발음이 같거나 유사한 단어들

	발음이 같은 단어들			발음이 유사한 단어들	
[미 er, 영 eə]	air	공기	colour [미 kʌ́lər, 영 kʌ́lə]		색
	heir	상속자	collar [미 ká:lər, 영 kɔ́lə]		깃
[미 ber, 영 beə]	bare	발가벗은	contact [미 ká:ntækt, 영 kɔ́ntækt]		연락하다
	bear	견디다	contract [미 ká:ntrækt, 영 kɔ́ntrækt]		계약
[breik]	break	깨뜨리다	disease [dizí:z]		질병
	brake	제동 장치	decease [disí:s]		사망
[dai]	die	죽다	literary [미 lítərèri, 영 lítərəri]		문학의
	dye	염료	literally [lítərəli]		사실상
[미 fer, 영 feə]	fair	공정한	repair [미 ripér, 영 ripéə]		수리하다
	fare	운임	prepare [미 pripér, 영 pripéə]		준비하다
[plein]	plane	비행기	sweat [swet]		땀
	plain	분명한	sweet [swi:t]		달콤한

EXERCISE 🎧 (W1_D2) Course4_Ex1-20.mp3

🎧 들리는 두 단어의 발음이 같으면 O, 다르면 X로 표시하세요.

01 _____   02 _____   03 _____

04 _____   05 _____   06 _____

07 _____   08 _____   09 _____

🎧 문장에서 들은 단어가 어떤 단어인지 뜻을 생각하며 찾아 보세요.

10 Ⓐ excited   Ⓑ exited   11 Ⓐ minor   Ⓑ miner

12 Ⓐ lesson   Ⓑ lessen   13 Ⓐ wonder   Ⓑ wander

14 Ⓐ quality   Ⓑ quantity   15 Ⓐ adapted   Ⓑ adopted

🎧 다음 문장의 빈칸을 채워 보세요.

16 There have been a number of _____ mines in the region.

17 You'll have to use the _____ to clean the windows _____.

18 He closely _____ how the erosion process changes the landscape.

19 An _____ was made to the latest _____ of the textbook.

20 He described his visit to the _____ farm in his _____.

정답 · 스크립트 · 해석 p.242

📖 **Vocabulary**

mine[main] 탄광   erosion[미 iróuʒən, 영 iráʒən] 침식   dairy[미 déri, 영 déəri] 낙농의

3일 발음과 문장 강세 익히기

IELTS 리스닝 영역에서는 특정한 정보를 묻는 문제가 자주 출제되므로, 두 단어 이상으로 연결되어 들리는 단어들을 잘 듣고 내용을 정확하게 파악해야 합니다. 또한, 문장 안에서 중요한 내용을 담은 단어를 강조해 발음하는 경우도 있으므로, 연음 현상이 일어나는 단어들의 발음과 문장의 강세에 주의하여 들으며 주요 단어가 무엇인지 파악하는 연습을 해 두는 것이 좋습니다.

Course ① 연음 시 변화하는 소리

🎧 (W1_D3) Course1.mp3

[Listen & Check]

You can get a map of the university campus from the **student centre**.
여러분은 학생회관에서 대학 캠퍼스의 지도를 받을 수 있습니다.

It took me a long time to **get over** my disappointment.
제가 낙담을 극복하는 데는 오랜 시간이 걸렸습니다.

student centre는 student와 centre가 연이어 발음되면서 student의 두 번째 [t]가 탈락되어 [stú:dənsèntə(r)]라고 들립니다. 발음할 때 혀의 위치가 비슷한 두 개의 자음이 이어지면서 앞 자음이 탈락되는 연음 현상이 나타나기 때문입니다. 또한, get over는 단어 하나하나가 따로 발음되지 않고 연이어 발음되기 때문에 [getóuvə(r)]라는 하나의 소리로 들립니다. 단어가 이어질 때 앞 단어의 끝 자음과 뒤 단어의 첫 모음이 결합되면서 마치 하나의 단어처럼 들리게 되는 것입니다.

🎧 **연음 현상이 일어나는 단어의 예시**

연음 시 탈락되는 소리

his stereo [histériəu]   summer recruitment [sàmərikrú:tmənt]   next train [nékstrèin]
같은 자음 두 개가 이어질 때 앞 자음이 탈락되면서 하나의 소리로 들립니다.

front desk [frʌ́ndèsk]   field trip [fí:ltrìp]   next step [nékstèp]   health science [hélsaiəns]
➡ t와 d, t와 s처럼 같이 발음할 경우 혀의 위치가 비슷한 자음이 이어질 때 앞 자음이 탈락되면서 하나의 소리로 들립니다.

연음 시 하나되는 소리

sign up [sáinʌp]   think about [θíŋkəbàut]   keep up [kì:bʌ́p]   head off [hédɔf]
➡ 앞 단어의 끝 자음과 뒤 단어의 첫 모음이 결합되어 하나의 소리로 들립니다.

EXERCISE 🎧 (W1_D3) Course1_Ex1-20.mp3

🎧 이어지는 단어를 듣고 받아써 보세요.

01 _____ 02 _____ 03 _____

04 _____ 05 _____ 06 _____

07 _____ 08 _____ 09 _____

10 _____ 11 _____ 12 _____

🎧 다음 문장의 빈칸을 채워 보세요.

13 The _____ to travel is in the autumn.

14 I was having a _____ writing the literature review section.

15 The trash should be _____ on Mondays.

16 We should make a _____ soon.

17 Be careful not to _____ any logs on the path.

18 You can always _____ research materials online.

19 If there are no questions, let's _____.

20 It's important that co-workers _____ with each other.

정답 · 스크립트 · 해석 p.243

📖 **Vocabulary**

get over 극복하다 trip over 걸려 넘어지다 log[미] lɔːg, [영] lɒg] 통나무 call it a day 마무리하다 get along with 잘 어울려 지내다

Course ❷ 축약되어 약해지는 소리

[Listen & Check]

I **haven't** been to England before. 저는 이전에 영국에 가본 적이 없습니다.

I **would've** chosen an easier topic if I were you. 내가 너였다면 더 쉬운 주제를 골랐을 거야.

조동사 have가 부정어 not과 연결되거나, would와 같은 조동사에 have가 연결될 때, not과 have 등은 축약되기 쉽습니다. 이와 같이 축약된 단어들은 약하게 발음되기 때문에, 전혀 다른 발음으로 들리기도 합니다.

🎧 축약

1. 주어 + be 축약

I'm [aim]   you're [미 jur, 영 juə]   they're [미 ðər, 영 ðeə]   she's [ʃiːz]   he's [hiːz]   it's [its]   that's [ðæts]

2. 주어 + will 축약

I'll [ail]   you'll [juːl]   he'll [hiːl]   she'll [ʃiːl]   we'll [wiːl]   they'll [ðeil]

3. 주어 + would/had 축약

I'd [aid]   you'd [juːd]   she'd [ʃiːd]   he'd [hiːd]   we'd [wiːd]   they'd [ðeid]   it'd [itəd]

4. 주어 + has/have 축약

she's [ʃiːz]   he's [hiːz]   it's [its]   I've [aiv]   you've [juːv]   we've [wiːv]   they've [ðeiv]

5. 조동사 + have 축약

could've [kúdəv]   should've [ʃúdəv]   would've [wúdəv]   might've [máitəv]

6. be + 부정어 축약

isn't [íznt]   aren't [미 ɑːrnt, 영 ɑːnt]   wasn't [wɔ́znt]   weren't [미 wəːrnt, 영 wəːnt]

7. 조동사 + 부정어 축약

won't [미 wount, 영 wəunt]   wouldn't [wúdnt]   shouldn't [ʃúdnt]   couldn't [kúdnt]   mustn't [mʌ́snt]

haven't [hǽvnt]   hasn't [hǽznt]   can't [미 kænt, 영 kɑːnt]   don't [dəunt]   doesn't [dʌ́znt]   didn't [dídnt]

8. 기타 축약

there's [미 ðerz, 영 ðeəz]   let's [lets]   here's [미 hiərz, 영 hiəz]

🎧 다음 문장의 빈칸을 채워 보세요.

01 I think _____ be better for you to include more details.

02 _____ increased the price of oil.

03 Please _____ use these toilets until further notice.

04 Now, _____ talk about dolphins' behavioural characteristics.

05 Those shoes _____ the ones I ordered.

06 _____ arrive in London tomorrow night.

07 As they _____ keep working, they had to look for other solutions.

08 _____ the one you should talk to about the schedule.

09 _____ been reading this book for over a month.

10 The warranty _____ cover accidental damage.

11 _____ planning to move to Spain.

12 I _____ gone back to university last year, but I decided to keep working.

정답·스크립트·해석 p.244

📖 **Vocabulary** ──

behavioural[bihéivjərəl] 행동의 characteristic[미 kæ̀rəktərístik, 영 kæ̀riktərístik] 특성 accidental[æ̀ksidéntl] 우발적인

🎧 (W1_D3) Course3.mp3

[Listen & Check]

What sort of food do you like to **cook**? 어떤 종류의 음식을 요리하는 것을 좋아하십니까?

The tennis player **ran across the court**. 테니스 선수가 코트를 가로질러 달렸습니다.

첫 번째 예문에서 살 들리는 단어는 의문사구 What sort와 동사 cook입니다. 두 번째 예문에서는 동사 ran과 부사구 across the court가 잘 들립니다. 이와 같이 전달하고자 하는 주요 내용을 포함하기 때문에 강하고 길게 강조되어 들리는 단어를 내용어라고 하며, 명사, 동사, 형용사, 부사, 의문사가 이에 속합니다.

🎧 **문장에서 강조되어 들리는 내용어**

1. 명사

We are going to the **beach** tomorrow. 우리는 내일 해변에 갑니다.

2. 동사

They **sailed** from Europe to Asia. 그들은 유럽에서부터 아시아로 항해했습니다.

3. 형용사

The trees are very **tall**. 그 나무들은 매우 키가 큽니다.

4. 부사

The car was moving **very slowly**. 그 차는 매우 느리게 움직이고 있었습니다.

5. 의문사

Would you like to have some tea? 차를 좀 드시겠습니까?

EXERCISE 🎧 (W1_D3) Course3_Ex1-10.mp3

🎧 들려주는 문장에서 내용어를 채워 보세요.

01 Kazuo Ishiguro is _____ of the Nobel Prize in Literature _____.

02 We should _____ to the bus stop.

03 Did you _____ last night?

04 I am _____ at a school in London.

05 In the picture, he is _____ and _____.

🎧 들리는 내용어를 통해 전체 문장을 정확하게 이해한 것을 고르세요.

06 ⒶOCR 그 차는 너무 커서 사람들에게 맞지 않습니다.
     Ⓑ 그 차는 모두가 안에 탈 수 있을 만큼 컸습니다.

07 Ⓐ 말할 필요도 없이, 자선 단체는 기부금을 고맙게 여겼습니다.
     Ⓑ 자선 단체는 기부금에 감사한다는 말을 하지 않았습니다.

08 Ⓐ 우리는 여행을 위해 짐을 싸는 것 외에는 할 일이 없을 것입니다.
     Ⓑ 우리는 여행을 위해 짐을 싸지 않고는 다른 것을 할 수 없을 것입니다.

09 Ⓐ 이 도시의 누구도 정전에 영향을 받지 않았습니다.
     Ⓑ 이 도시의 모두가 정전에 영향을 받은 것은 아닙니다.

10 Ⓐ 겨우 20명 정도의 사람들만이 상점의 개관식에 참석했습니다.
     Ⓑ 예상보다 20명이 더 넘는 사람들이 상점의 개관식에 참석했습니다.

정답 · 스크립트 · 해석 p.245

📋 **Vocabulary** ──

walking stick 지팡이 **needless to say** 말할 필요도 없이 **charity**[tʃǽrəti] 자선 단체 **outage**[áutidʒ] 정전

Course ④ 약하게 들리는 기능어 알고 듣기

🎧 (W1_D3) Course4.mp3

> **[Listen & Check]**
>
> My favourite restaurant **is in** this neighbourhood. 제가 좋아하는 식당은 이 인근에 있습니다.
>
> He was **one of the** best students in his class. 그는 반에서 가장 뛰어난 학생 중 하나였습니다.

첫 번째 예문의 is in은 연결되어 [izin]으로 발음되고, 두 번째 예문의 one of the는 연결되어 [wʌnʌvðə]로 발음됩니다. in 과 of, the와 같이 기능을 담당하는 전치사나 관사는 다른 단어들 사이에서 약하게 발음되어, 여러 단어가 마치 하나의 단어인 것처럼 발음됩니다. 의미상으로 중요하지 않아 약하게 발음되는 단어를 기능어라고 하며, 대명사, 전치사, 관사, 접속사, 조동사 등이 이에 속합니다.

🎧 약해져서 다른 단어와 하나로 들리는 기능어

1. 인칭대명사 it, his, her, him, them, me, us

Talking to children is the best way to **get them** to behave.
아이들을 타이르는 것은 그들이 예의 바르게 행동하도록 하는 가장 좋은 방법입니다.

My friend said that we could **pay him** back later.
제 친구는 우리가 그에게 돈을 나중에 갚아도 된다고 말했습니다.

➡ his, her 등의 대명사는 연음되어 [h] 소리를 잃는 경우가 많습니다.

2. 전치사 of, in, at, with, on

I saw **one of your** friends in the supermarket today.
오늘 슈퍼마켓에서 네 친구들 중 한 명을 봤어.

3. 관사 a(n), the

My parents **brought a cat** home.
저희 부모님이 집에 고양이를 데려왔습니다.

4. 접속사 and, but

I want to go out tonight, **but** I have too much homework.
오늘 밤에 나가고 싶지만, 과제가 너무 많아.

5. 조동사 would, could, can, will

I **will** move to another city after I graduate.
졸업한 후에는 다른 도시로 이사를 갈 것입니다.

➡ 조동사는 주로 축약되어 I'll, I'd와 같이 주어와 결합하는 경우가 많습니다.

🎧 이어지는 단어를 듣고 받아써 보세요.

01 _____ **02** _____ **03** _____

04 _____ **05** _____ **06** _____

🎧 다음 문장의 빈칸을 채워 보세요.

07 You will find some welcome snacks _____.

08 The unemployment rate was increasing _____.

09 She _____ been asleep.

10 _____ favourite authors has written a new book.

11 You have to _____ the badminton class online.

12 I have decided to _____ vacation day this summer.

13 I _____ delicious meal _____ Spanish restaurant last night.

14 _____ play the piano well, so he was _____ be part of the band.

정답 · 스크립트 · 해석 p.246

📖 **Vocabulary**

unemployment[ʌ̀nimplɔ́imənt] 실업 asleep[əslíːp] 잠든

IELTS 리스닝 영역에서는 비교적 긴 문장이 종종 등장합니다. 이때 앞 문장을 이해하는 데 시간이 너무 오래 걸려 뒤에 오는 문장을 제대로 듣지 못하면 정답의 단서를 놓칠 수 있습니다. 따라서 지문을 들으면서 동시에 문장의 의미를 바로 파악할 수 있도록 긴 문장을 의미 단위로 끊어 듣는 연습을 해 두는 것이 좋습니다.

Course ① 명사절 끊어 듣기

🎧 (W1_D4) Course1.mp3

[Listen & Check]

What happened there / wasn't reported. 그곳에서 일어난 일은 / 보고되지 않았습니다

I believe / **that she is lying**. 저는 생각합니다 / 그녀가 거짓말을 하고 있다고

첫 번째 예문의 What happened there는 동사 wasn't의 주어 역할을 하는 명사절이고, 두 번째 예문의 that she is lying은 동사 believe의 목적어 역할을 하는 명사절입니다. 이처럼 명사절은 문장 안에서 주어, 목적어, 보어 역할을 하며 '~하는 것', '~하는지' 등으로 해석됩니다. 명사절 접속사에는 that, what, when, where, how, why, whether, if 등이 있으므로, 이러한 접속사를 기준으로 내용을 끊어서 들으면 긴 문장을 이해하는 데 도움이 됩니다.

🎧 명사절의 쓰임

1. 주어 역할을 하는 명사절

What I want you to do / is go to the immigration office.
당신에게 요청하고 싶은 것은 / 출입국 관리 사무소에 가는 것입니다

2. 목적어 역할을 하는 명사절

I am not sure / **whether my mother will come**.
저는 확신할 수 없습니다 / 저희 어머니가 오실지

I think / **(that) he can win this tournament**.
저는 생각합니다 / 그가 이 경기를 이길 수 있다고

➡ 접속사 that이 목적절을 이끌 때에는 생략될 수 있습니다.

3. 보어 역할을 하는 명사절

The important thing is / **that we should hand in the report by Friday**.
중요한 것은 / 우리가 보고서를 금요일까지 제출해야 한다는 것입니다

EXERCISE 🎧 (W1_D4) Course1_Ex1-8.mp3

🎧 순서대로 끊어 해석한 것을 참고하여, 빈칸에 들어갈 명사절을 받아써 보세요.

01 I can't tell / _____.

나는 판단할 수 없다 / 그가 옳은지 그른지

02 _____ / is going to the beach.

제가 여름에 관해서 좋아하는 일은 / 해변에 가는 것입니다

03 She didn't know / _____.

그녀는 알지 못했습니다 / 왜 그녀의 차가 이상한 소리를 냈는지

04 His problem was / _____.

그의 문제는 / 그가 매일 밤 너무 늦게까지 깨어 있다는 것이었습니다

05 _____ / is a very good architect.

이 건물을 설계한 것이 누구이든 / 매우 훌륭한 건축가입니다

06 Usually infants don't know / _____.

유아들은 보통 알지 못합니다 / 그들이 언어를 듣고 있다는 것을

07 You should ask everyone / _____ / this weekend.

당신은 모두에게 물어봐야 합니다 / 그들이 우리와 함께하고 싶은지 / 이번 주말에

08 The doctor said / _____.

의사는 말했습니다 / 모든 사람이 마스크를 써야 한다고

정답 · 스크립트 · 해석 p.246

📖 **Vocabulary** —————————————————————————————

immigration[ìmigréiʃn] 출입국 관리소 tournament[미] túrnəmənt, [영] túənəmənt] 경기 hand in 제출하다 infant[ínfənt] 유아

🎧 (W1_D4) Course2.mp3

[Listen & Check]

The fruit / **that you picked** / is the most delicious. 과일이 / 당신이 딴 / 가장 맛있습니다

We will look through the magazines / **we found yesterday**.
우리는 잡지들을 훑어볼 것입니다 / 우리가 어제 찾은

---

that you picked는 명사 fruit를 수식하는 형용사절입니다. we found yesterday는 목적격 관계대명사 that이 생략된 형용사절로 magazines를 수식하고 있습니다. 이처럼 형용사절은 명사 뒤에 위치하여 명사를 수식하며, 주로 '~하는', '~한'이라고 해석됩니다. 형용사절 접속사에는 주격 관계대명사인 that, which, who와 소유격 관계대명사인 whose, 목적격 관계대명사 whom(who), which, that이 있으므로, 이러한 접속사를 기준으로 내용을 끊어서 들으면 긴 문장을 이해하는 데 도움이 됩니다.

🎧 **형용사절의 쓰임**

1. 주격 관계대명사를 포함한 형용사절

The tutor / **who taught me math** / was very strict.
개인 교사는 / 제게 수학을 가르친 / 매우 엄격했습니다

I'm writing a book / **that will be released in the summer**.
저는 책을 집필하고 있습니다 / 여름에 출간될 예정인

2. 소유격 관계대명사를 포함한 형용사절

We went to a restaurant / **whose chef is very famous**.
우리는 식당에 갔습니다 / 그곳의 요리사가 매우 유명한

3. 목적격 관계대명사를 포함한 형용사절

She is the CEO / **(whom) I met this morning**.
그녀는 최고경영자입니다 / 제가 오늘 아침에 만난

➡ whom(who), which, that과 같은 목적격 관계대명사는 생략될 수 있습니다.

🎧 순서대로 끊어 해석한 것을 참고하여, 빈칸에 들어갈 형용사절을 받아써 보세요.

01 She is the staff member / _____.

그녀는 직원입니다 / 매우 도움이 되는

02 Vegetables / _____ / are very expensive.

채소들은 / 이 지역에서 재배된 / 매우 비쌉니다

03 He is the painter / _____.

그는 페인트공입니다 / 제가 우리 집에 고용한

04 How do you feel about the classroom / _____?

그 교실에 관해 어떻게 생각하니 / 최근에 지어진

05 We can interview the teacher / _____.

우리는 그 선생님을 인터뷰할 수 있어 / 세계사를 가르치시는

06 Yes, she is the person / _____.

네, 그녀가 그 사람입니다 / 제가 카펫을 산

07 The game / _____ / was very entertaining.

그 게임은 / 당신이 선택한 / 매우 재미있었습니다

08 We saw a movie / _____.

우리는 영화를 보았습니다 / 그것의 줄거리가 흥미로운

정답 · 스크립트 · 해석 p.247

📖 **Vocabulary**

look through 훑어보다   plot[미 plɑːt, 영 plɔt] 줄거리

Course ❸ 부사절 끊어 듣기

🎧 (W1_D4) Course3.mp3

[Listen & Check]

Before we go on to the next topic, / I'll take any questions you have.
다음 주제로 넘어가기 전에 / 여러분이 갖고 계신 질문을 받겠습니다

I'll have to take the class again / **unless I pass the final exam.**
저는 이 수업을 다시 들어야 할 것입니다 / 기말고사를 통과하지 않는 한

첫 번째 예문의 Before we go on to the next topic은 시간의 정보를 제공하는 부사절로 쓰였고, 두 번째 예문의 unless I pass the final exam은 조건의 정보를 제공하는 부사절로 쓰였습니다. 이와 같이 부사절은 문장의 처음에 올 수도 있고 끝에 올 수도 있습니다. 부사절이 문장의 처음에 올 때에는 부사절과 주절 사이에 보통 콤마가 있으며 그 부분에서 잠깐의 휴지가 있는 경우도 있으므로, 이러한 부분을 파악해 두면 긴 문장을 이해하는 데 도움이 됩니다.

🎧 **부사절의 쓰임**

1. **시간의 부사절: when~**(~할 때), **since~**(~이래로), **after~**(~이후로), **before~**(~하기 전에), **as soon as~**(~하자마자)

   I have been learning Chinese / **since I was in university**.
   저는 중국어를 배우고 있습니다 / 대학에 있었을 때부터

2. **이유의 부사절: since~, because~**(~하기 때문에)

   I haven't been able to go to school all week / **because I have been ill**.
   한 주 내내 학교에 갈 수 없었습니다 / 아팠었기 때문에

3. **목적의 부사절: so that~, in order that~**(~하기 위해)

   We decided to travel by train / **so that we could get there sooner**.
   우리는 기차로 여행하기로 결정했습니다 / 그곳에 더 일찍 도착하기 위해

4. **양보의 부사절: though~, although~**(~이긴 하지만), **even if~**(~하더라도)

   Even if I get good grades, / it will be hard to get into a top university.
   좋은 성적을 받더라도 / 최고의 대학에 들어가기는 어려울 것입니다

5. **조건의 부사절: if~**(~하다면), **unless~**(~하지 않는 한)

   If the weather is good, / we will go swimming tomorrow.
   날씨가 좋으면 / 우리는 내일 수영하러 갈 것입니다

🎧 순서대로 끊어 해석한 것을 참고하여, 빈칸에 들어갈 부사절을 받아써 보세요.

01 _____, / please let me know.

무엇이든 제안할 것이 있다면 / 제게 알려 주세요

02 We'll have dinner / _____.

우리는 저녁을 먹을 것입니다 / 그 도시에 도착하자마자

03 I don't buy any souvenirs from tourist attractions / _____.

저는 관광 명소에서 어떤 기념품도 사지 않습니다 / 그것들이 너무 비싸기 때문에

04 I haven't played tennis / _____.

저는 테니스를 치지 않고 있습니다 / 작년에 발목을 삔 이래로

05 The plants won't grow / _____.

식물은 자라지 않을 것입니다 / 물을 너무 많이 준다면

06 _____, / your writing is not well organised.

네 개요는 뛰어나지만 / 네 글은 잘 정리되어 있지 않아

07 I moved here / _____.

저는 이곳으로 이사했습니다 / 너무 멀리 통근할 필요가 없도록

08 _____, / the building has surprisingly spacious flats.

그것은 작아 보이지만 / 그 건물에는 놀라울 만큼 넓은 아파트가 있습니다

정답 · 스크립트 · 해석 p.247

📖 **Vocabulary** ──

souvenir[미 sùːvənír, 영 súːvníə] 기념품   sprain one's ankle 발목을 삐다   organise[미 ɔ́ːrɡənaiz, 영 ɔ́ːɡənaiz] 정리하다, 구성하다
commute[kəmjúːt] 통근하다   spacious[spéiʃəs] 넓은

Course ④ 분사구 끊어 듣기

🎧 (W1_D4) Course4.mp3

[Listen & Check]

People / **living in remote regions** / have limited access to cultural facilities.
사람들은 / 외진 지역에 사는 / 문화 시설을 접할 수 있는 기회가 제한적입니다

Having become famous in his home country, / the actor wanted to work in Hollywood.
그의 고향에서 유명해졌기 때문에 / 그 배우는 할리우드에서 일하고 싶어했습니다

living in remote regions는 형용사 역할을 하는 분사구로서 앞에 있는 명사 People을 수식하고 있습니다. 그리고 Having become famous in his home country는 부사 역할을 하는 분사구로서 뒤에 있는 문장 전체를 수식하고 있습니다. 이처럼 분사구는 종종 명사 뒤, 또는 문장의 앞이나 뒤에 쓰여 형용사나 부사의 역할을 하므로, 이러한 분사구를 구분하며 들으면 긴 문장을 이해하는 데 도움이 됩니다.

🎧 분사구의 쓰임

1. 부사 역할을 하는 분사구

Shouting with happiness, / the team members celebrated their victory.
행복에 겨워 소리치면서 / 팀의 선수들은 그들의 승리를 축하했습니다

➡ Shouting with happiness가 뒤에 있는 문장 전체를 수식하고 있습니다.

2. 형용사 역할을 하는 분사구

There was severe drought / **lasting more than a month**.
심각한 가뭄이 있었습니다 / 한 달 넘게 지속되었던

The picture / **taken by satellites** / revealed the landscape of the moon.
그 사진은 / 인공위성들에 의해 촬영된 / 달의 지형을 드러냈습니다

3. 접속사를 포함하는 분사구

Although getting a bad grade on the test, / I did my best.
시험에서 나쁜 성적을 받았지만 / 저는 최선을 다했습니다

➡ 접속사를 생략할 수도 있지만, 생략하여 의미가 불분명해지는 경우에는 생략하지 않습니다.

EXERCISE 🎧 (W1_D4) Course4_Ex1-8.mp3

🎧 순서대로 끊어 해석한 것을 참고하여, 빈칸에 들어갈 분사구를 받아써 보세요.

01 _____, / you should present your ID card.

도서관에서 책을 빌릴 때에는 / 학생증을 제시하셔야 합니다

02 A few days ago, / I crashed my bike / _____.

며칠 전에 / 저는 자전거를 고장 냈습니다 / 그것의 앞바퀴를 부러뜨리면서

03 _____, / we found some interesting studies.

이 주제를 조사하면서 / 우리는 몇몇 흥미로운 연구를 발견했습니다

04 The assignment / _____ / was a bit demanding.

그 과제는 / 제게 주어진 / 약간 부담이 되었습니다

05 _____, / you can apply for a job placement.

모든 요구 조건을 이행한 후에 / 귀하는 직업 알선을 신청할 수 있습니다

06 Foreign students / _____ / can visit the language centre.

외국인 학생들은 / 수업에 어려움을 겪는 / 어학 센터를 방문할 수 있습니다

07 Today, I will talk about the hearing ability of humans, / _____.

오늘, 저는 인간의 청력에 대해 이야기할 것입니다 / 그것을 동물의 것과 비교하여

08 _____, / I am looking for a position with an investment firm.

재정학을 전공했으므로 / 저는 투자 회사의 일자리를 구하고 있습니다

정답 · 스크립트 · 해석 p.248

📖 **Vocabulary**

remote[미 rimóut, 영 rimáut] 외진 **home country** 고향 **drought**[draut] 가뭄 **satellite**[sǽtəlàit] 인공위성 **landscape**[lǽndskèip] 지형
crash[kræʃ] 고장 내다 **investment**[invéstmənt] 투자

5일 바꾸어 표현한 내용 이해하기

IELTS 리스닝 영역에서는 지문 속 정답의 단서를 바꾸어 표현한 경우가 많습니다. 주로 단어나 문장의 구조를 바꾸어 표현하며, 여러 문장을 한 문장이나 어구로 요약하기도 합니다. 따라서 IELTS 리스닝 문제를 풀기 위해서는 이렇게 다양한 방식으로 바꾸어 표현한 정보를 이해하는 훈련을 해 두는 것이 좋습니다.

Course ❶ 단어를 바꾸어 표현한 내용 이해하기

(W1_D5) Course1.mp3

[Listen & Check]

The **children walked** to the park. 어린이들은 공원으로 걸어갔습니다.

→ The **kids strolled** to the park. 아이들은 공원으로 산책을 갔습니다.

The **best** way to learn a new language is to **use** it **every day.**
새로운 언어를 배우는 가장 좋은 방법은 매일 그것을 사용하는 것입니다.

→ The **most effective** way to learn a new language is to **practise** it **regularly.**
새로운 언어를 배우는 가장 효과적인 방법은 규칙적으로 그것을 연습하는 것입니다.

첫 번째 예문에서 '어린이들'이라는 뜻의 children은 같은 의미의 kids로, '걸어가다'라는 뜻의 walked 역시 비슷한 의미의 strolled로 바꾸어 표현했습니다. 두 번째 예문에서는 '가장 좋은'이라는 뜻의 best라는 단어를 비슷한 의미의 most effective 라는 형용사구로 바꾸었고, '사용하다'라는 뜻의 동사 use와 '매일'이라는 뜻의 부사구 every day는 각각 비슷한 의미의 동사 practise와 부사 regularly로 바꾸어 표현했습니다. 이처럼 전체 문장에서 일부 단어를 바꾸어 표현하는 방식을 익혀 두면 정답을 빠르게 찾는 데 도움이 됩니다.

🎧 서로 바꾸어 표현할 수 있는 단어들의 예시

사진	photograph	picture		
시작하다	begin	start		
유명한	famous	well-known		
중요한	important	significant	essential	vital
사전에	ahead of time	(in) advance		
풍요로운	rich	fertile		
증가하다/늘리다	increase	build up	reinforce	
개선하다/향상시키다	improve	enhance	develop	help

🎧 주어진 단어와 같은 뜻의 단어를 찾아 보세요.

01 **investigate**   Ⓐ analyse   Ⓑ ignore

02 **notice**   Ⓐ remember   Ⓑ observe

03 **fight**   Ⓐ promote   Ⓑ argue

04 **avoid**   Ⓐ escape   Ⓑ allow

🎧 문장을 듣고 같은 의미가 되도록 올바른 단어를 찾아 보세요.

05 This train will take four hours to _____ its destination.
Ⓐ arrive at   Ⓑ leave

06 The museum is _____ the concert hall.
Ⓐ in front of   Ⓑ beside

07 The tour will visit _____ the top sites in the city.
Ⓐ all of   Ⓑ the majority of

08 Dreams can have many _____ meanings.
Ⓐ possible   Ⓑ impossible

09 Hurricanes cause a _____ of damage.
Ⓐ large amount   Ⓑ high quality

10 The rain meant that we had to _____ the hiking trip.
Ⓐ put up   Ⓑ postpone

정답 · 스크립트 · 해석 p.248

📖 **Vocabulary** ―――

stroll[[미] stroul, [영] strəul] 산책을 가다, 걸어가다   investigate[invéstigèit] 조사하다   destination[dèstinéiʃn] 목적지

🎧 (W1_D5) Course2.mp3

[Listen & Check]

The exam will be **moved to next Friday** due to **the typhoon which is forecast for this week**.
시험은 이번 주에 예보된 태풍으로 인해 다음 주 금요일로 옮겨질 것입니다.

→ The exam will be **rescheduled** because of **bad weather**.
   시험은 악천후로 인해 일정이 변경될 것입니다.

예문에서 '다음 주 금요일로 옮겨지다'라는 뜻의 moved to next Friday라는 동사구를 rescheduled라는 한 단어로 바꾸어 표현하였습니다. 또한, '이번 주에 예보된 태풍'이라는 뜻의 the typhoon which is forecast for this week라는 명사구를 bad weather로 요약된 명사구로 바꾸어 표현하였습니다. 이처럼 문장의 일부를 다른 구조로 바꾸어 표현하거나, 문장 전체의 구조를 바꾸어 표현하는 방식을 익혀 두면 정답을 빠르게 찾는 데 도움이 됩니다.

🎧 구조를 바꾸어 표현하는 예시

1. 문장의 일부 구조를 바꾸어 표현하는 경우

   Everyone in our club goes on a **hike together each spring**.
   우리 모임의 모든 사람들은 매 봄마다 함께 도보 여행을 갑니다.
   → **We** go on a **seasonal outing**.
      우리는 특정 계절마다 여행을 갑니다.

2. 문장의 전체 구조를 바꾸어 표현하는 경우

   The deadline for **handing in the entrance form** is Monday.
   입학 양식 제출의 마감일은 월요일입니다.
   → **Entries** must be **submitted** by Monday.
      입학서는 월요일까지 제출되어야 합니다.

   ➡ 주어를 바꾸어 문장의 구조를 능동태에서 수동태로 바꾸어 표현할 수 있습니다.

   Art therapy is a method that **produces positive results**.
   미술 치료는 긍정적인 효과를 낳는 기법입니다.
   → **It** has **proven effective** for patients to be treated with **therapy that involves artistic activities**.
      환자들이 미술적인 활동을 수반하는 치료를 받는 것은 효과적인 것으로 증명되었습니다.

   ➡ 주어를 it으로 바꾸어 표현할 수 있습니다.

EXERCISE 🎧 (W1_D5) Course2_Ex1-8.mp3

🎧 문장을 듣고 같은 의미가 되도록 올바른 어구를 찾아 보세요.

01 It is good for _____.
  Ⓐ the mind and the body   Ⓑ optimistic mentality

02 It will be closed _____.
  Ⓐ during the year   Ⓑ throughout winter

03 It is published _____.
  Ⓐ on a monthly basis   Ⓑ twice a year

04 The playground will undergo _____.
  Ⓐ construction work next week   Ⓑ renewal on Friday

05 It was _____.
  Ⓐ made up of sand   Ⓑ situated in an attractive location

06 The professor gave them an assignment about _____.
  Ⓐ the characteristics of an inventor   Ⓑ the development of a device

07 It provides _____.
  Ⓐ free drinks   Ⓑ discounted drinks

08 The deadline for the assignment has been _____.
  Ⓐ pushed back   Ⓑ moved ahead

정답 · 스크립트 · 해석 p.249

📖 **Vocabulary** ───

reschedule[[미] rìːskédʒuːl, [영] rìːʃédjuːl] 일정을 변경하다 outing[áutiŋ] 여행, 야유회 entry[éntri] 입학서 construction[kənstrʌ́kʃn] 공사
push back 미루다

(W1_D5) Course3.mp3

[Listen & Check]

City tour group members will visit **the market, the river, a temple, and the history museum**. In addition, they can **go on a boat ride in the river or do some shopping** in the market.
도시 투어 그룹의 구성원들은 시장, 강, 사원, 그리고 역사 박물관을 방문할 것입니다. 게다가, 그들은 강에서 보트를 타거나 시장에서 쇼핑을 좀 할 수도 있습니다.

→ The city tour members will visit **numerous attractions** where they can **take part in activities**.
도시 투어의 구성원들은 활동들에 참여할 수 있는 많은 관광지를 방문할 것입니다.

예문에서 '시장, 강, 사원, 그리고 역사 박물관'을 나타내는 the market, the river, a temple, and the history museum을 요약하여 '많은 관광지'라는 뜻의 numerous attractions로 바꾸어 표현하였고, '그들은 강에서 보트를 타거나 시장에서 쇼핑을 좀 할 수도 있다'는 뜻의 go on a boat ride in the river or do some shopping은 '활동들에 참여하다'는 뜻인 take part in activities로 요약하였습니다. 이처럼 여러 문장들이 담고 있는 다양한 정보를 짧은 단어, 구, 문장 등으로 요약하여 표현하는 방식을 익혀 두면 정답을 빠르게 찾는 데 도움이 됩니다.

🎧 여러 문장이 요약되는 예시

1. 단어 또는 구로 요약된 보기가 출제되는 경우

The new park is scheduled to open to the public today. It's **located in the centre of town**.
새로운 공원이 오늘 대중에게 개방될 예정입니다. 그곳은 시내 중심부에 위치하고 있습니다.

→ **new park opening in the town centre**
시내 중심에 개방되는 새로운 공원

2. 한 문장으로 요약되는 경우

Our company will **require a new staff member**. We are looking for a **person who is familiar with the construction industry and has worked in this field for a few years**.
우리 기업은 새로운 직원을 필요로 할 것입니다. 우리는 건설 산업에 익숙하며 이 분야에서 수년간 일했던 사람을 구하고 있습니다.

→ There is a **job opportunity** for someone with **construction experience**.
건설업 경력이 있는 사람을 위한 취업 기회가 있습니다.

🎧 들려주는 내용을 올바르게 요약한 보기를 골라 보세요.

01 Ⓐ Making a reservation for a tour

Ⓑ Attending a fund-raiser at a museum

02 Ⓐ The cause of a battle

Ⓑ The end of a conflict

03 Ⓐ An effective marketing technique

Ⓑ An updated company website

04 Ⓐ A popular nonfiction publication

Ⓑ An editing service for writers

05 Ⓐ A novel published before the writer's death

Ⓑ An author unable to complete a work

06 Ⓐ Renovations are planned.

Ⓑ A construction project has ended.

07 Ⓐ A discount will be offered.

Ⓑ Admission will be more expensive.

08 Ⓐ Travellers can choose from several hotels in the centre of New York City.

Ⓑ Food, transport to the city, and discounts on tourist sites are included.

09 Ⓐ Good leadership led to the team's success.

Ⓑ New players changed ranking of a team in the league.

10 Ⓐ The industry may lose many workers.

Ⓑ There will be a lot of new jobs in the industry.

정답 · 스크립트 · 해석 p.250

📓 **Vocabulary** ──────────────────────

temple[témpl] 사원 numerous[미] núːmərəs, [영] njúːmərəs] 많은 job opportunity 취업 기회

IELTS 리스닝 영역에서는 주관식 문제가 자주 출제되므로, 답안을 작성할 때 철자에 주의하여야 합니다. 특히 섹션 1에서는 이름, 주소 등 고유명사의 철자를 불러주는 문제나 날짜, 또는 가격, 전화번호, 카드번호 등 숫자를 불러주는 문제가 자주 출제됩니다. 따라서 지문에서 들려주는 철자와 숫자를 정확하게 받아쓰는 연습을 해 두는 것이 좋습니다.

Course ❶ 철자를 불러주는 이름/주소 받아쓰기

🎧 (W1_D6) Course1.mp3

[Listen & Check]

M: Can I get your name? 성함을 알 수 있을까요?

W: It's Patricia Averette. **P-A-T-R-I-C-I-A, and A-V-E-R-E-T-T-E**. Patricia Averette이에요.

M: Is it Averette with B? B가 있는 Averette인가요?

W: No. It's actually V, like Victor. 아뇨. 사실 V예요, Victor처럼요.

Patricia Averette과 같이 사람의 이름 등 고유명사의 철자를 불러주는 경우, 익숙한 단어가 아니므로 한 번 불러줄 때 제대로 듣지 못하면 답안을 작성할 때 어려움을 겪을 수 있습니다. 단, 이러한 상황에서는 다른 화자가 알파벳을 되묻는 등 일부 혼동되는 철자를 다시 한 번 확인할 수 있는 대화가 등장하기도 합니다. 따라서 이렇게 철자를 불러주는 상황을 익혀 두고 철자를 받아쓰는 연습을 해 두면 답안을 정확하게 작성하는 데 도움이 됩니다.

🎧 **철자를 불러주는 이름/주소의 예시**

화자의 이름	The name is Mohammed Rafi. It's **M-O-H-A-double M-E-D**. ➡ 같은 철자가 2개 붙어 있는 경우 **double**을 사용해 표현하기도 합니다.
거리 이름 등 주소의 일부	My address is 157 Southampton Row. **S-O-U-T-H-A-M-P-T-O-N**.
예약하는 방 등 특정 공간의 이름	Next week's lecture will be in the Clifton Room. **C-L-I-F-T-O-N**.
홈페이지, 이메일 등의 주소	Please send your CV to **sharon@littlebakery.com**.

EXERCISE 🎧 (W1_D6) Course1_Ex1-18.mp3

🎧 들려주는 이름을 올바르게 적은 것을 찾아 보세요.

01 Ⓐ Wellington Street
Ⓑ Welington Street

02 Ⓐ debi567@digitek.com
Ⓑ demi567@digitek.com

03 Ⓐ Timothy Collins
Ⓑ Timothy Colins

04 Ⓐ Harp Room
Ⓑ Hart Room

🎧 들려주는 정보를 듣고 받아써 보세요.

05 _____   **06** _____   **07** _____

08 _____   **09** _____   **10** _____

🎧 다음 문장의 빈칸을 채워 보세요.

11 I live on _____ Road.

12 Please add my name. It's _____.

13 You can reach me at _____.

14 Our office is at 1245 _____.

15 A new branch of the store is opening at 157 _____ Street.

16 My last name is _____.

17 For more information about the unit, visit _____.

18 The speech will be given in the _____.

정답·스크립트·해석 p.251

📖 **Vocabulary**

reach[riːtʃ] 연락하다   branch[미 bræntʃ, 영 brɑːntʃ] 지점

Course ❷ 다양하게 표현되는 시간/날짜 받아쓰기

🎧 (W1_D6) Course2.mp3

[Listen & Check]

We will meet her at **a quarter to eight**. 우리는 그녀를 8시 15분 전에 만날 것입니다.

Well, I was born on **the tenth of July, nineteen ninety-three**. 음, 저는 1993년 7월 10일에 태어났어요.

첫 번째 예문에서 시간을 나타내는 표현으로 사용된 a quarter to는 '15분 전'이라는 의미로, a quarter to eight은 8시 15분 전, 즉 7시 45분을 의미합니다. 두 번째 예문은 '1993년 7월 10일'에서 '일'은 서수 the tenth로, '월'은 해당하는 달의 이름인 July로 표현하였고, 연도는 두 자리씩 숫자를 끊어 읽는 방식으로 표현하였습니다. 그 외에도 시간 또는 날짜를 언급할 때에는 다양한 표현들이 등장할 수 있으므로, 이를 익혀 두면 답안을 정확하게 작성하는 데 도움이 됩니다.

🎧 시간을 표현하는 여러 가지 방법

~to + 시 **~past + 시**	~시 ~분 전 ~시 ~분 후 She starts work at **ten to five**. 그녀는 5시 10분 전에 일을 시작합니다.
between 시간 and 시간	~부터 ~사이에 / 동안 The band will play live music **between 10 and 12**. 밴드는 10시부터 12시 사이에 라이브 음악을 연주할 것입니다.
quarter **half**	15분 30분 The bus comes by every hour and **a half**. 버스는 매 1시간 30분마다 옵니다.
midday / noon	정오 The meeting will begin at **noon**. 회의는 정오에 시작할 것입니다.

🎧 날짜를 표현하는 여러 가지 방법

4월 8일	**April 8** ➡ 해당하는 달의 이름과 숫자로 표현할 수 있습니다. **the 8th of April / (the) eighth of April / April (the) 8th / April (the) eighth** ➡ 해당하는 달의 이름과 서수로 표현하는 경우, 서수는 달의 앞뒤에 모두 올 수 있습니다.
1989년	**Nineteen eighty-nine**
2008년	**Two thousand (and) eight** ➡ 2000년대와 같이 천 년과 1의 자리, 10의 자리로만 이루어진 연도의 경우, 전체를 하나의 수로 읽기도 합니다.
1800년대 (1800s)	**Eighteen hundreds** ➡ 100년 단위의 기간을 나타내는 경우, 전체를 하나의 수로 표현합니다.

EXERCISE 🎧 (W1_D6) Course2_Ex1-18.mp3

🎧 문장에서 들은 표현의 뜻을 생각하며 올바른 숫자를 찾아 보세요.

01 Ⓐ 5.00 - 6.30 pm   Ⓑ 5.30 - 6.30 am   **02** Ⓐ 12.00 am   Ⓑ 12.00 pm

03 Ⓐ August 13th   Ⓑ August 30th   **04** Ⓐ 9.40 pm   Ⓑ 10.20 pm

05 Ⓐ May 7th   Ⓑ May 27th   **06** Ⓐ 2.30 pm   Ⓑ 3.30 pm

07 Ⓐ 3.45 pm   Ⓑ 4.15 pm   **08** Ⓐ 2011   Ⓑ 2001

🎧 다음 문장의 빈칸을 채워 보세요.

09 You have to catch a train at _____ .

10 He arrived at the office at _____ .

11 The store will reopen on _____ .

12 Let's meet at the station at _____ .

13 My date of birth is _____ .

14 Our flight's departure was delayed until _____ .

15 I can have a meeting with you at _____ .

16 Why don't we meet for lunch at _____ ?

17 The concert has been postponed until _____ .

18 The package will be delivered around _____ .

정답 · 스크립트 · 해석 p.252

📖 **Vocabulary**

found[faund] 설립하다   departure[미 dipá:rtʃər, 영 dipá:tʃə] 출발

Course ❸ 숫자를 포함하는 번호/단위 받아쓰기

🎧 (W1_D6) Course3.mp3

[Listen & Check]

My credit card number is **5865-4569-7812-4561**. 제 신용카드 번호는 5865-4569-7812-4561입니다.

The full package will cost **£120** per month. 전체 패키지는 한 달에 120파운드일 것입니다.

첫 번째 예문에서 언급된 카드 번호처럼 여러 개의 숫자가 붙어있는 경우, 중간에 숫자를 놓친다면 다시 받아쓰기 어렵습니다. 또한, 두 번째 예문에서 언급된 120파운드와 같이 가격의 단위나 무게, 길이 등 측정 단위가 등장하기도 하며, 이러한 단위까지 정답으로 작성해야 하는 경우도 있습니다. 따라서 숫자를 포함하는 번호와 단위를 받아쓰는 연습을 해 두면 답안을 정확하게 작성하는 데 도움이 됩니다.

🎧 숫자를 포함하는 번호/단위의 예시

여러 개의 숫자로 된 계좌, 카드, 전화번호	My bank account number is **512302233**. 제 은행 계좌번호는 512302233입니다. ➡ 숫자 '0'은 알파벳 'O'로 표현되는 경우도 있습니다.
비행기, 방 번호 등 숫자와 알파벳의 조합	Your flight code is written on the ticket; **ZE309**. 여러분의 항공 코드인, ZE309는, 탑승권에 쓰여 있습니다.
파운드, 달러, 유로 등 가격 단위	You'll have to pay an extra **€25**. 추가로 25유로를 지불하셔야 할 것입니다.
무게, 길이, 퍼센트 등 측정 단위	**12,000 hectares** of forest was destroyed by fire. 12,000헥타르의 숲이 화재로 인해 파괴되었습니다.

🎧 문장에서 들려준 올바른 숫자를 찾아 보세요.

01　Ⓐ 0105-677-9235　　　　　　**02**　Ⓐ 5368-6678-9230-8035
　　　Ⓑ 0105-667-9230　　　　　　　　　Ⓑ 5368-6678-9235-8535

03　Ⓐ 4256　　　　Ⓑ 2456　　　**04**　Ⓐ 06452　　　　Ⓑ 04562

05　Ⓐ £615　　　　Ⓑ £650　　　**06**　Ⓐ 55%　　　　Ⓑ 65%

07　Ⓐ B14 5AP　　Ⓑ B41 7AP　　**08**　Ⓐ 13G　　　　Ⓑ 30P

🎧 다음 문장의 빈칸을 채워 보세요.

09　I think my postcode is _____.

10　The conference will be held in _____ at the Rosemond Hotel.

11　My budget is _____ for this trip.

12　Your new licence plate number will be _____.

13　Please call me this afternoon at _____.

14　The communications tower is _____ high.

15　Water boils at a temperature of _____.

16　The entrance fee for the museum is _____ for adults.

17　It is estimated that around _____ of all bird species are endangered.

18　Biologists estimate that there are about _____ species of insects.

정답 · 스크립트 · 해석 p.253

📘 **Vocabulary** ───────────────────────────────────

finance[fáinæns] 재정　licence plate 차량 등록 번호　boil[bɔil] 끓다

Course ❹ 철자가 헷갈리는 단어 받아쓰기

🎧 (W1_D6) Course4.mp3

[Listen & Check]

I went on a **helicopter** ride over London yesterday.
어제 런던으로 헬리콥터 탑승 체험에 다녀왔습니다.

This supermarket is famous for selling a lot of **foreign** products.
이 슈퍼마켓은 많은 외국 상품들을 판매하는 것으로 유명합니다.

자주 접하는 단어들은 잘 알고 있다고 생각하기 쉽지만, 막상 받아쓸 때에는 철자를 혼동하여 실수하는 경우가 있습니다. 따라서 이미 알고 있는 익숙한 단어라도 철자를 정확하게 외워 두면 답안을 정확하게 작성하는 데 도움이 됩니다.

🎧 헷갈리기 쉬운 철자의 예시

철자	뜻	철자	뜻
accommodate	공간을 제공하다, 수용하다	environment	(주변) 환경
achieve	달성하다, 성취하다	government	정부
assistant	조수, 보조원	independent	독립적인
beginning	시작	knowledge	지식
believe	믿다	mammal	포유류
business	사업	message	메시지
calendar	달력	necessary	필요한
committee	위원회	occasion	(일이 일어나는 특정한) 때, 행사
dilemma	딜레마	receive	받다
discipline	규칙, 규율	separate	분리된, 따로 떨어진

EXERCISE 🎧 (W1_D6) Course4_Ex1-18.mp3

🎧 들려주는 단어를 듣고 받아써 보세요.

01 _____   02 _____   03 _____

04 _____   05 _____   06 _____

07 _____   08 _____   09 _____

10 _____   11 _____   12 _____

🎧 다음 문장의 빈칸을 채워 보세요.

13 Be careful when relying on online sources, as _____ all of them.

14 Many companies set aside funds so that they can deal with _____.

15 _____, we will not be able to visit the _____ hall today.

16 _____ have a _____ that they use to track other animals.

17 Some species are able to thrive in the Arctic _____ despite the
    _____.

18 Please _____ your e-mail address and phone number on the
    club registration form.

정답 · 스크립트 · 해석 p.255

📖 **Vocabulary** ———————————————————————————————

set aside 따로 모아두다   **Arctic**[미 á:rktik, 영 á:ktik] 북극의

HACKERS
IELTS
LISTENING BASIC

goHackers.com

학습자료 제공·유학정보 공유

2nd Week

HACKERS IELTS LISTENING BASIC

2주에서는 IELTS 리스닝의 섹션 1과 2의 문제 유형을 공부해본 후,
단계별로 문제를 풀어보겠습니다. 섹션 1과 2에서는 일상생활에서 겪을 수 있는
각종 문의나 시설 소개 등의 상황이 출제됩니다.

문제 유형 공략하기
SECTION 1, 2

INTRO

OVERVIEW

섹션 1은 1번부터 10번까지 총 10문제로 이루어지며, 주로 일상적인 주제에 관한 두 명의 대화를 듣고 그와 관련된 문제를 풀어야 합니다.

출제 주제

섹션 1에서는 2명의 화자가 등장하며, 고객이 직원에게 특정 정보에 대해 문의하거나 필요한 서비스를 신청하는 등 일상생활에서 흔히 겪을 수 있는 상황을 주제로 하는 지문이 출제됩니다.

· 문의: 여행, 채용, 시설, 입학/등록, 학교 생활, 수리 문의 등
· 예약: 숙소, 시설, 병원 예약 등
· 기타: 설문 조사, 직무 설명 등

출제 유형

출제되는 문제 유형은 크게 6가지가 있습니다. 이러한 유형 중 섹션 1에서는 노트/양식/표 완성하기(Note/Form/Table Completion) 유형이 가장 자주 출제됩니다.

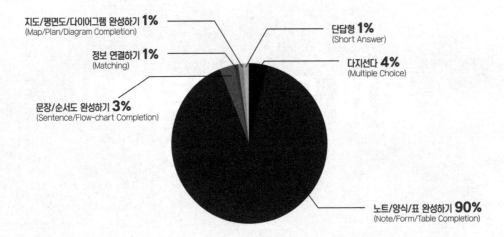

지도/평면도/다이어그램 완성하기 **1%**
(Map/Plan/Diagram Completion)

단답형 **1%**
(Short Answer)

정보 연결하기 **1%**
(Matching)

다지선다 **4%**
(Multiple Choice)

문장/순서도 완성하기 **3%**
(Sentence/Flow-chart Completion)

노트/양식/표 완성하기 **90%**
(Note/Form/Table Completion)

섹션 전략

섹션 1의 대화 지문은 보통 질문과 답변으로 구성됩니다. 등록 문의나 예약 등을 하는 상황에서 사람의 이름이나 주소, 우편번호, 시간, 날짜 등 다양한 정보를 묻고 답합니다. 이때 질문에 답변하는 화자가 정답의 단서를 언급할 확률이 높으므로, 답변하는 화자의 말을 주의 깊게 들어야 합니다.

SECTION 2

OVERVIEW
섹션 2는 11번부터 20번까지 총 10문제로 이루어지며, 주로 일상적인 주제에 관한 한 명의 독백을 듣고 그와 관련된 문제를 풀어야 합니다.

출제 주제
섹션 2에서는 주로 라디오 진행자, 여행 가이드, 시설이나 단체의 대표, 신규 직원 교육 담당 매니저 등의 화자가 등장합니다. 특정 시설이나 장소, 행사 등을 소개하는 지문이 주로 출제되지만, 간혹 역사나 변화 과정 등 학술적인 내용이 포함되는 경우도 있습니다.

- 시설 소개: 지역 운동센터, 지역 도서관, 특정 지역에 새로 지어진 시설 소개 등
- 지역 소개: 관광지, 특정 지역 소개 등
- 단체 소개: 봉사 단체, 협회 소개 등
- 기타: 여행 일정, 업무, 등록 방법, 모집 공고 소개 등

출제 유형
출제되는 문제 유형은 크게 6가지가 있습니다. 이러한 유형 중 섹션 2에서는 다지선다(Multiple Choice) 유형이 가장 자주 출제됩니다.

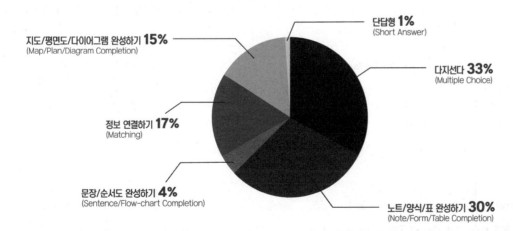

지도/평면도/다이어그램 완성하기 **15%**
(Map/Plan/Diagram Completion)

단답형 **1%**
(Short Answer)

다지선다 **33%**
(Multiple Choice)

정보 연결하기 **17%**
(Matching)

노트/양식/표 완성하기 **30%**
(Note/Form/Table Completion)

문장/순서도 완성하기 **4%**
(Sentence/Flow-chart Completion)

섹션 전략
섹션 2의 지문은 보통 특정 시설이나 단체의 여러 가지 특징을 나열하는 내용으로 구성됩니다. 각각의 특징과 관련된 정보를 묻는 문제가 종종 출제되므로, While, Moving on to, Now 등 화제를 전환하는 어구가 등장하면 다른 특징으로 대화의 주제가 전환될 것을 예상하며 주의 깊게 들어야 합니다.

출제 경향

다지선다(Multiple Choice)는 여러 개의 보기 중 알맞은 답을 고르는 객관식 유형입니다. 지문에서 들려준 내용과 일치하는 보기를 찾아 정답으로 선택해야 합니다.

섹션 1과 2에서 거의 매 시험 출제되는 유형입니다.

출제 형태

완성되지 않은 문장 뒤에 들어갈 답 선택하기

문장을 완성할 수 있는 알맞은 답을 1개 고르는 형태로 출제되며, 보기는 3개가 주어집니다.

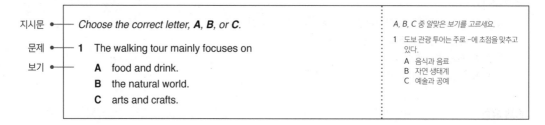

지시문 ● ─ *Choose the correct letter, **A**, **B**, or **C**.*

문제 ● ─ **1**   The walking tour mainly focuses on

보기 ● ─   **A**   food and drink.
　　　　　B   the natural world.
　　　　　C   arts and crafts.

A, B, C 중 알맞은 보기를 고르세요.

1   도보 관광 투어는 주로 –에 초점을 맞추고 있다.
　　A   음식과 음료
　　B   자연 생태계
　　C   예술과 공예

질문에 맞는 답 선택하기

질문으로 주어진 문제에 알맞은 답을 선택하는 형태로 출제됩니다. 2–3개의 답을 고르는 문제가 출제될 수 있으며, 이때 보기는 5–7개까지 주어집니다.

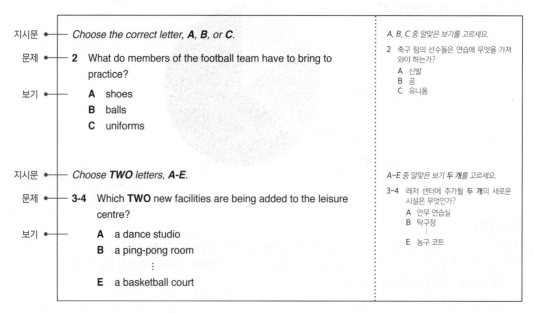

지시문 ● ─ *Choose the correct letter, **A**, **B**, or **C**.*

문제 ● ─ **2**   What do members of the football team have to bring to practice?

보기 ● ─   **A**   shoes
　　　　　B   balls
　　　　　C   uniforms

A, B, C 중 알맞은 보기를 고르세요.

2   축구 팀의 선수들은 연습에 무엇을 가져와야 하는가?
　　A   신발
　　B   공
　　C   유니폼

지시문 ● ─ *Choose **TWO** letters, **A-E**.*

문제 ● ─ **3-4**   Which **TWO** new facilities are being added to the leisure centre?

보기 ● ─   **A**   a dance studio
　　　　　B   a ping-pong room
　　　　　⋮
　　　　　E   a basketball court

A–E 중 알맞은 보기 두 개를 고르세요.

3-4   레저 센터에 추가될 두 개의 새로운 시설은 무엇인가?
　　A   안무 연습실
　　B   탁구장
　　⋮
　　E   농구 코트

1. 문제에서 묻는 내용을 파악합니다.

지문을 듣기 전에 지시문을 읽고 몇 개의 정답을 선택하는 문제인지 확인합니다. 또한, 문제를 읽고 핵심어구(keywords)와 문제에서 묻는 내용이 무엇인지 파악합니다. 핵심어구란 문제에서 언급된 단어들 중 문제를 푸는 데 중요한 단서가 될 수 있는 단어를 말합니다.

> **1** The walking tour mainly focuses on
> ▶ 핵심어구: walking tour
> ▶ 문제에서 묻는 내용: 도보 관광은 주로 어디에 초점을 맞추고 있는지

2. 핵심어구의 주변 내용을 주의 깊게 듣습니다.

문제의 핵심어구가 그대로 언급되거나 바꾸어 표현된 부분의 주변에서 정답과 관련된 내용을 언급할 확률이 높으므로, 주의 깊게 들으며 정답의 단서를 찾습니다.

> 지문에서 언급된 내용
> M: The walking tour includes stops at three local restaurants. Participants will have the chance to try a variety of local dishes and beverages.
> 남: 그 도보 관광은 세 군데의 지역 레스토랑을 경유하는 것을 포함합니다. 참가자들은 다양한 현지 음식과 음료를 맛볼 기회를 가질 것입니다.

3. 지문의 내용을 알맞게 표현한 보기를 정답으로 선택합니다.

지문의 내용이 그대로 등장하거나 바꾸어 표현된 보기를 정답으로 선택합니다. 다지선다 유형에서는 지문에서 언급한 표현이 정답에 그대로 나오기보다는 바꾸어 표현되는 경우가 많으므로, 지문에서 언급한 내용을 정확하게 표현한 보기를 선택해야 합니다.

4. 다음과 같은 오답 보기에 주의합니다.

다지선다 유형에서는 지문에 등장한 표현을 그대로 사용하여 혼동을 주는 오답 보기가 자주 출제되므로, 정답을 고를 때 함정에 빠지기 쉽습니다. 따라서 대표적인 오답 보기의 유형을 알아두고 실수하지 않도록 주의해야 합니다.

· 지문에 등장한 표현의 일부를 그대로 사용한 오답
· 지문에서 언급한 사실과 반대되는 내용의 오답
· 지문에서 언급한 사실과 관련이 없는 오답

✅ TIPS

여러 개의 정답을 고르는 다지선다 유형의 경우 각각의 정답은 한 개의 문제로 취급됩니다. 따라서 답안지에 답안을 작성할 때에는 문제 한 칸에 한 개의 정답만을 작성해야 합니다.

지시문을 읽고 한 개의 정답을 선택하는 문제임을 확인합니다.

문제를 읽고 핵심어구인 second floor에 무엇이 위치해 있는지 묻고 있음을 파악합니다.

예제

*Choose the correct letter, **A**, **B**, or **C**.*

1 What is located on the hotel's **second floor**?

   A a swimming pool

   B a dining facility

   C a play area

스크립트 영국식 발음   🎧 (W2_D1) EX.mp3

지문에서 핵심어구 second floor가 그대로 언급된 주변을 주의 깊게 듣습니다. 핵심어구의 주변 내용에서 'a family-style restaurant'라는 정답의 단서를 찾을 수 있습니다.

Section 2. You will hear a travel agent talking to a tour group about places to stay in Lincoln.

My name is Sarah, and I'll be helping you plan your trip to Lincoln. We'll figure out your itinerary later, but first let's go over the options for accommodation. Some of you have already asked me about affordable hotels that are appropriate for those travelling with children. Well, I'd recommend the Stanford Hotel. It is located in central Lincoln, and has very reasonable rates. It's popular with families because it is close to a large water park for children. In addition, ¹on the **second floor** of the hotel is a family-style restaurant that has received many positive reviews. And on the third floor, there's a great play area for kids. I'm sure you'll find the hotel rooms spacious, and each has a small kitchenette so that you can prepare simple snacks.

해석　예제

1　호텔의 **2층**에는 무엇이 위치해 있는가?

　A　수영장
　B　식당
　C　놀이 구역

스크립트

섹션 2. 링컨 지역에서 숙박할 장소에 관해 여행사 직원이 관광 그룹에게 이야기하는 것을 들으세요.

제 이름은 Sarah이고, 여러분이 링컨 지역으로의 여행을 계획하는 것을 도울 겁니다. 여러분의 여행 일정표는 잠시 후에 확인하겠지만, 우선 숙박 선택지들을 살펴보도록 하죠. 여러분 중 몇몇 분들은 이미 아이들과 함께 여행하는 사람들에게 알맞은 적당한 가격의 호텔에 대해 물어보셨죠. 음, 저는 Stanford 호텔을 추천해 드리겠습니다. 이곳은 링컨 중심가에 위치해 있고, 매우 합리적인 요금을 받습니다. 이 호텔은 아이들을 위한 대형 워터파크와 가깝기 때문에 가족들에게 인기가 있어요. 게다가, ¹이 호텔의 **2층**에는 많은 긍정적인 평가를 받아 온 패밀리 레스토랑이 있어요. 그리고 3층에는, 아이들을 위한 근사한 놀이 구역이 있죠. 호텔 방이 매우 넓다는 것을 알게 되실 거라고 확신하고, 각각의 방에는 작은 부엌이 있어서 간단한 간식을 준비하실 수 있을 거예요.

정답　**B**

해설　문제의 핵심어구(second floor)가 언급된 지문 내용 중 'on the second floor of the hotel is a family-style restaurant that has received many positive reviews'에서 이 호텔의 2층에는 많은 긍정적인 평가를 받아 온 패밀리 레스토랑이 있다고 하였으므로, 보기 **B** a dining facility가 정답입니다. 'a family-style restaurant'가 'a dining facility'로 바꾸어 표현되었습니다.

> **오답 확인하기**

A는 지문에서 'water park'로 등장해 혼동하기 쉽지만, 문제에서 묻는 호텔의 2층에 위치해 있는 것과 관련된 내용이 아니므로 오답입니다.
C는 지문의 'play area'를 그대로 언급해 혼동하기 쉽지만, 호텔의 2층이 아닌 3층에 대한 내용이므로 오답입니다.

📑 **Vocabulary**

itinerary[미 aitínəreri, 영 aitínərəri] 여행 일정표　**affordable**[미 əfɔ́ːrdəbl, 영 əfɔ́ːdəbl] 적당한 가격의　**reasonable**[ríːznəbl] 합리적인
spacious[spéiʃəs] 넓은　**kitchenette**[kìtʃənét] 작은 부엌

DAILY CHECK-UP

🎧 지문의 일부를 듣고 빈칸을 받아 적으세요. 그리고 알맞은 답을 고르세요.

🎧 (W2_D1) DC1-3.mp3

01
섹션1

M: Hello, student services office. Can I help you with something?

W: Yes, please. Um, I'm a member of the pottery club, and we'd like to participate in the upcoming charity bazaar. _____ _____. We just had an exhibition in town and have some lovely items to sell. So I have a few questions about the event.

M: OK. I can help you with that.

W: Um, first, what's the deadline for registration?

M: _____.

W: OK. And just to confirm, the bazaar will take place on Saturday, May 14th, right?

M: No, it will be held on May 20th. The student union fair is scheduled for the 14th.

W: I see . . . And where should I go to sign up?

M: _____. We are located next to the main administration building.

W: Got it. Thanks.

1   The pottery club would like to participate in the bazaar because

   A   it hopes to attract new members.
   B   it wants to raise money for a charity.
   C   it plans to sell tickets for an exhibition.

2   The student must register for the event by

   A   May 6th
   B   May 14th
   C   May 20th

3   Where can the student sign up?

   A   at the administration building
   B   at the student union building
   C   at the student services office

📖 **Vocabulary**

pottery[미] pά:təri, [영] pɔ́təri] 도예, 도자기   participate in ~에 참가하다   charitable[tʃǽrətəbl] 자선의   registration[rèdʒistréiʃn] 등록
take place 열리다, 개최되다   administration[ədmìnistréiʃn] 행정

(W2_D1) DC4-6.mp3

02
섹션2

I'd like to welcome you all to South Downs Forest. My name is David Porter, and I'm going to tell you about some of the many activities you can do in the area, including cycling, hiking, and boating.

First, I'll provide some information for those of you planning on doing some cycling today. There are many scenic courses to choose from, and one of the most popular is Lipchis Way. The route passes through a variety of different landscapes, from river valleys to coastal plains.

_____ to help you plan your ride. Now, for those of you who did not bring your own bicycles, _____ .

And if you need safety equipment, like a helmet and elbow pads, just stop by the shop on the main floor of the visitor centre.

As for food, there is a wide variety of restaurants to choose from for lunch or dinner. Just check with the staff in our visitor centre to find out which restaurants are on your planned route. _____ .

OK, now I'll tell you about options for hiking . . .

4-6 Which **THREE** things are available at the visitor centre?

A route maps
B boating equipment
C safety manuals
D course pamphlets
E rental bicycles
F hotel vouchers
G restaurant coupons

📖 **Vocabulary** ───

scenic[síːnik] 경치가 좋은 landscape[lǽndskeip] 풍경 coastal plain 해안 평야 equipment[ikwípmənt] 장비 stop by 들르다
eatery[íːtəri] 음식점 voucher[미] váutʃər, [영] váutʃə] 이용권, 상품권

03

My name is Lucy Harper, and I am one of the instructors here at Belford College. I'm also in charge of the campus language centre. As you will all be taking language courses this semester, it's important to get to know the centre and its services. I'd like to take some time now to explain how to make use of the centre.

First of all, as you've probably noticed, _____ _____. All Belford College students are permitted to use this area. It is available from 9 am until 7 pm during the week, and it opens at 10 am and closes at 5 pm on weekends.

_____ .

Um, our tutors are student volunteers. We can arrange one-on-one instruction for all the languages taught at the college. You should note, though, that there is usually a waiting list due to high demand. Uh, sometimes it can take up to three weeks to get a session. If you'd like to book time with a tutor, _____ _____. She'll let you know when you'll be able to get an appointment with one.

OK . . . I'd also like to take this opportunity to let all of you know that we will be introducing a special programme this semester. We'll be offering a beginners' Arabic class, even though this language is not currently taught at the college. The instructor will be Abdul Nasser, a visiting professor from the University of Cairo. He will be introducing students to both the Arabic language and Egyptian culture. Uh, it will meet on Tuesdays and Thursdays from 6.30 pm until 8.30 pm here at the centre. _____ _____. Keep in mind that the registration deadline is October 3rd. That's only two weeks away.

7 The language centre's study area

   A is not open on weekends.

   B features a range of educational material.

   C requires special permission to enter.

8 The speaker says the tutoring service will be

   A provided at no cost.

   B taught by college professors.

   C offered every three weeks.

9 Students should speak to Ms Jenner in order to

   A set up an appointment.

   B print out a schedule.

   C get a list of available tutors.

10 How can students register for Abdul Nasser's class?

   A by visiting the special programme office

   B by signing up on the college website

   C by calling the language centre

정답 · 스크립트 · 해석 · 해설 p.256

📖 **Vocabulary**

instructor[instrʎktər] 강사 **be in charge of** ~을 담당하다 **make use of** ~을 이용하다 **permit**[미 pərmít, 영 pəmít] 허용하다
tutor[미 túːtər, 영 tjúːtə] 개인 교습을 하다; 강사 **volunteer**[미 vàːləntír, 영 vɔ̀ləntíə] 자원 봉사자 **one-on-one** 1대 1의 **visiting professor** 초빙 교수

SECTION 1   *Questions 1-10*   🎧 (W2_D1) DT.mp3

Questions 1-6

*Choose the correct letter, **A**, **B**, or **C**.*

1   What day will the man be at the festival?

    A Friday
    B Saturday
    C Sunday

2   The cheese and wine tasting class will be

    A led by a famous local chef.
    B held at Gordon Oliver's restaurant.
    C an event for children.

3   What event will the man probably attend?

    A a cheese and wine tasting event
    B a cheese making demonstration
    C a tour of a local farm

4   What does the employee recommend?

    A arriving for an activity in advance
    B setting up early in the food stalls area
    C making a reservation for a show

5   Where should the man be by 2.15 pm?

    A at an outdoor stage
    B in a large tent
    C at a cheese factory

6   People who attend the festival can purchase

    A imported cheeses.
    B locally grown produce.
    C bottles of local wine.

Questions 7-10

Complete the notes below.

Write **NO MORE THAN TWO WORDS AND/OR A NUMBER** *for each answer.*

Highland Cheese Festival

- Held at McDonald Square on **7**.................................... Avenue

- Free parking available on Remington Street next to a **8**...................................

- Festival opens at **9**.................................... am and closes at 8 pm

- Admission is £5 for adults and £3 for students 13 and older

- No admission fee for children and **10**....................................

정답 · 스크립트 · 해석 · 해설 p.260

📖 **Vocabulary** ───

tourist attraction 관광 명소   conduct[kəndʌ́kt] 진행하다, 행하다   first come, first serve 선착순의   stall[stɔːl] 가판
produce[미] prɑ́ːduːs, [영] prɔ́dʒuːs] 농작물   elderly[미] éldərli, [영] éldəli] 노인(의)   demonstration[dèmənstréiʃn] 시연

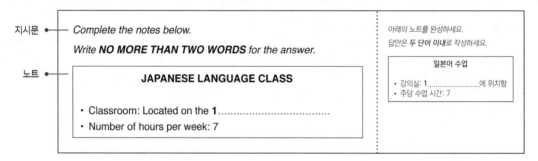

2일 노트/양식/표 완성하기 Note/Form/Table Completion

출제 경향

노트/양식/표 완성하기(Note/Form/Table Completion)는 제시된 노트/양식/표의 빈칸에 알맞은 내용을 채워 완성하는 주관식 유형입니다. 지문에 등장한 단어나 숫자 중 알맞은 것을 답안으로 작성해야 합니다.

섹션 1과 2에서 거의 매 시험 출제되는 유형입니다.

출제 형태

노트/양식 완성하기(Note/Form Completion)

노트는 지문에서 들려준 정보를 요약하여 정리한 것입니다. 주로 하나의 큰 제목 아래 여러 개의 항목이 나열되는 형태로 출제되며, 종종 몇 개의 항목들을 아우르는 소제목이 있는 경우도 있습니다. 양식은 지문에 등장한 이름, 날짜, 주소 등의 정보를 여러 항목으로 정리한 것으로, 보통 개인정보 등이 포함된 신청서의 형태로 출제됩니다.

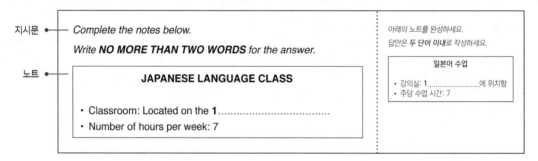

지시문 ●── *Complete the notes below.*

*Write **NO MORE THAN TWO WORDS** for the answer.*

노트 ●──

JAPANESE LANGUAGE CLASS

· Classroom: Located on the **1**....................................
· Number of hours per week: 7

아래의 노트를 완성하세요.
답안은 **두 단어 이내**로 작성하세요.

일본어 수업

· 강의실: 1.........................에 위치함
· 주당 수업 시간: 7

표 완성하기(Table Completion)

표는 지문에 등장한 정보를 몇 개의 열과 행으로 분류한 것으로, 항상 왼쪽에서 오른쪽 방향으로 문제가 출제됩니다.

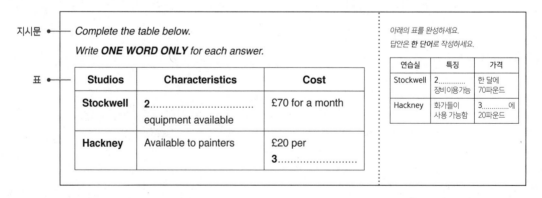

지시문 ●── *Complete the table below.*

*Write **ONE WORD ONLY** for each answer.*

표 ●──

Studios	Characteristics	Cost
Stockwell	**2**.................... equipment available	£70 for a month
Hackney	Available to painters	£20 per **3**........................

아래의 표를 완성하세요.
답안은 **한 단어**로 작성하세요.

연습실	특징	가격
Stockwell	2............ 장비이용가능	한 달에 70파운드
Hackney	화가들이 사용 가능함	3............에 20파운드

1. 답안 작성 조건을 확인합니다.

지문을 듣기 전에 지시문을 읽고 몇 개의 단어 혹은 숫자로 답안을 작성하는 문제인지 확인합니다.

2. 전체적인 내용과 문제의 핵심어구를 파악합니다.

제시된 노트/양식/표의 종류와 전체적인 내용을 빠르게 파악합니다. 이때 제목과 소제목, 표의 첫 열과 첫 행 등을 확인하여, 지문에서 관련 내용이 언급될 때 주의 깊게 들을 수 있도록 합니다. 또한, 빈칸 주변 내용에서 문제의 핵심어구를 파악하여, 빈칸에 어떤 내용이 들어가야 하는지 예상합니다.

> Classroom: Located on the 1.....................................
> ▶ 핵심어구: Classroom
> ▶ 빈칸에 들어갈 내용: 교실이 어디에 위치해 있는지

3. 핵심어구와 관련된 내용을 주의 깊게 듣습니다.

문제의 핵심어구가 그대로 언급되거나 바꾸어 표현된 주변의 내용을 주의 깊게 듣습니다. 표의 경우 첫 열과 첫 행의 내용이 지문에 언급된 주변에서 정답과 관련된 내용이 등장할 가능성이 높습니다.

> 지문에서 언급된 내용
> W: You can find the **classroom** on the ground floor.
> 여: 여러분은 1층에서 교실을 찾을 수 있습니다.

4. 알맞은 단어를 답안으로 작성합니다.

문맥상 빈칸에 알맞은 단어나 숫자를 답안 작성 조건에 맞게 작성합니다. 노트/양식/표 완성하기 유형의 정답은 주로 명사, 고유명사, 숫자로 출제되므로, 철자와 단·복수를 잘 확인해야 합니다.

☑ TIPS

• 주관식에서는 답안 작성 조건에 맞지 않는 답안은 오답 처리되므로, 아래의 답안 작성 조건을 알아두고 유의하여 답안을 작성해야 합니다. 기타 주관식 답안 작성 시 유의해야 할 내용은 232페이지의 주관식 답안 관련 Q&A에 자세하게 정리되어 있습니다.

ONE WORD ONLY: 한 단어로만 답안을 작성합니다.
ex) images (O), clear images (X)

ONE WORD AND/OR A NUMBER: 한 단어 / 한 단어와 숫자 하나 / 숫자 하나로 답안을 작성합니다.
ex) images (O), 2 images (O), 2nd (O), two images (X), clear images (X)

NO MORE THAN TWO WORDS: 두 단어 이내로 답안을 작성합니다.
ex) images (O), clear images (O), 2 clear images (X)

NO MORE THAN TWO WORDS AND/OR A NUMBER: 두 단어 이내 / 한 단어와 숫자 하나 / 두 단어와 숫자 하나 / 숫자 하나로 답안을 작성합니다.
ex) images (O), clear images (O), 2 (O), 2nd (O), 2 images (O), 2 clear images (O)

• 지문에 등장하지 않은 동일한 의미의 단어도 정답으로 인정됩니다.
ex) booking (O) / reservation (O)

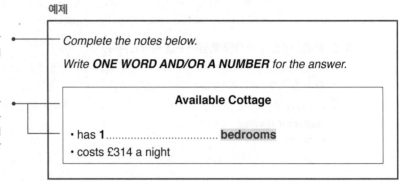

지시문을 읽고 한 단어 / 한 단어와 숫자 하나 / 숫자 하나로 답안을 작성하는 문제임을 확인합니다.

노트의 제목인 'Available Cottage'와 빈칸 주변의 핵심어구인 bedrooms를 파악하여, 빈칸에 이용 가능한 별장의 침실과 관련된 정보가 들어가야 함을 예상합니다.

예제

Complete the notes below.

*Write **ONE WORD AND/OR A NUMBER** for the answer.*

Available Cottage

- has 1................................... **bedrooms**
- costs £314 a night

스크립트 영국식 발음 → 영국식 발음　　🎧 (W2_D2) EX.mp3

Section 1. You will hear a conversation between an employee and a tourist.

W: Thank you for calling Sun Beach Cottage Rentals. How can I help you today?

M: Um, my wife and I are interested in renting one of your beach cottages. Do you have anything available from the 11th of August until the 18th?

W: OK. Let me check . . . Will it just be two people?

M: No, actually we plan to invite some friends and their children to stay with us for part of the trip.

지문에서 문제의 핵심어구 bedrooms가 그대로 언급된 주변 내용을 주의 깊게 듣습니다.
핵심어구의 주변 내용에서 'three'라는 정답을 찾을 수 있습니다.

W: OK, you're in luck. We have a cottage available. [1]It has three **bedrooms**. Two of them can accommodate two adults each. And the other one is set up to sleep up to four children.

M: Great! And how much is that?

W: That's £314 per night.

M: Got it. Let me discuss it with my wife, and I'll get back to you soon.

해석　예제

이용 가능한 별장

- 1............................개의 **침실**을 갖추고 있음
- 1박에 314파운드임

스크립트

섹션 1. 직원과 관광객 간의 대화를 들으세요.

여: Sun Beach 별장 대여소에 전화 주셔서 감사합니다. 오늘 무엇을 도와드릴까요?

남: 음, 제 아내와 저는 그곳의 해변가 별장 중 하나를 대여하는 데 관심이 있어요. 어느 곳이든 8월 11일부터 18일까지 이용 가능한 곳이 있나요?

여: 네. 확인해보죠... 두 분만 계실 건가요?

남: 아니요, 사실 여행 중 일부 기간은 우리와 같이 머물 몇몇 친구들과 그들의 아이들을 초대할 계획이에요.

여: 네, 운이 좋으시네요. 이용 가능한 별장이 있어요. ¹그것은 3개의 **침실**을 갖추고 있죠. 그 중 2개는 각각 2명의 성인을 수용할 수 있어요. 그리고 나머지 1개는 아이들을 4명까지 재울 수 있도록 준비되어 있어요.

남: 좋네요! 그러면 그건 얼마인가요?

여: 1박에 314파운드예요.

남: 알겠습니다. 아내와 상의해보고, 곧 다시 연락 드릴게요.

정답　**3 / three**

해설　문제의 핵심어구(bedrooms)가 언급된 지문 내용 중 여자가 'It has three bedrooms.'라며 별장은 3개의 침실을 갖추고 있다고 하였으므로, **3** 또는 **three**가 정답입니다.

📖 Vocabulary

cottage[미 kάːtidʒ, 영 kɔ́tidʒ] 별장　accommodate[미 əkάːmədèit, 영 əkɔ́mədèit] 수용하다　get back to ~에게 다시 연락하다

DAILY CHECK-UP

🎧 지문의 일부를 듣고 빈칸을 받아 적으세요. 그리고 제시된 노트/양식/표를 완성하세요.

01
섹션1

> **W:** Excuse me . . . I'm having trouble choosing a new smartphone, so I was hoping you could make a recommendation.
>
> **M:** I'd be happy to. Uh, is there any particular feature you're interested in?
>
> **W:** I want one with a large screen . . . at least 5.5 inches. I plan to use my phone to watch movies and read e-books.
>
> **M:** In that case, I'd recommend the Razor H7. _____ .
>   This is a big upgrade over the Razor H6, which had a 5-inch screen. So it's perfect for people who like to watch videos.
>
> **W:** Oh, that sounds great.
>
> **M:** Also, _____ .
>
> **W:** Really? What is it?
>
> **M:** It's a pair of wireless headphones.
>
> **W:** I see. Those could be very useful. Um, what about the cost of the phone?
>
> **M:** _____ . Why don't I show you one? Just give me a minute to get it.

*Write **ONE WORD AND/OR A NUMBER** for each answer.*

Razor H7

- Screen is **1**................................ inches

- Comes with a promotional **2**.................................. : headphones

- Costs **3** £..................................

📖 **Vocabulary**

have trouble ~하는 데 애를 먹다　**particular**[미] pərtíkjələr, [영] pətíkjələ] 구체적인　**give away** 나누어주다
promotional[미] prəmóuʃənl, [영] prəmóuʃənəl] 판촉의　**wireless**[미] wáiərləs, [영] wáiələs] 무선의　**come with** ~이 딸려 있다

🎧 (W2_D2) DC4-6.mp3

02
섹션1

M: Good afternoon. You've reached the Courtauld Gallery.

W: Hello. I'm visiting London with some university friends next week. We're interested in arranging a group tour of the gallery. Do we need to make a reservation?

M: Yes. When would you like to visit the gallery?

W: Well, we're hoping to take the tour on Friday, May 3rd in the afternoon . . . but the morning of May 4th would also be acceptable.

M: _____.
   Could I get your name, please?

W: Sure. It's Debra _____.

M: And how many people will be in your group?

W: Um, let's see . . . In all, there are 11 of us. What will the total cost be?

M: Well, each person must pay £7 for admission to the gallery. And then there's a £25 charge for the tour itself. So . . . uh, _____.

W: OK. That's reasonable. I'm sure all of us will really enjoy the tour . . .

Write ONE WORD AND/OR A NUMBER for each answer.

Group Tour Reservation Form

Tour Date: Friday, **4**.................................., 2 pm

Name: Debra **5**..................................

Number of tour participants: 11

Total Cost: **6** £..................................

📖 **Vocabulary**

acceptable[əkséptəbl] 그런대로 괜찮은   admission[ədmíʃn] 입장료

문제 유형 공략하기 Section 1, 2   2nd Week   2일   Hackers IELTS Listening Basic

03

[섹션2]

As many of you already know, the company will be expanding into China next year. Therefore, management has decided to encourage all employees to sign up for the free Chinese language courses we'll be offering. I'd like to take a few minutes to go over the details of these classes.

First, we will have a basic course for employees who are at beginner level. _____
_____. It involves memorising basic vocabulary. _____.

There will also be an intermediate class. This course is for those who have some Chinese language ability. The intermediate class will get together on Wednesdays from 8 until 10 pm.
_____
_____.

Finally, we will have an advanced course. This will be for people who already speak Chinese fluently. Most of the people taking this course will be directly involved with the Chinese expansion. We have scheduled it to take place from 2 to 5 pm on Saturdays. This will cover business Chinese. Employees enrolled in this course will be tested on their business Chinese during the final class, and _____.

OK, further details about the classes will be posted on the notice board later . . .

Write **ONE WORD AND/OR A NUMBER** for each answer.

Free Chinese Language Classes

Level	Schedule	Details
Basic	Tuesdays: 7–7.............. pm	Students memorise vocabulary and learn to 8.................................... Chinese characters
Intermediate	Wednesdays: 8–10 pm	Classes involve Chinese 9................................... practice about everyday subjects
Advanced	Saturdays: 2–5 pm	Employees who get the highest grades on a test will get a financial 10..................................

정답·스크립트·해석·해설 p.264

📖 **Vocabulary** ───

expand[ikspǽnd] 확장하다   management[mǽnidʒmənt] 경영진   go over 살펴보다   Chinese character 한자
intermediate[미 ìntərmí:diət, 영 ìntəmí:diət] 중급의   fluently[flú:əntli] 유창하게   notice board 게시판

SECTION 1   *Questions 1-10* 🎧 (W2_D2) DT.mp3

Questions 1-7

Complete the form below.

Write **NO MORE THAN TWO WORDS AND/OR A NUMBER** *for each answer.*

Book Club Registration Form

Personal details

Name of member: **1**.................................... Rogers

Name of parent: Nicole Rogers

Address: 394 **2**.................................... Street

Telephone: 07861 236643

School: Harwood **3**.................................... School

Library card number: **4**....................................

Book club information

Age: 10

Club division: **5**.................................... group

Meeting time: Every Wednesday at **6**.................................... pm

Survey question

How member heard about the club: From a **7**....................................

Questions 8-10

*Choose the correct letter, **A**, **B**, or **C**.*

8   Nicole can pick up her son's club membership card

    A   at the front desk.

    B   on the third floor.

    C   in the library's lounge.

9   Club members can bring books they have finished

    A   to have them recycled.

    B   to donate them to the library.

    C   to trade them with others.

10   How many comic books are given to children to take home each week?

    A   1

    B   2

    C   3

정답 · 스크립트 · 해석 · 해설 p.267

📖 **Vocabulary**

take down 적다   **guardian**[미] gá:rdiən, [영] gá:diən] 보호자   **primary school** 초등학교   **kindergarten**[미] kíndərgà:rtn, [영] kíndəgà:tn] 유아원
trade ~ with ⋯ ~을 ⋯와 교환하다   **throw away** 버리다   **challenge**[tʃǽləndʒ] 어려운 일, 도전   **take out** 대출하다

출제 경향

문장/순서도 완성하기(Sentence/Flow-chart Completion)는 제시된 문장이나 순서도의 빈칸을 채우는 유형입니다. 지문의 내용과 일치하도록 알맞은 보기를 선택하거나 단어를 답안으로 작성하여 문장이나 순서도를 완성해야 합니다.

섹션 1과 2에서 간혹 출제되는 유형입니다.

출제 형태

문장 완성하기(Sentence Completion)
제시된 문장의 빈칸을 완성하는 주관식 형태로 출제됩니다.

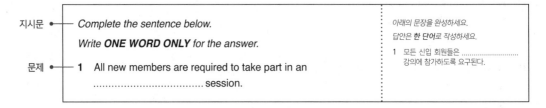

지시문 ● — Complete the sentence below.

Write **ONE WORD ONLY** for the answer.

문제 ● — 1   All new members are required to take part in an .... session.

아래의 문장을 완성하세요.
답안은 **한 단어**로 작성하세요.

1   모든 신입 회원들은 ....
강의에 참가하도록 요구된다.

순서도 완성하기(Flow-chart Completion)
순서도는 지문에 등장한 특정 순서나 절차를 정리한 것입니다. 직접 답안을 작성하는 주관식 형태와 주어진 보기 리스트에서 알맞은 답을 선택하는 객관식 형태가 모두 출제됩니다.

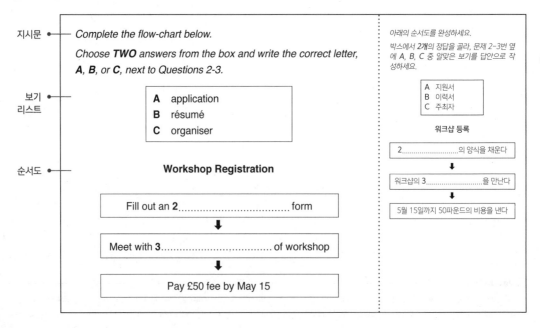

지시문 ● — Complete the flow-chart below.

Choose **TWO** answers from the box and write the correct letter, **A**, **B**, or **C**, next to Questions 2-3.

보기 리스트 ● —
A application
B résumé
C organiser

Workshop Registration

Fill out an **2**................................. form

↓

Meet with **3**................................. of workshop

↓

Pay £50 fee by May 15

순서도 ●

아래의 순서도를 완성하세요.
박스에서 **2개**의 정답을 골라, 문제 2-3번 옆에 A, B, C 중 알맞은 보기를 답안으로 작성하세요.

A 지원서
B 이력서
C 주최자

워크샵 등록

2...........................의 양식을 채운다

↓

워크샵의 3...........................을 만난다

↓

5월 15일까지 50파운드의 비용을 낸다

핵심 전략

1. 답안 작성 조건을 확인합니다.

지문을 듣기 전에 지시문을 읽고 문제의 형태를 파악합니다. 주관식 형태일 경우 몇 개의 단어 혹은 숫자로 답안을 작성하는 문제인지 확인합니다.

2. 문제의 핵심어구와 빈칸에 들어갈 내용을 파악합니다.

빈칸 주변 내용에서 문제의 핵심어구를 확인하고 빈칸에 들어갈 내용과 올바른 품사를 예상합니다. 순서도의 경우 제목과 내용을 읽고 전체적인 흐름을 파악해 두어야 합니다.

　　1 All new members are required to take part in an .... session.
　　▶ 핵심어구: take part in
　　▶ 빈칸에 들어갈 내용: 새로운 회원들이 참가하도록 요구되는 강의가 무엇인지

3. 핵심어구와 관련된 내용을 주의 깊게 듣습니다.

핵심어구가 그대로 언급되거나 바꾸어 표현된 주변에서 관련 내용을 주의 깊게 듣고 정답의 단서를 찾습니다.

　　지문에서 언급된 내용
　　M: Every new member has to attend an introductory session.
　　남: 모든 새로운 회원은 입문 강의에 참석해야 한다.
　　→ 문제의 핵심어구 'take part in'이 지문에서 'attend'로 바꾸어 표현되었습니다.

4. 알맞은 단어를 채워 문장이나 순서도를 완성합니다.

주관식 형태로 출제된 경우 문맥상 빈칸에 들어가기에 알맞은 단어나 숫자를 답안 작성 조건에 맞게 작성합니다. 답안을 작성한 후에는 완성된 내용이 문법적으로 올바른지 확인합니다. 객관식 형태로 출제된 경우 알맞은 보기를 정답으로 선택하여 문장이나 순서도를 완성합니다.

✅ TIPS

섹션 1과 2의 문장/순서도 완성하기 유형의 주관식 형태에서 정답은 주로 명사나 숫자로 출제됩니다. 명사로 출제되는 경우에는 단·복수를 잘 확인하도록 하며, 숫자로 출제되는 경우에는 금액, 시간, 퍼센트 등의 단위 표기에 주의합니다.

문제 유형 공략하기 Section 1, 2

2nd Week

3일

Hackers IELTS Listening Basic

지시문을 읽고 두 단어 이내로 답안을 작성하는 주관식 형태임을 확인합니다.

빈칸 주변 내용에서 put up이라는 문제의 핵심어구를 확인하고, 빈칸에는 무엇을 부착할 수 있는지에 대한 내용이 들어가야 하며 품사가 명사임을 예상합니다.

예제

Complete the sentence below.

Write NO MORE THAN TWO WORDS for the answer.

1   Candidates can **put up** .... in certain campus areas.

스크립트 영국식 발음 → 영국식 발음   🎧 (W2_D3) EX.mp3

Section 1. You will hear a conversation between an employee and a student about a student council election.

W: Hi. You've reached the Burkhart University Student Association office. This is Karen speaking . . .

M: Hello. My name's Aiden Kent, and I'm considering running for the student council. I have a few questions about the election process.

W: OK, go ahead.

M: Um, firstly, [1]what type of campaigning am I allowed to do?

W: Well, [1]you can **hang** campaign posters in designated areas on the campus.

M: Oh, I see. Which areas are those?

W: Around the student association building and in the student halls. You can find a list on our website.

M: OK, I'll check the website.

W: Oh, and candidates are also asked to write statements as part of their election campaigns. We will publish them in the student newspaper.

M: I understand. I guess I'll need to work on a statement.

지문에서 문제의 핵심어구 put up이 hang으로 바꾸어 표현된 주변 내용을 주의 깊게 듣습니다.
핵심어구의 주변 내용에서 'campaign posters'라는 정답을 찾을 수 있습니다.

해석　예제

1　후보자들은 특정한 교내 구역에 ....를 **부착할** 수 있다.

스크립트

섹션 1. 학생회 선거에 관한 직원과 학생 간의 대화를 들으세요.

여: 안녕하세요. Burkhart 대학 학생회 사무실입니다. 저는 Karen입니다...
남: 안녕하세요. 제 이름은 Aiden Kent이고, 학생회에 출마하려고 생각하고 있는데요. 선거
　　과정에 관해 몇 가지 질문이 있어요.
여: 네, 말씀하세요.
남: 음, 먼저, ¹제가 어떤 종류의 선거 운동을 하는 것이 허용되나요?
여: 음, ¹교내의 지정된 구역에 선거 유세 벽보를 **부착하실** 수 있어요.
남: 오, 그렇군요. 그건 어느 구역인가요?
여: 학생회 건물 주변과 학생회관 내부예요. 저희 웹사이트에서 목록을 찾아보실 수 있어요.
남: 네, 웹사이트를 확인할게요.
여: 오, 그리고 후보자들은 또한 선거 운동의 일환으로 연설문을 쓰도록 요구받아요. 저희는 학생
　　신문에 그걸 게재할 거예요.
남: 알겠습니다. 연설문을 써야할 것 같네요.

정답　**campaign posters**

해설　문제의 핵심어구(put up)와 관련된 지문 내용 중 남자가 'what type of campaigning am I allowed
　　to do?'라며 어떤 종류의 선거 운동을 하는 것이 허용되는지 묻자, 여자가 'you can hang campaign
　　posters in designated areas on the campus'라며 교내의 지정된 구역에 선거 유세 벽보를 부착할
　　수 있다고 하였으므로, **campaign posters**가 정답입니다.

📖 **Vocabulary** ──

student association 학생회　run for ~에 출마하다　election[ilékʃn] 선거　campaign[kæmpéin] 선거 유세　statement[stéitmənt] 연설문

DAILY CHECK-UP

🎧 지문의 일부를 듣고 빈칸을 받아 적으세요. 그리고 제시된 문장/순서도를 완성하세요.

🎧 (W2_D3) DC1-3.mp3

01
[섹션1]

W: Good morning, Mr Jenkins. This is Sarah Hawthorne calling.

M: Hi, Ms Hawthorne. What can I do for you?

W: Um . . . As you know, my son David is taking piano lessons with you. _____. I would like to change this to twice a week starting next month, if possible.

M: OK. Let me see . . . I have an opening on Wednesdays from 4 to 5 pm. Would that work?

W: That's perfect. Uh, I was also wondering how he is doing with his lessons.

M: He is doing very well. He is a quick learner, and I am very pleased with his progress. _____, and he will be ready to move on to the intermediate level in a few weeks.

W: Really? I didn't know that. Um, how long will that level take?

M: Well, if he comes twice a week, I expect _____.

W: Thanks so much for the information! I'll make sure he keeps practising for his lessons every day.

---

*Write **ONE WORD AND/OR A NUMBER** for each answer.*

1   David is taking piano lessons .... per week now.

2   David is currently at the .... level.

3   David will probably finish the intermediate lessons in .... months.

📖 **Vocabulary** ───

progress[미 prá:grəs, 영 próugrəs] 진전   **intermediate**[미 ìntərmí:diət, 영 ìntəmí:diət] 중급의

02

섹션2

Before I wrap up today's show, I'd like to remind everyone that our radio station is a proud sponsor of the annual Blackstone Jazz Festival. This year's event is less than a week away . . . Um, it runs from Friday, June 3rd, until Sunday, June 5th. It will feature over 20 performers, including a number of international instrumentalists and vocalists. _____

_____,
which will be performed by renowned musician Steven Doris. He is expected to perform several new compositions from his upcoming album, *Musical Pieces*, as well as some of his most popular hits. _____ .

Many more people are expected to attend the event this year than have in previous ones. For more information about the event and a complete list of scheduled performers, visit the festival website. Tickets can be purchased through this site as well. One-day and three-day passes are available, and _____ .

Passes allow you to see any of the shows or performances scheduled for the selected day or for the full three days.

Write **NO MORE THAN THREE WORDS AND/OR A NUMBER** for each answer.

4 A.................................... will be the highlight of the festival.

5 The festival will take place at ....

6 Students can get a .... discount.

Vocabulary

wrap up 마무리 짓다 **sponsor**[미 spá:nsər, 영 spɔ́nsə] 후원 업체 **feature**[미 fí:tʃər, 영 fí:tʃə] 출연시키다 **instrumentalist**[ìnstrəméntəlist] 연주가
eligible[elídʒəbl] ~할 수 있는

M: On today's show, I'm pleased to welcome Aisha Maina from the Wildlife Centre. She's going to tell us a bit about the centre and how it looks after the area's wild animals. So, Aisha, can you start off by telling us a bit about the centre's process for treating injured animals?

W: Certainly. Well, _____ _____. Everyone working in the region knows to contact us immediately when they spot an animal in need of assistance. As soon as we've been notified, we send a team of veterinarians to the animal's location. Once the creature is found, they observe it carefully to determine how serious its injuries are. If they are severe enough, the most critical stage of the process begins . . . _____ _____.

M: And how do you move the animals?

W: A vehicle from our transit station is sent, and the animal is loaded into it. This can be fairly dangerous for everyone involved. Injured animals are often scared, and they naturally want to defend themselves. Some of these animals, such as lions and elephants, can easily harm a person due to their great size and strength. Therefore, our workers must be very careful and keep a safe distance from them. _____ _____.

We might, for example, administer any necessary medication. Then, each animal is given an identification tag. Uh, _____ _____.

M: It sounds like it is an important job that protects animals. So, could you now tell us about the many volunteers who . . .

Write **ONE WORD ONLY** for each answer.

Wildlife Centre System

Receive a **7**..................................... of an injured animal

⬇

A team of veterinarians is sent to the location of the animal

⬇

The animal is moved to the centre's **8**...................................
if the injuries are severe enough

⬇

In the centre, the animal is provided with **9**...................................
treatment

⬇

Each animal is given an identification tag so that staff can
10.................................... it

정답 · 스크립트 · 해석 · 해설 p.270

📖 **Vocabulary**

injured[미] índdʒərd, [영] índʒəd] 다친   ranger[미] réindʒər, [영] réindʒə] 경비원   on patrol 순찰 중인   notify[미] nóutifài, [영] nə́utifài] 신고하다
veterinarian[미] vètərənéəriən, [영] vètərinéəriən] 수의사   injury[índʒəri] 부상   severe[미] sivír, [영] siví∂] 심각한   load[미] loud, [영] ləud] 싣다
bring ~ back ~을 데리고 돌아가다   wound[wuːnd] 상처   administer[미] ədmínistər, [영] ədmínistə] 투여하다   medication[mèdikéiʃn] 약
identification tag 인식표   track[træk] 추적하다

DAILY TEST

SECTION 2   *Questions 1-10*   🎧 (W2_D3) DT.mp3

Questions 1-5

Complete the flow-chart below.

*Choose **FIVE** answers from the box and write the correct letter, **A-H**, next to Questions 1-5.*

A drones	**B** registration	**C** description	**D** teammates
E presentations	**F** venue	**G** fee	**H** badges

Entering the Competition

Form a team composed of three people

⬇

Hand in a **1**................................. form for the competition by April 1st

⬇

Turn in a written **2**................................. by April 15th

⬇

Submit the **3**................................. to enter by the end of the month

⬇

Collect team **4**................................. from the department office

⬇

Arrive at the **5**................................. 30 minutes in advance

Questions 6-10

Complete the sentences below.

Write **NO MORE THAN TWO WORDS AND/OR A NUMBER** *for each answer.*

6   Each team will have .... minutes for their presentation.

7   The judges of the competition will be engineering ....

8   There will be an event at which participants can test out one another's mechanisms at the school's

....

9   Following the dinner, competition judges will hand out ....

10   After the photo session, a .... will perform.

정답 · 스크립트 · 해석 · 해설 p.273

📖 **Vocabulary**

enrol[inróul] 등록하다   spokesperson[미 spóukspə̀:rsn, 영 spóukspə̀:sn] 대변인   preliminary[미 prilíminèri, 영 prilíminə̀ri] 예비의
description[diskrípʃn] 설명서   nonrefundable[미 nɑ̀nri:fʌ́ndəbl, 영 nɔ̀nri:fʌ́ndəbl] 환불이 불가능한   time slot 시간대
operational[미 ɑ̀:pəréiʃənl, 영 ɔ̀pəréiʃənl] 가동 가능한   smoothly[smú:ðli] 순조롭게   entry[éntri] 출품작   faculty[fǽklti] 교수진
certificate[미 sərtífikət, 영 sətífikət] 상품권   mechanism[mékənìzəm] 기계 장치

출제 경향

정보 연결하기(Matching)는 주어진 보기 리스트에서 문제와 관련된 정보를 선택하는 객관식 유형입니다. 여러 개의 보기로 구성된 리스트에서 문제에서 묻는 것과 관련된 정보를 선택해야 합니다.

섹션 1과 2에서 매 시험 출제되지는 않지만 자주 출제되는 유형입니다.

출제 형태

정보 연결하기(Matching) 유형에는 여러 개의 보기로 구성된 보기 리스트가 주어지며, 리스트 아래에 3~6개의 문제가 출제됩니다. 리스트에서 각각의 문제와 관련된 보기를 선택하여 답안으로 작성해야 합니다.

지시문 → What does each gallery specialise in?

*Choose **THREE** answers from the box and write the correct letter, **A**, **B**, or **C**, next to Questions 1-3.*

보기 리스트 →

Descriptions

A early 20th century art
B modern art
C 19th century British art

Galleries

문제 →

1 The National Gallery   ....

2 Tate Modern   ....

3 Saatchi Gallery   ....

각 미술관이 전문적으로 다루는 것은 무엇인가?

박스에서 **3개**의 정답을 골라, 문제 1-3번 옆에 A, B, C 중 알맞은 보기를 답안으로 작성하세요.

설명

A 20세기 초기 미술
B 현대 미술
C 19세기 영국 미술

미술관

1 영국 국립 미술관   ....

2 테이트 모던   ....

3 사치 미술관   ....

1. 지시문을 확인하고 정보 간의 관계를 파악합니다.

지문을 듣기 전에 지시문을 읽고 묻는 내용이 무엇인지 확인합니다. 또한, 보기 리스트와 문제에 제시된 정보가 서로 어떤 관계인지 파악합니다. 보기 리스트와 문제의 제목이 주어져 있다면, 제목을 통해 두 정보의 관계를 확인할 수 있습니다.

2. 문제와 보기의 내용을 파악합니다.

문제와 보기에서 주어진 내용이 무엇인지 파악합니다. 간혹 지문의 설명을 요약한 내용이 문제에 제시되며 보기 리스트에는 이와 관련된 장소나 사람 등 설명의 대상이 주어지는 경우도 있다는 것에 주의합니다.

3. 문제와 관련된 내용을 주의 깊게 듣습니다.

문제가 그대로 언급되거나 바꾸어 표현된 주변 내용을 주의 깊게 듣고 정답의 단서를 파악합니다.

지문에서 언급된 내용

M: The National Gallery is renowned for its collection of 19th century British art.

남: 영국 국립 미술관은 19세기의 영국 미술 소장품으로 잘 알려져 있다.

4. 문제와 관련된 정보를 포함한 보기를 정답으로 선택합니다.

지문에서 언급된 정답의 단서가 그대로 등장하거나 적절하게 바꾸어 표현된 보기를 정답으로 선택합니다.

✓ **TIPS**

정보 연결하기 유형에서 문제의 개수와 리스트의 보기 개수가 항상 일치하지는 않습니다. 문제보다 보기의 개수가 더 많은 경우에는 정답으로 사용되지 않는 보기가 있을 수 있고, 문제보다 보기의 개수가 더 적은 경우에는 특정 보기가 한 번 이상 정답으로 사용될 수 있습니다.

지시문을 읽고 매장 직원의 업무가 무엇인지 묻고 있음을 확인합니다.

보기 리스트와 문제의 제목을 통해 '업무'는 보기 리스트에, '직원'은 문제로 주어졌음을 확인합니다.

문제인 Bill Watterson을 확인하고, 보기 리스트에서 주어진 내용인 'warehouse equipment'(매장 장비), 'delivery schedules'(배달 일정), 'packaging items'(상품 포장)를 파악합니다.

예제

What is the primary duty of the following warehouse staff member?

Choose your answer from the box and write the correct letter,
A, ***B***, *or*, ***C***, *next to Question 1.*

Duties

A controlling the warehouse equipment
B making delivery schedules
C packaging items for clients

Warehouse staff member

1 **Bill Watterson** ....

스크립트 영국식 발음   🎧 (W2_D4) EX.mp3

Section 2. You will hear a warehouse manager speaking to some new employees.

As this will be your first day working in the warehouse, I thought I would point out a few of the experienced staff members for you. That is Robert Franklin . . . he's in charge of scheduling the deliveries with our drivers. If you have any concerns about an order not going out on time, speak with him. Over there is Jack Davidson. He operates the heavy equipment in the warehouse. So if you need to move something really large, he's your man. Finally, the man standing on the ladder is **Bill Watterson**. He's a packer, meaning that [1]he packs the items ordered by our customers into boxes for shipment. As you will be performing the same task, Bill will be conducting your training. I'll introduce you to him now so that he can show you exactly what you will be expected to do.

지문에서 문제인 Bill Watterson이 그대로 언급된 주변 내용을 주의 깊게 듣습니다.
문제의 주변 내용에서 'packs the items ordered'라는 정답의 단서를 파악할 수 있습니다.

해석　예제

아래 매장 직원의 주요 업무는 무엇인가?

업무

A　매장 장비 관리
B　배달 일정 수립
C　고객용 상품 포장

매장 직원

1　Bill Watterson ....

스크립트

섹션 2. 매장의 매니저가 몇몇 새로운 직원들에게 이야기하는 것을 들으세요.

오늘은 매장에서 일하는 여러분의 첫 날이 될 테니, 여러분에게 숙련된 직원들 몇 명을 짚어 드려야겠다고 생각했어요. 저 분은 Robert Franklin입니다... 그는 저희 기사님들과 배달 일정을 수립하는 업무를 맡고 있죠. 제시간에 발송되지 않은 주문에 대한 어떠한 우려라도 있다면, 그와 이야기하세요. 저쪽에 있는 분은 Jack Davidson입니다. 그는 매장의 중장비를 가동하죠. 그러니 정말 큰 물건을 옮겨야 할 경우, 그가 당신이 찾는 사람입니다. 마지막으로, 사다리 위에 서 있는 저 남자분은 Bill Watterson이에요. 그는 포장 담당 직원인데, 그 말은 ¹그가 운송을 위해 고객에게 주문받은 물건들을 상자에 포장한다는 의미입니다. 여러분도 같은 업무를 수행하게 될 것이므로, Bill이 여러분의 교육을 진행할 거예요. 그가 여러분에게 정확히 무엇을 하게 될 것인지 보여줄 수 있도록 이제 그에게 여러분을 소개해 드릴 겁니다.

정답　C　.

해설　문제(Bill Watterson)와 관련된 지문 내용 중 'he packs the items ordered by our customers into boxes for shipment'에서 Bill Watterson이 운송을 위해 고객에게 주문받은 물건들을 상자에 포장한다고 하였으므로, 보기 **C** packaging items for clients가 정답입니다. 'items ordered by ~ customers'가 'items for clients'로 바꾸어 표현되었습니다.

📖 **Vocabulary**

warehouse[미 wɛ́rhaus, 영 wɛ́əhaus] 매장, 창고　**be in charge of** ~을 맡고 있다　**on time** 제시간에　**heavy equipment** 중장비
packer[미 pǽkər, 영 pǽkə] 포장 담당 직원　shipment[ʃípmənt] 운송

DAILY CHECK-UP

🎧 지문의 일부를 듣고 빈칸을 받아 적으세요. 그리고 알맞은 답을 고르세요.

🎧 (W2_D4) DC1-3.mp3

01
섹션1

M: Thank you for calling the National Building Museum. How may I help you?

W: Hello. I'm a teacher at Bellwood School. I saw on your website that you offer group tours for students. So, may I ask about the tour programme? Are the students shown the entire museum?

M: Well, that depends. We try to tailor the tour to visitors' requirements. Our exhibition space is split into three main halls, each of which is aimed at a particular age group.

W: Oh, yes?

M: Yes. For example, Rutherford Hall _____
_____, including a model city that they can walk around in.

W: That sounds interesting, but my students are actually teenagers.

M: I see. Well, they might like Elizabeth Hall then, _____
_____, such as a computer game that allows them to design their own building.

W: OK, and what about the other halls?

M: Well, Davis Hall is focused on the development of environmentally friendly building techniques. But _____
_____.

W: I see. Um, I'll discuss this with the principal of my school.

Which group is each hall most suitable for?

*Choose **THREE** answers from the box and write the correct letter, **A**, **B**, or **C**, next to Questions 1-3.*

A aimed at teenagers
B aimed at children
C aimed at adults

Halls

1   Rutherford Hall   ....

2   Elizabeth Hall   ....

3   Davis Hall   ....

📖 **Vocabulary** ───

tailor[미] teílər, [영] tǽilə] 맞추다   interactive[intərǽktiv] 양방향의   environmentally friendly 환경 친화적인   principal[prínsəpl] 교장 선생님

🎧 (W2_D4) DC4-6.mp3

02
섹션2

Welcome to Beacon Orchards. My name is Olivia, and I'll be showing you around today. The orchard is divided up into several sections, each of which features different types of fruit plants. Today's tour will begin in the tree section, which has a variety of different fruit trees. Here you can see apple, peach, and pear trees . . . and many more. And _____

_____ .

Afterwards, we'll head over to the bush section . . . the area where we grow berries. Not only do we have blackberry and blueberry plants, but we also have less common berries from across the country. _____ .

OK . . . We will end our tour today in the vine section, where we cultivate grapes. _____
_____ !

You will have the opportunity to try several of the wines that we make here on the property. And if there is one that you particularly like, you can purchase a bottle of it at the orchard's shop . . . Or better yet, take home a bottle of each kind!

At which section will the visitors be able to do the following activities?

Choose **THREE** answers from the box and write the correct letter, **A-E**, next to Questions 4-6.

Activities

A watch products being made
B pick fruit from trees
C learn how to grow berries
D view a video on making wine
E try samples of wine

Sections

4 tree section   ....

5 bush section   ....

6 vine section   ....

📖 **Vocabulary**

orchard[미] ɔ́ːrtʃərd, [영] ɔ́ːtʃəd] 과수원 **bush**[buʃ] 관목(키가 작고 가지가 많은 나무) **vine**[vain] 포도나무, 덩굴 식물 **cultivate**[kʌ́ltiveit] 경작하다

문제 유형 공략하기] Section 1, 2

2nd Week

4일

Hackers IELTS Listening Basic

03

섹션2

Before we start today's meeting of the Hampton Sports Association, I would like to make a quick announcement regarding trials for some local amateur sports teams.

The Desmond Falcons, our local rugby team, will be holding trials for new members next month. _____,
so new players will be needed to replace them for the upcoming season. Trials will be held at the Delta Sports Centre on April 11th. All players must bring their own safety gear.

Also, the city's amateur football club, Kingston United, will be recruiting two new members for its team. _____
_____.
The trials will be held in June, and the deadline for registration is the last day of May. This can be done by filling out a form on the team's website.

The Regal Tigers, our local bowling league, is looking for four new team members, and anyone can sign up anytime at the bowling alley. _____
_____.
Players will need to have their own shoes and bowling balls. The deadline for league registration is the end of April.

Finally, a field hockey team is being put together. This new city sports club will be called the Kingston Wings. Jason Brett is the organiser, and they are looking for a full team of 16 players. The new team will compete locally, but _____.
Bookings aren't needed . . . Anyone who's interested should just show up at Bridges Field on April 24th at 5 pm for trials.

All right, let's move on to the first item on our agenda.

Which description matches each team mentioned in the announcement?

*Choose **FOUR** answers from the box and write the correct letter, **A-G**, next to Questions 7-10.*

> ### Information on Sports Clubs
>
> **A** will lose seven current players
> **B** needs no trials
> **C** will provide safety gear
> **D** has two positions available
> **E** will participate in an annual tournament
> **F** will host a regional competition
> **G** hold trials in May

Teams

7   Desmond Falcons   ....

8   Kingston United   ....

9   Regal Tigers   ....

10 Kingston Wings   ....

정답 · 스크립트 · 해석 · 해설 p.276

📖 **Vocabulary** ───────────────────────────────

announcement[ənáunsmənt] 안내   trial[tráiəl] 선수 선발 (대회)   amateur[미] ǽmətər, [영] ǽmətə] 취미로 하는   safety gear 안전 장비
recruit[rikrú:t] (신입 회원 등을) 모집하다   put ~ together (이것저것을 모아) 준비하다   regional[rí:dʒənl] (상당히 넓은) 지구의, 지역의
agenda[ədʒéndə] 안건

SECTION 2   *Questions 1-10*   🎧 (W2_D4) DT.mp3

Questions 1-3

Complete the notes below.

*Write **ONE WORD ONLY** for each answer.*

Seaward Health Centre

- Opens on **1**.................................. 14th

- Hours of operation:
  - 8 am – 7 pm, Monday – Friday
  - 9 am – 5 pm, Saturdays

- Located at 1321 **2**.................................. Street

- Free **3**.................................. provided for patients

---

Questions 4-6

*Choose the correct letter, **A**, **B**, or **C**.*

Seaward Health Centre's Special Services

4   Dr Kyle Ferris says the main goal of the centre is

   A   to provide care for people with rare diseases.
   B   to help people establish a healthy way of life.
   C   to give nutritional advice.

5   The seminar led by Marvin Reynolds will cover

   A   exercise routines.
   B   nutritious meal planning.
   C   mental health.

6   What does the speaker mention about Dr Brandon's team of doctors?

   A   They are available for individual consultations.
   B   They fill prescriptions for patients.
   C   They provide training for the staff.

Questions 7-10

Which activity will take place on the following floors?

Choose **FOUR** answers from the box and write the correct letter, **A-F**, next to Questions 7-10.

Activities

A Serving of snacks
B Games for children
C Medical demonstration
D Discussion time
E Video screening
F Speech by a doctor

Floors

7 Ground floor ....

8 Second floor ....

9 Third floor ....

10 Fourth floor ....

정답·스크립트·해석·해설 p.280

📖 **Vocabulary** ────────────────────────

represent[rèprizént] 대표를 맡다   multilevel[mʌ̀ltilévəl] 여러 층으로 된   underground[미 ʌ́ndərgràund, 영 ʌ́ndəgràund] 지하의   car park 주차장
medical checkup 건강 검진   prescription[priskrípʃn] 처방전   preventative[privéntətiv] 예방의   certified[미 sə́:rtəfàid, 영 sə́:tifàid] 공인된
nutritionist[미 nutríʃənist, 영 nju:tríʃnist] 영양사   therapist[θérəpist] 치료 전문가   consultation[미 kà:nsltéiʃn, 영 kɔ̀nsʌltéiʃn] 상담
drop off ~을 맡기다   laboratory[미 lǽbrətɔ̀:ri, 영 ləbɔ́rətri] 연구실, 실험실

출제 경향

지도/평면도/다이어그램 완성하기(Map/Plan/Diagram Labelling)는 제시된 시각 자료의 빈칸에 장소나 부품 등의 명칭을 채워 완성하는 유형입니다. 지문을 듣고 시각 자료에서 문제에 해당하는 위치를 찾을 수 있어야 합니다.

섹션 1과 2에서 매 시험 출제되지는 않지만 자주 출제되는 유형입니다.

출제 형태

지도/평면도 완성하기(Map/Plan Labelling)

지도/평면도 완성하기(Map/Plan Labelling) 유형에는 길, 건물 등의 위치가 포함된 지도나 건물 내부의 평면도가 출제됩니다. 주어진 시각 자료에서 보기를 선택하는 객관식 형태와 장소의 이름 등을 작성하는 주관식 형태가 모두 출제될 수 있습니다.

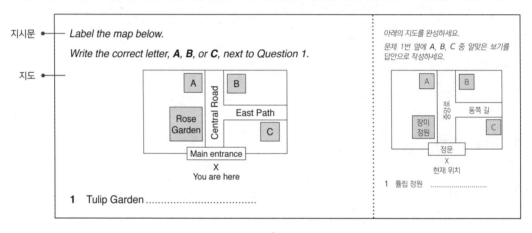

다이어그램 완성하기(Diagram Labelling)

부품 등의 명칭이 포함된 기계의 그림이 주로 출제됩니다. 객관식과 주관식 형태가 모두 출제될 수 있습니다.

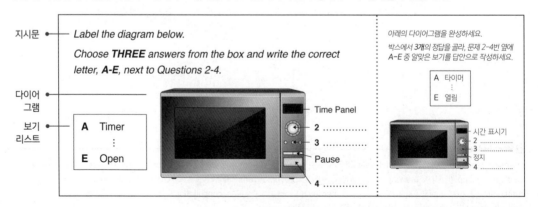

1. 답안 작성 조건을 확인합니다.

지문을 듣기 전에 지시문을 읽고 문제의 형태를 파악합니다. 주관식 형태일 경우 몇 단어 혹은 숫자로 답안을 작성하는 문제인지 확인합니다.

2. 제시된 시각 자료와 문제의 내용을 파악합니다.

제시된 지도/평면도/다이어그램의 전체적인 형태 및 이미 주어진 장소나 부품의 명칭과 위치를 파악합니다. 그런 다음, 문제가 무엇인지 확인합니다. 지도나 평면도에 현재 위치(You are here)나 방위표가 표시되어 있는 경우, 이를 활용하여 설명이 주어질 수 있음을 예상합니다.

3. 문제와 관련된 내용을 주의 깊게 듣습니다.

문제나 시각 자료에서 주어진 명칭이 그대로 언급되거나 바꾸어 표현된 주변 내용을 주의 깊게 듣고 정답의 단서를 파악합니다.

지문에서 언급된 내용
M: Walk straight ahead from the Main entrance and turn right onto East Path. You will find the Tulip Garden on the right at the end of the path.
남: 입구로부터 직진한 후 동쪽 길을 향해 오른쪽으로 꺾으세요. 길 끝에서 오른쪽에 있는 튤립 정원을 찾으실 수 있습니다.

4. 알맞은 명칭을 답안으로 작성하거나 알맞은 위치를 정답으로 선택합니다.

주관식 형태로 출제된 경우 정답의 단서에서 언급된 명칭을 답안 작성 조건에 맞게 작성합니다. 객관식 형태로 출제된 경우에는 정답의 단서가 시각 자료에서 알맞게 표시된 보기를 정답으로 선택합니다.

☑ **TIPS**

지도/평면도/다이어그램에 대한 설명이 등장할 때, 아래의 위치·방향·형태 관련 표현을 알아두면 문제의 위치와 명칭을 파악하는 데 도움이 됩니다.

위치	next to	~ 옆에	south of	~의 남쪽에
	below	~ 아래에	in the middle of	~의 가운데에
	turn left/right	왼쪽/오른쪽으로 돌다	first bend	첫 번째 모퉁이
	end of corridor	복도 끝	at the junction of	~의 교차점에
	situated between	~의 사이에 위치하다	along the path	길을 따라
	northwest of	~의 북서쪽에	out to the east	동쪽 끝에
	far left	왼쪽 끝에	at the other end of	~의 반대쪽 끝에
방향	go across/over	~을 건너다	go through	~을 통과하다
	go along	~을 끼고 가다	go past	~을 지나가다
형태	rectangular/square	직사각형의/정사각형의	circular/round	원형의

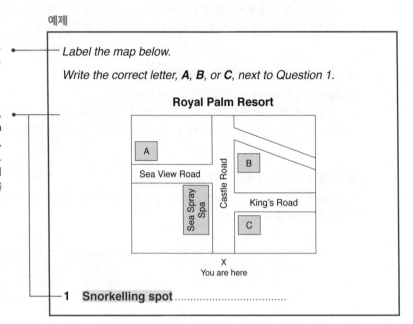

예제

Label the map below.

*Write the correct letter, **A**, **B**, or **C**, next to Question 1.*

Royal Palm Resort

1   **Snorkelling spot** ....

지시문을 읽고 지도에서 A-C의 보기 중 알맞은 답을 선택하는 객관식 형태임을 파악합니다.

지도에 이미 주어진 Sea View Road, Castle Road, King's Road, Sea Spray Spa의 위치를 파악한 다음, 문제인 Snorkelling spot을 확인합니다. 또한, 'You are here'를 통해 현재 위치를 기준으로 설명이 주어질 수 있음을 예상합니다.

스크립트 영국식 발음   (W2_D5) EX.mp3

Section 2. You will hear a resort employee talking to a group of guests.

Before you check in to your rooms here at the Royal Palm Resort, I'd like to take a few minutes to describe the layout of the facility. As you can see on this map, we are here at the start of Castle Road. If you go straight ahead on this road, you will come to one of the most popular places in the resort — the Tropical Winds Restaurant. It's directly across the road from the Sea Spray Spa, just before the turning to King's Road. Another very popular activity at the resort is snorkelling. To get to **the area where you can go snorkelling**, [1]walk further down Castle Road from the Tropical Winds Restaurant and turn left onto Sea View Road. You will find the snorkelling spot on the right at the end of Sea View Road.

문제인 Snorkelling spot이 the area where you can go snorkelling으로 바꾸어 표현된 주변 내용을 주의 깊게 듣습니다.
'walk further down Castle Road ~ and turn left onto Sea View Road. You will find the snorkelling spot on the right at the end of Sea View Road.'라는 정답의 단서를 파악할 수 있습니다.

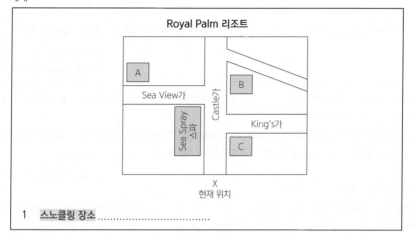

Royal Palm 리조트

1 **스노클링 장소** ....

스크립트

> 섹션 2. 리조트 직원이 단체 고객들에게 설명하는 것을 들으세요.
>
> 여러분이 여기 Royal Palm 리조트에서 방에 투숙 수속을 하시기 전에, 이 시설의 배치를 설명하는 시간을 몇 분 정도 가지고 싶습니다. 이 지도에서 보실 수 있듯이, 저희는 여기 Castle가의 시작점에 있습니다. 이 길로 직진하시면, 리조트에서 가장 인기 있는 장소 중 하나인, Tropical Winds 식당에 도착하실 겁니다. 그곳은 Sea Spray 스파에서 바로 길 건너편에, King's가로 가는 갈림길 바로 직전에 있어요. 리조트에서 매우 유명한 또 다른 활동은 스노클링입니다. **스노클링을 하실 수 있는 구역**으로 가시려면, ¹Tropical Winds 식당에서 Castle가 쪽으로 더 걸어가시다가 왼쪽으로 돌아 Sea View가로 가세요. Sea View가의 끝에서 오른쪽에 있는 스노클링 장소를 찾으실 겁니다.

정답　**A**

해설　문제(Snorkelling spot)와 관련된 지문 내용 중 'walk further down Castle Road from the Tropical Winds Restaurant and turn left onto Sea View Road. You will find the snorkelling spot on the right at the end of Sea View Road.'에서 Tropical Winds 식당에서 Castle가 쪽으로 더 걸어가다가 왼쪽으로 돌아 Sea View가로 가라고 한 뒤, Sea View가의 끝에서 오른쪽에 있는 스노클링 장소를 찾을 것이라고 하였으므로, 보기 **A**가 정답입니다.

📖 **Vocabulary** ──────────────────────────────

check in 투숙 수속을 하다　**layout**[léiàut] 배치　**across**[미 əkrɔ́:s, 영 əkrɔ́s] ~의 건너편에, ~의 맞은편에　**turning**[미 tə́:rniŋ, 영 tə́:niŋ] 갈림길

DAILY CHECK-UP

🎧 지문의 일부를 듣고 빈칸을 받아 적으세요. 그리고 제시된 지도/평면도/다이어그램을 완성하세요.

🎧 (W2_D5) DC1-3.mp3

01
섹션1

M: Excuse me. My friends and I just arrived at the campground, and I was wondering if you could tell me about your facilities.

W: I'd be happy to do that. I'll show you where some of the facilities are on this map. Firstly, we have some showers. Once you walk through the Main gate, _____ _____.

M: Oh, yes. I saw them when I came in.

W: Good. And then we have a Recreation hall, where you can play billiards or table tennis. From this office, turn left and then follow the path around the Central square. _____ _____.

M: Wonderful. We were hoping there would be some games to play.

W: Great. And we've also got a new Rock climbing wall. To get there, continue past the Recreation hall and then turn right. Walk until you reach a narrow trail. _____ _____.

M: OK, thank you. It sounds like there is a lot to do here.

Carmarthen Campsite Map

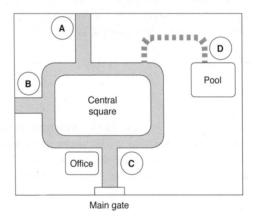

1	Showers	....
2	Recreation hall	....
3	Rock climbing wall	....

📖 **Vocabulary** ───

campground[kǽmpgràund] 야영장 billiards[미] bíljərdz, [영] bíliədz] 당구 table tennis 탁구 rock climbing wall 암벽 등반용 벽

🎧 (W2_D5) DC4-6.mp3

02
섹션2

As all of you know, the Newport Public Library is going to be renovated. Before we end today's council meeting, I'll explain the major changes that are planned for the layout of the facility. Please look at the plan on the screen behind me. As you can see, the Main entrance is at the bottom of the plan. When you walk through that doorway, you will be in the Entrance hall.

_____
_____. That's where all the kids' books will be located.
_____.

It's next to the Study area. There will be tea, coffee, and a range of snacks there. Now, on the other side of the Entrance hall is our Main book section. Across from it are two doors.

_____
_____, where patrons will be able to watch DVDs.

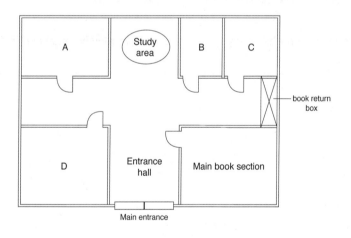

4 Children's reading room   ....

5 Cafeteria   ....

6 Multimedia centre   ....

📖 **Vocabulary** ───

renovate[rénəvèit] 개조하다, 보수하다   council[káunsl] 의회   hallway[hɔ́:lwei] 복도   patron[péitrən] 고객

03

Good morning, everyone. My name is Sandra Roberts, and I'm an instructor here at Core Fitness Centre. As all of you are new members, I thought it would be helpful to explain how to operate the exercise equipment we have here.

So if everyone can gather around, we'll start with this running machine. Please take a look at the control panel. I'll show you how all of these buttons work. Firstly, if you look at the middle of the panel, you will see three circular buttons on the bottom. If you press the button on the right, the machine will start. And _____.

Doing this gradually slows the machine down before stopping. But if you want to suddenly stop the machine, you can press the emergency stop button in the middle. Um, this is the largest button on the machine.

At the top of the panel are three rectangular displays. _____
_____.

It will tell you how long you have been running. Next to that, _____
_____. It will show you how many calories you are burning during your workout. The display on the far left shows your heart rate. _____
_____,

which controls the pace of the running machine.

OK, does anyone have any questions about the running machine? If not, we'll move on to the . . .

*Choose **FOUR** answers from the box and write the correct letter, **A-E**, next to Questions 7-10.*

A	Start button
B	Stop button
C	Calorie indicator
D	Time indicator
E	Speed dial

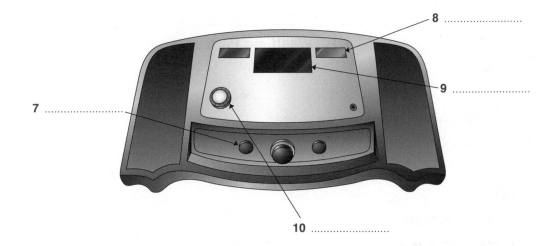

정답 · 스크립트 · 해석 · 해설 p.283

📖 Vocabulary ─────────────────────────────

control panel 제어 패널 **circular**[미 sə́ːrkjələr, 영 sə́ːkjələ] 원형의 **gradually**[grǽdʒuəli] 점차 **rectangular**[미 rektǽŋgjulər, 영 rektǽŋgjələ] 직사각형의
indicator[미 índikèitər, 영 índikèitə] 표시기, 표지 **workout**[미 wə́ːrkaut, 영 wə́ːkaut] 운동

SECTION 2   *Questions 1-10*   🎧 (W2_D5) DT.mp3

Questions 1- 4

Complete the notes below.

*Write **NO MORE THAN TWO WORDS AND/OR A NUMBER** for each answer.*

Westfield Park

The Park

- Citywide project to create **1** .... spaces
- Site had a section of railway that was unused
- Voted Best City Park for **2** .... years

Highlights

- Variety of exotic plants
- Edwin Coyle is the **3** .... of the park
- Features flowers and shrubs from **4** ....

Questions 5-10

Label the map below.

*Write the correct letter, **A-G**, next to Questions 5-10.*

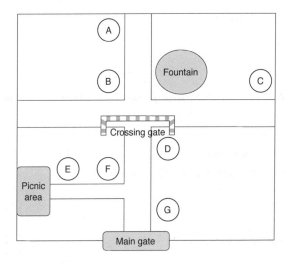

5 Gift shop   ....

6 Park office   ....

7 Wishing well   ....

8 Information booth   ....

9 Café   ....

10 Playground   ....

정답 · 스크립트 · 해석 · 해설 p.287

📑 **Vocabulary** ─────────────────────────

citywide[sítiwàid] 광역의, 시 전체의 industrial[indʌ́striəl] 공업의 commercial[미 kəmə́:rʃl, 영 kəmə́:ʃl] 상업의
exotic[미 igzá:tik, 영 igzɔ́tik] 이국적인 shrub[ʃrʌb] 관목 tropical[미 trá:pikl, 영 trɔ́pikl] 열대의 wander[미 wá:ndər, 영 wɔ́ndə] 거닐다
get familiar with ~에 익숙해지다 souvenir[미 sù:vənír, 영 sù:vníə] 기념품 pathway[pǽθwèi, pá:θwèi] 오솔길
ornament[미 ɔ́:rnəmənt, 영 ɔ́:nəmənt] 장식품 wishing well (동전을 던지며) 소원을 비는 우물 crossing gate 건널목 junction[dʒʌ́ŋkʃn] 교차로

(우측 세로) 문제 유형 공략하기 Section 1, 2 **2**nd Week **5**일 Hackers IELTS Listening Basic

출제 경향

단답형(Short Answer)은 질문에 알맞은 답을 작성하는 주관식 유형입니다. 지문에서 들려준 내용 중 알맞은 단어를 정답으로 작성해야 합니다.

섹션 1과 2에서 간혹 출제되는 유형입니다.

출제 형태

단답형(Short Answer)은 How/What/Which/When/Where 등의 의문사를 사용한 질문에 알맞은 답을 작성하는 주관식 형태로 출제됩니다.

지시문 • ─
Answer the questions below.

Write **NO MORE THAN TWO WORDS** *for each answer.*

문제 • ─
1 How long does the cruise ship journey last?

....

2 How much is the luxury suite?

....

3 What will be provided when passengers get off the ship?

....

아래 질문들에 답하세요.
답안은 **두 단어 이내**로 작성하세요.

1 크루즈 여행은 얼마 동안 계속되는가?

....

2 고급 스위트 룸의 가격은 얼마인가?

....

3 승객들이 배에서 내릴 때 무엇이 제공될 것인가?

....

1. 답안 작성 조건을 확인합니다.

지문을 듣기 전에 지시문을 읽고 몇 단어 혹은 숫자로 답안을 작성하는 문제인지 확인합니다.

2. 핵심어구와 문제에서 묻는 내용을 파악합니다.

제시된 질문의 의문사와 핵심어구를 통해 문제에서 묻는 내용이 무엇인지 파악합니다.

> **1** How long does the **cruise ship journey** last?
> ▶ 의문사구와 핵심어구: How long, cruise ship journey
> ▶ 문제에서 묻는 내용: 크루즈 여행이 얼마 동안 계속되는지

3. 핵심어구와 관련된 내용을 주의 깊게 듣습니다.

문제의 핵심어구가 그대로 언급되거나 바꾸어 표현된 주변에서 관련된 내용을 주의 깊게 듣고 정답의 단서를 찾습니다.

> 지문에서 언급된 내용
> W: The **cruise ship** will sail around the Mediterranean for three weeks.
> 여: 그 크루즈는 3주 동안 지중해 주변을 항해할 것입니다.

4. 알맞은 단어를 답안으로 작성합니다.

정답의 단서 중 문제에서 묻는 내용의 정답이 될 수 있는 알맞은 단어를 답안 작성 조건에 맞게 작성합니다. 답안을 작성한 후에는 철자가 올바르게 쓰였는지 확인합니다.

☑ **TIPS**

단답형 유형에서는 빈도나 주기를 묻는 문제가 출제되는 경우도 있습니다. 이러한 경우 once, twice 등 빈도를 나타내는 표현이나 every 등 주기를 나타내는 표현이 등장하는 주변을 주의 깊게 들어야 합니다.

지시문을 읽고 두 단어 이내로 답안을 작성하는 문제임을 확인합니다.

의문사구 Which day와 핵심어구인 aerobics class를 통해 문제에서 에어로빅 수업이 진행되는 요일은 언제인지 묻고 있음을 파악합니다.

예제

Answer the question below.

*Write **NO MORE THAN TWO WORDS** for the answer.*

1   Which day is the **aerobics class** on?

....

스크립트 미국식 발음 → 영국식 발음   🎧 (W2_D6) EX.mp3

지문에서 핵심어구인 aerobics class 가 그대로 언급된 주변 내용을 주의 깊게 듣습니다.
핵심어구의 주변 내용에서 '(every) Saturday'라는 정답을 찾을 수 있습니다.

Section 1. You will hear a conversation between a fitness centre employee and a customer.

M: Excuse me . . . I'm a member here at the fitness centre, and I was wondering if you could help me with something.

W: Of course. What would you like to know?

M: Well, I'm looking for some fitness classes to join, and [1]I heard that there is a new **aerobics class** here.

W: Yes, that's true. [1]It will be held every Saturday afternoon.

M: Oh, that's good. What time will it start?

W: It will start at 2 pm and last for approximately 90 minutes. If there is a high enough demand, we may add another class on Sundays.

M: Either day works well with my schedule.

W: Great.

> 1 **에어로빅 수업**은 **어느 요일**에 있는가?
>
>   ....

스크립트

> 섹션 1. 피트니스 센터 직원과 고객 간의 대화를 들으세요.
>
> 남: 실례합니다... 저는 여기 피트니스 센터의 회원인데, 저를 좀 도와주실 수 있을지 궁금해하고
>   있었어요.
> 여: 그럼요. 무엇을 알고 싶으신가요?
> 남: 음, 등록할 운동 수업을 좀 찾고 있는데, ¹여기에 새로운 **에어로빅 수업**이 있다고 들었어요.
> 여: 네, 맞아요. ¹그건 매주 토요일 오후에 열릴 거예요.
> 남: 오, 좋네요. 몇 시에 시작하나요?
> 여: 오후 2시에 시작해서 대략 90분간 계속될 거예요. 만약 충분히 높은 수요가 있다면, 일요일에
>   또 하나의 수업을 추가할 수도 있어요.
> 남: 양일 모두 제 일정과 잘 맞네요.
> 여: 다행이네요.

정답   **(every) Saturday**

해설   문제의 핵심어구(Which day ~ aerobics class)가 언급된 지문 내용 중 남자가 'I heard that there
is a new aerobics class here'라며 여기에 새로운 에어로빅 수업이 있다고 들었다고 하자, 여자가 'It
will be held every Saturday afternoon.'이라며 그건 매주 토요일 오후에 열릴 것이라고 하였습니다.
따라서 문제가 묻는 'Which day'에 대한 정답은 **(every) Saturday**입니다.

📖 **Vocabulary** ──

approximately[미 əprάːksimətli, 영 əprɔ́ksimətli] 대략   demand[미 dimǽnd, 영 dimάːnd] 수요

DAILY CHECK-UP

지문의 일부를 듣고 빈칸을 받아 적으세요. 그리고 질문에 답하세요.

(W2_D6) DC1-3.mp3

01

섹션1

M: Good morning. Welcome to the admissions department. How can I help you?
W: Hi, I'm interested in signing up for a summer course here.
M: OK, I can help you with that. Are you currently studying here?
W: Well, ____.
M: I see, and what sort of course are you interested in?
W: I want to take a chemistry course.
M: Let's see . . . We have an Introduction to Chemistry course this summer. That lasts for a month.
W: That would be good. How often are the classes?
M: ____.
W: Great. And how much is the course?
M: It's £1,150, although newly enrolled students get a discount. So you would only have to pay, um . . . £990.
W: Ah, that's a lot.
M: Yes, but you do get accommodation with that, and ______________________ ______________________.
W: Oh, I see. Well, that's not too bad then. I think I'll sign up.
M: OK, let me get a form ready for you . . .

*Write **ONE WORD AND/OR A NUMBER** for each answer.*

1 In which semester will the student start a medical degree?

....

2 How often will seminars be held each week?

....

3 What meal is included in the price?

....

Vocabulary

admission[ədmíʃn] 입학 degree[digríː] 학위 accommodation[미 əkɑ̀ːmədéiʃn, 영 əkɔ̀mədéiʃn] 숙소

🎧 (W2_D6) DC4-6.mp3

02

W: Thank you for calling Delta Insurance. How can I help you today?

M: Good morning. Um, I bought an insurance policy for my vehicle through your company. But the thing is, _____.

W: Oh dear. That's unfortunate. I hope nobody was injured.

M: No, but my car was badly damaged. That's why I'm calling . . . I want to find out how much of the repair cost will be covered by my insurance policy. _____

_____

W: Well, first could you give me your name, please?

M: Sure. It's Dennis Anderson.

W: OK, just a minute . . . so _____,
and under the terms of this, we will provide up to £8,000. But keep in mind that . . .

Write **NO MORE THAN TWO WORDS AND/OR A NUMBER** for each answer.

4 What was the customer recently involved in?

....

5 How much will the customer's repair bill probably be?

....

6 What type of policy does the customer have?

....

📖 **Vocabulary**

insurance policy 보험 증서　vehicle[미 víːəkl, 영 víəikl] 차량, 운송 수단　unfortunate[미 ʌnfɔ́ːrtʃənət, 영 ʌnfɔ́ːtʃnət] 유감스러운　badly[bǽdli] 심하게
damage[dǽmidʒ] 손상시키다　term[미 təːrm, 영 təːm] 조건

03

[섹션2]

Everyone gather around, please. My name is Adam Tanner, and _____. In a few minutes, we'll be boarding the boat that will take us to the area where we will be scuba diving. But first, I'd like to go over some safety precautions. All of you are inexperienced divers, so please pay close attention.

First of all, _____.
Right before we dive, you and your partner should take some time to check each other's scuba equipment to ensure it is functioning correctly. Once we enter the water, you should stay close to your partner at all times. Never swim off alone. If you see that your partner is in any sort of danger, do not attempt to assist. Instead, immediately signal to me or one of my assistants so that we can help.

Another thing to keep in mind is the importance of breathing regularly. _____
_____.
As long as you keep breathing, this won't be a problem. But if you hold your breath, the expanding air can result in serious damage to your lungs. So please be careful.

Finally, make sure that you ascend slowly once the dive is complete. Moving too quickly from deep water to the surface can cause sickness. You should return to the surface at a rate no faster than eight metres per minute. And _____,
you need to stop for at least three minutes to give your body time to adjust.

OK . . . unless anyone has a question, let's board the boat.

*Write **NO MORE THAN THREE WORDS AND/OR A NUMBER** for each answer.*

7 What is Adam Tanner's role today?

....

8 What is the name of the practice of assigning divers partners?

....

9 Changes in what cause air in the lungs to expand under water?

....

10 How far from the surface should divers stop for three minutes?

....

정답 · 스크립트 · 해석 · 해설 p.290

📖 **Vocabulary** ─────────────────────────────

precaution[prikɔ́ːʃn] 예방(책)   inexperienced[미 ìnikspíriənst, 영 ìnikspíəriənst] 숙련되지 않은   **buddy system** 2인 1조 방식
function[fʌ́ŋkʃn] 기능하다   correctly[kəréktli] 제대로   assist[əsíst] 돕다, 도움이 되다   breathe[briːð] 숨을 쉬다   lung[lʌŋ] 폐   ascend[əsénd] 올라오다
surface[미 sə́ːrfis, 영 sə́ːfis] 수면, 표면   sickness[síknəs] 구토, 질병

DAILY TEST

SECTION 1   *Questions 1-10*   🎧 (W2_D6) DT.mp3

Questions 1-3

Complete the notes below.

Write **ONE WORD AND/OR A NUMBER** for each answer.

Student House-Share Client Inquiry

Name: Daniel 1.................................

Needed by: 2.................................

Length of stay: 3.................................

Budget: £300 to £350

Questions 4-6

Complete the table below.

Write **ONE WORD AND/OR A NUMBER** for each answer.

Location	Type of rental	Rent	Other fees
Bentley Road	a house with 4................................. storeys	£400	5................................. and electricity included in rent
Clifton Street	a ground floor flat	6 £.................................	all utilities are the responsibility of tenants

Questions 7-10

Answer the questions below.

*Write **NO MORE THAN TWO WORDS AND/OR A NUMBER** for each answer.*

7 What does the house on Clifton Street have behind it?

....

8 How many parking spaces does the Clifton Street flat have?

....

9 Which area is the supermarket located in?

....

10 What are in the Clifton Street building's basement?

....

정답 · 스크립트 · 해석 · 해설 p.293

📋 **Vocabulary**

vacancy[véikənsi] 공실   **narrow down** 좁히다   renew[미 rinú:, 영 rinjú:] 계약을 갱신하다   utility[ju:tíləti] 공공요금   satellite[sǽtəlàit] 위성
responsibility[미 rispà:nsəbíləti, 영 rispɔ̀nsibíləti] 부담, 책임   tenant[ténənt] 세입자   grocery[미 gróusəri, 영 gróusri] 식료품(점)
laundry[lɔ́:ndri] 세탁(물)   **washing machine** 세탁기

HACKERS
IELTS
LISTENING BASIC

goHackers.com

학습자료 제공·유학정보 공유

MACKERS IELTS LISTENING BASIC

3rd Week

3주에서는 IELTS 리스닝의 섹션 3과 4의 문제 유형을 공부해본 후, 단계별로 문제를 풀어보겠습니다. 섹션 3과 4에서는 실제 대학 생활에서 접할법한 과제, 수업에 대한 대화나 각종 학문에 대한 강의가 출제됩니다.

문제 유형 공략하기
SECTION 3, 4

1일 다지선다 (Multiple Choice)

2일 노트/양식/표 완성하기 (Note/Form/Table Completion)

3일 문장/요약문 완성하기 (Sentence/Summary Completion)

4일 순서도/다이어그램 완성하기 (Flow-chart/Diagram Completion)

5일 정보 연결하기 (Matching)

6일 단답형 (Short Answer)

INTRO

SECTION 3

OVERVIEW
섹션 3은 21번부터 30번까지의 총 10문제로 이루어지며, 학술적인 주제에 관한 2~4명의 대화를 듣고 그와 관련된 문제를 풀어야 합니다.

출제 주제
섹션 3에서는 2~4명의 화자가 등장하며, 주로 학생들 간의 대화나, 교수와 학생이 대화하는 지문이 출제됩니다. 지문의 주제는 보통 과제나 수업 내용에 대한 토론입니다. 간혹 학생 대표가 학교의 직원이나 담당자와 학교 시설에 대해 대화하는 경우도 있습니다.

· 과제 관련 대화: 과제, 논문, 연구, 발표, 현장학습에 대한 토론 등
· 수업 관련 대화: 수업 내용에 대한 토론, 수업에 대한 평가 등
· 기타: 대학 시설, 교육 연수에 대한 대화 등

출제 유형
출제되는 문제 유형은 크게 6가지가 있습니다. 이러한 유형 중 섹션 3에서는 다지선다(Multiple Choice) 유형이 가장 자주 출제됩니다.

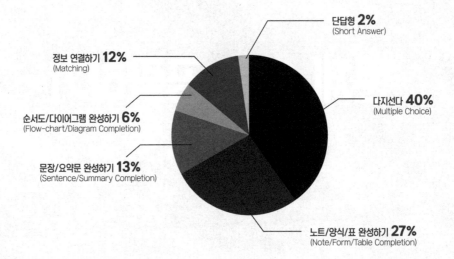

섹션 전략
섹션 3의 지문은 보통 2명의 화자가 의견을 주고받는 형태로 구성됩니다. 의견을 주고받는 중에 상대의 제안을 반박하거나 다른 대안을 제시하는 경우가 종종 등장하므로, 동의나 반대의 표현이 등장하는 경우 그 주변 내용을 주의 깊게 들어야 합니다.

SECTION 4

OVERVIEW
섹션 4는 31번부터 40번까지의 총 10문제로 이루어지며, 학술적인 주제에 관한 한 명의 독백을 듣고 그와 관련된 문제를 풀어야 합니다.

출제 주제
섹션 4에서는 학생이나 교수 등의 화자가 등장하며, 주로 다양한 분야에 대한 강의나 학생 발표로 이루어진 지문이 출제됩니다. 간혹 2개 이상의 학문 분야나 사회적 이슈를 다루는 지문이 출제되기도 합니다.

· 자연과학: 생물학, 생태학, 지구과학, 화학 등
· 사회과학: 경영학, 인류학, 심리학, 고고학 등
· 기타 학문: 건축, 엔지니어링, 예술 등

출제 유형
출제되는 문제 유형은 크게 6가지가 있습니다. 이러한 유형 중 섹션 4에서는 노트/양식/표 완성하기(Note/Form/Table Completion) 유형이 가장 자주 출제됩니다.

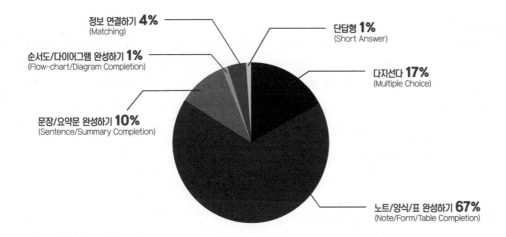

정보 연결하기 **4%**
(Matching)

단답형 **1%**
(Short Answer)

순서도/다이어그램 완성하기 **1%**
(Flow-chart/Diagram Completion)

다지선다 **17%**
(Multiple Choice)

문장/요약문 완성하기 **10%**
(Sentence/Summary Completion)

노트/양식/표 완성하기 **67%**
(Note/Form/Table Completion)

섹션 전략
섹션 4의 지문은 보통 중심 주제를 3~5개의 소주제로 나누어 설명하는 형태로 구성됩니다. 각각의 소주제에서 언급된 세부적인 내용을 묻는 문제가 종종 출제되므로, And, Now, So 등 주제가 전환되는 어구가 등장하면 다음 내용이 등장할 것임을 예상하며 들어야 합니다.

🔎 출제 경향

다지선다(Multiple Choice)는 여러 개의 보기 중 지문의 내용과 일치하는 답을 고르는 객관식 유형입니다. 지문에서 들려준 내용이 올바르게 표현된 보기를 찾아 정답으로 선택해야 합니다.

섹션 3과 4에서 거의 매 시험 출제되는 유형입니다.

🔎 출제 형태

완성되지 않은 문장 뒤에 들어갈 답 선택하기
문장을 완성할 수 있는 알맞은 답 1개를 고르는 문제로, 보기는 3개가 주어집니다.

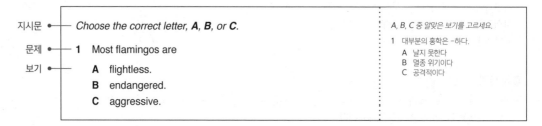

지시문 ● — *Choose the correct letter, **A**, **B**, or **C**.*

문제 ● — **1**　Most flamingos are

보기 ● — 　**A**　flightless.
　B　endangered.
　C　aggressive.

A, B, C 중 알맞은 보기를 고르세요.

1　대부분의 홍학은 -하다.
　A　날지 못한다
　B　멸종 위기이다
　C　공격적이다

질문에 맞는 답 선택하기
질문에 알맞은 답을 선택하는 문제입니다. 2-3개의 답을 고르는 문제가 출제될 수 있으며, 이때 보기는 5-7개까지 주어집니다.

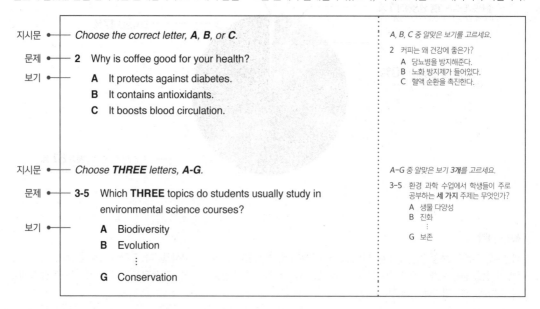

지시문 ● — *Choose the correct letter, **A**, **B**, or **C**.*

문제 ● — **2**　Why is coffee good for your health?

보기 ● — 　**A**　It protects against diabetes.
　B　It contains antioxidants.
　C　It boosts blood circulation.

A, B, C 중 알맞은 보기를 고르세요.

2　커피는 왜 건강에 좋은가?
　A　당뇨병을 방지해준다.
　B　노화 방지제가 들어있다.
　C　혈액 순환을 촉진한다.

지시문 ● — *Choose **THREE** letters, **A-G**.*

문제 ● — **3-5**　Which **THREE** topics do students usually study in environmental science courses?

보기 ● — 　**A**　Biodiversity
　B　Evolution
　　⋮
　G　Conservation

A-G 중 알맞은 보기 **3개**를 고르세요.

3-5　환경 과학 수업에서 학생들이 주로 공부하는 **세 가지** 주제는 무엇인가?
　A　생물 다양성
　B　진화
　　⋮
　G　보존

1. 문제에서 묻는 내용을 파악합니다.

지문을 듣기 전에 지시문을 읽고 선택해야 하는 정답의 개수를 확인합니다. 또한, 문제의 핵심어구와 문제에서 묻는 내용을 파악하고, 각 보기의 내용을 빠르게 훑어 지문에서 들려줄 내용을 미리 예상합니다.

> **2** Why is coffee good for your health?
> ▶ 핵심어구: good for your health
> ▶ 문제에서 묻는 내용: 커피가 건강에 왜 좋은지

2. 핵심어구의 주변 내용을 주의 깊게 듣습니다.

문제의 핵심어구가 그대로 언급되거나 바꾸어 표현된 주변 내용을 주의 깊게 듣고 정답의 단서를 파악합니다.

> 지문에서 언급된 내용
> M: Studies have shown that the high number of antioxidants in coffee could be beneficial for people's health.
> 남: 연구는 커피에 다량 함유된 노화 방지제가 사람들의 건강에 이로울 수 있다는 것을 보여주었습니다.
> ➡ 문제의 'good'이 지문에서 'beneficial'로 바꾸어 표현되었습니다.

3. 지문의 내용을 알맞게 표현한 보기를 정답으로 선택합니다.

지문의 내용이 그대로 등장하거나 바꾸어 표현된 보기를 정답으로 선택합니다. 다지선다 유형에서는 지문에서 언급한 내용이 정답에 그대로 나오기보다는 바꾸어 표현되는 경우가 많으므로, 지문의 내용이 정확하게 표현된 보기를 선택해야 합니다.

4. 다음과 같은 오답 보기에 주의합니다.

다지선다 유형에서는 지문에 등장한 표현을 그대로 사용하여 혼동을 주는 오답 보기가 자주 출제되므로, 대표적인 오답 보기의 유형을 알아두고 실수하지 않도록 주의해야 합니다.

· 지문에 등장한 표현의 일부를 그대로 사용한 오답
· 지문에서 언급한 사실과 반대되는 내용의 오답
· 지문에서 언급한 사실과 관련이 없는 오답

예제

지시문을 읽고 한 개의 정답을 선택하는 문제임을 확인합니다.

*Choose the correct letter, **A**, **B**, or **C**.*

1 Hugh suggests writing about **product placement** because

문제에서 Hugh가 핵심어구인 product placement에 대해 쓸 것을 제안한 이유를 묻고 있음을 파악합니다.

A the professor mentioned its importance.
B there are many sources on the topic.
C no other students have selected it as a topic.

보기의 내용을 빠르게 훑어 각각 중요성(importance), 자료(sources), 다른 학생들(other students)과 관련된 내용임을 확인하고 지문에서 들려줄 내용을 미리 예상합니다.

스크립트 영국식 발음 → 영국식 발음   🎧 (W3_D1) EX.mp3

Section 3. You will hear a conversation between two students about a class report.

M: Hi, Melanie. Have you thought of a topic for our marketing class report?

W: Hi, Hugh. No, I'm having a difficult time thinking of a topic.

M: That's too bad. Have you come up with any ideas?

W: Well, I thought about writing on advertising through online videos. But I heard that several other students in our class already chose that topic. I want to do something different.

지문에서 핵심어구 product placement가 그대로 언급된 주변 내용을 주의 깊게 듣습니다.

M: Hmm. Then what about **product placement**? [1]I think it would be good because our professor has emphasised how important it is in class.

핵심어구의 주변 내용에서 'I think it would be good because our professor has emphasised how important it is in class.'라는 정답의 단서를 찾을 수 있습니다.

W: That's true . . . And it's also a very current topic. These days, more companies are paying to have their products and logos appear on TV and in movies.

M: Right.

W: OK, I like that suggestion. Let's choose that . . .

1 Hugh는 -때문에 **간접 광고**에 대해 쓸 것을 제안한다.

   A 교수가 그것의 중요성을 언급했기 때문에
   B 그 주제에 관한 자료가 많기 때문에
   C 다른 어떤 학생도 그것을 주제로 선택하지 않았기 때문에

스크립트

섹션 3. 수업 보고서에 관한 두 학생 간의 대화를 들으세요.

남: 안녕, Melanie. 우리 마케팅 수업 보고서의 주제에 대해 생각해 봤니?
여: 안녕, Hugh. 아니, 나는 주제를 생각해내는 데 어려움을 겪고 있어.
남: 안됐구나. 뭔가 생각한 의견이 있니?
여: 음, 온라인 동영상을 통한 광고에 대해 쓰려고 생각했었어. 하지만 우리 수업의 다른 학생 여럿이 이미 그 주제를 선택했다고 들었어. 나는 뭔가 다른 것을 하고 싶어.
남: 흠. 그러면 **간접 광고**는 어때? [1]교수님이 수업에서 그것이 얼마나 중요한지 강조하셨기 때문에 그 주제가 좋을 것 같아.
여: 맞아... 그리고 그건 상당히 최근의 주제이기도 해. 요즘에, 더 많은 회사들이 그들의 제품과 로고가 TV와 영화에 나오게 하려고 비용을 지불하고 있잖아.
남: 그렇지.
여: 그래, 그 제안 좋네. 그걸 선택하기로 하자...

정답 **A**

해설 문제의 핵심어구(product placement)와 관련된 지문 내용 중 남자가 'I think it would be good because our professor has emphasised how important it is in class.'라며 교수가 수업에서 간접 광고가 얼마나 중요한지 강조했기 때문에 그 주제가 좋을 것 같다고 하였으므로, 보기 **A** the professor mentioned its importance가 정답입니다. 'emphasised how important it is'가 'mentioned its importance'로 바꾸어 표현되었습니다.

오답 확인하기

B는 지문의 'topic'을 그대로 언급해 혼동하기 쉽지만, 지문에서 주제에 관한 자료가 많다는 내용은 언급하지 않았으므로 오답입니다.
C는 지문에 언급되지 않은 내용이므로 오답입니다.

📖 **Vocabulary**

advertising[미 ǽdvərtàiziŋ, 영 ǽdvətàiziŋ] 광고 **product placement** 간접 광고 **emphasise**[émfəsàiz] 강조하다

🎧 지문의 일부를 듣고 빈칸을 받아 적으세요. 그리고 알맞은 답을 고르세요.

🎧 (W3_D1) DC1-3.mp3

01
섹션3

> **W:** Hi, may I help you?
>
> **M:** Hi. My name is Louis, and I want to talk to someone about taking an introductory archaeology course. Um, Archaeology 101 . . .
>
> **W:** I can help you. I'm a tutor here in the archaeology department.
>
> **M:** Good. Well, I'm thinking of taking it next term. But _____ _____.
>
> **W:** Well, it's just an introductory course, so the material isn't very complex.
>
> **M:** I'm happy to hear that. And, uh, what are the assignments like?
>
> **W:** _____. There are no weekly tests, oral presentations, or anything like that.
>
> **M:** That sounds reasonable. And I'd like to know a little about the professor, Dr Brenda Chang.
>
> **W:** Dr Chang is an excellent teacher. She has experience working as an archaeologist, so she has an in-depth understanding of the subject. And _____ _____.
>
> **M:** Hmm. I think I will register for the course. Do you happen to know . . .

1   Louis says he is concerned about the archaeology course because

    A   it will involve many tests.

    B   it is an introductory course.

    C   it might be too difficult.

2   Which assignments are part of the course?

    A   Written reports   **B**   Oral presentations   **C**   Weekly tests

3   The tutor says that Dr Chang

    A   describes the material clearly.

    B   has little experience in archaeology.

    C   is the head of the department.

📑 **Vocabulary**

introductory[ìntrədʌ́ktəri] 입문의   archaeology[미 à:rkiálədʒi, 영 à:kiɔ́lədʒi] 고고학   challenging[tʃǽlindʒiŋ] 어려운
complex[미 kəmpléks, 영 kɔ́mpleks] 복잡한   assignment[əsáinmənt] 과제   in-depth[indépθ] 깊은

🎧 (W3_D1) DC4-6.mp3

02

섹션4

Today, we're going to discuss social design. Basically, _____ _____. And one of the subtopics within social design is the safety of women. Because there is so much violence and harassment towards women, city planners must do more to keep them safe.

For architects, this means designing buildings and public spaces with the safety of women in mind. This is already happening in Austria, where all designs consider the needs of women. _____.

And, well, to achieve this, planners have moved bus stops to areas that women feel more comfortable in, and added more street lights to provide better visibility at night. In addition, _____. This makes it less likely that other pedestrians will bump into women with young children.

4　According to the speaker, social design is an intentional plan to

　　A　improve well-being.

　　B　protect rights.

　　C　increase cooperation.

5　The aim of the policy called 'gender mainstreaming' is to

　　A　highlight the role of women in society.

　　B　educate people about public safety.

　　C　create fairly shared areas in cities.

6　Why were sidewalks widened?

　　A　to provide more room for women waiting at bus stops.

　　B　to meet the need of moms with strollers.

　　C　to help people find their way more easily.

문제 유형 공략하기 Section 3, 4

3rd
Week

1일

Hackers IELTS Listening Basic

📖 **Vocabulary**

deliberate[dilíbərət] 의도적인, 계획적인　**well-being**[wèlbíːiŋ] 행복　**violence**[váiələns] 폭력　**harassment**[hərǽsmənt] 희롱
city planner 도시 계획자　**public space** 공공장소　**gender mainstreaming** 성 주류화　**visibility**[vìzəbíləti] 시야　**sidewalk**[sáidwɔ̀ːk] 보도, 인도
accommodate[📖 əkáːmədèit, 📖 əkɔ́mədèit] (~을 위한) 충분한 공간을 제공하다　**pedestrian**[pədéstriən] 보행자　**bump into** 부딪히다

03
섹션4

Most of us carry around some type of wallet these days, but few of us know the history behind this handy object. So, I'd like to briefly discuss its origins and how it has developed through time to become the commonly used object it is today.

Let's first look at the early history of wallets. In ancient Greece, men carried around packs of things needed on a regular basis. _____

_____. This early type of wallet was known as a

kibisis. _____.

And wallets remained large for quite some time – until the 1600s in fact. That was when wallets underwent their first major change. A new type of currency was developed during that period: paper money. In the late 1600s, British colonies in America were at war with the French over land in Canada, and they were running out of money to pay the soldiers. To solve the problem, they began issuing pieces of paper that could be spent like real money. This form of currency was light and easier to carry than traditional silver and gold coins. So, _____

_____ . . .

small enough to conceal from thieves or to tie securely to a belt or garment.

Wallets varied in size and shape depending on the country and culture. And they did not change significantly until the introduction of credit cards in the mid-1900s. It was at that point that the folding wallet was developed. _____

_____ .

And slots were also added to wallets, allowing credit cards to be stored easily.

However, now mobile devices are starting to replace credit cards. So, what will happen . . .

7-8 What were **TWO** characteristics of the wallets in ancient Greece?

A They were often tied to a belt.

B They sometimes held food.

C They were carried by women.

D They were the size of backpacks.

E They were easy to hide from thieves.

9 The use of paper money led to

A an increase in theft.

B smaller wallets.

C more soldiers in British colonies.

10 According to the speaker, development of the folding wallets enabled people to

A carry them in their pockets.

B place coins in convenient slots.

C store identity cards more easily.

정답·스크립트·해석·해설 p.296

📖 **Vocabulary**

handy[hǽndi] 간편한   origin[미] ɔ́:ridʒin, [영] ɔ́ridʒin] 기원   provision[prəvíʒn] 필수품   currency[미] kə́:rənsi, [영] kʌ́rənsi] 통화, 화폐
conceal[kənsí:l] 숨기다   securely[미] səkjúrli, [영] sikjúəli] 안전하게   garment[미] gɑ́:rmənt, [영] gɑ́:mənt] 의류

SECTION 3   *Questions 1-10*   🎧 (W3_D1) DT.mp3

Questions 1-4

*Choose the correct letter, **A**, **B**, or **C**.*

1   Why did Brett arrive late?

   A   He was having lunch with a friend.
   B   He was giving a presentation.
   C   He was attending a class.

2   What does Janice plan to do this afternoon?

   A   Search online
   B   Borrow a textbook
   C   Meet with a professor

3   What must the students do on May 3rd?

   A   Submit an assignment
   B   Complete an outline
   C   Select a topic

4   What does Janice suggest focusing on?

   A   Where fair trade clothing is made
   B   How fair trade clothing is promoted
   C   Why fair trade clothing is popular

Questions 5-10

Complete the notes below.

Write **NO MORE THAN TWO WORDS** *for each answer.*

Fair Trade Fashion

Advantages:

• Higher **5**.................................... are given to fair trade workers.

• Schedules are more **6**.................................... .

• Strict **7**.................................... must be met by companies.

• Factories generate less **8**.................................... .

Role of Consumers:

• Consumers influence the **9**.................................... of companies.

• Fair trade movement depends on decisions people make while **10**.................................... .

정답 · 스크립트 · 해석 · 해설 p.300

📋 **Vocabulary** ─────────────────────────────────

plenty of 많은　**fair trade** 공정 무역　**suitable**[미 súːtəbl, 영 sjúːtəbl] 알맞은　**at the latest** 늦어도　**promote**[미 prəmóut, 영 prəmóut] 홍보하다
advantage[미 ədvǽntidʒ, 영 ədváːntidʒ] 이점　**manufacturer**[미 mænjufǽktʃərər, 영 mænjəfǽktʃərə] 제조사
environmental[미 invàirənméntl, 영 invàiərənméntl] 환경의　**waste**[weist] 폐기물　**surrounding**[səráundiŋ] 주변의
exert[미 igzə́ːrt, 영 igzə́ːt] 행사하다　**refuse**[rifjúːz] 거부하다　**mistreat**[mìstríːt] 혹사하다

문제 유형 공략하기 Section 3, 4　**3**rd Week　**1**일　Hackers IELTS Listening Basic

2일 노트/양식/표 완성하기 Note/Form/Table Completion

출제 경향

노트/양식/표 완성하기(Note/Form/Table Completion)는 제시된 노트/양식/표의 빈칸에 알맞은 내용을 작성하는 주관식 유형입니다. 지문에서 들려준 내용 중 문맥상 주어진 빈칸에 알맞은 단어를 골라 답안으로 작성해야 합니다.

섹션 3과 4에서 거의 매 시험 출제되는 유형입니다.

출제 형태

노트/양식 완성하기(Note/Form Completion)

노트는 지문에서 들려준 내용을 요약하여 정리한 것으로, 주로 하나의 큰 제목 아래 몇 개의 소제목이 있는 형태로 출제됩니다. 양식은 지문에서 들려준 내용을 항목별로 정리한 것입니다.

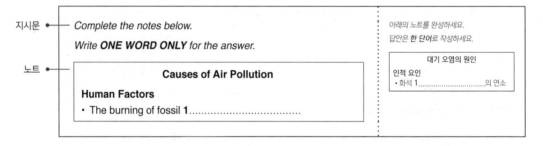

지시문 •— Complete the notes below.

Write **ONE WORD ONLY** for the answer.

노트 •—
> **Causes of Air Pollution**
>
> **Human Factors**
> · The burning of fossil **1**.....................................

아래의 노트를 완성하세요.
답안은 **한 단어**로 작성하세요.

> **대기 오염의 원인**
> 인적 요인
> · 화석 **1**...............................의 연소

표 완성하기(Table Completion)

표는 지문에서 들려준 내용을 열과 행으로 분류한 것으로, 항상 왼쪽에서 오른쪽 방향으로 문제가 출제됩니다.

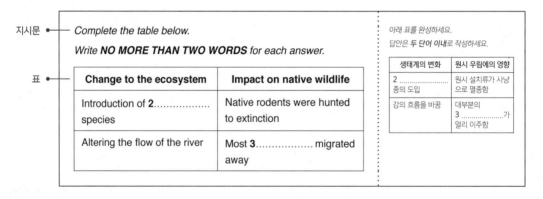

지시문 •— Complete the table below.

Write **NO MORE THAN TWO WORDS** for each answer.

표 •—

Change to the ecosystem	Impact on native wildlife
Introduction of **2**................. species	Native rodents were hunted to extinction
Altering the flow of the river	Most **3**................. migrated away

아래 표를 완성하세요.
답안은 **두 단어 이내**로 작성하세요.

생태계의 변화	원시 우림에의 영향
2...................... 종의 도입	원시 설치류가 사냥으로 멸종함
강의 흐름을 바꿈	대부분의 **3**...................가 멀리 이주함

1. 답안 작성 조건을 확인합니다.

지문을 듣기 전에 지시문을 읽고 몇 개의 단어 혹은 숫자로 답안을 작성하는 문제인지 확인합니다.

2. 문제의 핵심어구와 빈칸에 들어갈 내용을 파악합니다.

제시된 노트/양식/표의 전체적인 내용을 빠르게 확인합니다. 소제목이 주어진 경우 소제목을 먼저 읽고 지문에서 어떤 내용을 언급할 것인지 미리 예상합니다. 또한, 빈칸 주변 내용에서 문제의 핵심어구를 파악하여 빈칸에 어떤 내용이 들어가야 하는지 예상합니다.

Introduction of 2.................................... species

▶ 핵심어구: Introduction
▶ 빈칸에 들어갈 내용: 도입된 종이 무엇인지

3. 핵심어구와 관련된 내용을 주의 깊게 듣습니다.

문제의 핵심어구가 그대로 등장하거나 바꾸어 표현된 주변 내용을 주의 깊게 듣습니다. 특히 빈칸이 있는 부분의 소제목이 언급되면 그 주변에서 정답이 언급될 가능성이 높으므로 주의 깊게 듣고 정답의 단서를 찾습니다.

지문에서 언급된 내용

M: The introduction of exotic species into the island's fragile ecosystem was devastating.
남: 그 섬의 취약한 생태계에 외래종이 도입된 것은 파괴적이었다.

4. 알맞은 단어를 답안으로 작성합니다.

문맥상 빈칸에 알맞은 단어나 숫자를 작성 조건에 맞추어 답안으로 작성합니다. 작성 후에는 철자와 품사가 올바른지 확인합니다.

✓ **TIPS**

섹션 3, 4의 노트/양식/표 완성하기 유형의 정답은 주로 명사나 형용사로 출제되지만, 간혹 동사로 출제되는 경우도 있습니다. 명사로 출제되는 경우 단·복수를, 동사로 출제되는 경우 시제와 단·복수를 잘 확인해야 합니다.

예제

지시문을 읽고 한 단어로 답안을 작성 하는 문제임을 확인합니다.

노트의 제목인 'Comparative study in Saharanpur'를 읽고 지문에서 사하란푸르 지역의 비교 연구에 대한 내용을 언급할 것임을 미리 예상합니다.

또한, 빈칸 주변의 핵심어구인 went down을 파악하여, 빈칸에는 무엇의 생산량이 하락했는지에 대한 내용이 들어가야 함을 예상합니다.

Complete the notes below.

*Write **ONE WORD ONLY** for the answer.*

Comparative study in Saharanpur

· Agricultural land reduced from 67 per cent to 45 per cent

· Production of **1** .... **went down** by 40%

스크립트 영국식 발음 🎧 (W3_D2) EX.mp3

Section 4. You will hear part of a lecture about urbanisation.

OK, if everyone's here, let's get started. As you know, urbanisation has created significant challenges for many people. Today, we're going to discuss how urbanisation has led to the loss of agricultural land. In particular, I want to focus on a study of this phenomenon in India. The study looked at Saharanpur. Uh, it's a traditionally agrarian area that has experienced rapid population growth. So, researchers studied aerial photographs and satellite images to track the loss of agricultural land in Saharanpur between 1988 and 1998. They discovered that in 1988, 67 per cent of the area's land was agricultural. By 1998, that figure had decreased to 45 per cent. [1]Productivity also suffered, as the production of grain **declined** by 40 per cent.

지문에서 문제의 핵심어구인 went down 이 declined로 바꾸어 표현된 주변 내용을 주의 깊게 듣습니다.

핵심어구의 주변 내용에서 'grain'이라는 정답을 찾을 수 있습니다.

사하란푸르 지역의 비교 연구

- 농업지는 67퍼센트에서 45퍼센트로 감소함
- 1.....................................의 생산량은 40% **감소함**

스크립트

섹션 4. 도시화에 관한 강의의 일부를 들으세요.

좋아요, 모두 오셨으면, 시작합시다. 아시다시피, 도시화는 많은 사람들에게 중대한 문제들을 만들어냈어요. 오늘은, 도시화가 어떻게 농업지의 소실로 이어졌는지 이야기해 보겠습니다. 특히, 저는 이 현상에 관한 인도의 한 연구에 초점을 맞추고 싶네요. 그 연구는 사하란푸르를 조사했어요. 어, 그곳은 급격한 인구 성장을 겪은 전통적인 농업 지역입니다. 그래서, 연구자들은 1988년과 1998년 사이의 사하란푸르의 농업지의 소실을 추적하기 위해 항공 사진과 위성 사진을 연구했죠. 그들은 1988년에는, 그 지역의 토지 중 67퍼센트가 농업용이었다는 것을 발견했어요. 1998년에는, 그 수치가 45퍼센트까지 감소했죠. [1]곡물 생산량이 40퍼센트 **감소하면서**, 생산성 역시 악화되었어요.

정답 **grain**

해설 문제의 핵심어구(went down)와 관련된 지문 내용 중 'Productivity also suffered, as the production of grain declined by 40 per cent.'에서 곡물 생산량이 40퍼센트 감소하면서 생산성 역시 악화되었다고 하였으므로, **grain**이 정답입니다.

📋 **Vocabulary**

urbanisation[미 ə̀ːrbənəzéiʃn, 영 ə̀ːbənaizéiʃn] 도시화 **agricultural land** 농업지 phenomenon[미 fəná:minən, 영 fənɔ́minən] 현상
traditionally[trədíʃənli] 전통적으로 **agrarian**[미 əgrériən, 영 əgréəriən] 농업의 aerial[미 ériəl, 영 éəriəl] 항공의 figure[미 fígjər, 영 fígə] 수치
productivity[미 prɑ̀ːdʌktívəti, 영 prɔ̀dʌktívəti] 생산성 **grain**[grein] 곡물

지문의 일부를 듣고 빈칸을 받아 적으세요. 그리고 제시된 노트/양식/표를 완성하세요.

🎧 (W3_D2) DC1-3.mp3

01
섹션3

M: Hi, Meredith. So, I've done some more research for our case study of Steven James, the CEO of GB-Air. _____
_____.

W: What do you mean?

M: Well, one of his accomplishments was the expansion of GB-Air. It has gone from being a small domestic airline to a strong international one.

W: Actually, I read a newspaper article about that . . . _____
_____.

M: Yes. And it plans to add 10 more North American and Asian routes next year.

W: That's quite impressive. But, um, there have been some problems, right? The article I read mentioned that a lot of GB-Air workers lost their jobs.

M: Right. He eliminated around 200 administrative positions in the UK. _____
_____.

W: We should definitely include that in our case study as well.

*Write **ONE WORD AND/OR A NUMBER** for each answer.*

Steven James, CEO of GB-Air

Background
- Took charge of company **1**................................... years ago

Accomplishments
- Company has expanded: now has flights to major cities in **2**...................................

Problems
- Around 200 administrative positions were cut
- Part of efforts to cut costs and lower **3**................................... prices

---

📖 **Vocabulary** ──

case study 사례 연구   take charge of ~을 인수하다   accomplishment[미 əká:mpliʃmənt, 영 əkʌ́mpliʃmənt] 성과   expansion[ikspǽnʃn] 확장
domestic[dəméstik] 국내의   eliminate[ilímineit] 없애다   administrative[미 ədmínistrèitiv, 영 ədmínistrətiv] 행정의

🎧 (W3_D2) DC4-6.mp3

02
섹션3

W: So, we have to choose an artefact to include in our project for anthropology class. I think it would be interesting to write about a well-known artefact. The famous Muisca raft found in Colombia, for example.

M: That's a good idea. Then I guess we need to decide which points about the sculpture to include in our project. We should probably begin with its discovery. _____

_____?

W: Yes, it was found in 1969. And according to archaeologists, it was made around 1,000 years ago. Actually, the exact date is unknown, but that's a rough estimation.

M: Right. And maybe we should provide a description. It is a raft with figures of people made of gold, and _____.

In the ceremony, the person who would become the next chief covered his body in gold dust and jumped into a lake.

W: Correct. And _____.

M: That's another thing we should include . . . OK. We've got a lot of good points to write about now. We just need to organise them.

*Write **ONE WORD ONLY** for each answer.*

Anthropology Project: Muisca raft

Points to Include	Details
Discovery	In a **4**................................. by local farmers
Age of artefact	Made about 1,000 years ago
Description	Depicts a raft used in a religious **5**................................
Significance	Believed to be from the lost **6**................................. of El Dorado

📖 **Vocabulary**

artefact[미] ὰːrtəfǽkt, [영] ὰːtəfǽkt] 유물 anthropology[미] æ̀nθrəpάːlədʒi, [영] æ̀nθrəpɔ́lədʒi] 인류학 raft[미] ræft, [영] rɑːft] 뗏목
archaeologist[미] ὰːrkiάlədʒist, [영] ὰːkiɔ́lədʒist] 고고학자 estimation[미] èstəméiʃn, [영] èstiméiʃn] 추정치 religious[rilídʒəs] 종교적인

문제 유형 공략하기 Section 3, 4 3rd Week 2일 Hackers IELTS Listening Basic

03

섹션4

The topic of my presentation today is self-sustaining architecture. In particular, I'll focus on a complex of buildings in Sydney, Australia, called One Central Park. I chose this residential complex for my presentation as _____

_____. It is vital that the buildings of the future have a limited environmental impact but also meet the needs of increasing city populations . . . And the buildings in this complex accomplish this.

So, let's look at some of the environmentally friendly features of One Central Park. Well, the most obvious of these is probably the heating system. The system uses natural gas to create thermal energy for the complex's thousands of residents. It also heats the commercial and retail spaces in the buildings. _____

_____. In fact, burning this type of fuel produces 29 per cent less carbon dioxide than burning oil.

Another important characteristic of the buildings is their rainwater collection systems. A system of drains and pipes catches rain from the rooftops and balconies. The rainwater is filtered at the complex's water recycling plant, and, uh, stored in large tanks. And _____.

Now, the gardens at One Central Park are very unique. What makes them different from other gardens is that they are vertical . . . They grow up the sides of the buildings. The many plants in the vertical gardens produce a lot of oxygen. _____

_____.

*Write **NO MORE THAN TWO WORDS** for each answer.*

One Central Park

- Designed to have a **7**.................................. effect on the environment

- Heating system

  – Uses natural gas to create thermal energy

  – Produces less **8**.................................. gases

- Rainwater collection system

  – Catches rain from the rooftops and balconies

  – Used for **9**.................................. gardens

- Vertical gardens

  – Produce oxygen, which improves **10**..................................

정답 · 스크립트 · 해석 · 해설 p.304

📖 **Vocabulary**

self-sustaining[sélfsəstèiniŋ] 자력으로 유지하는, 자급자족하는   architecture[미 á:rkitèktʃər, 영 á:kitèktʃə] 건축(물)   residential[rèzidénʃl] 주택의
environmentally friendly 환경 친화적인   efficient[ifíʃnt] 효율적인   greenhouse[grí:nhàus] 온실   carbon dioxide 이산화탄소
characteristic[미 kæ̀rəktərístik, 영 kæ̀riktərístik] 특징   vertical[미 və́:rtikl, 영 və́:tikl] 수직의

DAILY TEST

SECTION 3   *Questions 1-10*   🎧 (W3_D2) DT.mp3

Questions 1-4

*Choose the correct letter, **A**, **B**, or **C**.*

1 What will the students do when they return from the field trip?

   A Give a presentation

   B Submit a report

   C Take a test

2 Who are the students expected to interview?

   A Residents

   B Ranchers

   C Rangers

3 Why were some people opposed to the creation of the reserve?

   A Bison prefer the same type of land as cows.

   B Bison cause harm to various ecosystems.

   C Bison tend to move into forested areas.

4 What will happen at the information centre?

   A A video will be shown.

   B A talk will be given.

   C A brochure will be distributed.

Questions 5-10

Complete the notes below.

*Write **ONE WORD ONLY** for each answer.*

Bison in North America

Population Decline

- In early 1800s, there were 40 million wild bison.

- By 1900, there were only 300.

- **5**................................... sometimes attack bison, but they do not kill many.

- Europeans hunted bison for food as well as hides to make **6**................................... .

- For example, William Cody killed thousands supplying meat to the **7**................................... .

Population Growth

- Only a limited number of **8**................................... to kill bison are issued.

- Reserves were created for bison to live on.

- They were classified as an **9**................................... species.

- As a result, bison are no longer threatened.

- Bison meat is now sold in many American **10**................................... .

정답 · 스크립트 · 해석 · 해설 p.307

📖 **Vocabulary**

field trip 현장학습 **bison**[báisn] 들소 **reserve**[미 rizə́:rv, 영 rizə́:v] 보호 구역 **buffalo**[미 bʌ́fəlòu, 영 bʌ́fələu] 물소
ranger[미 réindʒər, 영 réindʒə] 관리인 **rancher**[미 rǽntʃər, 영 rɑ́:ntʃə] 목장주 **resident**[rézədənt] 지역 주민
grassland[미 grǽslænd, 영 grɑ́:slænd] 초원 **extinction**[ikstíŋkʃən] 멸종 **predator**[미 prédətər, 영 prédətə] 포식자
overhunting[미 óuvərhʌ̀ntiŋ, 영 óuvəhʌ̀ntiŋ] 남획 **hide**[haid] 가죽 **leather**[미 léðər, 영 léðə] 피혁, 무두질한 가죽 **issue**[íʃuː] 발행하다
endangered[미 indéindʒərd, 영 indéindʒəd] 위기의, 위험에 처한 **domesticated**[dəméstikèitid] 가축의

3일 문장/요약문 완성하기 Sentence/Summary Completion

─○ 출제 경향

문장/요약문 완성하기(Sentence/Summary Completion)는 제시된 문장이나 요약문의 빈칸을 채워 완성하는 유형입니다. 지문에서 들려준 내용과 일치하도록 문장이나 요약문을 완성해야 합니다.

섹션 3과 4에서 매 시험 출제되지는 않지만 자주 출제되는 유형입니다.

─○ 출제 형태

문장 완성하기(Sentence Completion)
제시된 문장의 빈칸을 완성하는 주관식 형태로 출제됩니다.

지시문 •── *Complete the sentence below.*

*Write **ONE WORD ONLY** for the answer.*

문제 •── **1** The students will probably include a ....
in their presentation.

아래의 문장을 완성하세요.
*답안은 **한 단어**로 작성하세요.*
1 학생들은 그들의 발표에 아마 ....
을 포함할 것이다.

요약문 완성하기(Summary Completion)
요약문은 지문에 등장한 특정 내용을 요약하여 정리한 것으로, 주로 주관식 형태로 출제됩니다.

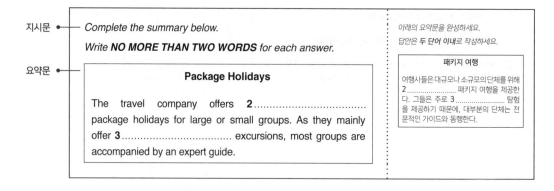

지시문 •── *Complete the summary below.*

*Write **NO MORE THAN TWO WORDS** for each answer.*

요약문 •──
Package Holidays

The travel company offers **2**...................................
package holidays for large or small groups. As they mainly
offer **3**................................... excursions, most groups are
accompanied by an expert guide.

패키지 여행

여행사들은 대규모나 소규모의 단체를 위해
2........................ 패키지 여행을 제공한
다. 그들은 주로 3........................ 탐험
을 제공하기 때문에, 대부분의 단체는 전
문적인 가이드와 동행한다.

1. 답안 작성 조건을 확인합니다.

지문을 듣기 전에 지시문을 읽고 문제의 형태를 파악합니다. 주관식 형태일 경우 몇 개의 단어 혹은 숫자로 답안을 작성하는 문제인지 확인합니다.

2. 문제의 핵심어구와 빈칸에 들어갈 내용을 파악합니다.

빈칸 주변 내용에서 문제의 핵심어구를 찾아 빈칸에 들어갈 내용과 올바른 품사를 예상합니다. 요약문의 경우 제목과 내용을 읽고 전체적인 흐름을 파악해 두면 지문의 내용을 예상할 수 있습니다.

    1 The students will probably **include** a .... in their presentation.

    ▶ 핵심어구: include

    ▶ 빈칸에 들어갈 내용과 품사: 발표에 무엇을 포함할 것인지, 명사

3. 핵심어구의 주변 내용을 주의 깊게 듣습니다.

핵심어구가 그대로 언급되거나 바꾸어 표현된 부분의 주변 내용을 주의 깊게 듣고 정답의 단서를 찾습니다.

지문에 언급된 내용

M: I think it would be good to **include** visual material, like photos or video footage in your presentation.

남: 네 발표에 사진이나 비디오 영상 같은, 시각 자료를 포함하는 것이 좋을 것 같구나.

W: That's a good idea. We have a **video** that would work.

여: 그거 좋은 생각이네요. 저희에게 알맞은 영상이 있어요.

4. 알맞은 단어를 골라 문장을 완성합니다.

문맥상 빈칸에 알맞은 단어나 숫자를 답안 작성 조건에 맞게 작성합니다. 답안을 작성한 후에는 철자와 품사가 올바른지 확인합니다.

✅ **TIPS**

섹션 3, 4의 문장/요약문 완성하기 유형의 주관식 형태에서 정답은 주로 명사로 출제되지만, 간혹 동사나 형용사로 출제되는 경우도 있습니다. 동사로 출제되는 경우에는 시제와 단·복수를 잘 확인해야 합니다.

지시문을 읽고 두 단어 이내로 답안을 작성하는 주관식 형태임을 확인합니다.

빈칸 주변 내용에서 record라는 문제의 핵심어구를 찾아 빈칸에는 녹음의 대상이 되는 명사가 들어가야 함을 예상합니다.

예제

Complete the sentence below.

*Write **NO MORE THAN TWO WORDS** for the answer.*

1   Julia will **record** the same .... in different venues to determine how sounds vary according to location.

스크립트 영국식 발음 → 영국식 발음　　　　🎧 (W3_D3) EX.mp3

Section 3. You will hear two students discussing an assignment for a physics course.

M: Julia, have you given any thought to the experiment for our physics class?

W: Yes, I have actually. I want to study acoustics. I'm thinking of showing how sound quality varies in different performance venues.

M: Sounds good. How will you test that?

W: Well, I'll make audio **recordings** in a variety of venues. [1]I plan to play the same musical piece on the piano in different venues, such as auditoriums, concert halls, and even outdoor stages. Then I'll compare the recordings to determine how the sounds are different.

M: I see. That way, you'll be able to explain why some locations have better acoustics than others.

지문에서 문제의 핵심어구인 record가 recordings로 바꾸어 표현된 주변 내용을 주의 깊게 듣습니다.
핵심어구의 주변 내용에서 'musical piece'라는 정답을 찾을 수 있습니다.

해석　예제

1　Julia는 소리가 장소에 따라 어떻게 달라지는지를 알아내기 위해 같은 ....을 서로 다른 장소들에서 **녹음할** 것이다.

스크립트

섹션 3. 두 학생이 물리학 과목의 과제에 관해 이야기하는 것을 들으세요.

남: Julia, 우리 물리학 수업의 실험에 대해 무엇이든 생각해 본 것이 있니?

여: 응, 사실 있어. 나는 음향 효과를 연구하고 싶어. 서로 다른 공연장에서 음질이 어떻게 다른지 보여주는 것을 생각 중이야.

남: 좋은 생각이구나. 그것을 어떻게 실험할 거니?

여: 음, 다양한 장소에서 음향 **녹음**을 할 거야. 강당, 콘서트장, 심지어 야외 무대 같은, ¹서로 다른 장소들에서 피아노로 같은 곡을 연주할 계획이야. 그런 다음에 소리가 어떻게 다른지 알아내기 위해 녹음된 것을 비교할 거야.

남: 알겠어. 그렇게 함으로써, 왜 몇몇 장소들이 다른 곳들보다 더 나은 음향 효과를 가지는지 설명할 수 있겠구나.

정답　**(musical) piece**

해설　문제의 핵심어구(record)와 관련된 지문 내용 중 여자가 'I plan to play the same musical piece on the piano in different venues'라며 서로 다른 장소들에서 피아노로 같은 곡을 연주할 계획이라고 하였으므로, **(musical) piece**가 정답입니다.

📖 **Vocabulary**

give thought to ~을 생각해 보다　acoustics[əkú:stiks] 음향 효과　sound quality 음질　vary[véəri] 다르다
performance[미 pərfɔ́:rməns, 영 pəfɔ́:məns] 공연　venue[vénju:] 장소　musical piece (악)곡　auditorium[ɔ̀:ditɔ́:riəm] 강당

DAILY CHECK-UP

🎧 지문의 일부를 듣고 빈칸을 받아 적으세요. 그리고 제시된 문장/요약문을 완성하세요.

🎧 (W3_D3) DC1-3.mp3

01
섹션3

> **M:** Hi, Beth. Thanks for dropping by.
>
> **W:** Hi, Mr Corbyn. I was wondering if you could help me with my geography project.
>
> **M:** Of course. What do you need help with?
>
> **W:** I want to get some information on desertification. If I remember correctly from class, this is the process of fertile land turning into desert.
>
> **M:** That's correct. _____.
>
> **W:** OK. So, um, these areas receive very little rainfall, so even small changes in climate can cause desertification to begin. Am I right?
>
> **M:** Yes. That's right.
>
> **W:** I see. But, um, what is the main cause of these changes?
>
> **M:** Basically, _____.
>
> **W:** What do you mean exactly?
>
> **M:** Well, trees and grasses are destroyed as a result of farming. This leaves the ground exposed to the sun and wind.
>
> **W:** Right. So _____
>
> _____.
>
> **M:** Precisely. And over time, nothing will remain but sand and rock. In other words, the area will have become a desert.

*Write **NO MORE THAN TWO WORDS** for each answer.*

1   Desertification occurs in areas that .... existing deserts.

2   .... is usually the primary cause of desertification.

3   With no plants, the .... will dry out and be blown away.

📖 **Vocabulary**

geography[미 dʒiɑ́:grəfi, 영 dʒiɔ́grəfi] 지리학   desertification[미 dìzə:rtifikéiʃn, 영 dìzə:tifikéiʃn] 사막화   fertile[미 fə́:rtl, 영 fə́:tail] 비옥한
desert[미 dézərt, 영 dézət] 사막   border[미 bɔ́:rdər, 영 bɔ́:rdə] (국경·경계를) 접하다   existing[igzístiŋ] 현존하는   rainfall[réinfɔ̀:l] 강우량
climate[kláimət] 기후   farming[미 fá:rmiŋ, 영 fá:miŋ] 농업   dry out 메말라지다, ~을 메마르게 하다

🎧 (W3_D3) DC4-6.mp3

02

섹션3

> **M:** So, Amy . . . How is the research for your comparative literature paper going?
>
> **W:** I'm making progress. I've decided to write about *Les Misérables*. _____
>
> _____ .
>
> **M:** That sounds promising. Um, what are the major differences between the two works?
>
> **W:** Well, the novel provides more background information. _____
>
> _____ .
>
> **M:** That's true. The adaptation focuses more on the characters themselves rather than the setting. That could be the first main point of your paper.
>
> **W:** OK. And another difference I noticed is that some characters from the novel do not appear in the theatre production.
>
> **M:** Interesting. Do you know why?
>
> **W:** Well, the performance lasts for less than three hours, so _____
>
> _____ .
>
> **M:** That makes sense. The book is over 1,400 pages long.
>
> **W:** Right. So, many of them had to be left out.
>
> **M:** I see. Then I would suggest that you explain why certain characters were not considered necessary for the theatre production of *Les Misérables*.

Write **ONE WORD ONLY** for each answer.

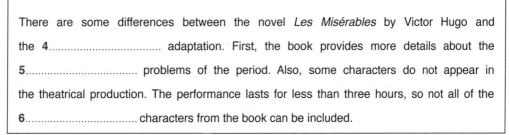

Les Misérables

There are some differences between the novel *Les Misérables* by Victor Hugo and the **4**................................. adaptation. First, the book provides more details about the **5**................................. problems of the period. Also, some characters do not appear in the theatrical production. The performance lasts for less than three hours, so not all of the **6**................................. characters from the book can be included.

📖 **Vocabulary** ───

comparative literature 비교 문학   adaptation[æ̀dæptéiʃn] 각색 (작품)   background[bǽkgráund] 배경   detail[diːtéil] 세부 사항
period[미 píriəd, 영 píəriəd] 시대   character[미 kǽrəktər, 영 kǽrəktə] 등장인물   theatre[미 θíːətər, 영 θíətə] (연)극, 극장

03

섹션4

Today, I'd like to continue our discussion about prehistoric Scotland. Specifically, I want to focus on one famous archaeological site . . . Skara Brae.

Skara Brae is located on the largest of the Orkney Islands, off the north coast of Scotland.
_____
_____. Four stone houses were revealed underneath. Later excavations uncovered another four buildings. It was originally believed that this settlement was approximately 2,500 years old. However, tests showed that it was built just over 5,200 years ago.

What's interesting is that the people living in this settlement had fairly sophisticated residences. _____.
In addition, most included beds and dressers made of stone. And each had a primitive toilet that was connected to a drainage system.

Now, Skara Brae was abandoned by its inhabitants approximately 600 years after it was built. _____
_____. However, modern researchers believe that the settlement fell into disuse over an extended period of time. The most likely cause was coastal erosion. As the sea approached the settlement, _____
_____. Eventually, the residents abandoned the site to find land more suitable for farming.

*Write **ONE WORD ONLY** for each answer.*

Skara Brae

7 Skara Brae was discovered in 1850 under an ancient ....·

8 The door of each house could be locked by a ....·

9 One theory is that a devastating .... forced residents to leave suddenly.

10 Another theory is that when the fields became less ...., people abandoned the site.

정답·스크립트·해석·해설 p.310

📖 **Vocabulary** ───

prehistoric[prì:histɔ́:rik] 선사 시대의   mound[maund] 무덤, 언덕   underneath[미 ʌ̀ndərní:θ, 영 ʌ̀ndəní:θ] ~의 아래에
excavation[èkskəvéiʃn] 발굴 (작업)   settlement[sétlmənt] 정착지   sophisticated[səfístikèitid] 정교한, 높은 수준의   residence[rézidəns] 거주지
bar[미 bɑːr, 영 bɑː] 막대기   dresser[미 drésər, 영 drésə] 찬장   drainage system 배수 장치   inhabitant[inhǽbitənt] 주민
catastrophic[미 kæ̀təstráfik, 영 kæ̀tæstrɔ́fik] 파국적인, 비극적인   fall into disuse 쓰이지 않게 되다   coastal erosion 해안 침식

SECTION 4   *Questions 1-10*   🎧 (W3_D3) DT.mp3

Questions 1-4

Complete the summary below.

Write **NO MORE THAN TWO WORDS AND/OR A NUMBER** *for each answer.*

Rising Sea Levels

Sea levels have risen by **1**................................... centimetres since 1880. This has had a significant impact on coastal areas. The rise has been the fastest during the last **2**.................................. There are a couple of causes. First, increased **3**.................................. cause ice in Antarctica and the Arctic to melt. This leads to freshwater entering the oceans. Thermal expansion is another factor. As water becomes warmer, it expands and takes up more **4**...................................·

Questions 5 - 8

*Choose the correct letter, **A**, **B**, or **C**.*

5 According to the speaker, how many islands have the Solomon Islands lost?

   A 5

   B 70

   C 900

6 How did the Australian researchers discover the loss of the islands?

   A By measuring sea levels

   B By speaking with residents

   C By looking at satellite images

7 The speaker says that half of Nuatambu Island's habitable land is

   A easily accessible.

   B covered by water.

   C observable by satellite.

8 Why are sea levels around the Solomon Islands naturally higher than in other regions?

   A Winds push water westwards.

   B Ocean currents have changed.

   C Temperatures increase at the equator.

Questions 9 and 10

*Choose **TWO** letters, **A-E**.*

9-10 Which **TWO** factors make the Solomon Islands vulnerable to rising sea levels?

   A low elevation

   B volcanic activity

   C small islands

   D long coastlines

   E powerful waves

정답 · 스크립트 · 해석 · 해설 p.314

📖 **Vocabulary** ─────────

global warming 지구 온난화 **harmful**[미] hά:rmfl, [영] hά:mfl] 해로운 **sea level** 해수면 **temperature**[미] témprətʃər, [영] témprətʃə] 온도
freshwater[미] fréʃwɔ̀:tər, [영] fréʃwɔ̀:tə] 담수 **inhabit**[inhǽbit] 사람이 살다, 거주하다 **resident**[rézidənt] 거주민 **habitable**[hǽbitəbl] 거주 가능한
submerge[미] səbmə́:rdʒ, [영] səbmə́:dʒ] 물에 잠기게 하다 **relocate**[미] rì:loukéit, [영] rì:ləukéit] 이주하다 **naturally**[nǽtʃrəli] 원래, 자연적으로
elevation[èlivéiʃn] 고도 **coastline**[미] kóustlàin, [영] kə́ustlàin] 해안선

출제 경향

순서도/다이어그램 완성하기(Flow-chart/Diagram Completion)는 제시된 순서도와 다이어그램의 빈칸을 채워 완성하는 유형입니다. 지문에서 들려준 내용 중 알맞은 단어를 골라 순서도나 다이어그램을 완성해야 합니다.

섹션3과 4에서 간혹 출제되는 유형입니다.

출제 형태

순서도 완성하기(Flow-chart Completion)

순서도는 지문에 등장한 특정 절차나 순서를 요약한 것으로, 주로 지문의 내용이 위에서 아래 방향으로 흐르는 형태로 출제됩니다. 주관식과 객관식이 모두 출제될 수 있습니다.

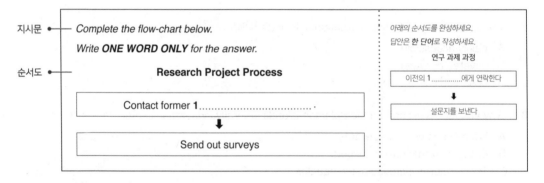

지시문 — *Complete the flow-chart below.*

*Write **ONE WORD ONLY** for the answer.*

순서도 — **Research Project Process**

Contact former **1**.................................... .

↓

Send out surveys

아래의 순서도를 완성하세요.
답안은 **한 단어**로 작성하세요.

연구 과제 과정

이전의 1..............에게 연락한다

↓

설문지를 보낸다

다이어그램 완성하기(Diagram Completion)

다이어그램은 주로 지문에 등장한 기기의 작동 과정이나 순환되는 현상을 그림으로 나타낸 것으로, 이러한 과정이나 현상을 설명하는 문장의 빈칸을 완성하는 형태로 출제됩니다. 주관식과 객관식이 모두 출제될 수 있습니다.

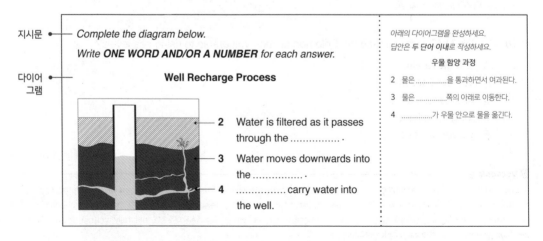

지시문 — *Complete the diagram below.*

*Write **ONE WORD AND/OR A NUMBER** for each answer.*

다이어그램 — **Well Recharge Process**

2 Water is filtered as it passes through the ....

3 Water moves downwards into the ....

4 .... carry water into the well.

아래의 다이어그램을 완성하세요.
답안은 **두 단어 이내**로 작성하세요.

우물 함양 과정

2 물은 ....을 통과하면서 여과된다.

3 물은 ....쪽의 아래로 이동한다.

4 ....가 우물 안으로 물을 옮긴다.

1. 답안 작성 조건을 확인합니다.

지문을 듣기 전에 지시문을 읽고 문제의 형태를 파악합니다. 주관식 형태일 경우 몇 개의 단어 혹은 숫자로 답안을 작성하는 문제인지 확인합니다.

2. 문제의 핵심어구와 빈칸에 들어갈 내용을 파악합니다.

순서도나 다이어그램의 제목과 내용을 읽고 전체적인 흐름을 파악합니다. 그런 다음, 문제의 핵심어구와 빈칸 주변 내용을 통해 빈칸에 어떤 내용이 들어가야 하는지 파악합니다.

Contact former **1**.................................
▶ 핵심어구: Contact
▶ 빈칸에 들어갈 내용: 누구와 연락할 것인지

3. 문제의 핵심어구와 관련된 내용을 주의 깊게 듣습니다.

지문을 들으면서 순서도나 다이어그램에 이미 주어진 정보를 확인하고, 문제의 핵심어구가 그대로 언급되거나 바꾸어 표현된 주변 내용을 주의 깊게 듣고 정답의 단서를 찾습니다.

지문에서 언급된 내용
W: The first thing you must do is get in touch with some former employees of the company.
여: 네가 해야 하는 첫 번째 일은 회사의 이전 직원들과 연락하는 거야.
➡ 'Contact'가 'get in touch'로 바꾸어 표현되었습니다.

4. 알맞은 단어를 정답으로 골라 순서도와 다이어그램을 완성합니다.

주관식 형태로 출제된 경우 알맞은 단어를 답안 작성 조건에 맞게 작성합니다. 객관식 형태로 출제된 경우에는 문맥상 주어진 빈칸에 알맞은 보기를 선택합니다.

지시문을 읽고 두 단어 이내로 답안을 작성하는 주관식 형태임을 확인합니다.

순서도의 제목과 내용을 읽고 전체적인 흐름을 파악합니다.

빈칸 주변에서 문제의 핵심어구인 Conduct ~ interviews를 통해 빈칸에 어떤 인터뷰를 할 것인지에 대한 내용이 들어가야 함을 파악합니다.

예제

Complete the flow-chart below.

*Write **NO MORE THAN TWO WORDS** for the answer.*

Cultural Tourism Case Study

Gather information on cultural tourism from government offices in the Himalayan region

↓

Conduct 1................................. **interviews** with local tour guides

스크립트 영국식 발음 → 영국식 발음   🎧 (W3_D4) EX.mp3

Section 3. You will hear two students discussing a dissertation for a business program.

W: You've been researching cultural tourism for your dissertation, right? How's that going?

M: Well, I've decided to do a case study. I think I will focus on the Himalayan region.

W: Oh, that's an excellent location to research. The Himalayan region attracts a lot of tourists interested in unique cultural experiences. How are you going to gather the data?

M: Yes, I think it's a good region to study. As for data, first I'll gather information from government tourism offices.

W: And they will be able to directly tell you what the government has done to promote cultural tourism.

M: Of course. And then [1]I plan to **do some interviews** by e-mail with local tour guides in the region. I can find out from them how tourism has changed due to government efforts.

W: Good idea. It will be interesting to see what you discover.

지문에서 문제의 핵심어구 Conduct ~ interviews가 do some interviews로 바꾸어 표현된 주변 내용을 주의 깊게 듣습니다.
핵심어구의 주변 내용에서 'e-mail'이라는 정답을 찾을 수 있습니다.

<table>
<tr><td colspan="1">문화 관광 사례 연구</td></tr>
</table>

문화 관광 사례 연구
히말라야 산맥 지역에 있는 정부 사무소로부터 문화 관광 산업에 대한 정보를 수집한다
↓
현지 여행 가이드와 1 .... **인터뷰를 진행**한다

스크립트

섹션 3. 두 학생이 경영학 과정을 위한 학위 논문에 관해 이야기하는 것을 들으세요.

여: 너는 학위 논문을 위해 문화 관광 산업을 조사해왔지, 그렇지? 어떻게 되어 가고 있니?
남: 음, 사례 연구를 하기로 결정했어. 히말라야 산맥 지역에 초점을 맞출 것 같아.
여: 오, 조사하기에 아주 좋은 지역이네. 히말라야 산맥 지역은 독특한 문화적 경험에 관심이 있는 많은 관광객들을 유치하잖아. 자료는 어떻게 수집할 거니?
남: 응, 연구하기에 좋은 지역인 것 같아. 자료에 관해서는, 우선 정부 관광 사무소로부터 정보를 수집할 거야.
여: 그리고 그들이 정부가 문화 관광 산업을 홍보하기 위해 무엇을 해왔는지 네게 직접 말해줄 수 있겠구나.
남: 물론이지. 그런 다음 '그 지역에 있는 현지 여행 가이드들과 이메일로 **인터뷰를 할** 계획이야. 정부의 노력으로 인해 관광 산업이 어떻게 변해왔는지를 그들로부터 알아낼 수 있을 거야.
여: 좋은 생각이야. 네가 무엇을 알아내는지 보는 것은 흥미롭겠다.

정답 **e-mail**

해설 문제의 핵심어구(Conduct ~ interviews)와 관련된 지문 내용 중 남자가 'I plan to do some interviews by e-mail with local tour guides in the region'이라며 히말라야 산맥 지역에 있는 현지 여행 가이드들과 이메일로 인터뷰를 할 계획이라고 하였으므로, **e-mail**이 정답입니다.

📖 **Vocabulary** ──────────────────────────────

dissertation[미 dìsərtéiʃn, 영 dìsətéiʃn] 학위 논문 cultural[kʌ́ltʃərəl] 문화의 tourism[미 túrizəm, 영 túərizm] 관광 (산업) case study 사례 연구
gather[미 ɡǽðər, 영 ɡǽðə] 수집하다

DAILY CHECK-UP

🎧 지문의 일부를 듣고 빈칸을 받아 적으세요. 그리고 제시된 순서도/다이어그램을 완성하세요.

🎧 (W3_D4) DC1-3.mp3

01
섹션3

> **W:** So, Scott, do you think we have enough sources to show how the music industry has responded to digital technology?
>
> **M:** I think so. Maybe we should discuss the writing process for our paper now.
>
> **W:** Yes, let's do that. So, _____.
> I don't think it should go into much detail, though.
>
> **M:** Agreed. We can just develop a basic structure for the paper.
>
> **W:** Yes, and then _____.
>
> **M:** Right. And in the introduction, we can mention a few of the specific companies and artists within the industry that we will discuss in further detail in the paper.
>
> **W:** Good. That will keep people interested.
>
> **M:** I guess _____.
>
> **W:** Yes. We should use data from our research for that.

*Write **NO MORE THAN TWO WORDS** for each answer.*

Writing Process for Paper

```
┌─────────────────────────────────────────┐
│          Make an 1....................... │
└─────────────────────────────────────────┘
                    ↓
┌─────────────────────────────────────────┐
│        Write out an 2.................... │
└─────────────────────────────────────────┘
                    ↓
┌─────────────────────────────────────────┐
│    Develop the 3.................... of the body │
└─────────────────────────────────────────┘
```

📖 **Vocabulary** ───

make an outline 개요를 작성하다 go into detail 상세히 설명하다 introduction[ìntrədʌ́kʃn] 서론 specific[spəsífik] 특정한 main point 요점
body[미 bá:di, 영 bɔ́di] 본론

🎧 (W3_D4) DC4-6.mp3

02

⟨섹션3⟩

M: So, professor. Can you explain to me how hydroelectric dams generate electricity?

W: Sure. So, these dams are usually built on rivers because rivers provide a constant water source. Once a dam is built, it first blocks the flow of the river, creating a reservoir. And then, _____ .

M: Is the water flow controlled?

W: Yes, the flow is carefully controlled. Engineers can open and close the dam. It just depends on how much energy is needed. Next, _____
_____ .

M: I get that, but how is the electricity actually created?

W: Well, the turbine is connected to a generator. _____
_____ , and this creates electricity.

Write **ONE WORD ONLY** for each answer.

How an Hydroelectric Dam Works

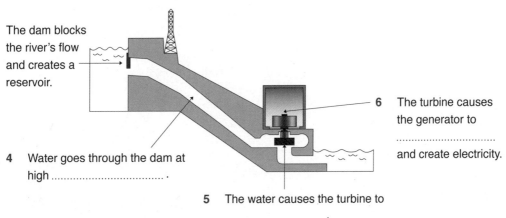

The dam blocks the river's flow and creates a reservoir.

4   Water goes through the dam at high ....

5   The water causes the turbine to ....

6   The turbine causes the generator to .... and create electricity.

📘 **Vocabulary**

hydroelectric[미] hàidrouiléktrik, [영] hàidrəuiléktrik] 수력 발전의   generate[dʒénərèit] 발생시키다   electricity[ilektrísəti] 전기, 전력
water source 수원   reservoir[미] rézərvwàːr, [영] rézəvwàː] 저수지   turbine[미] táːrbain, [영] táːbain] 터빈(흐르는 물·증기·가스의 힘으로 회전하는 원동기)
generator[미] dʒénərèitər, [영] dʒénərèitə] 발전기

03

Morning, class. Today, we're going to learn how an air purifier works. Um, this device is found in many homes these days.

To begin, air is drawn into the air purifier through a large vent in the front of the machine. Once the air is inside the purifier, it passes through multiple layers of carbon filters. Why carbon? Well, this material has a special characteristic that makes it highly suitable for use in air purifiers. Uh, _____.

As a result, the air is cleaned as it flows through the purifier.

Some of you might be wondering what causes the air to enter the air purifier in the first place. Well, that is the function of the fan located within the machine. You can see that it is attached to a compressor. _____,

enabling it to spin very quickly. As the fan rotates, it sucks air into the purifier through the vent in the front.

Now, _____.

Basically, the air becomes denser within the machine. This causes the clean air to be forced out of the purifier. _____.

As a result, the air in the room where a purifier is installed is continually flowing in and out of the machine. And, of course, it is being cleaned in the process.

*Write **ONE WORD ONLY** for each answer.*

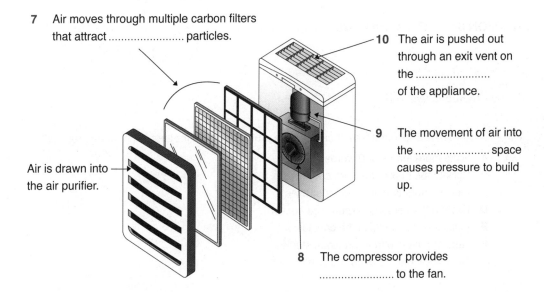

7 Air moves through multiple carbon filters that attract .... particles.

10 The air is pushed out through an exit vent on the .... of the appliance.

9 The movement of air into the .... space causes pressure to build up.

Air is drawn into the air purifier.

8 The compressor provides .... to the fan.

정답·스크립트·해석·해설 p.317

📖 **Vocabulary**

air purifier 공기 청정기   vent[vent] 통풍구   carbon[回 kάːrbən, 영 kάːbən] 탄소   dust[dʌst] 먼지   particle[回 pάːrtikl, 영 pάːtikl] 입자
fan[fæn] 환풍기, 선풍기   compressor[回 kəmprésər, 영 kəmprésə] (공기) 압축기   component[回 kəmpóunənt, 영 kəmpóunənt] 부품
rotate[回 róuteit, 영 rə́uteit] 회전하다   dense[dens] 밀도가 높은   appliance[əpláiəns] 기기

DAILY TEST

(W3_D4) DT.mp3

SECTION 3   *Questions 1-10*

Questions 1-3

Choose **THREE** *letters,* **A-G**.

1-3   Which **THREE** recommendations does the professor make for improving to the proposal?

    A Write more than 4,000 words
    B Stick to the maximum word count
    C Include more data from older studies
    D Expand the personal experience section
    E Include bullet points in the conclusion
    F Take out the info from previous studies
    G Clearly set out the aims in the introduction

Questions 4-6

Complete the flow-chart below.

Write **ONE WORD ONLY** *for each answer.*

Submission Process

Submit the proposal along with a **4**.................................... letter

⬇

Judges will conduct an **5**.................................... with applicants whose proposals they like

⬇

Winners will be invited to the geology **6**.................................... and provided with funding

Questions 7-10

Complete the notes below.

Write **ONE WORD ONLY** *for each answer.*

The Eruption of the Yellowstone Caldera

Causes:

Build-up of magma **7**.....................................

Magma causes pressure in a **8**..................................... to increase

Effects:

Eruption releases **9**.................................... rocks and gas

On the surface, **10**.................................... cools and hardens

---

정답 · 스크립트 · 해석 · 해설 p.320

Vocabulary ──────────────────────────

geology[미 dʒiɑ́:lədʒi, 영 dʒiɔ́lədʒi] 지질학   caldera[미 kɑːldíərə, 영 kældéərə] 칼데라(화산 폭발 등으로 생긴 대규모 함몰지)

theoretical[미 θìːərétikl, 영 θìərétikl] 이론적인   bullet point (중요) 항목   redraft[미 ríːdræft, 영 ríːdrɑ̀ːft] 고쳐 쓰다

defend[difénd] (논문 등의) 올바름을 입증하다   daunting[dɔ́ːntiŋ] 어려운, 벅찬   eruption[irʌ́pʃən] (화산) 폭발   chamber[미 tʃéimbər, 영 tʃéimbə] 공간

collapse[kəlǽps] 붕괴하다   lava[lɑ́ːvə] 용암   methodology[미 mèθədɑ́ːlədʒi, 영 mèθədɔ́lədʒi] 방법론

출제 경향

정보 연결하기(Matching)는 주어진 보기 리스트에서 문제와 관련된 정보를 선택하는 객관식 유형입니다. 리스트의 여러 보기 중에서 각각의 문제와 관련된 정보를 정확하게 표현한 보기를 선택해야 합니다.

섹션3과 4에서 매 시험 출제되지는 않지만 자주 출제되는 유형입니다.

출제 형태

정보 연결하기(Matching) 유형에는 여러 개의 보기로 구성된 보기 리스트가 주어지며, 리스트 아래 3~6개의 문제가 출제됩니다. 리스트에서 문제와 관련된 보기를 선택하여 답안으로 작성해야 합니다.

지시문 — What does the professor say about each of these technological developments?

*Choose **THREE** answers from the box and write the correct letter, **A**, **B**, or **C**, next to Questions 1-3.*

보기 리스트

Comments
A Altered the way humans do business
B Changed the nature of warfare
C Gave birth to a new art form

Technological Developments

문제

1 Telegraph ....

2 Gramophone ....

3 Internet ....

교수는 각각의 기술적 발전에 대해 무엇이라고 말하는가?

박스에서 세 개의 정답을 골라, 문제 1~3번 옆에 A, B, C 중 알맞은 보기를 답안으로 작성하세요.

의견
A 사람들의 경영 방식을 바꿈
B 전쟁의 본질을 바꿈
C 새로운 예술 양식을 탄생시킴

기술적 발전

1 전신기 ....

2 축음기 ....

3 인터넷 ....

핵심 전략

1. 지시문을 확인하고 정보 간의 관계를 파악합니다.

지문을 듣기 전에 지시문을 읽고 무엇을 묻는 문제인지 확인합니다. 또한, 보기 리스트와 문제에 제시된 정보가 서로 어떤 관계인지 파악합니다. 보기 리스트와 문제의 제목이 주어져 있다면, 제목을 통해 두 정보의 관계를 쉽게 파악할 수 있습니다.

2. 문제와 보기의 내용을 파악합니다.

문제와 보기에서 주어진 내용의 핵심어구를 파악하고 지문에서 들려줄 내용을 예상합니다. 간혹 지문의 설명을 요약하거나 바꾸어 표현한 내용이 문제에 출제되고 설명의 대상이 보기 리스트에 제시되는 경우도 있으므로, 이러한 경우 문제를 빠르게 훑어 지문에서 들려줄 내용을 예상합니다.

3. 문제와 관련된 내용을 주의 깊게 듣습니다.

문제에 제시된 정보가 지문에서 그대로 언급되거나 바꾸어 표현된 주변 내용을 주의 깊게 듣고 정답의 단서를 파악합니다.

지문에서 언급된 내용

M: Now, the telegraph was particularly important because it allowed for rapid communication over long distances. This changed how battles were conducted during World War I.

남: 자, 전신기는 특히 중요했는데 그 이유는 그것이 장거리에서 빠른 의사소통을 가능하게 했기 때문입니다. 이는 1차 세계대전 동안 전쟁이 진행되는 양상을 바꿨어요.

4. 문제와 관련된 정보가 올바르게 표현된 보기를 선택합니다.

지문에서 각 문제에 대한 설명이 그대로 등장하거나 적절하게 바꾸어 표현된 보기를 정답으로 선택합니다.

지시문을 읽고 다음 연령대의 인터뷰 대상자가 어떤 주제의 질문을 받을 수 있는지 묻고 있음을 확인합니다.

보기 리스트의 제목과 문제를 통해 두 정보의 관계가 '주제'와 '연령대'임을 파악합니다.

문제인 30s와 보기에서 주어진 내용의 핵심어구인 goals(목표), work satisfaction(업무 만족도), Career change(직업 변경)를 파악하고 지문에서 들려줄 내용을 예상합니다.

예제

Which topic might the interviewee in the following age group be asked about?

*Write the correct letter, **A**, **B**, or **C**, next to Question 1.*

> **Topics**
> **A** Employment goals
> **B** Degree of work satisfaction
> **C** Career change plans

1 **30s** ....

스크립트 영국식 발음 → 영국식 발음　　　🎧 (W3_D5) EX.mp3

Section 3. You will hear a professor and a student talking about an assignment for a sociology class.

W: Good morning, Professor Davis. I have a few questions about the assignment you gave us this morning. You said that each class member should find three people to interview. How should we choose the interviewees?

M: Well, I'd like you to interview people in their 20s, 30s, and 40s. I want you to explore how people's attitudes towards their work change as they age. So, for example, you could ask the person in his or her 20s about career goals . . .

W: Do you mean like what that person wants to accomplish in his or her chosen profession?

지문에서 문제인 30s가 그대로 언급된 주변 내용을 주의 깊게 듣습니다.
문제의 주변 내용에서 'high level of job satisfaction'이라는 정답의 단서를 파악할 수 있습니다.

M: Exactly. Then [1]you might find out if the person in his or her **30s** has a high level of job satisfaction. Finally, you could enquire about whether the interviewee over 40 is considering an occupation change.

W: That makes sense. Thank you so much for your help.

해석   예제

> 다음 연령대의 인터뷰 대상자는 어떤 주제의 질문을 받을 수 있는가?
>
> | 주제 |
> |---|
> | **A** 직업 목표 |
> | **B** 업무 만족도 |
> | **C** 직업 변경 계획 |
>
> 1   30대   ....

스크립트

> 섹션 3. 사회학 수업의 과제에 관해 교수와 학생이 이야기하는 것을 들으세요.
>
> 여: 안녕하세요, Davis 교수님. 오늘 아침에 저희에게 주셨던 과제에 대해 몇 가지 질문이 있어요. 교수님께서는 각 학생이 인터뷰할 세 명의 사람을 찾아야 한다고 말씀하셨는데요. 저희가 인터뷰 대상자를 어떻게 골라야 하나요?
> 남: 음, 너희가 20대, 30대, 그리고 40대의 사람들을 인터뷰하면 좋겠구나. 사람들이 나이가 들면서 일에 대한 그들의 태도가 어떻게 변하는지를 조사했으면 해. 그러니까, 예를 들면, 20대인 사람에게는 직업 목표에 대해 물어볼 수 있겠지...
> 여: 그 사람이 선택한 직업에서 성취하고 싶은 것이 무엇인지와 같은 것 말씀이신가요?
> 남: 맞아. 그런 다음 '30대인 사람이 높은 수준의 직업 만족도를 가지고 있는지를 알아볼 수 있을 거야. 마지막으로, 40세 이상의 인터뷰 대상자에게는 직업 변경을 고려하고 있는지에 대해 물어볼 수 있을 거란다.
> 여: 말이 되네요. 도와주셔서 정말 감사해요.

정답   **B**

해설   문제(30s)가 언급된 지문 내용 중 남자가 'you might find out if the person in his or her 30s has a high level of job satisfaction'이라며 30대인 사람이 높은 수준의 직업 만족도를 가지고 있는지를 알아볼 수 있을 것이라고 하였으므로 보기 **B** Degree of work satisfaction이 정답입니다.

📖 **Vocabulary** ───

interviewee[미 ìntərvjuːíː, 영 ìntəvjuːíː] 인터뷰 대상자   explore[미 iksplɔ́ːr, 영 iksplɔ́ː] 조사하다, 탐구하다
attitude[미 ǽtitùːd, 영 ǽtitjùːd] 태도   age[eidʒ] 나이가 들다   profession[prəféʃn] 직업   job satisfaction 직업 만족도

🎧 지문의 일부를 듣고 빈칸을 받아 적으세요. 그리고 알맞은 답을 고르세요.

🎧 (W3_D5) DC1-3.mp3

01
섹션3

> **W:** Hi, Greg. Have you considered my idea for our sports science presentation? I suggested discussing the roles of members of the rowing team.
>
> **M:** Yes, Emma. That's a good idea. I guess the logical place to start would be the rower at the front of the boat, right?
>
> **W:** Oh, you mean the 'bow' . . . _____
> _____. Then there's the 'coxswain'. The coxswain doesn't row but monitors the team and shouts out instructions. Um, kind of like a coach.
>
> **M:** Right. What about the person at the back of the boat?
>
> **W:** That would be the 'stroke'. This rower is vital to the team's success. _____
> _____. The other rowers have to follow the stroke's lead.
>
> **M:** I see. So, the stroke must be the most powerful member of the team, then?
>
> **W:** No. The strongest rowers are the ones sitting in the centre of the boat. Um, they are called the 'middle rowers', and _____.
>
> **M:** Oh . . . well, I can see I still have a lot to learn.

Which of the following roles does each team member play?

*Choose **THREE** answers from the box and write the correct letter, **A-E**, next to Questions 1-3.*

Members
A Coach
B Middle rower
C Bow
D Coxswain
E Stroke

Roles

1   Maintains boat balance   ....

2   Sets timing   ....

3   Provides speed   ....

📖 **Vocabulary** ───

rowing[미 róuiŋ, 영 ráuiŋ] 조정 bow[bau] 뱃머리 coxswain[미 kɑ́:ksn, 영 kɔ́ksn] 타수, 키잡이 stroke[미 strouk, 영 strəuk] 정조수
oar[미 ɔːr, 영 ɔː] 노 craft[미 kræft, 영 krɑːft] 보트

🎧 (W3_D5) DC4-6.mp3

02

섹션4

In last week's class, I discussed the challenges of determining the true value of a company. Today, I want to look at three methods that those interested in purchasing a business commonly use to value it.

The first is the asset approach. This focuses on a company's assets, such as buildings or equipment. To use this approach, _____ _____. The amount remaining after you do this is how much the company is worth.

Then there is the earnings approach . . . Now, most people assume that this method just involves looking at how much profit the company's owners make. But the earnings approach requires that _____.

Now, the final technique is the market approach. In many ways, this is the simplest method. It involves looking at the prices of similar businesses that have been sold recently. _____ _____, you can get a sense of its value.

Which explanation is given for each method of valuing a company?

*Choose **THREE** answers from the box and write the correct letter, **A-D**, next to Questions 4-6.*

A Estimate future income
B Deduct expenses from profits
C Subtract debts from value of assets
D Compare company with competitors

4   Asset approach   ....

5   Earnings approach   ....

6   Market approach   ....

📖 **Vocabulary**

earnings[미] ə́ːrniŋz, [영] ə́ːniŋz] 수익   estimate[éstimèit] 추정하다   competitor[미] kəmpétitər, [영] kəmpétitə] 경쟁업체

03

세션3

M: I got your e-mail about the presentation, Carmen. And I agree with your suggestion . . . Honeybees is an excellent topic.

W: Great. Before we get started on the research, though, we should figure out which subtopics to include.

M: Well, _____ .
Specifically, we should describe the role of the queen bee. She can lay up to 2,000 eggs per day.

W: Right. And that means that we should mention drone bees as well. Um, they are the ones that mate with the queen.

M: OK. _____ ?

W: _____ . We will have a limited amount of time for the presentation, and that doesn't seem very important.

M: Yeah, I think you're right. But . . . _____
_____ .

W: I agree. That is the main function of the worker bees. We could provide a step-by-step explanation of the entire process.

M: Um, _____ ?

W: You mean how the worker bees protect the hive from other insects? Hmm . . . I'm not sure.

M: _____ ? We could research the other two points first and determine if we will have enough time to discuss this.

W: That sounds like a reasonable plan.

What do the students decide regarding each of the following presentation subtopics?

*Write the correct letter, **A**, **B**, or **C**, next to Questions 7-10.*

> **A** They will include it.
> **B** They may include it.
> **C** They will not include it.

7   Reproduction ....

8   Hive construction ....

9   Honey making ....

10 Hive defence ....

정답 · 스크립트 · 해석 · 해설 p.324

📖 **Vocabulary**

honeybee[hʌ́nibìː] 꿀벌   **figure out** 생각해 내다   reproduce[[미] rìːprədúːs, [영] rìːprədjúːs] 번식하다   **describe**[diskráib] 설명하다   **queen bee** 여왕벌
drone bee 수벌   **mate**[meit] 짝짓기를 하다   **hive**[haiv] 벌집   **function**[fʌ́ŋkʃn] 기능   **worker bee** 일벌   **step-by-step**[stépbaistèp] 단계적인
defence[diféns] 방어

DAILY TEST

SECTION 3   *Questions 1-10*   🎧 (W3_D5) DT.mp3

Questions 1-4

What does each colour do?

Choose **FOUR** *answers from the box and write the correct letter,* **A-E**, *next to Questions 1-4.*

Effects

A lowers people's anxiety level
B can make people feel afraid
C makes people feel energetic
D makes people appear creative
E increases people's blood pressure

Colours

1   Orange   ....

2   Blue   ....

3   Yellow   ....

4   Purple   ....

Questions 5 - 10

*Choose the correct letter, **A**, **B**, or **C**.*

5   Why did the student select her topic?

  A   It has been researched extensively.
  B   It was featured in a science programme.
  C   It was an area she was interested in.

6   The art and design studies were unscientific because

  A   they were conducted by private companies.
  B   they took place under controlled conditions.
  C   they were based on surveys of random people.

7   The subjects in the study said the yellow detergent

  A   might damage washing machines.
  B   was too weak to remove stains.
  C   could harm clothing items.

8   What did the soft drink company change about its can?

  A   A new colour was added.
  B   Its main colour was changed.
  C   Some of the colours were removed.

9   After the soft drink can changed, people complained that

  A   the drink did not taste like lemon.
  B   the company did not change its ingredients.
  C   the drink's flavour had changed.

10   The professor suggests that the student

  A   reduce the length of a session.
  B   ask her classmates questions.
  C   show images during the presentation.

정답 · 스크립트 · 해석 · 해설 p.327

📖 **Vocabulary** ───────

get on with ~을 해 나가다   **relaxed**[rilǽkst] 편안한   **anxiety**[æŋzáiəti] 불안(감)   **perceive**[미 pərsíːv, 영 pəsíːv] 인지하다
context[미 káːntekst, 영 kɔ́ntekst] 맥락, 전후 사정   **carry out** 수행하다   **detergent**[미 ditə́ːrdʒənt, 영 dítəːdʒənt] 세제   **subject**[sʌ́bdʒekt] 피실험자
harsh[미 hɑːrʃ, 영 hɑːʃ] 독한, 센   **ingredient**[ingríːdiənt] 성분   **flavour**[미 fléivər, 영 fléivə] 맛, 향   **citrus**[sítrəs] 감귤류(오렌지·레몬 등)

3주 5일 정보 연결하기(Matching)   **183**

출제 경향

단답형(Short Answer)은 질문에 알맞은 답을 작성하는 주관식 유형입니다. 지문에서 들려준 내용 중 알맞은 단어를 정답으로 작성할 수 있어야 합니다.

섹션 3과 4에서 간혹 출제되는 유형입니다.

출제 형태

단답형(Short Answer)은 How/What/Which/When/Where 등의 의문사를 사용한 질문에 알맞은 답을 작성하는 주관식 형태로 출제됩니다.

지시문 ● *Answer the questions below.*

*Write **ONE WORD ONLY** for each answer.*

문제 ● **1** What did the professor discuss in a lecture last week?

....

2 What type of animal is only found in the Amazon rainforest?

....

3 Where did the first victim of the disease contract it?

....

아래 질문들에 답하세요.
답안은 **한 단어**로 작성하세요.

1 교수가 지난 주 강의에서 이야기한 것은 무엇인가?

....

2 아마존 열대우림에서만 발견되는 동물의 종류는 무엇인가?

....

3 질병의 첫 번째 희생자는 어디에서 그것에 걸렸는가?

....

1. 답안 작성 조건을 확인합니다.

지시문을 읽고 몇 단어 혹은 숫자로 답안을 작성하는 문제인지 확인합니다.

2. 핵심어구와 문제에서 묻는 내용을 파악합니다.

제시된 질문의 의문사와 핵심어구를 통해 문제에서 묻는 내용이 무엇인지 파악합니다.

1 What did the professor discuss in a lecture last week?
▶ 의문사와 핵심어구: What, discuss in a lecture last week
▶ 문제에서 묻는 내용: 지난 주 강의에서 이야기한 것은 무엇인지

3. 핵심어구와 관련된 내용을 주의 깊게 듣습니다.

문제의 핵심어구가 그대로 등장하거나 바꾸어 표현된 부분의 주변 내용을 주의 깊게 듣고 정답의 단서를 찾습니다.

지문에서 언급된 내용
M: I enjoyed our professor's lecture on epidemics last week. Maybe we should make that our presentation topic.
남: 우리 교수님의 전염병에 대한 지난 주 강의는 흥미로웠어. 어쩌면 우리는 그것을 발표 주제로 해야 할 거야.

4. 알맞은 단어를 답안으로 작성합니다.

알맞은 단어나 숫자를 답안 작성 조건에 맞게 작성합니다. 답안을 작성한 후에는 철자가 올바르게 쓰였는지 확인합니다.

지시문을 읽고 두 단어 이내로 답안을 작성하는 문제임을 확인합니다.

의문사 What과 핵심어구 focus of the course를 통해 문제에서 강좌의 초점이 무엇인지 묻고 있음을 파악합니다.

예제

Answer the question below.

*Write **NO MORE THAN TWO WORDS** for the answer.*

1 **What** will be the **focus of the course**?

....

스크립트 영국식 발음 🎧 (W3_D6) EX.mp3

Section 4. You will hear part of a lecture given by a professor in an English class.

Before we finish today's class, I'd like to make a quick announcement. Starting next term, the university will be offering a new writing course for undergraduate students. I will be the instructor, and I encourage everyone who wants to improve their writing to register.

지문에서 핵심어구 focus of the course 가 the course will mainly be about 으로 바꾸어 표현된 주변 내용을 주의 깊게 듣습니다.
핵심어구의 주변 내용에서 'efficient research methods'라는 정답의 단서를 파악할 수 있습니다.

The goal of the course will be to help students from all departments learn how to write essays. Therefore, [1]**the course will mainly be about** efficient research methods. Students will learn how to quickly find relevant material for their topics, whether they're using the Internet, digital databases, or printed books and articles.

If you would like some more information about this course, please talk to me after class . . .

> 1 그 **강좌의 초점**은 **무엇**이 될 것인가?
>
> ....

스크립트

> 섹션 4. 영문학 강의에서 교수의 강의 일부를 들으세요.
>
> 오늘 수업을 끝내기 전에, 짧은 안내를 하고 싶군요. 다음 학기부터, 대학에서 학부생들에게 새로운 작문 강좌를 제공할 예정입니다. 제가 강사가 될 것이고, 작문 실력을 향상시키고자 하는 학생은 모두 등록하기를 권장해요.
>
> 이 강좌의 목표는 모든 학과의 학생들이 어떻게 과제물을 작성하는지 배우도록 돕는 것이 될 것입니다. 그러므로, '이 **강좌에서 주로 다룰 것**은 효율적인 조사 방법론입니다. 학생들은 인터넷, 디지털 데이터베이스, 또는 인쇄된 서적과 기사 중 무엇을 사용하든, 주제와 관련된 자료를 신속하게 찾는 방법을 배울 것입니다.
>
> 이 강좌에 대해 좀 더 많은 정보를 원한다면, 수업이 끝난 후에 저에게 이야기해 주세요...

정답 **research methods**

해설 문제의 핵심어구(What ~ focus of the course)와 관련된 지문 내용 중 'the course will mainly be about efficient research methods'에서 작문 강좌에서 주로 다룰 것은 효율적인 조사 방법론이라고 하였으므로, efficient research methods가 답이 될 수 있습니다. 지시문에서 두 단어 이내로 답안을 작성하라고 하였으므로, 문제가 묻는 'What'에 대한 정답은 **research methods**입니다.

📖 **Vocabulary**

undergraduate[미 ʌ̀ndərgrǽdʒuət, 영 ʌ̀ndəgrǽdʒuət] 학부의   department[미 dípɑ:rtmənt, 영 dípɑ:tmənt] 학과   relevant[réləvənt] 관련된

DAILY CHECK-UP

🎧 지문의 일부를 듣고 빈칸을 받아 적으세요. 그리고 질문에 답하세요.

🎧 (W3_D6) DC1-3.mp3

01
섹션3

> **M:** Hi, Christine. I got your e-mail yesterday with your suggestions for our research project. I think the advantages and disadvantages of nursery schools is the perfect topic.
>
> **W:** That's great. Then I suppose our next step is research. _____ _____.
>
> **M:** Good point. Oh, and let's interview some teachers . . .
>
> **W:** Hmm, I'm not sure about that. I mean, teachers get paid to work there, so I think they might be biased. They probably would only focus on the advantages.
>
> **M:** Maybe you're right. Then . . . _____.
>
> **W:** That's true. They would have more of an unbiased perspective. OK, let's do that. So, when should we meet up?
>
> **M:** Well, can you meet me in the library on Monday?
>
> **W:** I've got some classes and a study group session that day. I'm free on Tuesday and Wednesday, though.
>
> **M:** OK, then _____?
>
> **W:** Sounds good.

*Write **NO MORE THAN TWO WORDS** for each answer.*

1   What is the best source of current information?

    ....

2   Who will be interviewed for the project?

    ....

3   When will the students meet next?

    ....

📖 **Vocabulary** ──

nursery school 유치원   academic journal 학술지   up-to-date[ʌ̀ptédeit] 최신의   biased[báiəst] 편향된
perspective[미] pərspéktiv, [영] pəspéktiv] 관점, 시각

🎧 (W3_D6) DC4-6.mp3

02
섹션4

Hello, everyone. My presentation today will be on songbirds. Many different types of birds in locations all over the world belong to this group. But _____

_____ . . . the lyrebird.

Like most songbirds, the lyrebird is able to produce songs that have a wide variety of functions. You know, such as defending their nests or warning other lyrebirds that predators are near. But the most essential function is attracting a mate. So, _____

_____ .

Now, what really makes the lyrebird special is the sounds it makes. It is extremely talented at imitating sounds, such as the songs of other birds as well as the noises of other animals. But the really unusual thing about a lyrebird is that it can imitate nonanimal noises. Lyrebirds can copy the sounds of car alarms, chainsaws . . . even the human voice. In fact, _____

_____ .

Write **NO MORE THAN TWO WORDS AND/OR A NUMBER** *for each answer.*

4 Which country are lyrebirds native to?

....

5 In which season do male lyrebirds sing all the time?

....

6 How much of a lyrebird song is composed of sound imitations?

....

Vocabulary

songbird[미] sɔ́:ŋbəːrd, [영] sɔ́ŋbəːd] 명금류(고운 소리로 우는 새의 종류) lyrebird[미] laírbəːrd, [영] laíəbəːd] 금조
predator[미] prédətər, [영] prédətə] 포식자 constantly[미] káːnstəntli, [영] kɔ́nstəntli] 끊임없이 imitate[ímitèit] 모방하다
chainsaw[tʃéinsɔː] 전기톱

03

섹션3

W: Do you have a few minutes, Professor Lee? We want to talk to you about our research paper. We're having a hard time deciding what to focus on.

M1: I see. Well, how about discussing the benefits of arts education for young people?

M2: Hmm . . . We hadn't considered that. Could you give us some examples?

M1: Well, one direct benefit is achievement in different academic areas. For example, students who study art also do better in the field of literature. _____

_____.

W: Wow. I had no idea. What about creativity? I assume children who receive arts education are more creative than those who don't.

M1: Right. Arts education helps children become more innovative. And _____

_____,

in my opinion.

M2: That's very interesting. I think we can definitely use this as the topic of our paper.

M1: Great. You should be able to find a lot of studies about this that you can include. But bear in mind that when you rely on someone else's study, you must give the author credit. So,

_____.

W: OK, we'll make sure to do that.

M1: Good. And you need to get started soon. _____

_____. You will need at least one or two weeks to do the research.

M2: Right. We plan to head over to the library now. Thank you, professor.

*Write **ONE WORD AND/OR A NUMBER** for each answer.*

7 What competitions are students educated in the arts more likely to win?

....

8 What does the professor believe is most important for lifelong success?

....

9 What must the students list at the end of the paper?

....

10 How many weeks remain until the research paper is due?

....

정답 · 스크립트 · 해석 · 해설 p.331

📖 **Vocabulary**

achievement[ətʃíːvmənt] 성취, 업적   assume[미 əsúːm, 영 əsjúːm] 추측하다   diligent[dílidʒənt] 근면한   bear in mind ~을 유념하다, 명심하다
reference[réfrəns] 참고문헌   head over to ~로 출발하다

SECTION 4   *Questions 1-10*   🎧 (W3_D6) DT.mp3

Questions 1-4

Complete the notes below.

Write ONE WORD AND/OR A NUMBER for each answer.

Organisational Problem-Solving

Step 1: Identify the problem

– **1**.................................... between symptoms and the problem

– Ex: Customer complaints about deliveries could be a result of supply issues

Step 2: Brainstorm solutions

– Involve many people

– Come up with at least **2**.................................... alternatives

– Brainstorming can lead to more creative and effective solutions

Step 3: Implement Solution

– Choose one that deals with the **3**.................................... causes

Step 4: Monitoring

– Gather **4**.................................... to measure effects

– If the solution doesn't work, try an alternative

Questions 5-10

Answer the questions below.

Write **NO MORE THAN TWO WORDS AND/OR A NUMBER** *for each answer.*

5 What was the finance company's program intended to help people with?

....

6 How many employees did the company have before it expanded?

....

7 What type of staff members did the management team hire?

....

8 What factor about making a video did the management team like?

....

9 How long did it take to make the training video?

....

10 Where did the company open up a new office?

....

정답 · 스크립트 · 해석 · 해설 p.334

📖 **Vocabulary**

organisational[미 ɔ̀:rɡənizéiʃənl, 영 ɔ̀:ɡənaizéiʃənl] 조직의, 단체의   **identify**[aidéntifài] 확인하다, 식별하다   **distinguish**[distíŋgwiʃ] 구분하다, 구별하다
symptom[símptəm] 증상, 증세   **indication**[ìndikéiʃən] 조짐, 표시   **keep up with** ~을 따라 잡다   **come up with** ~을 생각해내다, 제시하다
alternative[미 ɔːltɚ́rnətiv, 영 ɔːltɚ́ːnətiv] 대안   **implement**[ímplimənt] 실행하다   **promise**[미 prɑ́:mis, 영 prɔ́mis] 장래성, 유망
qualified[미 kwɑ́:lifàid, 영 kwɔ́lifàid] 훌륭한, 자격이 있는   **figure out** 알아내다   **instructional**[instrʌ́kʃənl] 교육용의
launch[미 lɔːntʃ, 영 lɔːnʃ] 출시하다, 발표하다

HACKERS
IELTS
LISTENING BASIC

goHackers.com

학습자료 제공·유학정보 공유

HACKERS IELTS LISTENING BASIC

4th
Week

4주에서는 앞서 공부한 내용을 토대로 실전에 가깝게 구성된 문제들을 풀어
보겠습니다. 2개의 섹션, 총 20문제로 구성된 테스트를 매일 한 세트씩 풀어 보면서
IELTS 리스닝의 실전 감각을 익히게 됩니다.

리스닝
실전 대비하기

SECTION 1 *Questions 1-10* 🎧 (W4_D1) PT1_1-10.mp3

Questions 1-6

Complete the notes below.

*Write **ONE WORD AND/OR A NUMBER** for each answer.*

Survey – Personal Information

- Visitor's Name: John **1**...................................
- Address: **2**.................................. Collins Street
- Has lived in neighbourhood for **3**................................... years
- Comes to the centre **4**................................... times a month
- Visiting today to attend an **5**................................... class
- Travels to the centre by **6**...................................

Complete the sentences below.

Write **ONE WORD AND/OR A NUMBER** *for each answer.*

7   The man suggests extending the café's hours to .... o'clock.

8   The man thinks that the .... should be renovated.

9   The man wants the centre to organise .... ·

10 The woman says that the survey responses will be reviewed in .... ·

Questions 11-15

*Choose the correct letter, **A**, **B**, or **C**.*

11 How long did it take to build the centre?

   A 4 months
   B 5 months
   C 9 months

12 The opening ceremony will include

   A a tour of the centre.
   B a video about a project.
   C a speech by a designer.

13 Which facility will be added after the centre opens?

   A a gymnasium
   B an auditorium
   C a library

14 Some residents are concerned that the centre will

   A offer few classes.
   B charge high fees.
   C open later than planned.

15 How did the city pay for additional construction costs?

   A By increasing taxes
   B By accepting donations
   C By requesting government funding

Complete the notes below.

Write **ONE WORD ONLY** for each answer.

Cranbrook Community Centre Programmes

Dance Class

- Class will be taught by Beth Anderson, a **16**................................... dancer

- Will learn jazz, swing, and **17**................................... dancing

- Give a performance for the public at the end of the year

- Meet on Monday and **18**..................................., from 6 pm until 7 pm

Cooking Class

- Tony Ricci will teach his students basic **19**................................... cooking methods

- Will learn how to prepare his favourite dishes

- Meet on Tuesday and Thursday, from 10 am until 11.30 am

- There is not much space

- To find out more about events at the Cranbrook Community Centre, go to the centre's
  20...................................·

정답 · 스크립트 · 해석 · 해설 p.338

SECTION 1   *Questions 1-10*   🎧 (W4_D2) PT2_1-10.mp3

Questions 1-4

Complete the table below.

Write ONE WORD AND/OR A NUMBER for each answer.

Volunteer Teaching Positions

Organisation	Subject	Student Age Group	Schedule
Brentwood Community Centre	1........................	7 – 9	2........................ 21 – August 15
Riverview Summer Camp	English	3........................ – 13	July 10 – August 20
Davis Library	4........................	6 – 10	June 5 – August 12

Complete the notes below.

Write **NO MORE THAN TWO WORDS AND/OR A NUMBER** *for each answer.*

Applicant Information

- Name: John **5**...................................
- Phone number: 555-6760
- Address: 142 Sudbury Way, Colchester
- Postcode: **6**...................................
- Interview availability: **7**..................................., May 29th

Educational Background

- Studying Education
- Attending University of Essex
- In the **8**.................................. of undergraduate program

Relevant Work Experience

- Employed by Hillside Academy
- Helped **9**.................................. students study for tests
- Employed for a period of **10**...................................

Questions 11-15

Complete the sentences below.

*Write **ONE WORD ONLY** for each answer.*

Seed Banks

11   Seeds must be stored in cold, ... environments to ensure they last for a long time.

12   One function of a seed bank is to preserve genetic ....

13   Approximately 80% of the .... species from the 1930s have disappeared.

14   Each crop is suited to different conditions in terms of soil or ....

15   Farmers could not grow rice after a tsunami because the soil contained a lot of ....

Complete the summary below.

Write **ONE WORD AND/OR A NUMBER** *for each answer.*

Svalbard Global Seed Vault

The Svalbard Global Seed Vault is the largest seed bank in the world. The vault currently contains **16**................................. million seeds. It is located on an **17**................................. in the Arctic. This remote location will probably not be affected by civil disturbances like **18**................................. . In addition, the area has never experienced an earthquake or volcanic eruption. The Svalbard Global Seed Vault is designed to preserve seeds for **19**................................. production following a global crisis. It also functions as a backup facility for seed banks around the world. They can store seed duplicates in the Svalbard Global Seed Vault. The seed banks can ask for the duplicate back if any of their seeds are **20**................................. .

정답 · 스크립트 · 해석 · 해설 p.344

SECTION 1   *Questions 1-10*   🎧 (W4_D3) PT3_1-10.mp3

Questions 1-10

Complete the notes below.

*Write **ONE WORD AND/OR A NUMBER** for each answer.*

Morning Glory Bakery

- A part-time baker's helper position is available
- For foreign students, a **1**................................ of a residency card is required

Job details

- Bakery's address: 423 **2**................................ Street
- Starting salary: **3**................................ per hour
- Working time: from **4**................................ to 7 am
- First day of work: the **5**................................ of June

Duties

- The job involves helping to **6**................................ the pastries
- Will learn a variety of **7**................................ and baking techniques
- Will **8**................................ workspace at end of each shift

Interview

- Job interview: Next Monday at **9**................................
- Take original **10**................................ to the interview

---

Questions 11-13

Complete the table below.

Write **NO MORE THAN TWO WORDS** *for each answer.*

Presentation Tips

Problem	Solution
Cannot organise information in an effective manner	Create an outline with main points and **11**....................................
Must explain complex economic data	Include **12**.................................... in the presentation
Hard to maintain the **13**.................................... of audience members	Prepare several questions in advance

리스닝 실전 대비하기

4th Week

3일

Hackers IELTS Listening Basic

Complete the summary below.

*Write **ONE WORD ONLY** for each answer.*

Public Works Programmes

A number of measures were introduced as part of the New Deal during the Great Depression. Public works programmes were **14**................................. projects that were paid for by the government. They provided employment to a large number of people. A **15**................................. in Nevada was the most costly public works project.

Complete the notes below.

Write **NO MORE THAN TWO WORDS AND/OR A NUMBER** *for each answer.*

Welfare Programmes

Emergency Relief

- Helped people in extreme **16**...................................

- Government established soup kitchens

- Blankets and other items were given to **17**................................... people

Long-Term Solution

- Roosevelt signed the Social Security Act in **18**...................................

- It provided **19**................................... to the elderly

- It also set up an unemployment **20**................................... for workers

- System is still used today

SECTION 1   *Questions 1-10*   🎧 (W4_D4) PT4_1-10.mp3

Questions 1-10

Complete the form below.

*Write **ONE WORD AND/OR A NUMBER** for each answer.*

Event Reservation Form

Event details	
Purpose	Booking a private room
Date	July **1**....................................
Time	From **2**.................................... until 11 pm
Number of guests	Approximately **3**....................................
Requested food service	Main course: **4**.................................... (£22 per person)
Drinks	**5**.................................... (Pay separately)
Customer	
Name	Ellen **6**....................................
Contact number	**7**....................................
Extra needs and services	
Seating	**8**.................................... special seats
Special delivery	**9**....................................
Request	Speakers to play music
Decoration	**10**....................................

Questions 11-20 🎧 (W4_D4) PT4_11-20.mp3

Questions 11-15

*Choose the correct letter, **A**, **B**, or **C**.*

Sunnyside Tower

11   When will construction of Sunnyside Tower finish?

   A   in July
   B   in August
   C   in September

12   Sunnyside Tower is located next to

   A   a subway station.
   B   a city park.
   C   a primary school.

13   What will be included only with a three-bedroom unit?

   A   a balcony
   B   a dining room
   C   large windows

14   Which devices will the building contain?

   A   emergency alarms
   B   security cameras
   C   fire sprinklers

15   Visitors to Sunnyside Tower will be required to

   A   show a pass to a guard.
   B   park their vehicle on the street.
   C   use an intercom in the lobby.

Questions 16-17

Complete the table below.

*Write **ONE WORD ONLY** for each answer.*

Sunnyside Tower Amenities

Amenity	Hours	Notes
Gym	Weekdays: 6 am – 8 pm Weekends: 6 am – 10 pm	• Monthly fee for a **16**....................................
Pool	Daily: 9 am to 9 pm	• Is not open on Wednesdays for cleaning and **17**....................................

Questions 18 - 20

What does the speaker say about each of the following sections of the brochure?

*Write the correct letter, **A - E**, next to Questions 18-20.*

Comments

A specifies regulations for residents

B features images of interiors

C shows plans of units

D specifies cost of apartments

E contains loan application forms

Sections

18 Introduction ....

19 Main section ....

20 Appendix ....

정답 · 스크립트 · 해석 · 해설 p.357

리스닝 실전 대비하기

4th Week

4일

Hackers IELTS Listening Basic

SECTION 2   *Questions 1-10*   🎧 (W4_D5) PT5_1-10.mp3

Questions 1-6

Who are the following park attractions suitable for?

*Write the correct letter, **A**, **B**, or **C**, next to Questions 1-6.*

AGE GROUPS

A All age groups
B Anyone over 8 years old
C Children only

Attractions

1	Whirlwind	....
2	Raging Rapids	....
3	Carousel	....
4	Teacups	....
5	Miniature Train	....
6	Pirate Ship	....

Complete the table below.

Write **ONE WORD AND/OR A NUMBER** *for each answer.*

Zone	Activities	Available for purchase
Fairy Land City	Go on a tour for **7**.................................. minutes	Snacks and beverages
Pixie Village	Take photos with **8**.................................	**9**................................. for children
Wizards Forest	Ride roller coasters	**10**................................. for the 3-D Experience ride

Questions 11-12

*Choose the correct letter, **A**, **B**, or **C**.*

11 The company selected by the student must have

  A experienced a crisis.
  B hired a new CEO.
  C conducted an evaluation.

12 What information must be included in the report?

  A Government penalties
  B Company expenses
  C Employee actions

Questions 13 and 14

*Choose **TWO** letters, **A-E**.*

13-14 Which **TWO** research tasks has Roland already done?

  A Checked journal articles
  B Read handouts
  C Contacted a business
  D Visited a library
  E Searched newspaper collections

Questions 15 and 16

*Choose **TWO** letters, **A-E**.*

15-16 Which **TWO** fields cannot be discussed in the research paper?

  A Media
  B Technology
  C Medical
  D Financial
  E Legal

Complete the sentences below.

*Write **NO MORE THAN TWO WORDS** for each question.*

17 There was an oil spill due to an accidental .... on an oil rig.

18 .... over the short-term was considered more significant than the risk of an environmental disaster.

19 The CEO tried to make the explosion seem less serious and to .... other companies.

20 The company was guilty of many .... violations and had to pay a huge fine.

정답 · 스크립트 · 해석 · 해설 p.364

SECTION 2   *Questions 1-10*   🎧 (W4_D6) PT6_1-10.mp3

Questions 1-4

*Choose the correct letter, **A**, **B**, or **C**.*

1   What does the speaker say occurred in 1972?

   A   The museum moved to a different city.

   B   The museum extended its operating hours.

   C   The museum opened a branch in Manchester.

2   According to the speaker, what will happen at the museum next year?

   A   Aircraft will be added.

   B   A hall will be constructed.

   C   Ticket prices will be raised.

3   What can visitors do at the model aircraft demonstration?

   A   have their picture taken

   B   operate a device

   C   sit in an airplane

4   Which attraction is not included in the cost of a general admission ticket?

   A   The Spitfire replica

   B   The flight simulator

   C   The 4-D theatre ride

Questions 5 and 6

*Choose **TWO** letters, **A-E**.*

5-6 Which **TWO** activities are not permitted?

   A   taking photographs

   B   making videos

   C   using cell phones

   D   touching exhibits

   E   consuming beverages

Questions 7-10

Label the map below.

*Write the correct letter, **A-G**, next to Questions 7-10.*

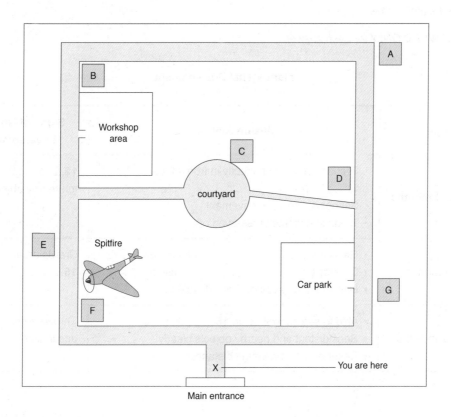

7   Coach parking area   ....

8   Cold War Exhibit Hall   ....

9   World War II Exhibit Hall   ....

10 Visitor centre   ....

Questions 11-16

Complete the table below.

*Write **ONE WORD ONLY** for each answer.*

Infant Visual Development

Age	Vision Status	Signs of Normal Development
Birth to 4 months	• Focuses on a point directly in front of the **11**................................. • Cannot control eye movement • Tends to become cross-eyed often	**12**................................. for nearby objects
5 to 8 months	• Gains **13**.................................... perception • Develops **14**.................................... vision • Has improved eye-body coordination	Crawls around the **15**.................................
9 to 12 months	• Able to see as well as an **16**.................................... • Sees distant and nearby objects clearly • Better able to determine distances	Throws items accurately

Complete the notes below.

Write **NO MORE THAN TWO WORDS** *for each answer.*

Amblyopia

- Child relies on only one eye for vision

- Two common causes

Wandering Eye

- Only focuses on objects with one eye

- Poor **17**.................................... between brain and eye muscles

- Wearing an **18**.................................... is an effective treatment

Unequal Focus

- One eye is nearsighted or farsighted

- Hard to detect because there are no **19**.................................. indicators

- **20**.................................. is the only permanent measure

---

정답·스크립트·해석·해설 p.371

HACKERS
IELTS
LISTENING BASIC

goHackers.com

학습자료 제공·유학정보 공유

HACKERS IELTS LISTENING BASIC

ACTUAL TEST

*Answer Sheet는 교재 마지막 페이지(p.235)에 수록되어 있습니다.

Questions 1-7

Complete the notes below.

Write **ONE WORD AND/OR A NUMBER** for each answer.

Brightstead Fair

Example

- Information about the fair

Fair Details

- Lasts from **1**.................................... to Sunday

- Tickets for **2**.................................... must be purchased (£2 for children and £4 for adults)

- A one-day pass costs **3**.................................... for children and £22 for adults

Concert

- Scheduled for Saturday

- Five **4**.................................... musicians will perform

- Features Calvin Hart, a famous musician who plays **5**....................................

- Being held at an auditorium near the **6**.................................... Street entrance

- Parking is available at Elm Street

- Begins at **7**.................................... pm

Questions 8-10

Complete the table below.

Write **ONE WORD AND/OR A NUMBER** *for each answer.*

Brightstead Fair's Food Booths

Restaurant	Type of Food	Location	Hours
Three Amigos	Mexican	Next to the **8**.....................	11 am – 9 pm
Earl's	Italian	Behind the playground	**9**..................... pm – 10 pm
Eastwood Eatery	**10**.....................	Beside the park office	10 am – 7 pm

Questions 11-15

Complete the notes below.

*Write **ONE WORD AND/OR A NUMBER** for each answer.*

Library Assistant Position

Duties

- Will work at front desk, shelve publications, and assist library **11**...................................

Policies

- Must not wear **12**................................... clothing

- Should not wear sports shoes

- Should arrive before shift starts

- Should check daily **13**................................... and read notices

- Can take a break for **14**................................... minutes in the morning and in the afternoon

- Will usually start lunch break at **15**................................... pm

- Should take turns with other workers having a late lunch

Questions 16-17

*Choose the correct letters, **A**, **B**, or **C**.*

16 What is provided for free to library employees?

    A Snacks

    B Juice

    C Coffee

17 To request a locker, employees should speak with the

    A head librarian.

    B maintenance manager.

    C library administrator.

Questions 18-20

Complete the sentences below.

*Write **NO MORE THAN TWO WORDS** for each answer.*

18 Staff members usually have to .... the photocopiers once or twice a day.

19 The conference room is where staff meetings and .... are held.

20 On Friday, the focus of the training will be the .... system.

Questions 21 and 22

*Choose **TWO** letters, **A-E**.*

21-22 What are **TWO** reasons the student gives for selecting his topic?

A It was mentioned by a librarian.
B It is discussed in a textbook.
C It is explained in an article.
D It was explored in a documentary.
E It was recommended by an instructor.

Questions 23 and 24

*Choose **TWO** letters, **A-E**.*

23-24 Which **TWO** aspects of the medical profession will the student focus on?

A Training
B Compensation
C Regulation
D Research
E Public relations

Questions 25-26

*Choose the correct letter, **A**, **B**, or **C**.*

25 What was the initial role of the Royal College of Physicians?

A It provided health services to government employees.
B It offered classes on medical techniques.
C It tested people who wanted to be doctors.

26 The national registry of doctors is

A updated twice a year.
B managed by a university.
C accessible to the public.

Questions 27-30

What comments are made about the following types of doctors?

*Choose **FOUR** answers from the box below and write the correct letter, **A-F**, next to questions 27-30.*

Comments

A They are still attending medical school.

B They are usually paid the most.

C They receive a certificate.

D They specialise in three areas of medicine.

E They conduct medical checkups.

F They have worked for less than two years.

Types of doctors

27 Foundation doctors   ....

28 Specialty registrars   ....

29 General practitioners   ....

30 Consultants   ....

Questions 31-40

Complete the notes below.

*Write **ONE WORD ONLY** for each answer.*

Fear Acquisition

Experience

- Negative reaction such as a feeling of **31**................................. causes fear

- Ex: Childhood fear of **32**.................................

Observation

- People recognise a **33**................................. by observing others

- Infants watch parents to determine the **34**................................. reaction

- Ex: Parent panics, so child is scared of wasp

Instruction

- Involves **35**................................. sharing

- Can also result from **36**................................. instruction

- Ex: Movie about sharks makes people scared to swim

Phobias

- Fear can lead to development of a phobia

- Causes physical **37**................................. like dizziness, nausea, and increased heart rate

- Affects mental well-being

- May result in a high level of **38**................................. anxiety

Exposure Treatment

- People confront fears in a **39**................................. environment

- Graded exposure: Sessions become longer

- Desensitisation: Patient learns relaxation **40**.................................

정답 · 스크립트 · 해석 · 해설 p.380

goHackers.com

학습자료 제공·유학정보 공유

HACKERS
IELTS
LISTENING BASIC

goHackers.com
학습자료 제공·유학정보 공유

HACKERS IELTS LISTENING BASIC

부록

리스닝 주관식
답안 관련 Q&A

주관식 답안을 작성하는 방법과 관련해 IELTS 리스닝 학습자들이 가장 자주 하는 질문과
그에 대한 답변을 정리하였습니다.

리스닝 주관식 답안 관련 Q&A

IELTS 리스닝 영역에서는 주관식으로 문제가 출제되므로, 답안 작성 시 지시문의 답안 작성 조건을 지키며 철자 · 단복수 등에 유의해야 합니다. 이러한 사항들이 틀리면 문제에 알맞은 답이라고 할지라도 오답 처리가 됩니다. 따라서 리스닝 영역의 주관식 답안 작성과 관련하여 학습자들이 가장 많이 질문하는 내용들을 살펴보며 시험 시 주의해야 할 사항들을 확인합니다.

Q. 아이엘츠 시험에서 지문과 문제는 모두 영국 영어의 철자로 출제되던데, 답안을 작성할 때에도 꼭 영국식으로만 적어야 하는 건가요?

아니요, 미국 영어와 영국 영어의 철자 모두 정답으로 인정됩니다.

ex. inquire (○) / enquire (○)

Q. 답안을 작성할 때 복수로 적어야 하는지, 단수로 적어야 하는지 구별이 어려워요. 특히 '~s' 발음이 잘 들리지 않아요. 그런데도 단복수 여부를 정확히 적어야 할까요?

단복수만 틀려도 오답 처리가 되므로, 단복수를 명확히 구분해서 듣고 답을 작성해야 합니다. 듣는 것만으로 단복수 여부를 파악하기 힘든 경우, 문제의 빈칸 앞뒤를 통해 답의 단복수 여부를 확인하는 것도 도움이 됩니다. 예를 들어, 빈칸 앞에 a나 an이 있는 경우 정답을 단수 형태로, 빈칸 앞에 many, several 등의 복수 명사와 함께 쓰이는 표현이 있다면 복수 형태로 작성해야 합니다.

ex. Mayan civilisation serves as a valuable <u>lesson</u> for today's society. (○)

Q. 사람 이름이나 요일이 정답인 경우가 종종 있던데, 이때 첫 글자를 꼭 대문자로 적어야 하나요?

아이엘츠 시험에서 정답으로 자주 출제되는 단어에는 사람 이름, 기업명, 주소와 같은 고유 명사나 우편번호, 월, 요일 등이 있습니다. 이 단어들의 경우 실제 시험에서 꼭 대문자를 사용하지 않아도 정답으로 인정되지만, 문법적으로 대문자 표기가 옳은 단어들에 대해 알아두고 대문자로 적는 습관을 기르는 것이 좋습니다.

ex. Clair Atkinson (○) / Samsung (○) / 24 Hampshire Avenue (○) / AH3 1BW (○) / July (○) / Monday (○)

Q. 공부하다 보니 숫자는 아라비아 숫자와 영문 두 가지로 적을 수 있던데, 아라비아 숫자와 영문 모두 답으로 적어도 되나요?

지시문의 답안 작성 조건과 맞는다면, 아라비아 숫자와 영문 모두 정답으로 인정됩니다. 단, 답안 작성 조건과 맞지 않는다면, 내용상 맞는 답일지라도 오답 처리된다는 점에 유의하세요!

ex. *Write **ONE WORD AND/OR A NUMBER** for each answer.*

　　→ **4 days (○) / four days (X)**

* 지시문에서 한 단어 그리고/또는 숫자 하나로 답을 작성하라고 하였으므로, 두 단어로 이루어진 four days는 답이 될 수 없습니다.

Q. 날짜를 적어야 할 경우에는 어떻게 적는 게 정확할까요? 여러 가지 표현이 있는 것 같은데... 무엇이 맞는지 모르겠어요.

날짜 또한 지시문의 답안 작성 조건과 맞는다면 여러 가지 표기가 정답으로 인정됩니다.

ex. *Write ONE WORD AND/OR A NUMBER for each answer.*
→ **18 August** (O) / **18th August** (O) / **18th of August** (X)

* 지시문에서 한 단어 그리고/또는 숫자 하나로 답을 작성하라고 하였으므로, 두 단어와 숫자 하나인 18th of August는 답이 될 수 없습니다.

Q. 금액이나 시간도 여러 가지 표현으로 적을 수 있는데, 모두 정답으로 인정되나요?

네, 금액이나 시간 또한 답안 작성 조건과 맞는다면 여러 가지 표기가 정답으로 인정됩니다.

ex. *Write THREE WORDS AND/OR A NUMBER for each answer.*
→ **£ 30** (O) / **30 euro** (O) / **30 euros** (O) / **thirty euro** (O) / **thirty euros** (O)
→ **half an hour** (O) / **30 minutes** (O)

* 지시문에서 세 단어 이내 그리고/또는 숫자 하나로 답을 작성하라고 하였으므로, 답안 작성 조건과 맞는 표현은 모두 답이 될 수 있습니다.

Q. 전화번호나 카드 번호 같은 번호의 중간에 하이픈(-)이나 띄어쓰기를 꼭 넣어야 하나요?

하이픈(-)이나 띄어쓰기는 사용하셔도 되고 사용하지 않으셔도 됩니다. 참고로 전화번호와 카드 번호는 여러 개의 숫자가 포함되지만, 숫자 한 개로 취급된다는 점을 알아두세요!

ex. **01372051686** (O) / **01372 051686** (O) / **01372-051686** (O)

Q. 하이픈으로 연결된 단어의 경우, 한 단어로 보아야 하나요, 아니면 두 단어로 보아야 하나요? 헷갈려요ㅠㅠ

하이픈으로 연결된 단어는 한 단어로 취급됩니다.

ex. *Write ONE WORD ONLY for each answer.*
→ **cutting-edge** (O) / **brand-new** (O)

* 하이픈으로 연결된 cutting-edge와 brand-new는 두 단어가 아닌 한 단어로 취급되므로, 한 단어로만 답을 작성하라는 지시문의 답안 작성 조건에 맞는 정답입니다.

Q. 지문에 나온 단어뿐 아니라, 지문에 등장하지 않은 동일한 의미의 단어도 정답으로 인정되는지 궁금해요.

지문에 등장하지 않은 동일한 의미의 단어도 정답으로 인정되므로, 안심하고 답으로 적으셔도 됩니다.

ex. **booking** (O) / **reservation** (O)

goHackers.com

학습자료 제공·유학정보 공유

IELTS LISTENING ACTUAL TEST ANSWER SHEET

Test Date (Shade ONE box for the day, ONE box for the month and ONE box for the year)

Day: 01 02 03 04 05 06 07 08 09 10 11 12 13 14 15 16 17 18 19 20 21 22 23 24 25 26 27 28 29 30 31

Month: 01 02 03 04 05 06 07 08 09 10 11 12   **Year** (last 2 digits): 17 18 19 20 21 22 23 24 25

Listening	Listening	Listening	Listening	Listening	Listening

1		21	
2		22	
3		23	
4		24	
5		25	
6		26	
7		27	
8		28	
9		29	
10		30	
11		31	
12		32	
13		33	
14		34	
15		35	
16		36	
17		37	
18		38	
19		39	
20		40	

Listening Total	

아이엘츠 입문자를 위한 맞춤 기본서

HACKERS IELTS Listening
BASIC

초판 14쇄 발행 2024년 12월 2일
초판 1쇄 발행 2018년 1월 2일

지은이	해커스 어학연구소
펴낸곳	(주)해커스 어학연구소
펴낸이	해커스 어학연구소 출판팀

주소	서울특별시 서초구 강남대로61길 23 (주)해커스 어학연구소
고객센터	02-537-5000
교재 관련 문의	publishing@hackers.com
동영상강의	HackersIngang.com

ISBN	978-89-6542-243-3 (13740)
Serial Number	01-14-01

**외국어인강 1위,
해커스인강(HackersIngang.com)**

해커스인강

1. **교재 MP3** 및 들으면서 외우는 단어암기자료
2. 내 답안을 고득점 에세이로 만드는 **IELTS 라이팅 1:1 첨삭**
3. 해커스 스타강사의 **IELTS 인강**

**전세계 유학정보의 중심,
고우해커스(goHackers.com)**

고우해커스

1. **IELTS 라이팅/스피킹 무료 첨삭 게시판**
2. **IELTS 리딩/리스닝 실전문제** 등 다양한 IELTS 무료 학습 콘텐츠
3. **IELTS Q&A 게시판** 및 영국유학 Q&A 게시판

헤럴드 선정 2018 대학생 선호브랜드 대상 '대학생이 선정한 외국어인강' 부문 1위

두려움은 언제나
무지에서 샘솟는다

-에머슨

HACKERS IELTS
Listening
BASIC

정답 · 스크립트 · 해석 · 해설

해커스 어학연구소

아이엘츠 입문자를 위한 맞춤 기본서

HACKERS
IELTS
Listening
BASIC

정답·스크립트·해석·해설

해커스 어학연구소

1일 영국식 영어 익히기

Course 1 자음 발음 차이 익히기 🎧 (W1_D1) Course1_Ex1-18.mp3   p.23

01 Ⓐ	**02** Ⓑ	**03** Ⓐ	**04** Ⓑ	**05** Ⓐ
06 Ⓐ	**07** Ⓐ	**08** Ⓑ	**09** Ⓑ	**10** Ⓐ
11 ear	**12** better	**13** soften	**14** important	**15** exactly
16 definitely	**17** Cotton	**18** quarter		

11 I have a pain in my **ear**.
귀에 통증이 있습니다.

12 I guess my French is getting **better**.
제 프랑스어가 점점 나아지고 있는 것 같습니다.

13 The oil was used to **soften** the leather.
기름은 가죽을 부드럽게 하기 위해 사용되었습니다.

14 It is really **important** to get enough sleep.
충분한 수면을 취하는 것은 매우 중요합니다.

15 I found out **exactly** what I needed to know by reading the book.
그 책을 읽음으로써 정확히 제가 알아야 했던 것을 찾았습니다.

16 You should **definitely** submit your essay by the deadline.
여러분은 분명히 마감 기한까지 과제를 제출해야 합니다.

17 **Cotton** is grown in many countries.
목화는 여러 나라에서 재배됩니다.

18 Profits increased significantly during the last **quarter**.
지난 분기 동안 이익이 상당히 증가했습니다.

01 mobile	**02** tube	**03** answer	**04** cost
05 box	**06** vitamin	**07** plant	**08** opportunity
09 stop	**10** jukebox	**11** organisation / organization	
12 path	**13** bath	**14** cure	**15** lost
16 class	**17** fertile	**18** student	**19** after
20 offer			

13 All rooms in the hotel include a **bath**.
호텔에 있는 모든 방은 욕조 하나를 포함합니다.

14 Scientists are searching for a **cure** for cancer.
과학자들은 암에 대한 치료법을 찾고 있습니다.

15 Please stick with your group so that you don't get **lost**.
길을 잃어버리지 않도록 여러분의 그룹 곁에 머물러 주세요.

16 I skipped my English **class** today.
저는 오늘 영어 수업을 빠졌습니다.

17 This soil is the most **fertile** in the country.
이 토양은 이 나라에서 가장 비옥합니다.

18 I preferred being a **student** to working in a company.
저는 회사에서 일하는 것보다 학생인 것을 선호했습니다.

19 We should conduct a discussion session **after** the presentation.
우리는 발표 이후에 토론 수업도 진행해야 합니다.

20 You might receive an **offer** for a new contract from the company.
당신은 회사로부터 새로운 계약에 관한 제안을 받을 수도 있습니다.

Course 3 비슷한 듯 다른 어휘 익히기 🎧 (W1_D1) Course3_ Ex1-10.mp3   p.27

| **01** ⓑ | **02** ⓐ | **03** ⓑ | **04** ⓐ | **05** ⓑ | **06** ⓑ | **07** ⓑ | **08** ⓐ | **09** ⓑ | **10** ⓐ |

01 There is a new **car park** close to the centre of London.

02 I'll rent a **flat** in Oxford for three months.

03 I used to take a **subway** to my workplace.

04 You need to **stand in a queue** if you want to buy a ticket for the game.

05 Wider **pavements** have been added to the area to accommodate more pedestrians.

06 If you want to go upstairs, you can use the **lifts** in the corner.

07 You can go directly to the kitchen from the restaurant on the **ground floor**.

08 You should make sure you have the right **postcode** to avoid delivery problems.

09 The **pocketbook** was held at the security check because of a smartphone inside it.

10 A farmers' market is held in central Manchester every **fortnight**.

②일 단어 제대로 듣기

Course 1 잘못 알고 있는 외래어 바로 듣기 🎧 (W1_D2) Course1_Ex1-20.mp3 p.29

01 allergy	**02** amateur	**03** marketing	**04** shuttle
05 item	**06** pattern	**07** yogurt	**08** profile
09 interior	**10** coupon	**11** signature	**12** data
13 Rome	**14** helicopter	**15** buffet	**16** Italy
17 gadgets	**18** antique	**19** career	**20** documentary

13 **Rome** has been a very crowded city since ancient times.
고대에서부터 로마는 매우 붐비는 도시였습니다.

14 The **helicopter** can be utilised to take injured people to the hospital.
헬리콥터는 부상당한 사람들을 병원으로 옮기기 위해 활용될 수 있습니다.

15 We decided to have a **buffet** at our wedding.
우리는 결혼식에서 뷔페를 열기로 결정했습니다.

16 It is a well-known monument located in **Italy**.
이것은 이탈리아에 위치한 잘 알려진 기념물입니다.

17 I used to spend a lot of money on new **gadgets**.
저는 새로운 기기들에 많은 돈을 쓰곤 했습니다.

18 The **antique** shop near our apartment is closing down.
우리 아파트 근처의 골동품 가게가 문을 닫습니다.

19 I decided that I needed to try a new **career** before it was too late.
저는 너무 늦기 전에 새로운 직업을 시도해 볼 필요가 있다고 결심했습니다.

20 I remember watching an educational **documentary** about whales.
저는 고래에 관한 교육 다큐멘터리를 보았던 것을 기억합니다.

Course 2 강세에 유의하여 듣기 🎧 (W1_D2) Course2_Ex1-20.mp3

p.31

01 embrace	**02** library	**03** veteran	**04** advisor
05 material	**06** present	**07** semester	**08** against
09 apply	**10** ethical	**11** elite	**12** analysis
13 about	**14** attempt	**15** manual, operate	**16** announced
17 export	**18** clever, media	**19** elementary	**20** remind, purchased

13 I read a book **about** Japanese traditions.
일본 전통에 관한 책을 읽었습니다.

14 It was part of an **attempt** to protect endangered species.
그것은 멸종 위기종을 보호하기 위한 시도의 일환이었습니다.

15 You should read through the **manual** before you **operate** the device.
기기를 작동시키기 전에 설명서를 꼼꼼히 읽어야 합니다.

16 The new incentive policy will be **announced** at the event.
그 행사에서 새로운 인센티브 정책이 발표될 것입니다.

17 Many companies in England **export** products to Germany.
많은 영국 회사들이 독일로 상품을 수출합니다.

18 It was a **clever** way to avoid negative **media** coverage.
그것은 부정적인 언론 보도를 피하기 위한 영리한 방법이었습니다.

19 Sometimes, memories of **elementary** school last for a long period of time.
때때로, 초등학교의 기억들은 오랜 시간 동안 지속됩니다.

20 I'd like to **remind** all of you that the tickets should be **purchased** by this Wednesday.
입장권은 이번 주 수요일까지 구매되어야 한다는 것을 여러분 모두에게 상기시켜 드리고 싶습니다.

Course 3 비슷하게 들리는 자음과 모음 구분하기 🎧 (W1_D2) Course3_Ex1-20.mp3

p.33

01 arrive	**02** clause	**03** fast	**04** heat
05 read	**06** ban	**07** found	**08** through
09 deed	**10** Ⓑ	**11** Ⓑ	**12** Ⓐ
13 Ⓑ	**14** Ⓐ	**15** Ⓑ	**16** hit
17 wrong	**18** very, berries	**19** differ	**20** coat, caught

10 **Fry** the fish for five minutes on either side.
생선을 양쪽으로 각각 5분씩 튀기세요.

11 The right to **vote** for a leader should be universal.
지도자를 투표할 권리는 보편적이어야 합니다.

12 The chemical reaction will begin when you **pour** the acid into the beaker.
여러분이 산을 비커에 따르면 화학 반응이 시작될 것입니다.

13 Many small businesses **fail** in their first year of operation.
많은 소규모 기업들이 운영 첫 해에 실패합니다.

14 The politician was **caught** and found guilty of bribery.
그 정치가는 체포되었고 뇌물 수수죄로 밝혀졌습니다.

15 I have trouble going to **sleep** on airplanes.
저는 비행기에서 잠드는 데 어려움이 있습니다.

16 Be careful not to **hit** your head on the cupboard door.
찬장 문에 머리를 부딪히지 않도록 조심하세요.

17 You must not take the **wrong** bus from the airport.
공항에서 잘못된 버스를 타시면 안 됩니다.

18 It is **very** important to pick those **berries** at the right time.
그 열매들을 적절한 시기에 따는 것은 매우 중요합니다.

19 Opinions **differ** about the health benefits of vegetarianism.
채식주의의 건강상의 이점에 관해서는 의견들이 다릅니다.

20 As I left the classroom, my **coat** pocket almost got **caught** on the door.
교실 문을 나서다가, 코트 주머니가 거의 문에 끼일 뻔 했습니다.

Course 4 비슷하게 들리는 단어들 구분하기 🎧 (W1_D2) Course4_Ex1-20.mp3   p.35

01 (O) site / sight	**02** (X) sense / since	**03** (X) through / thorough
04 (O) bean / been	**05** (X) transfer / transform	**06** (O) pole / poll
07 (O) mourning / morning	**08** (X) arise / rise	**09** (O) complement / compliment
10 Ⓑ	**11** Ⓐ	**12** Ⓐ
13 Ⓑ	**14** Ⓐ	**15** Ⓐ
16 coal	**17** ladder, later	**18** observed
19 addition, edition	**20** dairy, diary	

10 Visitors **exited** the theatre after the play ended.
연극이 끝난 후에 손님들은 극장을 떠났습니다.

11 You should avoid making any mistakes, even if they're **minor** ones.
아무리 작은 것들이라 하더라도, 여러분은 어떤 실수라도 저지르는 것을 피해야 합니다.

12 This week's piano **lesson** has been rescheduled for Friday.
이번 주의 피아노 수업은 금요일로 일정이 변경되었습니다.

13 You might want to **wander** through the park on Saturday afternoon.
여러분은 토요일 오후에 공원을 거닐고 싶을 수도 있습니다.

14 Please take a look around the store, as the **quality** of its jewellery is very high.
그곳의 보석 품질이 매우 좋으니, 상점을 한 번 둘러보세요.

15 The company **adapted** to the new government regulations.
회사는 새로운 정부 규정에 적응했습니다.

16 There have been a number of **coal** mines in the region.
그 지역에는 다수의 탄광이 있었습니다.

17 You'll have to use the **ladder** to clean the windows **later**.
나중에 그 창문들을 닦기 위해서는 사다리를 사용해야 할 것입니다.

18 He closely **observed** how the erosion process changes the landscape.
그는 침식 작용이 어떻게 지형을 바꾸는지를 면밀히 관찰했습니다.

19 An **addition** was made to the latest **edition** of the textbook.
최신판 교과서에 추가된 내용이 생겼습니다.

20 He described his visit to the **dairy** farm in his **diary**.
그는 낙농장에 방문했던 것을 그의 일기장에 서술했습니다.

(3일) 발음과 문장 강세 익히기

Course 1 연음 시 변화하는 소리 🎧 (W1_D3) Course1_Ex1-20.mp3
p.37

01 far away	**02** this session	**03** went down	**04** get through
05 where it has	**06** should you	**07** her response	**08** take advantage of
09 first sight	**10** interested in	**11** hard to	**12** fit into
13 best time	**14** hard time	**15** brought out	**16** dinner reservation
17 trip over	**18** find a lot of	**19** call it a day	**20** get along

13 The **best time** to travel is in the autumn.
여행을 가기에 가장 좋은 시기는 가을입니다.

14 I was having a **hard time** writing the literature review section.
저는 문헌 조사 부분을 쓰는 데 어려움을 겪고 있었습니다.

15 The trash should be **brought out** on Mondays.

쓰레기는 월요일마다 밖으로 내놓아져야 합니다.

16 We should make a **dinner reservation** soon.

우리는 곧 저녁 식사 예약을 해야 합니다.

17 Be careful not to **trip over** any logs on the path.

길에 있는 통나무에 걸려 넘어지지 않도록 조심하십시오.

18 You can always **find a lot of** research materials online.

온라인에서 언제나 많은 연구 자료를 찾을 수 있습니다.

19 If there are no questions, let's **call it a day**.

질문이 없다면, 여기서 마무리하죠.

20 It's important that co-workers **get along** with each other.

동료들이 서로 잘 어울려 지내는 것은 중요합니다.

Course 2 축약되어 약해지는 소리 🎧 (W1_D3) Course2_Ex1-12.mp3   p.39

01 it'd	**02** They've	**03** don't	**04** let's
05 aren't	**06** She'll	**07** couldn't	**08** He's
09 I've	**10** won't	**11** I'm	**12** could've

01 I think **it'd** be better for you to include more details.

네가 더 많은 세부 사항을 포함하는 것이 더 좋을 거라고 생각해.

02 **They've** increased the price of oil.

그들은 기름값을 인상했습니다.

03 Please **don't** use these toilets until further notice.

추후 통보가 있을 때까지 이 양변기들을 사용하지 말아 주십시오.

04 Now, **let's** talk about dolphins' behavioural characteristics.

이제, 돌고래의 행동 특성에 대해 이야기해 봅시다.

05 Those shoes **aren't** the ones I ordered.

그 신발은 제가 주문한 것이 아닙니다.

06 **She'll** arrive in London tomorrow night.

그녀는 내일 밤에 런던에 도착할 것입니다.

07 As they **couldn't** keep working, they had to look for other solutions.

그들은 일을 계속할 수 없었으므로, 다른 해결책을 찾아야만 했습니다.

08 **He's** the one you should talk to about the schedule.

그가 당신이 일정에 관해 이야기해야 하는 사람입니다.

09 **I've** been reading this book for over a month.

이 책을 한 달 넘게 읽고 있습니다.

10 The warranty **won't** cover accidental damage.

이 품질 보증서는 우발적인 손해는 보장하지 않을 것입니다.

11 **I'm** planning to move to Spain.

저는 스페인으로 이사할 계획입니다.

12 I **could've** gone back to university last year, but I decided to keep working.

저는 작년에 대학으로 돌아갈 수도 있었지만, 일을 계속하기로 결정했습니다.

Course 3 강하게 들리는 내용어 알고 듣기 🎧 (W1_D3) Course3_Ex1-10.mp3   p.41

01 the winner, for this year	**02** walk quickly	**03** sleep well
04 working as a teacher	**05** wearing a hat, holding a walking stick	
06 Ⓑ	**07** Ⓐ	**08** Ⓐ
09 Ⓑ	**10** Ⓐ	

01 Kazuo Ishiguro is **the winner** of the Nobel Prize in Literature **for this year**.

가즈오 이시구로는 올해의 노벨문학상 수상자입니다.

02 We should **walk quickly** to the bus stop.

우리는 버스 정류장까지 빨리 걸어가야 합니다.

03 Did you **sleep well** last night?

지난밤에 안녕히 주무셨나요?

04 I am **working as a teacher** at a school in London.

저는 런던에 있는 학교에서 선생님으로 일하고 있습니다.

05 In the picture, he is **wearing a hat** and **holding a walking stick**.

사진에서, 그는 모자를 쓰고 지팡이를 들고 있습니다.

06 The car was **big enough** for everyone to fit inside.

07 **Needless to say**, the charity appreciated the donation.

08 We'll **have nothing to do except** pack for the trip.

09 **Not everyone** in the city was affected by the power outage.

10 **Barely** 20 people showed up for the store's grand opening.

01 let them in	02 young and rich	03 I could have	04 give it a shot
05 I like it	06 told us	07 on the table	08 in the UK
09 might have	10 One of our	11 sign up for	12 ask for an extra
13 had a, at a	14 He could, asked to		

07 You will find some welcome snacks **on the table**.
그 테이블에서 약간의 손님맞이 간식을 찾으실 수 있을 겁니다.

08 The unemployment rate was increasing **in the UK**.
영국에서는 실업률이 증가하고 있었습니다.

09 She **might have** been asleep.
그녀는 잠들었을 수도 있습니다.

10 **One of our** favourite authors has written a new book.
우리가 좋아하는 작가들 중 한 명이 새로운 책을 썼습니다.

11 You have to **sign up for** the badminton class online.
배드민턴 수업은 온라인으로 등록하셔야 해요.

12 I have decided to **ask for an extra** vacation day this summer.
저는 이번 여름에 추가적인 휴일을 요청하기로 결정했습니다.

13 I **had a** delicious meal **at a** Spanish restaurant last night.
저는 지난 밤에 스페인 식당에서 맛있는 식사를 했습니다.

14 **He could** play the piano well, so he was **asked to** be part of the band.
그는 피아노를 잘 칠 수 있어서, 밴드의 일원이 될 것을 요청받았습니다.

(4일) 긴 문장 끊어 듣기

---

01 whether he is right or wrong	02 What I enjoy about the summer
03 why her car was making a strange noise	04 that he stayed up too late every night
05 Whoever designed this building	06 that they're hearing language
07 whether they want to join us	08 that everyone should wear masks

01 I can't tell / **whether he is right or wrong**.

02 **What I enjoy about the summer** / is going to the beach.

03 She didn't know / **why her car was making a strange noise**.

04 His problem was / **that he stayed up too late every night**.

05 **Whoever designed this building** / is a very good architect.

06 Usually infants don't know / **that they're hearing language**.

07 You should ask everyone / **whether they want to join us** / this weekend.

08 The doctor said / **that everyone should wear masks**.

Course 2 형용사절 끊어 듣기 🎧 (W1_D4) Course2_Ex1-8.mp3   p.47

01 who is very helpful	**02** that are grown in this area
03 whom I hired for our house	**04** that was recently built
05 who teaches world history	**06** whom I bought a carpet from
07 that you selected	**08** whose plot was interesting

01 She is the staff member / **who is very helpful**.

02 Vegetables / **that are grown in this area** / are very expensive.

03 He is the painter / **whom I hired for our house**.

04 How do you feel about the classroom / **that was recently built**?

05 We can interview the teacher / **who teaches world history**.

06 Yes, she is the person / **whom I bought a carpet from**.

07 The game / **that you selected** / was very entertaining.

08 We saw a movie / **whose plot was interesting**.

Course 3 부사절 끊어 듣기 🎧 (W1_D4) Course3_Ex1-8.mp3   p.49

01 If you have any suggestions	**02** as soon as we arrive in the city
03 because they're too expensive	**04** since I sprained my ankle last year
05 if you water them too much	**06** Although your outline is great
07 so that I don't have to commute too far	**08** Though it looks small

01 **If you have any suggestions**, / please let me know.

02 We'll have dinner / **as soon as we arrive in the city**.

03 I don't buy any souvenirs from tourist attractions / **because they're too expensive**.

04 I haven't played tennis / **since I sprained my ankle last year**.

05 The plants won't grow / **if you water them too much**.

06 **Although your outline is great**, / your writing is not well organised.

07 I moved here / **so that I don't have to commute too far**.

08 **Though it looks small**, / the building has surprisingly spacious flats.

Course 4 분사구 끊어 듣기 🎧 (W1_D4) Course4_Ex1-8.mp3   p.51

01 When borrowing books from the library	**02** breaking its front wheel
03 Researching this topic	**04** given to me
05 After fulfilling all the requirements	**06** having difficulty with classes
07 comparing it to that of animals	**08** Having majored in finance

01 **When borrowing books from the library**, / you should present your ID card.

02 A few days ago, / I crashed my bike, / **breaking its front wheel**.

03 **Researching this topic**, / we found some interesting studies.

04 The assignment / **given to me** / was a bit demanding.

05 **After fulfilling all the requirements**, / you can apply for a job placement.

06 Foreign students / **having difficulty with classes** / can visit the language centre.

07 Today, I will talk about the hearing ability of humans, / **comparing it to that of animals**.

08 **Having majored in finance**, / I am looking for a position with an investment firm.

⑤일 바꾸어 표현한 내용 이해하기

Course 1 단어를 바꾸어 표현한 내용 이해하기 🎧 (W1_D5) Course1_Ex5-10.mp3   p.53

01 Ⓐ	**02** Ⓑ	**03** Ⓑ	**04** Ⓐ	**05** Ⓐ	**06** Ⓑ	**07** Ⓑ	**08** Ⓐ	**09** Ⓐ	**10** Ⓑ

01 investigate – analyse (조사하다, 분석하다)

02 notice – observe ((~을 보고) 알다)

03 fight (다투다) – argue (언쟁을 벌이다)

04 avoid (피하다, 도피하다) – escape (도피하다)

05 This train will take four hours to **reach** its destination. 이 기차는 목적지에 도달하기까지 네 시간이 걸릴 것입니다.
→ This train will take four hours to **arrive at** its destination. 이 기차는 목적지에 도달하기까지 네 시간이 걸릴 것입니다.

06 The museum is **right next to** the concert hall. 박물관은 콘서트장 바로 옆에 있습니다.
→ The museum is **beside** the concert hall. 박물관은 콘서트장 옆에 있습니다.

07 The tour will visit **most of** the top sites in the city.
그 관광은 도시에서 가장 좋은 장소들 중 대부분을 방문할 것입니다.
→ The tour will visit **the majority of** the top sites in the city.
그 관광은 도시에서 가장 좋은 장소들 중 대다수를 방문할 것입니다.

08 Dreams can have many **potential** meanings. 꿈은 여러 가지의 잠재적인 의미를 가질 수 있습니다.
→ Dreams can have many **possible** meanings. 꿈은 여러 가지의 가능성이 있는 의미를 가질 수 있습니다.

09 Hurricanes cause a **great deal** of damage. 허리케인은 막대한 피해를 초래합니다.
→ Hurricanes cause a **large amount** of damage. 허리케인은 다량의 피해를 초래합니다.

10 The rain meant that we had to **delay** the hiking trip. 그 비는 우리가 도보 여행을 미뤄야 한다는 것을 의미했습니다.
→ The rain meant that we had to **postpone** the hiking trip. 그 비는 우리가 도보 여행을 연기해야 한다는 것을 의미했습니다.

Course 2 구조를 바꾸어 표현한 내용 이해하기 🎧 (W1_D5) Course2_Ex1-8.mp3   p.55

01 Ⓐ	**02** Ⓑ	**03** Ⓑ	**04** Ⓐ	**05** Ⓑ	**06** Ⓑ	**07** Ⓑ	**08** Ⓐ

01 Exercise is known to have positive effects on **a person's mental and physical health**.
운동은 사람의 정신과 신체 건강에 긍정적인 효과를 가지는 것으로 알려져 있습니다.
→ It is good for **the mind and the body**. 그것은 심신에 좋습니다.

02 The school will not be open **during the coldest time of the year**.
학교는 일 년 중 가장 추운 기간 동안에는 열지 않을 것입니다.
→ It will be closed **throughout winter**. 그곳은 겨울 내내 닫혀 있을 것입니다.

03 The tenant association's newsletter is published **every six months**.
세입자 협회의 소식지는 6개월마다 출간됩니다.
→ It is published **twice a year**. 그것은 1년에 2번 출간됩니다.

04 The children's playground will be closed for **renovations from next Monday through Friday**.
아이들의 놀이터는 보수를 위해 다음 주 월요일부터 금요일까지 닫혀 있을 것입니다.
→ The playground will undergo **construction work next week**.
놀이터에서 다음 주에 공사가 진행될 것입니다.

05 The resort was **built along a beautiful beach**. 리조트는 아름다운 해변을 따라 지어졌습니다.
→ It was **situated in an attractive location**. 그곳은 멋진 장소에 위치해 있었습니다.

06 The professor told the students to write a paper on **the invention of the telephone**.
교수는 학생들에게 전화의 발명에 관한 논문을 쓰라고 말했습니다.
→ The professor gave them an assignment about **the development of a device**.
교수는 그들에게 한 기기의 개발에 관한 과제를 주었습니다.

07 The restaurant is offering **beverages at reduced prices** this month.
그 식당은 이번 달에 할인된 가격에 음료를 제공합니다.
→ It provides **discounted drinks**. 그곳은 할인된 음료를 제공합니다.

08 The due date of the research paper has been **postponed**. 연구 보고서의 마감 날짜가 연기되었습니다.
→ The deadline for the assignment has been **pushed back**. 과제의 마감 기한이 미뤄졌습니다.

Course 3 여러 문장을 요약하여 표현한 내용 이해하기 🎧 (W1_D5) Course3_Ex1-10.mp3   p.57

01 Ⓐ	02 Ⓑ	03 Ⓐ	04 Ⓐ	05 Ⓑ	06 Ⓐ	07 Ⓑ	08 Ⓑ	09 Ⓐ	10 Ⓐ

01 The art museum offers guided tours for groups of five or more people. To book one, please speak with an employee at the ticket counter or call 555-9393.
미술 박물관은 다섯 명 이상의 사람들로 구성된 단체를 위해 가이드가 안내하는 투어를 제공합니다. 그것을 예약하기 위해서는, 매표소의 직원과 이야기하시거나 555-9393으로 전화해 주십시오.
→ **Making a reservation for a tour** 투어 예약하기

02 On May 7th, 1945, Germany formally surrendered to the Allied countries. This event marked the conclusion of the war in Europe.
1945년 5월 7일에, 독일은 공식적으로 연합국에 항복했습니다. 이 사건은 유럽에서의 전쟁의 종결을 나타냈습니다.
→ **The end of a conflict** 갈등의 종식

03 Many companies have begun posting content on social media platforms. It is an excellent way to promote products and services to a large number of people.
많은 기업들이 소셜 미디어 플랫폼에 콘텐츠를 게시하기 시작했습니다. 그것은 제품과 서비스를 다수의 사람들에게 홍보할 수 있는 탁월한 방법입니다.
→ **An effective marketing technique** 효과적인 마케팅 기법

04 *Coleman's Style Guide* provides clear explanations of English grammar and punctuation rules. That is why so many writers and editors have purchased this book.
'콜먼의 표기법 안내서'는 영어 문법과 구두법에 대한 명확한 설명을 제공합니다. 그것이 그렇게 많은 작가들과 편집자들이 이 책을 구입해 온 이유입니다.
→ **A popular nonfiction publication** 유명한 논픽션 출판물

05 Geoffrey Chaucer originally intended to write over 100 stories for *The Canterbury Tales*. However, Chaucer wrote only 24 for this collection before he died in 1400.
제프리 초서는 원래 '캔터베리 이야기'에 100개 이상의 이야기를 쓸 계획이었습니다. 하지만, 초서는 1400년에 죽기 전까지 이 작품집에 24개의 이야기만을 썼습니다.
→ **An author unable to complete a work** 작업을 끝낼 수 없었던 작가

06 The Belleview Conference Centre will be closed from June 17th to 24th. During this period, the walls will be repainted and new flooring will be installed.

Belleview 회담장은 6월 17일부터 24일까지 폐장됩니다. 이 기간 동안, 벽이 다시 칠해지고 새로운 바닥재가 설치될 것입니다.

→ **Renovations are planned.** 보수가 예정되어 있습니다.

07 Starting next week, the Dreamland Amusement Park will begin charging peak season rates. The cost of admission will increase to £35 for adults and £25 for children.

다음 주부터, Dreamland 놀이동산은 성수기 요금을 청구하기 시작할 것입니다. 입장료는 성인 35파운드와 어린이 25파운드로 인상될 것입니다.

→ **Admission will be more expensive.** 입장료는 더 비싸질 것입니다.

08 The New York travel package includes flights and a bus from the airport to the hotel in the city centre. It also comes with a free buffet breakfast every day. Also, you can enter several of New York's best galleries and museums at discounted prices. Overall, it's a great deal.

뉴욕 여행 패키지는 항공편 및 공항에서 도심의 호텔까지 가는 버스를 포함합니다. 매일의 무료 뷔페 조식도 딸려 있습니다. 또한, 여러분은 뉴욕 최고의 미술관과 박물관 여러 곳을 할인된 가격으로 입장하실 수 있습니다. 전체적으로, 이건 꽤 좋은 상품입니다.

→ **Food, transport to the city, and discounts on tourist sites are included.**
음식, 도시로 가는 교통, 그리고 여행지에 대한 할인이 포함됩니다.

09 When the manager took over the team, it was one of the worst in the league. He introduced new training routines, better tactics, and a fitness programme. As a result, the team rose to the top of the league by the end of the year.

그 매니저가 팀을 맡았을 때, 그곳은 리그 최악의 팀들 중 하나였습니다. 그는 새로운 훈련 일과, 더 나은 전술, 그리고 체력 단련 프로그램을 도입했습니다. 결과적으로, 그 팀은 그 해 말에 리그의 최상위권으로 올랐습니다.

→ **Good leadership led to the team's success.** 좋은 리더십이 팀의 성공을 이끌었습니다.

10 The automobile industry is experiencing a decline in demand. Economic experts predict that many people will lose their jobs unless things improve quickly.

자동차 산업은 수요의 하락을 겪고 있습니다. 경제 전문가들은 상황이 빠르게 나아지지 않는 한 많은 사람들이 직업을 잃을 것이라고 예측합니다.

→ **The industry may lose many workers.** 그 산업은 많은 노동자들을 잃을 수도 있습니다.

6일 들려주는 정보 받아쓰기

Course 1 철자를 불러주는 이름/주소 받아쓰기 (W1_D6) Course1_Ex1-18.mp3   p.59

01 Ⓐ	**02** Ⓑ	**03** Ⓐ	**04** Ⓑ
05 Michael Arran	**06** www.artprints.com	**07** Collingwood Way	**08** Bellingham
09 Plaza Tower	**10** Sarah Kennedy	**11** Patterson	**12** Leah Clough
13 denkins@port.com	**14** Clovis Street	**15** Hedrick	**16** Zhang
17 www.hitower.com	**18** Burleigh Room		

11 I live on **Patterson** Road.
저는 Patterson가에 삽니다.

12 Please add my name. It's **Leah Clough**.
제 이름을 넣어 주세요. Leah Clough입니다.

13 You can reach me at **denkins@port.com**.
denkins@port.com으로 제게 연락하실 수 있습니다.

14 Our office is at 1245 **Clovis Street**.
저희 사무실은 Clovis가 1245번지에 있습니다.

15 A new branch of the store is opening at 157 **Hedrick** Street.
매장의 새로운 지점은 Hedrick가 157번지에 개점합니다.

16 My last name is **Zhang**.
제 성은 Zhang입니다.

17 For more information about the unit, visit **www.hitower.com**.
그 아파트에 대한 더 많은 정보를 얻고 싶으시다면, www.hitower.com을 방문해 주세요.

18 The speech will be given in the **Burleigh Room**.
연설은 Burleigh실에서 진행될 것입니다.

Course 2 다양하게 표현되는 시간/날짜 받아쓰기 ∩ (W1_D6) Course2_Ex1-18.mp3   p.61

01 Ⓐ	**02** Ⓑ	**03** Ⓐ	**04** Ⓐ
05 Ⓑ	**06** Ⓑ	**07** Ⓐ	**08** Ⓑ
09 a quarter to five / 4.45	**10** quarter past nine / 9.15	**11** May 23(rd)	**12** five past six / 6.05
13 December 9(th), 1983	**14** midnight / 12.00 am	**15** half past eleven / 11.30	**16** noon / 12.00 pm
17 July 6(th)	**18** midday / 12.00 pm		

01 The class will be held **between five and six thirty** every Monday afternoon.
그 수업은 매주 월요일 오후 5시부터 6시 30분 사이에 진행될 것입니다.

02 After the tour, we will meet again at **midday**.
투어 이후에, 저희는 정오에 다시 만날 것입니다.

03 The orientation will take place on **the 13th of August**.
오리엔테이션은 8월 13일에 개최될 것입니다.

04 The movie starts at **twenty to ten** this evening.
영화는 오늘 저녁 10시 20분 전에 시작합니다.

05 Your first day of work will be **May 27th**.
귀하의 업무 개시일은 5월 27일이 될 것입니다.

06 OK, I'll see you all at the train station at **half past three**.

좋습니다, 여러분 모두 3시 30분 후에 기차역에서 뵙겠습니다.

07 The announcement will be made at **a quarter to four**.

4시 15분 전에 발표가 있을 것입니다.

08 The company was founded in **2001**.

그 회사는 2001년에 설립되었습니다.

09 You have to catch a train at **a quarter to five**.

여러분은 5시 15분 전에 기차를 타셔야 합니다.

10 He arrived at the office at **quarter past nine**.

그는 9시 15분 후에 사무실에 도착했습니다.

11 The store will reopen on **May 23rd**.

그 가게는 5월 23일에 재개장할 것입니다.

12 Let's meet at the station at **five past six**.

역에서 6시 5분 후에 만나요.

13 My date of birth is **December 9th, 1983**.

제 생년월일은 1983년 12월 9일입니다.

14 Our flight's departure was delayed until **midnight**.

우리 비행기의 출발은 자정으로 지연되었습니다.

15 I can have a meeting with you at **half past eleven**.

11시 30분 후에 당신과 회의를 할 수 있습니다.

16 Why don't we meet for lunch at **noon**?

정오에 만나서 점심을 먹는 게 어때?

17 The concert has been postponed until **July 6**.

콘서트는 7월 6일로 연기되었습니다.

18 The package will be delivered around **midday**.

소포는 정오 즈음에 배달될 것입니다.

Course 3 숫자를 포함하는 번호/단위 받아쓰기 🎧 (W1_D6) Course3_Ex1-18.mp3 p.63

01 Ⓑ	**02** Ⓐ	**03** Ⓑ	**04** Ⓑ
05 Ⓐ	**06** Ⓑ	**07** Ⓐ	**08** Ⓐ
09 K23 6PE	**10** Room 1501	**11** £300 / 300 pounds	**12** LK53 ABY
13 555-0349	**14** 882 feet	**15** 100 degrees Celsius / 100˚C	
16 $35 / 35 dollars	**17** 60 per cent / 60%	**18** 30 million / 30,000,000	

01 My mobile number is **0105-667-9230**.
제 휴대폰 번호는 0105-667-9230입니다.

02 The customer's credit card number is **5368-6678-9230-8035**.
그 고객의 신용카드 번호는 5368-6678-9230-8035입니다.

03 I remember that the membership card number ended in **2456**.
회원 카드 번호가 2456으로 끝났던 것을 기억해요.

04 My registration number is **04562**.
제 등록 번호는 04562입니다.

05 The price for this trip to the Caribbean is **£615**.
카리브해로 가는 이 여행의 가격은 615파운드입니다.

06 A survey showed that over **65 per cent** of the population were worried about their finances.
설문조사는 주민 중 65% 이상이 그들의 재정에 대해 걱정하고 있다는 것을 보여주었습니다.

07 The postcode for my new flat is **B14 5AP**.
새로운 제 아파트의 우편번호는 B14 5AP입니다.

08 Your reservation is complete; you will be in room **13G**.
예약은 완료되었고, 13G호에 묵게 되실 겁니다.

09 I think my postcode is **K23 6PE**.
제 생각에 우편번호는 K23 6PE인 것 같아요.

10 The conference will be held in **Room 1501** at the Rosemond Hotel.
회의는 Rosemond 호텔의 1501호에서 열릴 것입니다.

11 My budget is **£300** for this trip.
이 여행을 위한 제 예산은 300파운드입니다.

12 Your new licence plate number will be **LK53 ABY**.
새로운 차량 등록 번호는 LK53 ABY입니다.

13 Please call me this afternoon at **555-0349**.
555-0349번으로 오늘 오후에 제게 전화 주세요.

14 The communications tower is **882 feet** high.
그 통신탑은 882피트 높이입니다.

15 Water boils at a temperature of **100 degrees Celsius**.
물은 섭씨 100도의 온도에서 끓습니다.

16 The entrance fee for the museum is **$35** for adults.
그 박물관의 입장료는 성인에게는 35달러입니다.

17 It is estimated that around **60 per cent** of all bird species are endangered.
모든 조류 중 약 60%가 멸종 위기에 처해 있다고 추정됩니다.

18 Biologists estimate that there are about **30 million** species of insects.
생물학자들은 약 3천만 가지의 곤충 종이 있다고 추정합니다.

Course 4 철자가 헷갈리는 단어 받아쓰기 🎧 (W1_D6) Course4_Ex1-18.mp3   p.65

01 definitely	**02** accommodate	**03** achieve	**04** forwards
05 receive	**06** interrupt	**07** possession	**08** appearance
09 bizarre	**10** colleague	**11** knowledge	**12** necessary
13 you can't believe		**14** unexpected problems immediately	
15 Unfortunately, third-floor exhibition		**16** Wolves, strong sense of smell	
17 environment, harsh conditions		**18** remember to include	

13 Be careful when relying on online sources, as **you can't believe** all of them.
그것들 모두를 믿을 수는 없으니, 온라인 정보에 의존할 때에는 조심하세요.

14 Many companies set aside funds so that they can deal with **unexpected problems immediately**.
많은 기업들이 예기치 않은 문제들을 즉시 해결할 수 있도록 자금을 따로 모아둡니다.

15 **Unfortunately**, we will not be able to visit the **third-floor exhibition** hall today.
공교롭게도, 우리는 오늘 3층 전시관을 방문할 수 없을 것입니다.

16 **Wolves** have a **strong sense of smell** that they use to track other animals.
늑대들은 다른 동물들을 추적하기 위해 사용하는 뛰어난 후각을 가지고 있습니다.

17 Some species are able to thrive in the Arctic **environment** despite the **harsh conditions**.
몇몇 종들은 냉혹한 환경에도 불구하고 북극의 환경에서 잘 자랄 수 있습니다.

18 Please **remember to include** your e-mail address and phone number on the club registration form.
모임 등록 양식에 여러분의 이메일 주소와 전화번호를 기입하는 것을 기억해 주세요.

* 각 문제에 대한 정답의 단서는 지문에 문제 번호와 함께 별도의 색으로 표시되어 있습니다.

1일 다지선다 Multiple Choice

DAILY CHECK-UP

p.74

1 B	**2** A	**3** C	**4-6** A, E, G
7 B	**8** A	**9** A	**10** B

01 영국식 발음 → 영국식 발음

🎧 (W2_D1) DC1-3.mp3

M: Hello, student services office. Can I help you with something?

W: Yes, please. Um, I'm a member of the pottery club, / and we'd like to participate / in the upcoming charity bazaar. ¹We would like to sell some items / to raise funds for a local charitable organisation. We just had an exhibition in town / and have some lovely items to sell. So I have a few questions about the event.

M: OK. I can help you with that.

W: Um, first, what's the deadline for registration?

M: ²You need to sign up / by May 6th.

W: OK. And just to confirm, / the bazaar will take place / on Saturday, May 14th, right?

M: No, it will be held / on May 20th. The student union fair / is scheduled for the 14th.

W: I see . . . And where should I go to sign up?

M: ³You can stop by the student services office / to register anytime. We are located / next to the main administration building.

W: Got it. Thanks.

남: 안녕하세요, 학생 복지관입니다. 제가 도와드릴 일이라도 있나요?

여: 네, 부탁드려요. 음, 전 도예 동아리의 회원이고, 저희는 다가오는 자선 바자회에 참가하고 싶어요. ¹지역의 자선 단체를 위한 기금을 모으기 위해 몇몇 물품을 판매하고 싶은데요. 최근에 시내에서 전시회를 가져서 판매할 만한 몇몇 멋진 물품들이 있거든요. 그래서 그 행사에 대해 몇 가지 질문이 있어요.

남: 네. 제가 그걸 도와드릴 수 있어요.

여: 음, 먼저, 등록 마감일이 언제인가요?

남: ²5월 6일까지 등록하셔야 해요.

여: 알겠습니다. 그리고 그저 확실히 하려는 것인데, 바자회는 5월 14일, 토요일에 열리죠, 맞나요?

남: 아니요, 5월 20일에 열릴 거예요. 학생회 축제가 14일로 예정되어 있고요.

여: 그렇군요... 그리고 등록하려면 어디로 가야 하나요?

남: ³등록하시려면 언제든지 학생 복지관에 들리실 수 있어요. 저희는 행정 본관 옆에 위치해 있습니다.

여: 알겠습니다. 감사해요.

1 도예 동아리가 바자회에 참가하고 싶어하는 이유는 −때문이다.

　A 새로운 회원들을 유치하기를 바라기 때문에

　B 자선 단체를 위한 기금을 모으고 싶기 때문에

　C 전시회를 위해 표를 판매하려고 계획하기 때문에

해설　문제의 핵심어구(participate in the bazaar)와 관련된 지문 내용 중 여자가 'We would like to sell some items to raise funds for a local charitable organisation.'이라며 지역의 자선 단체를 위한 기금을 모으기 위해 몇몇 물품을 판매하고 싶다고 하였으므로, 보기 **B** it wants to raise money for a charity가 정답입니다. 'funds for a local charitable organisation'이 'money for a charity'로 바꾸어 표현되었습니다.

2 학생은 행사에 –까지 등록해야 한다.

A 5월 6일

B 5월 14일

C 5월 20일

해설 문제의 핵심어구(register for)와 관련된 지문 내용 중 남자가 'You need to sign up by May 6th.'라며 5월 6일까지 등록해야 한다고 하였으므로, 보기 **A May 6th**가 정답입니다.

3 학생은 어디에서 등록할 수 있는가?

A 행정관에서

B 학생회관에서

C 학생 복지관에서

해설 문제의 핵심어구(sign up)와 관련된 지문 내용 중 남자가 'You can stop by the student services office to register anytime.'이라며 등록하려면 언제든지 학생 복지관에 들릴 수 있다고 하였으므로, 보기 **C at the student services office**가 정답입니다.

오답 확인하기

A와 B는 지문의 'administration building'과 'student union'을 그대로 언급해 혼동하기 쉽지만, 문제에서 묻는 학생이 등록할 수 있는 장소와 관련된 내용이 아니므로 오답입니다.

02 영국식 발음

🎧 (W2_D1) DC4-6.mp3

I'd like to welcome you all / to South Downs Forest. My name is David Porter, / and I'm going to tell you / about some of the many activities / you can do in the area, / including cycling, hiking, and boating.

First, I'll provide some information / for those of you / planning on doing some cycling today. There are many scenic courses to choose from, / and one of the most popular / is Lipchis Way. The route passes through / a variety of different landscapes, / from river valleys to coastal plains. ⁴⁻⁶Our visitor centre includes maps / of all of the routes in the forest / to help you plan your ride. Now, for those of you / who did not bring your own bicycles, / ⁴⁻⁶the visitor centre rents out bicycles / at very reasonable daily rates. And if you need safety equipment, / like a helmet and elbow pads, / just stop by the shop / on the main floor of the visitor centre.

As for food, / there is a wide variety of restaurants / to choose from / for lunch or dinner. Just check with the staff / in our visitor centre / to find out which restaurants are / on your planned route. ⁴⁻⁶They can also give you coupons / for some of the most popular eateries.

South Downs 숲에 오신 여러분 모두를 환영하고 싶습니다. 제 이름은 David Porter이고, 저는 자전거 타기, 도보 여행, 그리고 보트 타기를 포함해, 여러분이 이곳에서 하실 수 있는 여러 활동들 중 몇 가지를 말씀드리려고 합니다.

먼저, 오늘 자전거를 얼마간 타려고 계획하고 계신 분들을 위해 정보를 좀 드릴게요. 선택하실 수 있는 경치가 좋은 경로들이 많이 있는데, 가장 유명한 것 중 하나는 Lipchis길입니다. 그 경로는 강 유역에서부터 해안 평야까지, 여러 다양한 풍경들을 거쳐 갑니다. ⁴⁻⁶저희 방문객 센터는 여러분이 여정을 계획하는 것을 도울 수 있도록 숲의 모든 경로의 지도를 보유하고 있습니다. 또한, 본인의 자전거를 가져오지 않으신 분들을 위해서, ⁴⁻⁶방문객 센터는 매우 합리적인 일일 요금으로 자전거를 빌려드립니다. 그리고 안전모와 팔꿈치 보호대와 같은, 안전 장비가 필요하시면, 그저 방문객 센터 1층에 있는 상점에 들르세요.

음식에 관해서는, 점심이나 저녁으로 선택하실 수 있는 다양한 식당들이 있습니다. 계획된 경로에 어떤 식당들이 있는지 알아보시려면 간단히 방문객 센터의 직원에게 확인하세요. ⁴⁻⁶그들은 가장 유명한 음식점 몇 군데의 쿠폰도 드릴 수 있어요.

| OK, now I'll tell you / about options for hiking . . . | 좋아요, 이제 도보 여행 방법들에 대해 말씀드리겠습니다... |

4-6 방문객 센터에서 이용할 수 있는 **세 가지**는 무엇인가?

A 경로 지도

B 보트 장비

C 안전 설명서

D 산책로 소책자

E 임대 자전거

F 호텔 이용권

G 식당 쿠폰

> **해설** 문제의 핵심어구(available at the visitor centre)와 관련된 지문 내용 중 'Our visitor centre includes maps of all of the routes in the forest to help you plan your ride.'에서 방문객 센터는 여정을 계획하는 것을 도울 수 있도록 숲의 모든 경로의 지도를 보유하고 있다고 하였으므로, 보기 **A** route maps가 정답입니다.
>
> 또한, 지문 내용 중 'the visitor centre rents out bicycles at very reasonable daily rates'에서 방문객 센터는 매우 합리적인 일일 요금으로 자전거를 빌려준다고 하였으므로, 보기 **E** rental bicycles가 정답입니다.
>
> 마지막으로, 지문 내용 중 'They can also give you coupons for some of the most popular eateries.'에서 방문객 센터의 직원들은 가장 유명한 음식점 몇 군데의 쿠폰도 줄 수 있다고 하였으므로, 보기 **G** restaurant coupons가 정답입니다.
>
> **오답 확인하기**
> B는 지문의 'boating'과 'equipment'를 그대로 언급해 혼동하기 쉽지만, 지문에서 보트 장비에 대한 내용은 언급하지 않았으므로 오답입니다.
> C는 지문의 'safety'를 그대로 언급해 혼동하기 쉽지만, 지문에서 안전 설명서에 대한 내용은 언급하지 않았으므로 오답입니다.
> D는 지문에서 'courses'로 등장해 혼동하기 쉽지만, 지문에서 산책로 소책자에 대한 내용은 언급하지 않았으므로 오답입니다.
> F는 지문에 언급되지 않은 내용이므로 오답입니다.

03 호주식 발음

(W2_D1) DC7-10.mp3

My name is Lucy Harper, / and I am one of the instructors / here at Belford College. I'm also in charge of the campus language centre. As you will all be taking language courses / this semester, / it's important / to get to know the centre and its services. I'd like to take some time now / to explain how to make use of the centre.

First of all, / as you've probably noticed, / <u>⁷the centre has a large study area / that includes a variety of useful learning resources.</u> All Belford College students / are permitted to use this area. It is available from 9 am until 7 pm during the week, / and it opens at 10 am / and closes at 5 pm / on weekends.

<u>⁸We also offer tutoring services / free of charge.</u> Um, our tutors are student volunteers. We can arrange one-on-one instruction / for all the languages / taught at the college. You should note, / though, / that there is usually a waiting list / due to high demand. Uh, sometimes it can take / up to three weeks / to get a session. ⁹If you'd like to book time with a tutor, / <u>speak with Ms Jenner / at the reception desk, / near the entrance to the centre.</u> She'll let you know / when you'll be able to get an appointment with one.

제 이름은 Lucy Harper이고, 저는 이곳 Belford 대학의 강사들 중 한 명입니다. 저는 또한 교내 어학 센터를 담당하고 있어요. 여러분 모두는 이번 학기에 어학 수업을 수강할 것이므로, 센터와 이곳의 서비스에 대해 알게 되는 것이 중요합니다. 이제 이 센터를 어떻게 이용하는지 설명하는 시간을 좀 가지려 합니다.

우선, 아마 여러분들이 보셨겠듯이, ⁷이 센터에는 여러 가지의 유용한 학습 자료를 보유한 넓은 학습 공간이 있어요. 모든 Belford 대학의 학생들은 이 구역을 사용하도록 허용됩니다. 주중에는 오전 9시부터 오후 7시까지 이용 가능하며, 주말에는 오전 10시에 열고 오후 5시에 문을 닫습니다.

⁸저희는 또한 무료로 개인 교습 서비스를 제공합니다. 음, 강사들은 자원봉사 학생들이에요. 저희는 대학에서 가르치는 모든 언어들의 1대 1 강습을 마련해드릴 수 있습니다. 하지만, 여러분이 아셔야 하는 것은, 높은 수요로 인해 보통 대기자 명단이 있다는 것입니다. 어, 가끔은 교습을 받는 데 3주까지 걸릴 수도 있습니다. ⁹만약 강사와 시간을 예약하고 싶다면, 센터 입구 근처의, 접수처에 있는 Jenner씨와 이야기하세요. 그녀는 여러분이 언제 강사와 약속을 잡을 수 있는지 알려줄 겁니다.

OK . . . I'd also like to take this opportunity / to let all of you know / that we will be introducing / a special programme this semester. We'll be offering a beginners' Arabic class, / even though this language is not currently taught / at the college. The instructor will be Abdul Nasser, / a visiting professor from the University of Cairo. He will be introducing students / to both the Arabic language / and Egyptian culture. Uh, it will meet on Tuesdays and Thursdays / from 6.30 pm until 8.30 pm / here at the centre. [10]If you are interested, / you can visit our college website / and register for the course. Keep in mind / that the registration deadline is October 3rd. That's only two weeks away.

좋아요... 이 기회를 빌려서 저희가 이번 학기에 특별 프로그램을 도입할 예정이라는 것도 여러분 모두에게 알려드리고 싶군요. 비록 현재 이 대학에서 가르치고 있지는 않지만, 저희는 초급 아랍어 수업을 제공할 겁니다. 강사는 카이로 대학의 초빙 교수인, Abdul Nasser가 될 예정입니다. 그는 학생들에게 아랍어와 이집트 문화를 모두 소개할 거예요. 어, 그것은 여기 센터에서 화요일과 목요일마다 오후 6시 30분부터 8시 30분까지 모일 겁니다. [10]만약 관심이 있으시다면, 여러분은 대학 웹사이트에 방문하여 강의에 등록하실 수 있어요. 등록 마감일이 10월 3일임을 명심하세요. 그건 단 2주밖에 남지 않았습니다.

7 어학 센터의 학습 공간은 -이다.
  A 주말에는 열지 않는다
  B 다양한 학습 자료를 특히 포함한다
  C 들어가는 데 특별 허가가 필요하다

해설 문제의 핵심어구(study area)가 언급된 지문 내용 중 'the centre has a large study area that includes a variety of useful learning resources'에서 센터에는 여러 가지의 유용한 학습 자료를 보유한 넓은 학습 공간이 있다고 하였으므로, 보기 B features a range of educational material이 정답입니다. 'a variety of useful learning resources'가 'a range of educational material'로 바꾸어 표현되었습니다.

오답 확인하기
A는 지문의 'it opens at 10 am and closes at 5 pm on weekends'와 반대되는 내용이므로 오답입니다.
C는 지문의 'All Belford College students are permitted to use this area.'와 반대되는 내용이므로 오답입니다.

8 화자는 개인 교습 서비스가 -일 것이라고 말한다.
  A 무료로 제공될
  B 대학 교수가 가르칠
  C 3주마다 제공될

해설 문제의 핵심어구(tutoring service)가 언급된 지문 내용 중 'We also offer tutoring services free of charge.'에서 어학 센터는 무료로 개인 교습 서비스를 제공한다고 하였으므로, 보기 A provided at no cost가 정답입니다. 'free of charge'가 'at no cost'로 바꾸어 표현되었습니다.

오답 확인하기
B는 지문에 언급되지 않은 내용이므로 오답입니다.
C는 지문의 'three weeks'를 그대로 언급해 혼동하기 쉽지만, 지문에서 개인 교습 서비스가 3주마다 제공될 것이라는 내용은 언급하지 않았으므로 오답입니다.

9 학생들은 -하기 위해 Jenner씨와 이야기해야 한다.
  A 약속을 정하기
  B 일정표를 인쇄하기
  C 예약 가능한 강사의 명단을 얻기

해설 문제의 핵심어구(speak to Ms Jenner)와 관련된 지문 내용 중 'If you'd like to book time with a tutor, speak with Ms Jenner at the reception desk, near the entrance to the centre.'에서 만약 강사와 시간을 예약하고 싶다면 센터 입구 근처의 접수처에 있는 Jenner씨와 이야기하라고 하였으므로, 보기 A set up an appointment가 정답입니다. 'book time'이 'set up an appointment'로 바꾸어 표현되었습니다.

10 학생들은 어떻게 Abdul Nasser의 강의에 등록할 수 있는가?

   A 특별 프로그램 사무실에 방문함으로써

   B 대학 웹사이트에서 등록함으로써

   C 어학 센터에 전화함으로써

> **해설** 문제의 핵심어구(Abdul Nasser's class)와 관련된 지문 내용 중 'If you are interested, you can visit our college website and register for the course.'에서 만약 관심이 있다면 대학 웹사이트에 방문하여 강의에 등록할 수 있다고 하였으므로, 보기 **B** by signing up on the college website가 정답입니다.
>
> **오답 확인하기**
> A는 지문의 'special programme'을 그대로 언급해 혼동하기 쉽지만, 지문에서 학생들이 특별 프로그램 사무실에 방문함으로써 Abdul Nasser의 강의에 등록할 수 있다는 내용은 언급하지 않았으므로 오답입니다.
> C는 지문의 'language centre'를 그대로 언급해 혼동하기 쉽지만, 지문에서 학생들이 어학 센터에 전화함으로써 Abdul Nasser의 강의에 등록할 수 있다는 내용은 언급하지 않았으므로 오답입니다.

DAILY TEST

1 B	**2** A	**3** B	**4** A
5 B	**6** B	**7** Forsyth	**8** bus stop
9 9 / nine	**10** elderly people		

Questions 1-10 영국식 발음 → 미국식 발음

🎧 (W2_D1) DT.mp3

Section 1. You will hear a conversation between an employee and a tourist about an upcoming festival.

W: Highland Cheese Festival office. This is Colleen Mackie speaking.

M: Hello. My family and I are planning to visit / the Selkirk region / next weekend. I understand / you're having a festival at that time, / so I was hoping / you could give me some information / on the planned activities.

W: I can certainly do that for you, / but the events are different each day. Which day are you planning to come?

M: [1]I think / we'll attend the festival on Saturday, / as we will be arriving at the Selkirk region / on Friday afternoon / and checking out some other tourist attractions in Selkirk / on Sunday.

W: OK. On that day, / we have a cheese and wine tasting class. [2]It will be conducted / by a well-known local chef, / Gordon Oliver, / at 11 am.

M: Our kids will be with us, / so that wouldn't really work for us. Are there any activities / specifically for children?

W: Nothing specifically for them, / but [3]at 2.30 pm / there is a cheese making event. A local farmer will show audience members the complete process, / and you can even participate in / making some yourselves.

섹션 1. 다가오는 축제에 관한 직원과 관광객 간의 대화를 들으세요.

여: Highland 치즈 축제 사무실입니다. 저는 Colleen Mackie입니다.

남: 안녕하세요. 저희 가족과 저는 다음 주말에 Selkirk 지역을 방문하려고 계획 중이에요. 그때 축제를 연다고 알고 있어서, 예정된 행사들에 대한 정보를 좀 알려주실 수 있으면 좋겠다고 바라고 있었어요.

여: 당연히 그렇게 해드릴 수 있지만, 날마다 행사가 달라져요. 어떤 요일에 오실 예정인가요?

남: [1]저희는 토요일에 축제에 참가할 것 같은데, 왜냐하면 저희는 Selkirk 지역에 금요일 오후에 도착할 것이고 일요일에는 Selkirk의 몇몇 다른 관광 명소들을 둘러볼 거거든요.

여: 그렇군요. 그날에는, 치즈와 와인 시음 강연이 있어요. [2]그것은 오전 11시에, 잘 알려진 지역 셰프인, Gordon Oliver에 의해 진행될 거예요.

남: 저희 아이들이 함께 있을 거라서, 그건 저희에게는 맞지 않겠네요. 특별히 아이들을 위한 행사가 뭔가 있을까요?

여: 특별히 그들을 위한 것은 없지만, [3]오후 2시 30분에 치즈 만들기 행사가 있어요. 지역 농부가 관중들에게 전체 과정을 보여줄 거고, 심지어 스스로 몇 개를 만들어보는 것에 참여하실 수도 있어요.

260 들으면서 외우는 단어암기자료·IELTS 인강 HackersIngang.com

M: That sounds like something / they might enjoy. ³I think / we will do that. I'd like to make a reservation, / if that's possible.

W: Sorry, but bookings are not available. All our events are run / on a first come, first serve basis. So, ⁴I suggest / you come a bit early.

M: Ah, OK. Where is that going to be held?

W: There is a stage area / in McDonald Square. ⁵The cheese making event will be in a big tent / behind the stage. If you're there by 2.15, / you should be able to take part.

M: We'll make sure to do that. Are there any other activities / happening that day?

W: Let me see . . . Well, ⁶there will be nearly 80 different stalls / selling local cheeses / as well as some produce / grown in the area. You will be able to buy some delicious freshly made snacks / to have with the cheese / as well.

M: That sounds quite fun. We are interested in / tasting some local cheeses.

W: Great!

M: So everything takes place / at McDonald Square? And where is that located?

W: It's a large square in the town centre, / at the end of Forsyth Avenue.

M: ⁷What was the name of that street again?

W: ⁷Forsyth. It's spelt F-O-R-S-Y-T-H.

M: Got it. And is there a place / to leave our car?

W: ⁸There is free parking / on Remington Street. The garage is next to a bus stop, / so you'll find it easily. And it's only a couple of minutes' walk / from the square.

M: That's good. And could you tell me / when the festival begins and ends?

W: ⁹It opens to the public at 9 am / and stays open until 8 pm. However, the dining area doesn't open / until 12 pm.

M: Great. Oh, and how much does it cost to attend?

W: It's just £5 for adults, / and students 13 and older / only pay £3. ¹⁰Children and elderly people don't have to pay / for admission.

M: I see. Well, I guess / we won't have to pay / for either of our kids! Thanks so much / for the information.

W: No problem. Feel free to call again.

M: OK. I'll call / if I need anything else.

남: 아이들이 즐길 만한 것 같네요. ³아마 저희는 그걸 할 것 같아요. 가능하다면, 예약을 하고 싶은데요.

여: 죄송하지만, 예약은 가능하지 않아요. 저희의 모든 행사는 선착순으로 진행되거든요. 그래서, ⁴조금 일찍 오시는 걸 추천해요.

남: 아, 그렇군요. 그건 어디서 열리나요?

여: McDonald 광장에 무대 공간이 있어요. ⁵치즈 만들기 행사는 그 무대 뒤의 큰 천막에서 열릴 거예요. 거기에 2시 15분까지 오시면, 참여하실 수 있을 겁니다.

남: 꼭 그렇게 하도록 할게요. 그날 진행되는 또 다른 행사들이 있나요?

여: 잠시만요... 음, ⁶지역에서 자란 몇몇 농작물뿐만 아니라 현지 치즈들을 판매하는 80여 개의 서로 다른 가판들이 있을 거예요. 치즈와 함께 드시기 위해 갓 만들어진 맛있는 간식도 좀 사실 수 있을 거예요.

남: 꽤 재미있을 것 같군요. 저희는 현지 치즈 몇 가지를 시식해보는 것에 관심이 있거든요.

여: 잘 됐네요!

남: 그러면 모든 것이 McDonald 광장에서 진행되나요? 그리고 그건 어디에 위치해 있나요?

여: Forsyth가의 끝에 있는, 시내 중심가의 큰 광장이에요.

남: ⁷거리의 이름이 무엇이라고요?

여: ⁷Forsyth요. 철자는 F-O-R-S-Y-T-H예요.

남: 알겠습니다. 그리고 거기에 저희 차를 둘 곳이 있을까요?

여: ⁸Remington가에 무료 주차 공간이 있어요. 주차장은 버스 정류장 옆이어서, 쉽게 찾으실 거예요. 그리고 그곳은 광장에서 걸어서 단 몇 분 정도밖에 걸리지 않는답니다.

남: 좋네요. 그리고 행사가 언제 시작하고 끝나는지 알려주실 수 있나요?

여: ⁹대중에는 오전 9시부터 오후 8시까지 개방돼요. 하지만, 식사 공간은 오후 12시까지는 열지 않아요.

남: 좋아요. 오, 그리고 참가하는 데 비용이 얼마가 드나요?

여: 성인은 단 5파운드이고, 13살 이상의 학생은 3파운드만 내면 돼요. ¹⁰어린이와 노인은 입장료를 낼 필요가 없습니다.

남: 그렇군요. 그럼, 우리 아이들은 둘 중 누구도 입장료를 내지 않아도 되겠네요! 정보를 주셔서 정말 감사합니다.

여: 천만에요. 언제든 다시 전화 주세요.

남: 네. 무언가 필요하면 전화드릴게요.

Questions 1-6

1 남자는 무슨 요일에 축제에 있을 것인가?

    A 금요일

    B 토요일

    C 일요일

> 해설   문제의 핵심어구(be at the festival)와 관련된 지문 내용 중 남자가 'I think we'll attend the festival on Saturday'라며 토요일에 축제에 참가할 것 같다고 하였으므로, 보기 **B** Saturday가 정답입니다.

2 치즈와 와인 시음 강연은 –일 것이다.

    A 유명한 지역 셰프에 의해 진행될

    B Gordon Oliver의 식당에서 열릴

    C 어린이들을 위한 행사일

> 해설   문제의 핵심어구(cheese and wine tasting class)와 관련된 지문 내용 중 여자가 'It will be conducted by a well-known local chef, Gordon Oliver, at 11 am.'이라며 치즈와 와인 시음 강연은 오전 11시에 잘 알려진 지역 셰프인 Gordon Oliver에 의해 진행될 것이라고 하였으므로, 보기 **A** led by a famous local chef가 정답입니다.
>
> **오답 확인하기**
> B는 지문의 'Gordon Oliver'를 그대로 언급해 혼동하기 쉽지만, 지문에서 치즈와 와인 시음 강연이 Gordon Oliver의 식당에서 열릴 것이라는 내용은 언급하지 않았으므로 오답입니다.
> C는 지문의 'Our kids will be with us, so that wouldn't really work for us.'와 반대되는 내용이므로 오답입니다.

3 남자가 아마 참가하게 될 행사는 무엇인가?

    A 치즈와 와인 시음 행사

    B 치즈 만들기 시연

    C 지역 농장 투어

> 해설   문제의 핵심어구(man probably attend)와 관련된 지문 내용 중 여자가 'at 2.30 pm there is a cheese making event'라며 오후 2시 30분에 치즈 만들기 행사가 있다고 하자, 남자가 'I think we will do that.'이라며 아마 그들은 그걸 할 것 같다고 하였으므로, 보기 **B** a cheese making demonstration이 정답입니다. 'event'가 'demonstration'으로 바꾸어 표현되었습니다.
>
> **오답 확인하기**
> A는 지문의 'so that wouldn't really work for us'와 반대되는 내용이므로 오답입니다.
> C는 지문에서 'local farmer'로 등장해 혼동하기 쉽지만, 지문에서 지역 농장 투어에 대한 내용은 언급하지 않았으므로 오답입니다.

4 직원은 무엇을 추천하는가?

    A 행사에 미리 도착하는 것

    B 음식 가판 구역에서 일찍 준비하는 것

    C 공연을 예약하는 것

> 해설   문제의 핵심어구(recommend)와 관련된 지문 내용 중 여자가 'I suggest you come a bit early'라며 조금 일찍 오는 걸 추천한다고 하였으므로, 보기 **A** arriving for an activity in advance가 정답입니다. 'come a bit early'가 'arriving ~ in advance'로 바꾸어 표현되었습니다.
>
> **오답 확인하기**
> B는 지문의 'stalls'를 그대로 언급해 혼동하기 쉽지만, 지문에서 음식 가판 구역에서 일찍 준비하는 것을 추천한다는 내용은 언급하지 않았으므로 오답입니다.
> C는 지문의 'but bookings are not available'과 반대되는 내용이므로 오답입니다.

5 남자는 오후 2시 15분까지 어디에 있어야 하는가?

A 야외 무대에

B 큰 천막에

C 치즈 공장에

> 해설 문제의 핵심어구(2.15)가 언급된 지문 내용 중 여자가 'The cheese making event will be in a big tent ~. If you're there by 2.15, you should be able to take part.'라며 치즈 만들기 행사는 큰 천막에서 열릴 것이며 거기에 2시 15분까지 오면 참여할 수 있을 것이라고 하였으므로, 보기 **B** in a large tent가 정답입니다.

6 축제에 참여하는 사람들은 –을 살 수 있다.

A 수입된 치즈

B 지역에서 자란 작물

C 현지 와인 몇 병

> 해설 문제의 핵심어구(can purchase)와 관련된 지문 내용 중 여자가 'there will be nearly 80 different stalls selling ~ some produce grown in the area'라며 지역에서 자란 몇몇 농작물을 판매하는 80여 개의 서로 다른 가판들이 있을 것이라고 하였으므로, 보기 **B** locally grown produce가 정답입니다.
>
> | 오답 확인하기 |
>
> A는 지문의 'there will be nearly 80 different stalls selling local cheeses ~'와 반대되는 내용이므로 오답입니다.
> C는 지문의 'local'과 'wine'을 그대로 언급해 혼동하기 쉽지만, 지문에서 현지 와인에 대한 내용은 언급하지 않았으므로 오답입니다.

Questions 7-10

Highland 치즈 축제

- 7............가에 있는 McDonald 광장에서 열림
- 8............ 옆에 있는 Remington가에 무료 주차가 가능함
- 축제는 오전 9............시에 개장하고 오후 8시에 폐장함
- 입장료는 성인은 5파운드이고 13세 이상의 학생들은 3파운드임
- 어린이들과 10............은 입장료가 없음

---

7 해설 문제의 핵심어구(McDonald Square)와 관련된 지문 내용 중 남자가 'What was the name of that street again?'이라며 거리의 이름이 무엇인지 묻자, 여자가 'Forsyth. It's spelt F-O-R-S-Y-T-H.'라고 하였으므로, **Forsyth**가 정답입니다.

8 해설 문제의 핵심어구(Remington Street)가 언급된 지문 내용 중 여자가 'There is free parking on Remington Street. The garage is next to a bus stop'이라며 Remington가에 무료 주차 공간이 있다고 한 뒤, 주차장은 버스 정류장 옆이라고 하였으므로, **bus stop**이 정답입니다.

9 해설 문제의 핵심어구(Festival opens)와 관련된 지문 내용 중 여자가 'It opens to the public at 9 am and stays open until 8 pm.'이라며 대중에는 오전 9시부터 오후 8시까지 개방된다고 하였으므로, **9** 또는 **nine**이 정답입니다.

10 해설 문제의 핵심어구(No admission fee)와 관련된 지문 내용 중 여자가 'Children and elderly people don't have to pay for admission.'이라며 어린이와 노인은 입장료를 낼 필요가 없다고 하였으므로, **elderly people**이 정답입니다. 'don't have to pay for admission'이 'No admission fee'로 바꾸어 표현되었습니다.

DAILY CHECK-UP

p.84

1 5.9   **2** gift   **3** 349   **4** May 3(rd)

5 Harkins   **6** 102   **7** 9 / nine   **8** write

9 conversation   **10** bonus

---

01 영국식 발음 → 호주식 발음   🎧 (W2_D2) DC1-3.mp3

W: Excuse me . . . / I'm having trouble / choosing a new smartphone, / so I was hoping / you could make a recommendation.

M: I'd be happy to. Uh, is there any particular feature / you're interested in?

W: I want one / with a large screen . . . / at least 5.5 inches. I plan to use my phone / to watch movies and read e-books.

M: In that case, / I'd recommend the Razor H7. [1]It has a 5.9-inch screen. This is a big upgrade / over the Razor H6, / which had a 5-inch screen. So it's perfect for people / who like to watch videos.

W: Oh, that sounds great.

M: Also, [2]we are giving away a promotional gift / with this phone / this week.

W: Really? What is it?

M: It's a pair of wireless headphones.

W: I see. Those could be very useful. Um, what about the cost of the phone?

M: [3]The price is £349. Why don't I show you one? Just give me a minute / to get it.

여: 실례합니다... 저는 새로운 스마트폰을 고르는 데 애를 먹고 있어서, 추천을 해 주시기를 바라고 있었는데요.

남: 기꺼이 해 드리죠. 어, 고객님께서 관심을 갖고 있는 어떤 구체적인 기능이 있으신가요?

여: 큰 액정이 있는 것을 원해요... 최소한 5.5인치요. 휴대폰을 영화를 보고 전자책을 읽는 데 사용할 계획이거든요.

남: 그런 경우라면, Razor H7을 추천해 드리고 싶어요. [1]5.9인치의 액정을 갖추고 있거든요. 5인치의 액정을 갖추었던, Razor H6에 비해 엄청난 향상이죠. 그래서 동영상 보는 것을 좋아하시는 분들에게 안성맞춤이에요.

여: 오, 그거 좋은 것 같네요.

남: 또한, [2]저희가 이번 주에는 이 휴대폰과 함께 판촉 상품을 나눠드리고 있어요.

여: 정말이요? 그게 뭔가요?

남: 무선 헤드폰이에요.

여: 그렇군요. 그건 매우 유용할 수 있겠네요. 음, 휴대폰 가격은 어떤가요?

남: [3]가격은 349파운드예요. 제가 고객님께 하나 보여드리는 게 어떨까요? 그것을 가져올 테니 잠시만 기다려 주세요.

Razor H7

- 액정이 **1** ....인치임
- 판촉 **2** ....이 딸려 있음: 헤드폰
- 가격은 **3** .... 파운드임

---

1 해설 문제의 핵심어구(Screen)가 언급된 지문 내용 중 남자가 'It has a 5.9-inch screen.'이라며 Razor H7이 5.9인치의 액정을 갖추고 있다고 하였으므로, **5.9**가 정답입니다.

2 해설 문제의 핵심어구(promotional)가 언급된 지문 내용 중 남자가 'we are giving away a promotional gift with this phone this week'라며 이번 주에는 이 휴대폰과 함께 판촉 상품을 나눠주고 있다고 하였으므로, **gift**가 정답입니다.

3 해설 문제의 핵심어구(Costs)와 관련된 지문 내용 중 남자가 'The price is £349.'이라며 가격은 349파운드라고 하였으므로, **349**가 정답입니다.

M: Good afternoon. You've reached the Courtauld Gallery.

W: Hello. I'm visiting London / with some university friends / next week. We're interested in / arranging a group tour of the gallery. Do we need to make a reservation?

M: Yes. When would you like to visit the gallery?

W: Well, ⁴we're hoping to take the tour / on Friday, May 3rd / in the afternoon . . . but the morning of May 4th / would also be acceptable.

M: ⁴It looks like / there is a guide available / on May 3rd / at 2 pm. ⁵Could I get your name, please?

W: Sure. ⁵It's Debra Harkins . . . H-A-R-K-I-N-S.

M: And how many people will be in your group?

W: Um, let's see . . . In all, there are 11 of us. What will the total cost be?

M: Well, each person must pay / £7 for admission to the gallery. And then there's a £25 charge / for the tour itself. So . . . uh, ⁶that's a total of £102.

W: OK. That's reasonable. I'm sure / all of us will really enjoy the tour . . .

남: 안녕하세요. Courtauld 미술관입니다.

여: 안녕하세요. 저는 다음 주에 몇 명의 대학 친구들과 함께 런던을 방문할 예정이에요. 저희는 그 미술관의 단체 투어를 계획하는 데 관심이 있는데요. 예약을 해야 하나요?

남: 네. 미술관에 언제 방문하고 싶으신가요?

여: 음, ⁴저희는 5월 3일 금요일 오후에 투어를 하고 싶어요... 하지만 5월 4일 아침도 그런대로 괜찮아요.

남: ⁴5월 3일 오후 2시에 가능한 가이드가 있는 것 같네요. ⁵이름을 알려주시겠어요?

여: 그럼요. ⁵Debra Harkins입니다... H-A-R-K-I-N-S예요.

남: 그리고 고객님의 단체에 몇 분이나 계실까요?

여: 음, 잠시만요... 모두 합쳐서, 저희는 11명이네요. 총 비용은 얼마가 될까요?

남: 음, 미술관 입장료로 인당 7파운드를 내셔야 해요. 그리고 나서 투어 자체에 25파운드의 비용이 있어요. 그래서... 어, ⁶총 102파운드네요.

여: 네. 적당하네요. 우리 모두가 그 투어를 정말 즐길 거라고 확신해요...

그룹 투어 예약 양식

투어 날짜: 금요일, 4.............., 오후 2시

이름: Debra 5...........

투어 참가자의 수: 11명

총 비용: 6...........파운드

4　해설　문제의 핵심어구(Tour Date)와 관련된 지문 내용 중 여자가 'we're hoping to take the tour on Friday, May 3rd in the afternoon'이라며 5월 3일 금요일 오후에 투어를 하고 싶다고 하자, 남자가 'It looks like there is a guide available on May 3rd at 2 pm.'이라며 5월 3일 오후 2시에 가능한 가이드가 있는 것 같다고 하였으므로, **May 3(rd)**가 정답입니다.

5　해설　문제의 핵심어구(Name)가 언급된 지문 내용 중 남자가 'Could I get your name, please?'라며 이름을 묻자, 여자가 'It's Debra Harkins ~ H-A-R-K-I-N-S.'라고 하였으므로, **Harkins**가 정답입니다.

6　해설　문제의 핵심어구(Total Cost)와 관련된 지문 내용 중 남자가 'that's a total of £102'라며 총 102파운드라고 하였으므로, **102**가 정답입니다.

As many of you already know, / the company will be expanding into China / next year. Therefore, / management has decided / to encourage all employees / to sign up for the free Chinese language courses / we'll be offering. I'd like to take a few minutes / to go over the details of these classes.

여러분 중 다수가 이미 알고 계시다시피, 회사가 내년에 중국으로 확장할 것입니다. 그래서, 경영진은 모든 직원들이 저희가 제공할 무료 중국어 수업에 등록하도록 장려하기로 결정했어요. 저는 이 수업들의 세부 사항을 몇 분 정도 살펴보는 시간을 갖고 싶습니다.

First, we will have a basic course for employees / who are at beginner level. ⁷This class will run for two hours every Tuesday, / from 7 to 9 pm. It involves memorising basic vocabulary. ⁸Participants will also learn / how to write Chinese characters.

There will also be an intermediate class. This course is for those / who have some Chinese language ability. The intermediate class will get together / on Wednesdays from 8 until 10 pm. ⁹Students in this class / will be doing some Chinese conversation practice / based on everyday topics.

Finally, we will have an advanced course. This will be for people / who already speak Chinese / fluently. Most of the people / taking this course / will be directly involved / with the Chinese expansion. We have scheduled it to take place / from 2 to 5 pm on Saturdays. This will cover business Chinese. Employees enrolled in this course / will be tested on their business Chinese / during the final class, / and ¹⁰those who get the highest grades / will receive a financial bonus.

OK, further details about the classes / will be posted on the notice board / later . . .

우선, 초보자 수준의 직원들을 위해 초급 강좌를 열 것입니다. ⁷이 수업은 매주 화요일에 2시간씩, 오후 7시부터 9시까지 진행될 것입니다. 그건 기초 단어를 외우는 것을 포함합니다. ⁸침석자들은 한자를 어떻게 쓰는지도 배울 거예요.

중급 수업도 있을 겁니다. 이 강좌는 어느 정도 중국어 실력이 있는 분들을 위한 것입니다. 중급 수업은 수요일마다 오후 8시부터 10시까지 모일 거예요. ⁹이 수업의 학생들은 일상적인 주제를 중심으로 약간의 중국어 대화 연습을 할 예정입니다.

마지막으로, 고급 강좌도 열 것입니다. 이것은 이미 중국어를 유창하게 구사하는 분들을 위한 것입니다. 이 수업을 듣는 분들 중 대부분은 중국 확장에 직접적으로 연관될 거예요. 이건 토요일마다 오후 2시부터 5시까지 열리도록 일정이 짜여 있습니다. 이 수업은 비즈니스 중국어를 다룰 것입니다. 이 강좌에 등록된 직원들은 마지막 수업 때 비즈니스 중국어 시험을 볼 것이고, ¹⁰가장 높은 성적을 얻은 분들은 금전적인 보너스를 받을 겁니다.

좋습니다, 수업에 관한 추가적인 세부 사항들은 추후 게시판에 공고될 것입니다...

무료 중국어 수업

수준	일정	세부 사항
초급	매주 화요일: 오후 7-7...........시	학생들은 단어를 외우고 한자를 8...........하는 것을 배움
중급	매주 수요일: 오후 8-10시	수업은 일상적인 주제에 관한 중국어 9........... 연습을 포함함
고급	매주 토요일: 오후 2-5시	시험에서 가장 높은 성적을 얻은 직원들은 금전적인 10...........을 받음

7 해설 문제의 첫 열(Basic)과 첫 행(Schedule)을 통해 문제가 초급 수업의 일정에 대한 내용임을 알 수 있습니다. 문제의 핵심어구(Tuesdays)와 관련된 지문 내용 중 'This class will run for two hours every Tuesday, from 7 to 9 pm.'에서 초급 수업은 매주 화요일에 2시간씩, 오후 7시부터 9시까지 진행될 것이라고 하였으므로, 9 또는 nine이 정답입니다.

8 해설 문제의 첫 열(Basic)과 첫 행(Details)을 통해 문제가 초급 수업의 세부 사항에 대한 내용임을 알 수 있습니다. 문제의 핵심어구(Chinese characters)가 언급된 지문 내용 중 'Participants will also learn how to write Chinese characters.'에서 참석자들은 한자를 어떻게 쓰는지도 배울 것이라고 하였으므로, write이 정답입니다.

9 해설 문제의 첫 열(Intermediate)과 첫 행(Details)을 통해 문제가 중급 수업의 세부 사항에 대한 내용임을 알 수 있습니다. 문제의 핵심어구(class involves ~ practice)와 관련된 지문 내용 중 'Students in this class will be doing some Chinese conversation practice based on everyday topics.'에서 중급 수업의 학생들은 일상적인 주제를 중심으로 약간의 중국어 대화 연습을 할 예정이라고 하였으므로, conversation이 정답입니다.

10 해설 문제의 첫 열(Advanced)과 첫 행(Details)을 통해 문제가 고급 수업의 세부 사항에 대한 내용임을 알 수 있습니다. 문제의 핵심어구(who get the highest grades)가 언급된 지문 내용 중 'those who get the highest grades will receive a financial bonus'에서 가장 높은 성적을 얻은 사람들은 금전적인 보너스를 받을 것이라고 하였으므로, bonus가 정답입니다.

1 Damien	**2** King	**3** Primary	**4** 43576427
5 junior	**6** 5 / five	**7** neighbo(u)r	**8** A
9 C	**10** A		

Questions 1-10   영국식 발음 → 호주식 발음

🎧 (W2_D2) DT.mp3

Section 1. You will hear a conversation between a librarian and a woman about a book club.

M: Hello. Pimlico Library. May I help you?

W: Hello. My son and I just registered / for membership with the library, / and I understand / you run a book club / for young readers. I'd like to sign my son up for it, / if possible.

M: Sure, I can do that for you / right now.

W: Great!

M: OK. Let me take down some information. ¹What's your son's name?

W: ¹It's Damien Rogers. That's spelt D-A-M-I-E-N.

M: OK. I'll also need your name / as well. We have to include / the name of a guardian.

W: Oh, my name is Nicole Rogers.

M: Thank you. And ²could you give me your street address?

W: ²I live at 394 King Street. Just down the road / from the library.

M: Oh, good. And your phone number?

W: That would be 07861 236643.

M: Also, what school does Damien attend? We work with a lot of the local schools / quite closely.

W: ³He's at Harwood Primary School.

M: Ah, yes. We already have a few students / from there. And, um, you said / you were library members. ⁴Could you tell me your library card number?

W: Um . . . here it is. ⁴It's 4-3-5-7-6-4-2-7.

M: Got it. Now, the club is divided / into three divisions. These are the kindergarten group, / the junior group, / and the teen group. How old is your son?

W: He's 10.

M: So, ⁵he'd fit into our junior group. That's actually our biggest group.

W: I see . . . And when do they meet?

M: ⁶They meet every Wednesday afternoon at 5 pm / on the third floor. And the meeting lasts / around two hours. Oh, I have just one more question for you . . . Would you mind telling me / how you heard about the book club? We've been promoting it online / and through posters, / so we're gathering feedback.

섹션 1. 독서 모임에 관한 사서와 여자 간의 대화를 들으세요.

남: 안녕하세요. Pimlico 도서관입니다. 무엇을 도와드릴까요?

여: 안녕하세요. 제 아들과 저는 이제 막 도서관에 회원으로 등록했는데, 어린 독자들을 위해 독서 모임을 운영하신다는 걸 알게 됐어요. 가능하다면, 제 아들을 거기에 등록시키고 싶은데요.

남: 그럼요, 지금 바로 해 드릴 수 있어요.

여: 잘 됐네요!

남: 네. 몇 가지 정보를 적을게요. ¹아드님의 이름이 무엇인가요?

여: ¹Damien Rogers예요. 철자는 D-A-M-I-E-N이에요.

남: 알겠습니다. 고객님의 성함도 필요해요. 보호자의 이름도 기입해야 하거든요.

여: 오, 제 이름은 Nicole Rogers예요.

남: 감사합니다. 그리고 ²고객님의 번지 수를 알 수 있을까요?

여: ²King가 394번지에 살아요. 도서관에서 바로 길 아래예요.

남: 오, 좋습니다. 그리고 전화번호는요?

여: 07861 236643이에요.

남: 그리고, Damien은 어떤 학교에 다니나요? 저희는 많은 지역 학교들과 꽤 긴밀하게 협력하고 있거든요.

여: ³그는 Harwood 초등학교에 다녀요.

남: 아, 네. 저희 모임에는 이미 거기에서 온 몇 명의 학생들이 있습니다. 그리고, 음, 도서관 회원이라고 하셨죠. ⁴도서관 카드 번호를 말씀해주실 수 있나요?

여: 음... 여기 있네요. ⁴4-3-5-7-6-4-2-7이요.

남: 알겠습니다. 자, 모임은 세 개의 반으로 나누어져 있어요. 유아반, 초등반, 청소년반이죠. 아드님이 몇 살이죠?

여: 10살이에요.

남: 그러면, ⁵아드님은 저희 초등반에 적합하겠네요. 그건 사실 저희의 가장 큰 반입니다.

여: 그렇군요... 그러면 그 반은 언제 모이나요?

남: ⁶그 반은 매주 수요일 오후 5시에 3층에서 모입니다. 그리고 모임은 2시간 가량 진행되죠. 오, 그리고 한 가지 질문이 더 있어요... 괜찮으시다면 이 독서 모임에 대해 어떻게 듣게 되셨는지 말씀해주실 수 있나요? 저희는 이걸 온라인과 벽보를 통해 홍보하고 있어서, 의견을 수집하고 있어요.

W: Actually, ⁷I heard about it / from my neighbour. She has a daughter / who's a club member.

M: Oh, I see. That's all the information / I need. So, ⁸you can pick up his club membership card / and a schedule of events / the next time you visit the library. Just drop by the front desk. We also post / copies of club schedules / in our lounge.

W: I'll do that. Now, / I understand / the club has a book sharing programme. How does that work?

M: Oh, it's easy / and lots of fun. Once a month, / ⁹club members bring in books / they have already read / to a club meeting. They trade books / with other members / rather than throwing them away / or recycling them. It's very popular, / and the club provides snacks / for that event.

W: That's nice. By the way, how many books are the children expected / to read / every week?

M: We want children to read two books / a week. They are usually short books, / so that shouldn't be too much of a challenge. ¹⁰We also hand out one comic book every week / for the children to read at home.

W: Oh, wonderful. And what if my son wants to read / more than that? He already reads about three books a week / at the moment.

M: Well, he's welcome to take out books / from the library / on top of that.

W: Got it. Thank you so much / for all the information! I'm sure / my son is going to enjoy this.

여: 사실, ⁷제 이웃에게서 이것에 대해 들었어요. 그녀에게 독서 모임의 회원인 딸이 있거든요.

남: 오, 그렇군요. 제가 필요한 정보는 그게 다예요. 이제, ⁸다음에 도서관을 방문하실 때 아드님의 모임 회원 카드와 행사 일정표를 찾아가실 수 있어요. 그저 안내 데스크에 잠깐 들르시면 돼요. 휴게실에도 모임 일정표의 사본을 붙여놓습니다.

여: 그렇게 할게요. 이제, 모임에는 도서 공유 프로그램이 있다고 알고 있어요. 그건 어떻게 운영되나요?

남: 오, 그건 쉽고 아주 재미있는 거예요. 한 달에 한 번, ⁹모임 회원들이 모임에 이미 다 읽은 책을 가져와요. 그들은 책을 버리거나 재활용하는 대신에 다른 회원들과 그것을 교환하죠. 이것은 매우 인기가 있고, 모임에서 그 행사에 간식을 제공해요.

여: 좋네요. 그런데, 아이들이 읽을 것으로 예상되는 책은 매주 몇 권인가요?

남: 저희는 아이들이 일주일에 두 권의 책을 읽기를 원해요. 보통 짧은 책들이어서, 아주 많이 어려운 일은 아닐 거예요. ¹⁰저희는 아이들이 집에서 읽을 수 있도록 매주 한 권의 만화책도 나눠준답니다.

여: 오, 멋지네요. 그러면 만약 제 아들이 그것보다 더 많이 읽기를 원하면 어떻게 하나요? 현재 이미 일주일에 세 권 정도의 책을 읽고 있거든요.

남: 음, 그것 외에도 아드님이 도서관에서 책을 대출하는 것은 환영입니다.

여: 알겠어요. 알려주신 모든 정보 정말 감사합니다! 제 아들이 이걸 매우 즐길 것이라고 확신해요.

Questions 1-7

독서 모임 등록 양식

신상 명세
회원 이름: 1............Rogers
부모 이름: Nicole Rogers
주소: 2............가 394번지
전화번호: 07861 236643
학교: Harwood 3............학교
도서관 카드 번호: 4............

독서 모임 정보
나이: 10살
분반: 5............반
모임 시간: 매주 수요일 오후 6............시

설문
모임에 대해 듣게 된 경로: 7............으로부터

1 해설 문제의 핵심어구(Name of member)와 관련된 지문 내용 중 남자가 'What's your son's name?'이라며 아들의 이름을 묻자, 여자가 'It's Damien Rogers. That's spelt D-A-M-I-E-N.'이라고 하였으므로, **Damien**이 정답입니다.

2 해설 문제의 핵심어구(Address)가 언급된 지문 내용 중 남자가 'could you give me your street address?'라며 번지 수를 묻자, 여자가 'I live at 394 King Street.'라며 King가 394번지에 산다고 하였으므로, **King**이 정답입니다.

3 해설 문제의 핵심어구(School)가 언급된 지문 내용 중 여자가 'He's at Harwood Primary School.'이라며 아들은 Harwood 초등학교에 다닌다고 하였으므로, **Primary**가 정답입니다.

4 해설 문제의 핵심어구(Library card number)가 언급된 지문 내용 중 남자가 'Could you tell me your library card number?'라며 도서관 카드 번호를 묻자, 여자가 'It's 4-3-5-7-6-4-2-7.'이라고 하였으므로, **43576427**이 정답입니다.

5 해설 문제의 핵심어구(Club division)와 관련된 지문 내용 중 남자가 'he'd fit into our junior group'이라며 여자의 아들은 초등반에 적합하겠다고 하였으므로, **junior**가 정답입니다.

6 해설 문제의 핵심어구(Meeting time)와 관련된 지문 내용 중 남자가 'They meet every Wednesday afternoon at 5 pm on the third floor.'라며 초등반은 매주 수요일 오후 5시에 3층에서 모인다고 하였으므로, **5** 또는 **five**가 정답입니다.

7 해설 문제의 핵심어구(How member heard about the club)와 관련된 지문 내용 중 여자가 'I heard about it from my neighbour.'라며 이웃에게서 독서 모임에 대해 들었다고 하였으므로, **neighbo(u)r**가 정답입니다.

Questions 8-10

8 Nicole은 아들의 모임 회원 카드를 –에서 찾아갈 수 있다.
　A 안내 데스크에서
　B 3층에서
　C 도서관의 휴게실에서

> 해설 문제의 핵심어구(pick up ~ club membership card)가 언급된 지문 내용 중 남자가 'you can pick up his club membership card ~. Just drop by the front desk.'라며 여자의 아들의 모임 회원 카드를 찾아갈 수 있으며, 그저 안내 데스크에 잠깐 들르면 된다고 하였으므로, 보기 **A** at the front desk가 정답입니다.
>
> 오답 확인하기
> B와 C는 지문의 'on the third floor'와 'lounge'를 그대로 언급해 혼동하기 쉽지만, 문제에서 묻는 Nicole이 아들의 모임 회원 카드를 찾아갈 수 있는 장소와 관련된 내용이 아니므로 오답입니다.

9 모임 회원들은 다 읽은 책을 –하기 위해 가져올 수 있다.
　A 재활용하기 위해
　B 도서관에 기부하기 위해
　C 다른 사람들과 교환하기 위해

> 해설 문제의 핵심어구(bring books)와 관련된 지문 내용 중 남자가 'club members bring in books they have already read to a club meeting. They trade books with other members rather than throwing them away or recycling them.'이라며 모임 회원들이 모임에 이미 다 읽은 책을 가져오며, 책을 버리거나 재활용하는 대신에 다른 회원들과 그것을 교환한다고 하였으므로, 보기 **C** to trade them with others가 정답입니다. 'already read'가 'finished'로 바꾸어 표현되었습니다.
>
> 오답 확인하기
> A는 지문의 'They trade books with other members rather than ~ recycling them.'과 반대되는 내용이므로 오답입니다.
> B는 지문의 'library'를 그대로 언급해 혼동하기 쉽지만, 지문에서 모임 회원들이 다 읽은 책을 도서관에 기부하기 위해 가져올 수 있다는 내용은 언급하지 않았으므로 오답입니다.

10 아이들이 집으로 가져갈 만화책이 매주 몇 권 주어지는가?

    A 한 권

    B 두 권

    C 세 권

> 해설 문제의 핵심어구(comic books ~ each week)와 관련된 지문 내용 중 남자가 'We also hand out one comic book every week for the children to read at home.'라며 아이들이 집에서 읽을 수 있도록 매주 한 권의 만화책도 나눠준다고 하였으므로, 보기 **A** 1이 정답입니다.

(3일) 문장/순서도 완성하기 Sentence/Flow-chart Completion

DAILY CHECK-UP

p.94

1 once	**2** beginner	**3** 10 / ten	**4** (jazz piano) concert
5 Central Square	**6** 15% / 15 per cent / fifteen per cent		**7** report
8 hospital	**9** medical	**10** track	

---

01 미국식 발음 → 영국식 발음   🎧 (W2_D3) DC1-3.mp3

W: Good morning, Mr Jenkins. This is Sarah Hawthorne / calling.

M: Hi, Ms Hawthorne. What can I do for you?

W: Um . . . As you know, / ¹my son David is taking piano lessons / with you. He currently meets with you / once a week. I would like to change this / to twice a week / starting next month, / if possible.

M: OK. Let me see . . . I have an opening / on Wednesdays / from 4 to 5 pm. Would that work?

W: That's perfect. Uh, / I was also wondering / how he is doing / with his lessons.

M: He is doing very well. He is a quick learner, / and I am very pleased with his progress. ²He is just finishing up the beginner lessons, / and he will be ready to move on / to the intermediate level / in a few weeks.

W: Really? I didn't know that. Um, / how long will that level take?

M: Well, / if he comes twice a week, / ³I expect / he will complete the intermediate lessons / in about 10 months.

W: Thanks so much for the information! I'll make sure / he keeps practising for his lessons / every day.

여: 안녕하세요, Jenkins씨. Sarah Hawthorne입니다.

남: 안녕하세요, Hawthorne씨. 무엇을 도와드릴까요?

여: 음... 아시다시피, ¹제 아들 David이 선생님의 피아노 수업을 듣고 있어요. 그는 현재 일주일에 한 번 선생님과 수업을 해요. 가능하다면, 다음 달부터 이것을 일주일에 두 번으로 바꾸고 싶은데요.

남: 그렇군요. 잠시만요... 수요일 오후 4시부터 5시까지 자리가 하나 있어요. 그것이 괜찮으시겠어요?

여: 완벽해요. 어, 저는 아들이 수업을 어떻게 듣고 있는지도 궁금해하고 있었는데요.

남: 아주 잘 하고 있어요. 그는 빠르게 배우는 학생이고, 저는 그의 진전에 아주 만족해요. ²그는 이제막 초보자 수업을 마무리하고 있는 참이고, 몇 주 안에 중급 과정으로 넘어갈 준비가 될 겁니다.

여: 정말요? 그건 몰랐네요. 음, 그 과정은 얼마나 걸리나요?

남: 글쎄요, 만약 그가 일주일에 두 번 온다면, ³제 예상으로는 중급 수업을 약 10개월 안에 끝낼 거예요.

여: 정보를 주셔서 정말 감사합니다! 그가 반드시 매일 수업 내용을 계속해서 연습하도록 할게요.

---

1 David은 현재 피아노 수업을 일주일에 .... 번 듣는다.

> 해설 문제의 핵심어구(taking piano lessons)가 언급된 지문 내용 중 여자가 'my son David is taking piano lessons with you. He currently meets with you once a week.'라며 아들 David이 피아노 수업을 듣고 있다고 한 뒤, 현재 일주일에 한 번 선생님과 수업을 한다고 하였으므로, **once**가 정답입니다. 'currently'가 'now'로 바꾸어 표현되었습니다.

2 David은 현재 .... 과정에 있다.

> 해설 문제의 핵심어구(at the ~ level)와 관련된 지문 내용 중 남자가 'He is just finishing up the beginner lessons'라며 David은 이제 막 초보자 수업을 마무리하고 있는 참이라고 하였으므로, **beginner**가 정답입니다.

3 David은 아마 .... 개월 안에 그의 중급 수업을 마칠 것이다.

> 해설 문제의 핵심어구(finish the intermediate lessons)와 관련된 지문 내용 중 남자가 'I expect he will complete the intermediate lessons in about 10 months.'라며 남자의 예상으로는 중급 수업을 약 10개월 안에 끝낼 것이라고 하였으므로, **10** 또는 **ten**이 정답입니다.

---

02 미국식 발음　　　　　　　　　　　　　　　　　　　　🎧 (W2_D3) DC4-6.mp3

Before I wrap up today's show, / I'd like to remind everyone / that our radio station is a proud sponsor / of the annual Blackstone Jazz Festival. This year's event is / less than a week away . . . Um, it runs from Friday, June 3rd, / until Sunday, June 5th. It will feature over 20 performers, / including a number of international instrumentalists and vocalists. [4]The highlight of the festival / will be a jazz piano concert / on the final day, / which will be performed / by renowned musician Steven Doris. He is expected to perform / several new compositions from his upcoming album, / *Musical Pieces*, / as well as some of his most popular hits. [5]The festival will be held / at Central square. Many more people are expected / to attend the event this year / than have in previous ones. For more information about the event / and a complete list of scheduled performers, / visit the festival website. Tickets can be purchased / through this site / as well. One-day and three-day passes are available, / and [6]students are eligible / for a 15 per cent discount. Passes allow you to see / any of the shows or performances / scheduled for the selected day / or for the full three days.

오늘의 쇼를 마무리 짓기 전에, 여러분에게 저희 라디오 방송국이 연례 Blackstone 재즈 축제의 자랑스러운 후원 업체라는 것을 상기시켜 드리고 싶어요. 올해의 행사가 일주일도 안 남았어요... 음, 이건 6월 3일 금요일부터, 6월 5일 일요일까지 진행돼요. 많은 국제적인 연주가들과 가수들을 포함해, 20명이 넘는 공연자들을 출연시킬 거예요. [4]축제의 하이라이트는 마지막 날의 재즈 피아노 콘서트가 될 것인데, 이는 유명한 음악가인 Steven Doris에 의해 공연될 것입니다. 그는 그의 가장 유명한 인기 작품들 몇 곡뿐만 아니라, 곧 나올 앨범, 'Musical Pieces'의 몇몇 새로운 작품들도 연주할 것으로 예상됩니다. [5]축제는 중앙 광장에서 열릴 거예요. 지난번의 축제들보다 더 많은 사람들이 올해 행사에 참여할 것으로 예상됩니다. 이 행사에 관한 더 많은 정보와 예정된 연주자들의 전체 명단을 원하시면, 축제 웹사이트를 방문하세요. 이 사이트를 통해서 티켓도 구매하실 수 있습니다. 1일권과 3일권이 이용 가능하며, [6]학생들은 15퍼센트 할인을 받을 수 있습니다. 이용권은 여러분이 선택한 날이나 3일 전일 동안 예정된 어떤 쇼나 공연이라도 보실 수 있도록 해 드립니다.

---

4 .... 은 축제의 하이라이트가 될 것이다.

> 해설 문제의 핵심어구(highlight of the festival)가 언급된 지문 내용 중 'The highlight of the festival will be a jazz piano concert on the final day'에서 축제의 하이라이트는 마지막 날의 재즈 피아노 콘서트가 될 것이라고 하였으므로, **(jazz piano) concert**가 정답입니다.

5 축제는 .... 에서 열릴 것이다.

> 해설 문제의 핵심어구(take place at)와 관련된 지문 내용 중 'The festival will be held at Central Square.'에서 축제는 중앙 광장에서 열릴 것이라고 하였으므로, **Central Square**가 정답입니다.

6 학생들은 .... 할인을 받을 수 있다.

> 해설 문제의 핵심어구(Students can get)와 관련된 지문 내용 중 'students are eligible for a 15 per cent discount'에서 학생들은 15퍼센트 할인을 받을 수 있다고 하였으므로, **15%**, **15 per cent** 또는 **fifteen per cent**가 정답입니다.

M: On today's show, / I'm pleased to welcome Aisha Maina / from the Wildlife Centre. She's going to tell us a bit about the centre and how it looks after the area's wild animals. So, / Aisha, / can you start off / by telling us a bit / about the centre's process / for treating injured animals?

W: Certainly. Well, / [7]it begins / when we receive a report / of an injured animal / from a ranger / on patrol in the wild. Everyone working in the region / knows to contact us immediately / when they spot an animal / in need of assistance. As soon as we've been notified, / we send a team of veterinarians / to the animal's location. Once the creature is found, / they observe it carefully / to determine / how serious its injuries are. [8]If they are severe enough, / the most critical stage of the process begins . . . The team moves the animal / to our hospital.

M: And how do you move the animals?

W: A vehicle from our transit station / is sent, / and the animal is loaded into it. This can be fairly dangerous / for everyone involved. Injured animals are often scared, / and they naturally want to / defend themselves. Some of these animals, / such as lions and elephants, / can easily harm a person / due to their great size and strength. Therefore, / our workers must be very careful / and keep a safe distance / from them. [9]Once the animal is brought back / to the centre, / it is provided medical treatment. We might, for example, / administer any necessary medication. Then, each animal is given / an identification tag. Uh, / [10]this is very important / as it allows staff to track the animal / once it is released / into the wild.

M: It sounds like / it is an important job / that protects animals. So, could you now tell us / about the many volunteers who . . .

남: 오늘의 쇼에, 야생 동물 센터의 Aisha Maina씨를 모시게 되어 기쁩니다. 그녀는 저희에게 센터에 관해서 그리고 그곳이 어떻게 지역의 야생 동물들을 돌보는지에 관해서 잠깐 이야기해 주실 겁니다. 그럼, Aisha씨, 다친 동물들을 치료하는 센터의 과정에 대해 조금 이야기해 주시는 것으로 시작해 주시겠어요?

여: 그럼요. 음, [7]그건 저희가 야생에서 순찰 중인 경비원으로부터 다친 동물에 대한 보고를 받았을 때 시작됩니다. 이 지역에서 근무하는 모든 사람들은 그들이 도움이 필요한 동물을 발견했을 때 즉시 저희에게 연락해야 한다는 것을 알고 있어요. 저희는 신고를 받자마자, 동물의 위치로 수의사 팀을 보냅니다. 동물이 발견되면, 그들은 그것의 부상이 얼마나 심각한지 알아내기 위해 주의 깊게 관찰합니다. [8]그것이 충분히 심각하다면, 이 과정의 가장 중요한 단계가 시작됩니다... 그 팀이 그 동물을 저희 병원으로 옮깁니다.

남: 그러면 그 동물들을 어떻게 옮기시나요?

여: 저희 수송 본부에서 차량이 보내지면, 동물이 그 안에 실립니다. 이것은 관여된 모든 사람들에게 꽤 위험할 수 있습니다. 다친 동물들은 대개 겁을 먹어서, 자연스럽게 그들 스스로를 방어하고 싶어 합니다. 사자나 코끼리와 같은, 이러한 동물들 중 일부는, 그들의 거대한 크기와 힘으로 인해 쉽게 사람을 해칠 수 있습니다. 그러므로, 저희 직원들은 매우 조심해야 하고 그들에게서 안전 거리를 유지해야 합니다. [9]동물을 데리고 센터로 돌아가면, 동물은 치료를 받습니다. 저희는 아마, 예를 들면, 무엇이든 필요한 약을 투여할 것입니다. 그러고 나서, 각 동물에게 인식표가 주어집니다. 어, [10]이것이 매우 중요한 이유는 동물이 야생으로 방생된 후 그것이 직원으로 하여금 그 동물을 추적할 수 있도록 해주기 때문입니다.

남: 동물을 보호하는 매우 중요한 일인 것 같네요. 그럼, 이제 센터의 많은 봉사자들에 대해 말해주실 수 있나요...

야생 동물 센터 체계

다친 동물에 대한 7............을 받음

⬇

수의사 팀이 동물의 위치로 보내짐

⬇

상처가 충분히 심각하다면 동물은 센터의 8............으로 옮겨짐

⬇

센터에서, 동물은 9............ 조치를 받음

⬇

직원이 동물을 10............ 할 수 있도록 각 동물에게는 인식표가 주어짐

7 해설 문제의 핵심어구(Receive)가 언급된 지문 내용 중 여자가 'it begins when we receive a report of an injured animal from a ranger on patrol in the wild'라며 이 과정은 야생에서 순찰 중인 경비원으로부터 다친 동물에 대한 보고를 받았을 때 시작된다고 하였으므로, **report**가 정답입니다.

8 해설 문제의 핵심어구(moved to)와 관련된 지문 내용 중 여자가 'If they are severe enough ~ The team moves the animal to our hospital.'이라며 상처가 충분히 심각하다면 수의사 팀이 그 동물을 센터의 병원으로 옮긴다고 하였으므로, **hospital**이 정답입니다.

9 해설 문제의 핵심어구(provided with)와 관련된 지문 내용 중 여자가 'Once the animal is brought back to the centre, it is provided medical treatment.'라며 동물을 데리고 센터로 돌아가면 동물은 치료를 받는다고 하였으므로, **medical**이 정답입니다.

10 해설 문제의 핵심어구(identification tag)와 관련된 지문 내용 중 여자가 'this is very important as it allows staff to track the animal once it is released into the wild'라며 각 동물에게 인식표가 주어지는 것이 중요한 이유는 동물이 야생으로 방생된 후 인식표가 직원으로 하여금 그 동물을 추적할 수 있도록 해주기 때문이라고 하였으므로, **track**이 정답입니다.

DAILY TEST

p.98

1 B	2 C	3 G	4 H
5 F	6 15 / fifteen	7 professors	8 sports field
9 awards	10 band		

Questions 1-10 영국식 발음

(W2_D3) DT.mp3

Section 2. You will hear a talk from a club representative about a drone competition.

Hi there. My name is Rachel Jensen, / and I'm a fourth year engineering student / here at our school / and the current president of the Engineering Club. Today, I'll provide you with some information / about the club's annual drone building competition.

So, to start, / I'm going to explain what you need to do / to participate / in the competition. First, / to enter the competition, / you will need to find two teammates. That means / there is a total of three people / per team. Members of the team / must be engineering majors. And they must be currently enrolled / at this school.

Once you've formed your team, / ¹you must hand in the registration form by April 1st. The form is available / at the engineering department's main office. On the form, / you must specify / who your team leader is. And the team leader will act / as the spokesperson / for the team.

섹션 2. 드론 대회에 관한 동아리 대표의 이야기를 들으세요.

안녕하세요. 제 이름은 Rachel Jensen이고, 여기 우리 학교의 4학년 공과대 학생이자 공학 동아리의 현 회장입니다. 오늘, 저는 동아리의 연례 드론 만들기 대회에 관해 몇 가지 정보를 드리고자 합니다.

자, 우선, 저는 여러분이 대회에 참가하려면 무엇을 해야 하는지 설명해 드리려고 합니다. 먼저, 대회에 출전하려면, 여러분은 두 명의 팀 동료를 찾아야 합니다. 이는 곧 한 팀에 총 3명이 있음을 의미하죠. 팀의 구성원들은 반드시 공학 전공자여야 합니다. 그리고 이 학교에 현재 등록이 되어 있어야 해요.

팀을 구성한 후에는, ¹4월 1일까지 등록 양식을 제출하셔야 합니다. 양식은 공과대학 본부 사무실에서 이용 가능합니다. 양식에는, 누가 팀장인지 명시하셔야 합니다. 그리고 팀장은 팀의 대변인으로서 활동할 거예요.

Next, / teams will have two weeks / to work on preliminary designs and concepts / for their drones. [2]They will also need to provide / a short written description. This must be submitted to the department / by April 15th. Specific details / regarding design requirements / are listed / on the registration form.

If the design idea is approved, / [3]teams will have to pay a fee / of £50 / to enter the competition. And they must do so / before the end of the month. Only one payment is required per team, / and all fees are nonrefundable.

The actual competition will take place / on June 16th. [4]Please go to the engineering department office / before that date / to collect your team badges, / which we will be handing out / to all participants.

And finally, / on the date of the competition, / all team members must arrive / ahead of time for their scheduled time slot / with an operational drone. [5]We ask / that you be at the venue / and prepared for your presentation / at least 30 minutes / in advance. This will ensure / that the competition goes smoothly.

Now, I want to tell you / what to expect / on the day of the competition. The main event, / of course, / is the drone presentation. [6]Each team will be given 15 minutes / for its presentation, / during which members can show / and describe their creations. All currently enrolled university students / will be invited to attend, / so expect a large audience. After the presentations, / [7]a panel of judges / made up of engineering professors / will ask the teams questions / about their entries. This will last / for about 10 minutes.

The actual competition is going to be held / at the campus's outdoor stage. In addition to that, / there will be a gathering in the afternoon / once the competition is over. [8]You'll be able to test out / one another's creations / and discuss designs. This event will be held / at the university's sports field.

We have also planned some fun activities / for the evening. The engineering department will host a dinner / for faculty and competition participants. [9]Following that, / competition judges will take the stage / to announce the first, second, and third prize winners / and to give out awards. Each member of a winning team / will receive a gift certificate / for the university bookstore. [10]After a short photo session, / a band will play / some live music. So, everyone will be free / to stay for drinks and dancing.

Anyway, / I hope you'll drop by the department office . . .

다음으로, 팀들은 드론의 예비 도안과 설계를 작업할 수 있는 2주의 시간을 가질 것입니다. [2]짧은 서면 설명서 또한 준비하셔야 합니다. 이것은 4월 15일까지 학부에 제출되어야 하죠. 도안 요건에 관한 구체적인 세부 사항은 등록 양식에 나열되어 있습니다.

도안 계획이 승인되면, [3]팀들은 대회에 참가하기 위해 50파운드의 요금을 내야 합니다. 그리고 월말 전에 그렇게 하셔야 해요. 팀당 1회의 납부만이 요구되고, 모든 요금은 환불이 불가능합니다.

실제 대회는 6월 16일에 열릴 것입니다. [4]그날 이전에 공과대학 사무실에 가셔서 저희가 모든 참가자들에게 배부할 예정인, 팀 배지를 수령해 주세요.

그리고 마지막으로, 대회 당일에는, 모든 팀 구성원들은 가동 가능한 드론과 함께 예정된 시간대보다 일찍 도착해야 합니다. [5]최소한 30분 전에는 행사 장소에 와서 발표 준비를 해 놓으시기를 요청드립니다. 이것은 대회가 순조롭게 흘러가도록 할 겁니다.

이제, 대회 당일에 예정된 것이 무엇인지에 관해 말씀 드리고 싶습니다. 가장 큰 행사는, 물론, 드론 발표이죠. [6]각 팀에게는 발표를 위해 15분이 주어질 것이고, 그동안 구성원들은 그들의 창작품을 보여주고 설명할 수 있습니다. 현재 등록되어 있는 모든 대학생들이 참가하도록 초대될 것이므로, 많은 관중을 예상하세요. 발표 후에는, [7]공과대학 교수님들로 구성된 심사위원단이 팀들에게 그들의 출품작에 관한 질문을 할 것입니다. 이것은 10분 정도 진행될 것입니다.

실제 대회는 캠퍼스의 야외 무대에서 열릴 예정입니다. 여기에 더해, 대회가 끝나면 오후에 모임이 있을 것입니다. [8]여러분은 서로의 창작품을 시험해 보고 도안에 대해 이야기할 수 있을 거예요. 이 행사는 대학의 운동장에서 열릴 것입니다.

저희는 또한 저녁에 몇 가지 재미있는 활동들을 계획했습니다. 공과대학은 교수진과 대회 참가자들을 위해 저녁 만찬을 주최할 것입니다. [9]뒤이어, 대회 심사위원들이 무대에 올라서 1등, 2등 그리고 3등 수상자를 발표하고 시상할 거예요. 우승 팀의 각 구성원은 학교 서점의 상품권을 받게 됩니다. [10]짧은 사진 촬영 시간 이후에는, 밴드가 몇 곡의 라이브 음악을 연주할 겁니다. 그러니, 모든 분들은 음료와 춤을 즐기기 위해 마음껏 머무르실 수 있을 거예요.

어쨌든, 여러분이 학부 사무실에 잠깐 들르시길 바랍니다...

Questions 1-5

A 드론	B 등록	C 설명서	D 팀 동료
E 발표	F 장소	G 요금	H 배지

대회 출전하기

3인으로 구성된 팀을 결성함

↓

4월 1일까지 대회를 위한 1............ 양식을 제출함

↓

4월 15일까지 서면 2............을 제출함

↓

월말까지 출전하기 위한 3............을 냄

↓

학부 사무실에서 팀 4............을 수령함

↓

30분 전에 5............에 도착함

1 해설 문제의 핵심어구(by April 1st)가 언급된 지문 내용 중 'you must hand in the registration form by April 1st'에서 4월 1일 까지 등록 양식을 제출해야 한다고 하였으므로, 보기 **B** registration이 정답입니다.

2 해설 문제의 핵심어구(by April 15st)가 언급된 지문 내용 중 'They will also need to provide a short written description. This must be submitted to the department by April 15th.'에서 짧은 서면 설명서 또한 준비해야 한다고 한 뒤, 이것은 4월 15일까지 학부에 제출되어야 한다고 하였으므로, 보기 **C** description이 정답입니다.

3 해설 문제의 핵심어구(by the end of the month)와 관련된 지문 내용 중 'teams will have to pay a fee of £50 to enter the competition. And they must do so before the end of the month.'에서 팀들은 대회에 참가하기 위해 50파운드의 요금을 내야 한다고 한 뒤, 월말 전에 그렇게 해야 한다고 하였으므로, 보기 **G** fee가 정답입니다.

4 해설 문제의 핵심어구(from the department office)와 관련된 지문 내용 중 'Please go to the engineering department office ~ to collect your team badges'에서 공과대학 사무실에 가서 팀 배지를 수령해달라고 하였으므로, 보기 **H** badges가 정답 입니다.

5 해설 문제의 핵심어구(30 minutes in advance)가 언급된 지문 내용 중 'We ask that you be at the venue ~ at least 30 minutes in advance.'에서 최소한 30분 전에는 행사 장소에 오기를 요청한다고 하였으므로, 보기 **F** venue가 정답입니다.

Questions 6-10

6 각 팀은 그들의 발표를 위해 ....분의 시간을 가질 것이다.

해설 문제의 핵심어구(for their presentation)와 관련된 지문 내용 중 'Each team will be given 15 minutes for its presentation' 에서 각 팀에게는 발표를 위해 15분이 주어질 것이라고 하였으므로, **15** 또는 **fifteen**이 정답입니다.

7 대회의 심사위원들은 공과대학 ....일 것이다.

> 해설 문제의 핵심어구(judges of the competition)와 관련된 지문 내용 중 'a panel of judges made up of engineering professors will ask the teams questions about their entries'에서 공과대학 교수들로 구성된 심사위원단이 팀들에게 그들의 출품작에 관한 질문을 할 것이라고 하였으므로, **professors**가 정답입니다.

8 학교의 ....에서 참가자들이 서로의 기계 장치를 시험해 볼 수 있는 행사가 있을 것이다.

> 해설 문제의 핵심어구(test out ~ mechanisms)와 관련된 지문 내용 중 'You'll be able to test out one another's creations and discuss designs. This event will be held at the university's sports field.'에서 서로의 창작품을 시험해 보고 도안에 대해 이야기할 수 있을 것이라고 한 뒤, 이 행사는 대학의 운동장에서 열릴 것이라고 하였으므로, **sports field**가 정답입니다.

9 저녁 식사 이후, 대회 심사위원들은 ....을 나눠줄 것이다.

> 해설 문제의 핵심어구(hand out)와 관련된 지문 내용 중 'Following that, competition judges will ~ give out awards.'에서 저녁 만찬에 뒤이어 대회 심사위원들이 시상할 것이라고 하였으므로, **awards**가 정답입니다. 'give out'이 'hand out'으로 바꾸어 표현되었습니다.

10 사진 촬영 시간 이후, ...이 공연할 것이다.

> 해설 문제의 핵심어구(perform)와 관련된 지문 내용 중 'After a short photo session, a band will play some live music.'에서 짧은 사진 촬영 시간 이후에는 밴드가 몇 곡의 라이브 음악을 연주할 것이라고 하였으므로, **band**가 정답입니다. 'play some live music'이 'perform'으로 바꾸어 표현되었습니다.

---

④일 정보 연결하기 Matching

DAILY CHECK-UP

p.104

1 B	**2** A	**3** C	**4** B
5 C	**6** E	**7** A	**8** D
9 B	**10** E		

---

01 미국식 발음 → 호주식 발음　　　　　　　　🎧 (W2_D4) DC1-3.mp3

M: Thank you for calling / the National Building Museum. How may I help you?

W: Hello. I'm a teacher / at Bellwood School. I saw on your website / that you offer group tours / for students. So, / may I ask / about the tour programme? Are the students shown the entire museum?

M: Well, / that depends. We try to tailor the tour / to visitors' requirements. Our exhibition space is split into three main halls, / each of which is / aimed at a particular age group.

W: Oh, yes?

남: 국립 건축 박물관에 전화 주셔서 감사합니다. 무엇을 도와드릴까요?

여: 안녕하세요. 저는 Bellwood 학교의 교사인데요. 박물관의 웹사이트에서 학생들을 위한 단체 투어를 제공한다는 걸 봤어요. 그래서, 투어 구성에 대해 여쭤봐도 될까요? 학생들이 박물관 전체를 보게 되나요?

남: 음, 그건 상황 나름이에요. 저희는 투어를 방문객의 요구사항에 맞추려고 노력하거든요. 저희 전시관은 3개의 주요 관들로 나누어져 있고, 그것들 각각은 특정 연령대를 대상으로 합니다.

여: 오, 그래요?

M: Yes. For example, / ¹Rutherford Hall has a lot of interactive displays / that are perfect for children, / including a model city / that they can walk around in.

W: That sounds interesting, / but my students are actually teenagers.

M: I see. Well, / they might like Elizabeth Hall then, / ²which has a few displays / specifically aimed at teens, / such as a computer game / that allows them to design / their own building.

W: OK, / and what about the other halls?

M: Well, / Davis Hall is focused on / the development of environmentally friendly building techniques. But ³it's very much aimed at an adult audience, / so your students might find it / hard to understand.

W: I see. Um, / I'll discuss this / with the principal of my school.

남: 네. 예를 들면, ¹Rutherford관에는 어린이들에게 안성맞춤인 양방향 전시물이 많은데, 걸어서 그 안을 돌아다닐 수 있는 도시 모형을 포함하죠.

여: 흥미롭게 들리지만, 저희 학생들이 사실 청소년이라서요.

남: 그렇군요. 음, 그렇다면 그들은 아마 Elizabeth관을 좋아할 텐데, 이 전시관은 건물을 직접 설계해 보도록 하는 컴퓨터 게임과 같이, ²특별히 청소년을 대상으로 하는 몇몇 전시물을 포함하고 있어요.

여: 그렇군요, 그리고 다른 전시관은 어떤가요?

남: 음, Davis관은 환경 친화적인 건축 기술의 발전 과정에 초점을 맞추고 있어요. 하지만 ³그곳은 상당 부분 성인 방문객들을 겨냥하고 있어서, 선생님의 학생들은 이해하는 데 어려움을 겪을 수도 있을 것 같네요.

여: 알겠습니다. 음, 저희 학교 교장 선생님과 상의해 볼게요.

각 전시관은 어떤 그룹에 가장 적합한가?

A 청소년을 대상으로 함
B 어린이들을 대상으로 함
C 어른들을 대상으로 함

전시관

1   Rutherford관   ....
2   Elizabeth관   ....
3   Davis관   ....

1   해설 문제(Rutherford Hall)가 언급된 지문 내용 중 남자가 'Rutherford Hall has a lot of interactive displays that are perfect for children'이라며 Rutherford관에는 어린이들에게 안성맞춤인 양방향 전시물들이 많이 있다고 하였으므로, 보기 **B** aimed at children이 정답입니다. 'perfect for children'이 'aimed at children'으로 바꾸어 표현되었습니다.

2   해설 문제(Elizabeth Hall)와 관련된 지문 내용 중 남자가 'which has a few displays specifically aimed at teens'라며 Elizabeth관은 특별히 청소년을 대상으로 하는 몇몇 전시물을 포함하고 있다고 하였으므로, 보기 **A** aimed at teenagers가 정답입니다.

3   해설 문제(Davis Hall)와 관련된 지문 내용 중 남자가 'it's very much aimed at an adult audience, so your students might find it hard to understand'라며 Davis관은 상당 부분 성인 방문객들을 겨냥하고 있어서 선생님의 학생들은 이해하는 데 어려움을 겪을 수도 있을 것 같다고 하였으므로, 보기 **C** aimed at adults가 정답입니다.

02 영국식 발음   🎧 (W2_D4) DC4-6.mp3

Welcome to Beacon Orchards. My name is Olivia, / and I'll be showing you around / today. The orchard is divided up / into several sections, / each of which / features different types of fruit plants. Today's tour will begin / in the tree section, / which has a variety of different fruit trees. Here you can see apple, / peach, / and pear trees . . . and many more. And ⁴you can pick yourself a fresh apple / off a tree / as well.

Beacon 과수원에 오신 것을 환영합니다. 제 이름은 Olivia이고, 오늘 여러분을 구경시켜 드릴 겁니다. 과수원은 여러 개의 구역으로 나누어져 있고, 구역 각각은 서로 다른 종류의 과일 나무를 특색으로 삼아요. 오늘의 투어는 나무 구역에서 시작할 것인데, 이곳에는 여러 다양한 과일 나무가 있습니다. 이곳에서 여러분은 사과, 복숭아, 배... 그리고 더 많은 나무들을 보실 수 있어요. 그리고 ⁴나무에서 신선한 사과를 직접 따보실 수도 있습니다.

Afterwards, / we'll head over / to the bush section . . . the area / where we grow berries. Not only do we have blackberry / and blueberry plants, / but we also have less common berries / from across the country. [5]There will also be a short presentation / on how to grow berry bushes / on your own.

OK . . . We will end our tour today / in the vine section, / where we cultivate grapes. [6]One of the highlights of our visit / to this section / will be the wine-tasting! You will have the opportunity / to try several of the wines / that we make here / on the property. And if there is one / that you particularly like, / you can purchase a bottle of it / at the orchard's shop . . . Or better yet, / take home a bottle of each kind!

그 후에, 저희는 관목 구역으로 향할 겁니다... 저희가 산딸기류 열매를 재배하는 구역이죠. 저희는 블랙베리와 블루베리 나무를 보유하고 있을 뿐만 아니라, 전국 각지에서 온 흔치 않은 산딸기류들도 보유하고 있습니다. [5]산딸기류 관목을 직접 재배하는 방법에 관한 짧은 강연 또한 있을 거예요.

좋습니다... 오늘의 투어는 포도나무 구역에서 마칠 것인데, 그곳은 저희가 포도를 경작하는 곳입니다. [6]이 구역을 방문하실 때 가장 좋은 부분 중 하나는 와인 시음이 될 것입니다! 여러분은 저희가 여기 이곳에서 만든 여러 가지 와인을 시음해볼 기회를 가질 겁니다. 그리고 여러분이 특별히 마음에 드는 것이 있으시다면, 과수원의 상점에서 한 병을 구매하실 수도 있어요... 아니면 더욱 좋은 것은, 각 종류별로 한 병씩 집에 가져가시는 거죠!

방문객들은 어떤 구역에서 아래의 활동들을 할 수 있는가?

활동

A 상품이 제작되는 것을 보는 것
B 나무에서 과일을 따는 것
C 산딸기류를 재배하는 방법을 배우는 것
D 와인 만드는 영상을 시청하는 것
E 와인 샘플을 시음해 보는 것

구역

4 나무 구역   . . . .

5 관목 구역   . . . .

6 포도나무 구역   . . . .

---

4 해설 문제(tree section)와 관련된 지문 내용 중 'you can pick yourself a fresh apple off a tree as well'에서 나무에서 신선한 사과를 직접 따볼 수도 있다고 하였으므로, 보기 **B** pick fruit from trees가 정답입니다.

5 해설 문제(bush section)와 관련된 지문 내용 중 'There will also be a short presentation on how to grow berry bushes on your own.'에서 산딸기류 관목을 직접 재배하는 방법에 관한 짧은 강연 또한 있을 것이라고 하였으므로, 보기 **C** learn how to grow berries가 정답입니다.

6 해설 문제(vine section)와 관련된 지문 내용 중 'One of the highlights of our visit to this section will be the wine-tasting!'에서 포도나무 구역을 방문할 때 가장 좋은 부분 중 하나는 와인 시음이 될 것이라고 하였으므로, 보기 **E** try samples of wine이 정답입니다. 'wine-tasting'이 'try samples of wine'으로 바꾸어 표현되었습니다.

---

03 미국식 발음   🎧 (W2_D4) DC7-10.mp3

Before we start today's meeting / of the Hampton Sports Association, / I would like to make a quick announcement / regarding trials / for some local amateur sports teams.

The Desmond Falcons, / our local rugby team, / will be holding trials for new members / next month. [7]Seven current players will be leaving this year, so new players will be needed to replace them

오늘 Hampton 스포츠 협회의 회의를 시작하기 전에, 몇몇 지역 취미 스포츠 팀들의 선수 선발에 관해 짧은 안내를 해 드리고 싶습니다.

우리 지역의 럭비 팀, Desmond Falcons에서, 다음 달에 새로운 회원의 선발 대회를 가질 예정입니다. [7]올해 7명의 선수가 떠날 것이므로, 다가오는 시즌에 그들을 대체할 새로운 선수들이 필요할 거예요.

for the upcoming season. Trials will be held / at the Delta Sports Centre / on April 11th. All players must bring / their own safety gear.

Also, the city's amateur football club, Kingston United, / will be recruiting two new members / for its team. [8]Two current members are moving to another area, / so these positions will become available. The trials will be held in June, and the deadline for registration is the last day of May. This can be done by filling out a form on the team's website.

The Regal Tigers, our local bowling league, / is looking for four new team members, / and anyone can sign up / anytime at the bowling alley. [9]This is not a competitive league, / so trials aren't necessary. Players will need to have their own shoes / and bowling balls. The deadline for league registration / is the end of April.

Finally, / a field hockey team / is being put together. This new city sports club / will be called the Kingston Wings. Jason Brett is the organiser, / and they are looking for a full team / of 16 players. The new team will compete locally, / but [10]once a year / it will play / in a regional tournament. Bookings aren't needed . . . Anyone who's interested / should just show up at Bridges Field / on April 24th at 5 pm / for trials.

All right, let's move on to the first item / on our agenda.

선발 대회는 4월 11일에 Delta 스포츠 센터에서 열릴 것입니다. 모든 선수들은 본인의 안전 장비를 가져오셔야 해요.

또한, 시의 취미 축구 클럽인, Kingston United에서, 팀에 2명의 새로운 회원을 모집할 예정입니다. [8]2명의 현 선수가 다른 지역으로 이사할 예정이므로, 이 자리들이 빌 것입니다. 선발 대회는 6월에 개최될 것이고, 등록 마감일은 5월의 마지막 날입니다. 이것은 팀의 웹사이트에서 양식을 작성하시는 것으로 완료될 수 있습니다.

우리 지역의 볼링 경기 연맹인, Regal Tigers는, 4명의 새로운 회원을 찾고 있으며, 누구라도 언제든지 볼링장에서 등록할 수 있습니다. [9]이것은 경쟁을 하는 연맹이 아니므로, 선발 대회는 필요하지 않습니다. 선수들은 본인의 신발과 볼링공을 보유하고 있어야 합니다. 경기 연맹 등록 마감일은 4월 말일이에요.

마지막으로, 필드하키 팀이 준비 중입니다. 이 새로운 시립 스포츠 클럽은 Kingston Wings로 불리게 될 것입니다. Jason Brett이 창립 위원이고, 16명의 선수로 구성된 팀 전체를 찾고 있습니다. 이 새로운 팀은 지역 단위로 경기에 참가할 것이지만, [10]1년에 한 번은 지구 대회에서 경기할 것입니다. 예약은 필요하지 않아요... 관심이 있는 분은 누구든 그저 선발 대회를 위해 4월 24일 오후 5시에 Bridges 경기장으로 오시면 됩니다.

좋습니다, 저희의 첫 번째 안건으로 넘어가도록 하죠.

안내에서 언급된 각 팀에 알맞은 설명은 무엇인가?

스포츠 클럽에 대한 정보
A 7명의 현 선수가 나갈 것임
B 선발 대회가 필요하지 않음
C 안전 장비를 제공할 것임
D 2개의 자리가 비어있음
E 연례 대회에 참가할 것임
F 지구 대회를 개최할 것임
G 5월에 선발 대회를 개최함

팀

7 Desmond Falcons   ....
8 Kingston United   ....
9 Regal Tigers   ....
10 Kingston Wings   ....

7 해설 문제(Desmond Falcons)와 관련된 지문 내용 중 'Seven current players will be leaving this year'에서 올해 7명의 선수가 떠날 것이라고 하였으므로, 보기 A will lose seven current players가 정답입니다.

오답 확인하기

C는 Desmond Falcons와 관련된 지문 내용 중 'All players must bring their own safety gear.'와 반대되는 내용이므로 오답입니다.

8 해설 문제(Kingston United)와 관련된 지문 내용 중 'Two current members are moving to another area, so these positions will become available.'에서 2명의 현 선수가 다른 지역으로 이사할 예정이므로 이 자리들이 빌 것이라고 하였으므로, 보기 **D has two positions available**이 정답입니다.

9 해설 문제(Regal Tigers)와 관련된 지문 내용 중 'This is not a competitive league, so trials aren't necessary.'에서 Regal Tigers는 경쟁을 하는 연맹이 아니므로 선발 대회는 필요하지 않다고 하였으므로, 보기 **B needs no trials**가 정답입니다. 'trials aren't necessary'가 'needs no trials'로 바꾸어 표현되었습니다.

10 해설 문제(Kingston Wings)와 관련된 지문 내용 중 'once a year it will play in a regional tournament'에서 1년에 한 번은 지구 대회에서 경기할 것이라고 하였으므로, 보기 **E will participate in an annual tournament**가 정답입니다.

> **오답 확인하기**
> F는 Kingston Wings와 관련된 지문 내용 중 'regional'을 그대로 언급해 혼동하기 쉽지만, 지문에서 지구 대회를 개최할 것이라는 내용은 언급하지 않았으므로 오답입니다.

DAILY TEST

1 June	**2** Bell	**3** parking	**4** B
5 B	**6** A	**7** A	**8** B
9 D	**10** E		

Questions 1-10 영국식 발음

🎧 (W2_D4) DT.mp3

Section 2. You will hear a radio broadcast about the opening of a new medical facility.

Good morning. My name is Kevin Black. I represent the Seaward Health Centre, / a medical facility / that will open in Surrey. I appreciate this opportunity / to provide some information / about the facility. Let me start with the basics . . . [1]The Seaward Medical Centre will open / on June 14th, / almost a month ahead of schedule. Our hours will be 8 am to 7 pm / from Monday to Friday, / and 9 am to 5 pm / on Saturdays. Unfortunately, / we'll be closed / on Sundays. [2]The centre is located / at 1321 Bell Street. Um, that's just across the street / from Rosewood Gardens. Oh, and [3]I should also point out / that we offer parking to patients / free of charge / in our multilevel underground car park.

So, we are going to provide everything / you would normally expect / from a medical centre . . . um, medical checkups, prescriptions, and so on. However, we also plan to offer our patients / a variety of special services. Our director, / Dr Kyle Ferris, / is a firm believer / in the concept of preventative healthcare. [4]He says / that the centre's primary goal / is to help people develop a healthy lifestyle / so that they are less likely to become ill / in the first place. The centre will accomplish this / in many ways. First, we'll have

섹션 2. 새로운 의료 시설의 개관에 관한 라디오 방송을 들으세요.

좋은 아침입니다. 제 이름은 Kevin Black이에요. 저는 서리 지역에 개관하는 의료 시설인, Seaward 의료원의 대표를 맡고 있어요. 시설에 대한 몇 가지 정보를 제공해드릴 수 있는 이번 기회를 감사하게 생각합니다. 기본적인 것부터 시작해보죠... 일정보다 거의 한 달 이르게, [1]Seaward 의료원은 6월 14일에 개관할 것입니다. 운영 시간은 월요일부터 금요일까지는 오전 8시부터 오후 7시까지, 토요일에는 오전 9시부터 오후 5시까지가 될 겁니다. 유감스럽게도, 일요일에는 문을 닫습니다. [2]시설은 Bell가 1321번지에 위치해 있어요. 음, 그건 Rosewood 정원에서 바로 길 건너예요. 오, 그리고 [3]저희가 환자분들에게 여러 층으로 된 지하 주차장의 주차를 무료로 제공한다는 것도 언급해야겠네요.

그래서, 저희는 여러분이 보통 의료원에 기대하는 모든 것을 제공할 예정입니다... 음, 건강 검진, 처방전, 그리고 기타 다른 것들이요. 하지만, 환자분들에게 여러 가지 특별 서비스를 제공하는 것 또한 계획하고 있습니다. 저희의 책임자인, Kyle Ferris 박사는, 예방 의학이라는 개념의 확고한 신봉자죠. [4]그는 이 시설의 주된 목적은 사람들이 건강한 생활 양식을 발전시키는 데 도움을 주어서 애초에 그들이 병에 걸릴 가능성이 적어지게 하는 것이라고 말합니다. 시설은 이것을 여러 가지 방식으로 성취할 거예요.

a certified nutritionist / on staff . . . Marvin Reynolds. [5]He'll host a free seminar / about meal planning / every Thursday. He will talk about the relationship / between eating healthy food every day / and long-term physical health. We'll also focus on the connection / between a person's mental and physical well-being. For that reason, / [6]Dr Brandon's team of therapists / will be available / for one-on-one consultations. Anyone can arrange a session / by making a reservation / through our website. And then / one of our staff members will send you an e-mail / to confirm your appointment.

Now, I'm sure / many of you would like to look around the centre / and meet the staff. You will get an opportunity / to do that / on Wednesday . . . / one week before the centre officially opens. On that day, / we will be holding an open house. It will run from 1 pm to 4 pm / and will include a number of activities. [7]Snacks will be served / in the lobby / on the ground floor. So, / there will be a chance / to socialise with other guests. [8]Those with kids / can drop them off / on the second floor, / where we will have some games for them. While their children are being entertained, / parents will go on a tour of our facility. They'll be shown our examination rooms, / offices, / and laboratory facilities. After the tour, / [9]I will hold a discussion session / in my office / on the third floor. I'll also have some brochures / and other printed material / to hand out / on preventative health. And for visitors / who want more details / about our services, / [10]a short video will be shown / in the conference room / on the fourth floor. So, I encourage everyone to stop by the centre / on that day.

먼저, 저희는 공인된 영양사를 직원으로 둘 것입니다... Marvin Reynolds죠. [5]그는 매주 목요일에 식단 관리에 관한 무료 세미나를 개최할 것입니다. 그는 매일 건강한 음식을 먹는 것과 장기적인 신체 건강의 관계에 관해 이야기할 거예요. 저희는 또한 개인의 정신적 건강과 신체적 건강 사이의 관련성에 초점을 맞출 것입니다. 그러한 이유로, [6]Brandon 박사의 치료 전문가 팀과 1대1 상담이 가능할 것입니다. 저희 웹사이트를 통해 예약하시면 누구나 상담 시간을 정할 수 있습니다. 그러고 나서 저희 직원 중 한 명이 여러분의 예약을 확정하는 이메일을 보내드릴 것입니다.

자, 여러분 중 많은 분들이 시설을 둘러보고 직원들을 만나보고 싶어하실 것으로 확신해요. 수요일에 그렇게 할 기회를 가지실 겁니다... 시설이 공식적으로 개관하기 일주일 전이죠. 그날, 저희는 참관 행사를 열려고 합니다. 그것은 오후 1시부터 오후 4시까지 진행될 것이고 많은 활동들을 포함할 거예요. [7]간식은 1층 휴게실에서 제공될 겁니다. 따라서, 다른 고객들과 어울리실 기회가 있을 거예요. [8]아이들을 데리고 오신 분들은 그들을 2층에 맡기시면 되는데, 거기에는 아이들을 위한 몇몇 놀잇감이 있을 겁니다. 아이들이 노는 동안, 부모님들께서는 저희 시설의 투어를 하실 수 있죠. 저희의 진찰실, 사무실, 그리고 연구실을 둘러보시게 될 거예요. 투어 이후에는, [9]3층에 있는 제 사무실에서 토론 시간을 가질 겁니다. 예방 보건에 관해 나누어드릴 몇몇 소책자와 다른 인쇄물들도 있을 거예요. 그리고 저희의 서비스에 관해 더 많은 세부 사항들을 원하시는 방문객들을 위해, [10]4층에 있는 회의실에서 짧은 영상이 상영될 것입니다. 따라서, 그날 모든 분들이 시설에 들르시기를 장려합니다.

Questions 1-3

Seaward 의료원

- 1............ 14일에 개관함

- 운영 시간:
  – 오전 8시–오후 7시, 월요일–금요일
  – 오전 9시–오후 5시, 토요일

- 2............가 1321번지에 위치함

- 환자들에게 무료 3............이 제공됨

---

1 해설 문제의 핵심어구(Opens on)와 관련된 지문 내용 중 'The Seaward Medical Centre will open on June 14th'에서 Seaward 의료원은 6월 14일에 개관할 것이라고 하였으므로, **June**이 정답입니다.

2 해설 문제의 핵심어구(Located at)가 언급된 지문 내용 중 'The centre is located at 1321 Bell Street.'에서 시설은 Bell가 1321번지에 위치해 있다고 하였으므로, **Bell**이 정답입니다.

3 해설 문제의 핵심어구(provided for patients)와 관련된 지문 내용 중 'I should also point out that we offer parking to patients free of charge in our multilevel underground car park'에서 환자들에게 여러 층으로 된 지하 주차장의 주차를 무료로 제공한다는 것도 언급해야겠다고 하였으므로, **parking**이 정답입니다.

Questions 4-6

Seaward 의료원의 특별 서비스

4 Kyle Ferris 박사는 시설의 주된 목적이 -이라고 말한다.
A 희귀병에 걸린 사람들에게 치료를 제공하는 것
B 사람들이 건강한 생활 양식을 수립하는 데 도움을 주는 것
C 영양상의 조언을 주는 것

해설 문제의 핵심어구(main goal)와 관련된 지문 내용 중 'He says that the centre's primary goal is to help people develop a healthy lifestyle so that they are less likely to become ill in the first place.'에서 Kyle Ferris 박사는 이 시설의 주된 목적은 사람들이 건강한 생활 양식을 발전시키는 데 도움을 주어서 애초에 그들이 병에 걸릴 가능성이 적어지게 하는 것이라고 말한다고 하였으므로, 보기 **B** to help people establish a healthy way of life가 정답입니다. 'develop a healthy lifestyle'이 'establish a healthy way of life'로 바꾸어 표현되었습니다.

5 Marvin Reynolds에 의해 진행될 세미나는 -을 다룰 것이다.
A 운동 습관
B 영양가가 높은 식단 계획
C 정신 건강

해설 문제의 핵심어구(seminar led by Marvin Reynolds)와 관련된 내용 중 'He'll host a free seminar about meal planning ~. He will talk about the relationship between eating healthy food every day and long-term physical health.'에서 Marvin Reynolds는 식단 관리에 관한 무료 세미나를 개최할 것이라고 한 뒤, 그는 매일 건강한 음식을 먹는 것과 장기적인 신체 건강의 관계에 관해 이야기할 것이라고 하였으므로, 보기 **B** nutritious meal planning이 정답입니다.

6 화자는 Brandon 박사의 의사 팀에 대해 무엇을 언급하는가?
A 개인 상담을 해줄 수 있다.
B 환자들의 처방전을 작성한다.
C 직원들을 위한 교육을 제공한다.

해설 문제의 핵심어구(Dr Brandon Wallace's team of doctors)와 관련된 지문 내용 중 'Dr Brandon's team of therapists will be available for one-on-one consultations.'에서 Brandon 박사의 치료 전문가 팀과 1대1 상담이 가능할 것이라고 하였으므로, 보기 **A** They are available for individual consultations가 정답입니다.

> **오답 확인하기**
> B는 지문의 'prescriptions'를 그대로 언급해 혼동하기 쉽지만, Brandon 박사가 아닌 Seaward 의료원에 대한 내용이므로 오답입니다.
> C는 지문의 'staff'를 그대로 언급해 혼동하기 쉽지만, 지문에서 직원들을 위한 교육을 제공한다는 내용은 언급하지 않았으므로 오답입니다.

Questions 7-10

다음 층에서 어떤 활동이 일어날 것인가?

활동
A 다과의 제공
B 아이들을 위한 놀잇감
C 의료 시범
D 토론 시간
E 비디오 상영
F 의사의 연설

층

7   1층   ....

8   2층   ....

9   3층   ....

10 4층   ....

7 해설 문제(Ground floor)가 언급된 지문 내용 중 'Snacks will be served in the lobby on the ground floor.'에서 간식은 1층 휴게실에서 제공될 것이라고 하였으므로, 보기 **A** Serving of snacks가 정답입니다.

8 해설 문제(Second floor)가 언급된 지문 내용 중 'Those with kids can drop them off on the second floor, where we will have some games for them.'에서 아이들을 데리고 온 사람들은 그들을 2층에 맡겨 두면 되는데 거기에는 아이들을 위한 몇몇 놀잇감들이 있을 것이라고 하였으므로, 보기 **B** Games for children이 정답입니다.

9 해설 문제(Third floor)가 언급된 지문 내용 중 'I will hold a discussion session in my office on the third floor'에서 3층에 있는 사무실에서 토론 시간을 가질 것이라고 하였으므로, 보기 **D** Discussion time이 정답입니다.

10 해설 문제(Fourth floor)가 언급된 지문 내용 중 'a short video will be shown in the conference room on the fourth floor'에서 4층에 있는 회의실에서 짧은 영상이 상영될 것이라고 하였으므로, 보기 **E** Video screening이 정답입니다. 'video will be shown'이 'Video screening'으로 바꾸어 표현되었습니다.

(5일) 지도/평면도/다이어그램 완성하기 Map/Plan/Diagram Labelling

DAILY CHECK-UP

p.114

1 C	**2** B	**3** D	**4** D
5 A	**6** C	**7** B	**8** D
9 C	**10** E		

---

01 영국식 발음 → 호주식 발음

🎧 (W2_D5) DC1-3.mp3

M: Excuse me. My friends and I just arrived / at the campground, / and I was wondering / if you could tell me / about your facilities.

남: 실례합니다. 제 친구와 저는 방금 이 야영장에 도착했는데, 시설들에 대해 알려주실 수 있는지 궁금해하고 있었어요.

W: I'd be happy to do that. I'll show you / where some of the facilities are / on this map. Firstly, / we have some showers. ¹Once you walk through the Main gate, / they will be / on your right. They are directly opposite this office.

M: Oh, / yes. I saw them / when I came in.

W: Good. And then / we have a Recreation hall, / where you can play billiards or table tennis. ²From this office, / turn left and then follow the path / around the Central square. The hall is on the western side / of the square.

M: Wonderful. We were hoping / there would be some games / to play.

W: Great. And we've also got / a new Rock climbing wall. To get there, / ³continue past the Recreation hall / and then turn right. Walk until you reach a narrow trail. If you follow the trail / to the pool, the Rock wall will be / on your left.

M: OK, / thank you. It sounds like / there is a lot to do / here.

여: 기꺼이 그렇게 해 드릴게요. 이 지도를 통해 몇 몇 시설들이 어디에 있는지 보여드리겠습니다. 먼저, 샤워장들이 몇 개 있어요. ¹정문을 통해 들어오시면, 그건 오른쪽에 있을 거예요. 이 사무실의 바로 맞은편이죠.

남: 오, 맞아요. 들어올 때 봤어요.

여: 좋아요. 그리고 다음으로 레크리에이션 회관이 있는데, 그곳에서 당구나 탁구를 치실 수 있어요. ²이 사무실에서, 왼쪽으로 꺾으신 다음 중앙 광장을 돌아서 길을 따라가세요. 그 회관은 광장의 서쪽 편에 있어요.

남: 훌륭하네요. 저희는 즐길 수 있는 게임이 좀 있으면 좋겠다고 바라고 있었거든요.

여: 좋네요. 그리고 새로 설치된 암벽 등반용 벽도 있어요. 그곳에 가시려면, ³레크리에이션 회관을 지나 계속 가시다가 오른쪽으로 꺾으세요. 좁은 오솔길에 도달하실 때까지 계속 걸으세요. 수영장으로 향하는 그 오솔길을 따라가시면, 암벽이 왼쪽에 있을 거예요.

남: 네, 감사합니다. 여기에서 할 만한 것들이 굉장히 많은 것 같네요.

Carmarthen 야영장 지도

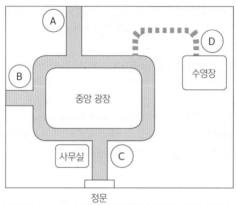

1 샤워장   …………

2 레크리에이션 회관   …………

3 암벽 등반용 벽   …………

---

1 해설 문제(Showers)와 관련된 지문 내용 중 여자가 'Once you walk through the Main gate, they will be on your right. They are directly opposite this office.'라며 정문을 통해 들어오면 샤워장이 오른쪽에 있을 것이라고 한 뒤, 이 사무실의 바로 맞은편이라고 하였으므로, 보기 **C**가 정답입니다.

2 해설 문제(Recreation hall)와 관련된 지문 내용 중 여자가 'From this office, turn left and then follow the path around the Central square. The hall is on the western side of the square.'라며 이 사무실에서 왼쪽으로 꺾은 다음 중앙 광장을 돌아서 길을 따라가라고 한 뒤, 레크리에이션 회관은 광장의 서쪽 편에 있다고 하였으므로, 보기 **B**가 정답입니다.

3 해설 문제(Rock climbing wall)와 관련된 지문 내용 중 여자가 'continue past the Recreation hall and then turn right. Walk until you reach a narrow trail. If you follow the trail to the pool, the rock wall will be on your left.'라며 레크리에이션 회관을 지나 계속 가다가 오른쪽으로 꺾으라고 하며 좁은 오솔길에 도달할 때까지 계속 걸으라고 한 뒤, 수영장으로 향하는 그 오솔길을 따라가면 암벽이 왼쪽에 있을 것이라고 하였으므로, 보기 **D**가 정답입니다.

As all of you know, / the Newport Public Library is going to be renovated. Before we end today's council meeting, / I'll explain the major changes / that are planned / for the layout of the facility. Please look at the plan / on the screen behind me. As you can see, / the Main entrance is at the bottom of the plan. When you walk through that doorway, / you will be in the Entrance hall. ⁴If you take the hallway / to the left of the Entrance hall, / the door to the Children's reading room / will be on your left. That's / where all the kids' books will be located. ⁵Directly across the hallway / from the reading room door / is the Cafeteria. It's next to the Study area. There will be tea, / coffee, / and a range of snacks there. Now, / on the other side of the Entrance hall is our Main book section. ⁶Across from it are two doors. The one on the left is / the office door, and between that and the book return box / is the Multimedia centre, / where patrons will be able to watch DVDs.

여러분 모두가 아시다시피, Newport 공공 도서관이 개조될 예정입니다. 오늘의 의회 회의를 끝내기 전에, 저는 시설의 배치에 관해 계획되어 있는 주요 변화들을 설명하겠습니다. 제 뒤쪽 화면에 있는 평면도를 봐 주세요. 여러분께서 보실 수 있듯이, 정문은 평면도의 맨 아래에 있습니다. 그 문을 통과해서 걸어가시면, 입구 복도에 있게 됩니다. ⁴입구 복도의 왼쪽으로 나 있는 복도로 가시면, 어린이 열람실로 향하는 문이 여러분의 왼쪽에 있을 겁니다. 모든 아동용 도서가 위치하게 될 곳이죠. ⁵그 열람실 문으로부터 복도 바로 맞은편에 있는 곳은 구내 식당입니다. 그곳은 학습 구역의 옆이에요. 차, 커피, 그리고 다양한 간식들이 그곳에 있을 겁니다. 이제, 입구 복도의 반대편에는 중앙 열람실이 있습니다. ⁶그곳의 맞은편에는 두 개의 문이 있죠. 왼쪽에 있는 것은 사무실 문이고, 그곳과 도서 반납함 사이에 있는 곳이 멀티미디어 센터로, 이곳에서 고객들이 DVD를 보실 수 있을 겁니다.

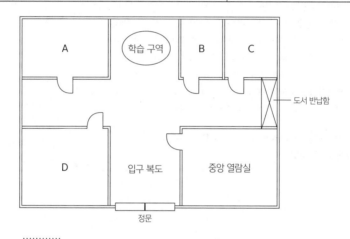

4   어린이 열람실   ....

5   구내 식당   ....

6   멀티미디어 센터   ....

4   해설   문제(Children's reading room)가 언급된 지문 내용 중 'If you take the hallway to the left of the Entrance hall, the door to the Children's reading room will be on your left.'에서 입구 복도의 왼쪽으로 나 있는 복도로 가면 어린이 열람실로 향하는 문이 왼쪽에 있을 것이라고 하였으므로, 보기 **D**가 정답입니다.

5   해설   문제(Cafeteria)가 언급된 지문 내용 중 'Directly across the hallway from the reading room door is the Cafeteria.'에서 어린이 열람실 문으로부터 복도 바로 맞은편에 있는 곳은 구내 식당이라고 하였으므로, 보기 **A**가 정답입니다.

6   해설   문제(Multimedia centre)가 언급된 지문 내용 중 'Across from it are two doors. The one on the left is the office door, and between that and the book return box is the Multimedia centre'에서 중앙 열람실의 맞은편에는 두 개의 문이 있다고 한 뒤, 왼쪽에 있는 것은 사무실 문이고 그곳과 도서 반납함 사이에 있는 곳이 멀티미디어 센터라고 하였으므로, 보기 **C**가 정답입니다.

Good morning, everyone. My name is Sandra Roberts, / and I'm an instructor here / at Core Fitness Centre. As all of you are new members, / I thought / it would be helpful to explain / how to operate the exercise equipment / we have here.

So if everyone can gather around, / we'll start / with this running machine. Please take a look at the control panel. I'll show you / how all of these buttons work. Firstly, / if you look at the middle of the panel, / [7]you will see three circular buttons / on the bottom. If you press the button on the right, / the machine will start. And [7]to stop it, / just press the button / on the left. Doing this / gradually slows the machine down / before stopping. But if you want to suddenly stop the machine, / you can press the emergency stop button / in the middle. Um, this is the largest button / on the machine.

[8]At the top of the panel / are three rectangular displays. The one you should pay attention to / is the one on the right, / which is the time indicator. It will tell you / how long you have been running. [9]Next to that, / the biggest display is the calorie indicator. It will show you / how many calories you are burning / during your workout. The display on the far left / shows your heart rate. [10]Below the time indicator, / on the left-hand side of the middle panel, / is a speed dial, / which controls the pace / of the running machine.

OK, does anyone have any questions / about the running machine? If not, / we'll move on to the . . .

좋은 아침입니다, 여러분. 제 이름은 Sandra Roberts이고, 이곳 Core 피트니스 센터의 강사입니다. 여러분 모두 새로운 회원들이시니, 저희가 여기에 보유하고 있는 운동 기구들을 어떻게 사용하는지 설명드리는 것이 도움이 될 것이라 생각했어요.

그러니 모두 모여 주시면, 러닝 머신부터 시작하겠습니다. 제어 패널을 봐 주세요. 이 모든 버튼이 어떻게 기능하는지 알려드리겠습니다. 우선, 패널의 중앙을 보시면, [7]맨 아래에 있는 세 개의 원형 버튼을 보실 수 있습니다. 오른쪽에 있는 버튼을 누르면, 기계가 작동하기 시작해요. 그리고 [7]그것을 멈추려면, 왼쪽에 있는 버튼을 누르기만 하시면 됩니다. 그렇게 하는 것은 기계가 멈추기 전에 점차 느려지게 할 거예요. 하지만 기계를 갑자기 멈추고 싶으시다면, 중앙에 있는 비상 정지 버튼을 누르시면 됩니다. 음, 이건 기계에서 가장 큰 버튼이에요.

[8]패널의 맨 위쪽에는 세 개의 직사각형 화면이 있습니다. 여러분이 주목해야 하는 것은 오른쪽에 있는 것인데, 이건 시간 표시기입니다. 그것은 여러분이 얼마나 오래 달리고 있는지 알려줄 거예요. [9]그것의 옆에, 가장 큰 화면이 열량 표시기입니다. 이것은 여러분이 운동 중에 얼마나 많은 열량을 소모하고 있는지 보여줄 겁니다. 가장 왼쪽의 화면은 여러분의 심장 박동을 보여줍니다. [10]시간 표시기의 아래에, 중앙 패널의 왼쪽에 있는 것이, 속도 조절 버튼인데, 이것은 러닝 머신의 속도를 조절해 줍니다.

좋습니다, 누구든 러닝 머신에 대해 어떤 질문이라도 있으신 분 계신가요? 안 계시면, 넘어가서...

A 시작 버튼
B 정지 버튼
C 열량 표시기
D 시간 표시기
E 속도 조절 버튼

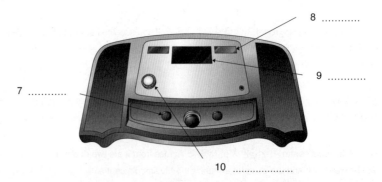

8 ....

9 ....

7 ....

10 ....

7   해설 문제의 위치 및 형태와 관련된 지문 내용 중 'you will see three circular buttons on the bottom'에서 맨 아래에 있는 세 개의 원형 버튼을 볼 수 있다고 한 뒤, 'to stop it, just press the button on the left'에서 기계를 멈추려면 왼쪽에 있는 버튼을 누르기만 하면 된다고 하였으므로, 보기 **B** Stop button이 정답입니다.

해설 문제의 위치 및 형태와 관련된 지문 내용 중 'At the top of the panel are three rectangular displays. The one you should pay attention to is the one on the right, which is the time indicator.'에서 패널의 맨 위쪽에는 세 개의 직사각형 화면이 있다고 한 뒤, 주목해야 하는 것은 오른쪽에 있는 것인데 이건 시간 표시기라고 하였으므로, 보기 **D** Time indicator가 정답입니다.

9 해설 문제의 위치 및 형태와 관련된 지문 내용 중 'Next to that, the biggest display is the calorie indicator.'에서 시간 표시기의 옆에 가장 큰 화면이 열량 표시기라고 하였으므로, 보기 **C** Calorie indicator가 정답입니다.

10 해설 문제의 위치와 관련된 지문 내용 중 'Below the time indicator, on the left-hand side of the middle panel, is a speed dial'에서 시간 표시기의 아래에, 중앙 패널의 왼쪽에 있는 것이 속도 조절 버튼이라고 하였으므로, 보기 **E** Speed dial이 정답입니다.

DAILY TEST

p.118

1 green	**2** 5 / five	**3** designer	**4** South America
5 E	**6** G	**7** D	**8** C
9 B	**10** A		

Questions 1-10 영국식 발음

🎧 (W2_D5) DT.mp3

Section 2. You will hear a tour guide speaking to a group of visitors about a walking tour.

OK. We've arrived at the next stop / on today's walking tour . . . Westfield Park. You will have approximately one hour / to explore it / on your own. But before you do that, / I'd like to tell you a little bit / about the park.

[1]Westfield Park was established / as part of a citywide project / to create green spaces / in unused industrial or commercial areas . . . uh, like former factory or warehouse locations. The park occupies a site / that had a section of railway / that was no longer being used. The park has proven to be incredibly popular / with residents. [2]It has been voted Best City Park / in annual surveys / conducted by the city / for five of the seven years / it has been open.

Now, / one of the reasons for its popularity is / that it includes a variety of exotic plants. [3]The park's designer is Edwin Coyle. He wanted to give residents a chance / to see plant life / that they wouldn't find / in other local parks. [4]Mr Coyle imported flowers and shrubs / from South America, / which is where he grew up. He also used to live in the Caribbean, / so he knows a lot / about tropical plants. But, / of course, / he selected ones / that could survive / in the English climate. Be sure to take some pictures of the plants / as you wander around the park.

섹션 2. 도보 관광에 관해 투어 가이드가 단체 방문객에게 이야기하는 것을 들으세요.

좋아요. 오늘 도보 관광의 다음 목적지에 도착했습니다... Westfield 공원이에요. 여러분은 이곳을 스스로 답사할 시간을 대략 한 시간 정도 가질 겁니다. 하지만 그렇게 하시기 전에, 공원에 관해서 조금 말씀드리고 싶어요.

[1]Westfield 공원은 사용되지 않는 공업 또는 상업 구역에 녹색 공간을 조성하려는 광역 사업의 일환으로 설립되었습니다... 어, 예전에 공장이나 창고였던 장소처럼 말이죠. 이 공원은 더 이상 사용되지 않고 있던 철길의 한 구획이 있었던 장소를 사용합니다. 이 공원은 주민들에게 믿을 수 없을 정도로 인기가 있다는 것이 증명되어 왔습니다. [2]이곳은 시에 의해 진행된 연간 설문 조사에서 개원한 이래 7년 중 5번이나 최고의 도심 공원으로 뽑혔습니다.

자, 이곳의 인기 이유 중 하나는 이곳에 여러 이국적인 식물들이 있다는 것입니다. [3]공원의 설계자는 Edwin Coyle입니다. 그는 주민들에게 다른 지역 공원에서는 찾을 수 없을 만한 식물을 볼 기회를 주고 싶었습니다. [4]Coyle씨는 꽃과 관목들을 남미에서 수입했는데, 그곳은 그가 자랐던 곳입니다. 그는 또한 카리브해 지역에서도 살았었기 때문에, 열대 식물들에 대해 많이 알고 있습니다. 하지만, 물론, 그는 영국 기후에서 살아남을 수 있는 것들을 선별했습니다. 공원을 거니실 때 꼭 식물들의 사진을 몇 장 찍으세요.

Now, let's take a few minutes / to get familiar with the park's layout. Take a look at this map . . . We are currently standing / at the Main gate. If you want to purchase a souvenir, / there is a gift shop / in the park. To reach it, / ⁵go straight ahead / from the entrance / and then turn left / onto the first pathway. Walk past the statue of the city founder / on your right, / and you will see it / right next to the Picnic area. It sells a few interesting books / about the park and the surrounding area, / as well as some lovely ornaments / for your house or garden.

There is also a park office . . . / ⁶That is the first building on the right / as you walk straight into the park / from the Main gate. If you go farther along this route, / you will reach / another of the park's attractions / – the Wishing well. ⁷It is on the right, / just before the Crossing gate.

OK . . . Those of you / who are interested in learning a bit more / about the history of the region / should visit the Information booth. ⁸Follow the road from the main entrance / until you pass through the Crossing gate, / and turn right. You will see the Fountain / on your left. At the end of the road, / you can find the booth / on the left. There is also a café / where you can buy coffee, / tea, / and sandwiches. ⁹It will be on your left / after the junction, / just across the road / from the Fountain.

Finally, the park has a playground / for children. ¹⁰Walk straight from the main entrance / through the Crossing gate. Then continue on / all the way to the end of the road. / You'll find it there / on your left. It's got swings, / a roundabout, / a climbing frame, / and some slides. I'm sure / those of you with kids / will enjoy that.

Have fun, / and we will all meet back here / at the main entrance / in about an hour.

이제, 공원의 배치에 익숙해지기 위한 시간을 몇 분 정도 갖겠습니다. 이 지도를 봐 주세요... 우리는 현재 정문에 서 있습니다. 기념품을 구매하기를 원하신다면, 공원에 기념품점이 있습니다. 그곳에 가기 위해서는, ⁵입구에서부터 쭉 직진하시고 왼쪽으로 꺾어 첫 번째 오솔길로 진입하세요. 오른쪽에 있는 도시 창립자의 동상을 지나쳐서 걸어가시면, 소풍 구역 바로 옆에 있는 그곳을 보실 겁니다. 그곳에서는 여러분의 집이나 정원을 위한 몇몇 사랑스러운 장식품뿐만 아니라, 공원과 그 주변 지역에 관한 흥미로운 책들도 몇 권 판매합니다.

공원 사무실도 있습니다... ⁶그건 여러분이 정문으로부터 공원 안쪽으로 직진하시면 오른쪽에 있는 첫 번째 건물입니다. 그 길을 따라 더 들어가시면, 공원의 또 다른 명소인, 소원을 비는 우물에 도착하실 겁니다. ⁷그곳은 건널목 바로 직전에, 오른쪽에 있습니다.

좋아요... 이 지역의 역사에 대해 좀 더 배우는 것에 관심이 있으신 분들은 안내소에 방문하셔야 합니다. ⁸정문으로부터 건널목을 통과하실 때까지 길을 따라가다가, 오른쪽으로 꺾으세요. 왼쪽에 있는 분수가 보일 거예요. 그 길의 끝에서, 왼쪽에 있는 안내소를 찾으실 수 있습니다. 여러분이 커피, 차, 그리고 샌드위치를 사실 수 있는 카페도 있습니다. ⁹교차로를 지나면 여러분의 왼쪽에 있을 것인데, 분수의 바로 길 건너편이에요.

마지막으로, 공원에는 아이들을 위한 놀이터가 있습니다. ¹⁰정문으로부터 직진해서 건널목을 통과하세요. 그러고 나서 길 끝까지 계속 걸으세요. 여러분의 왼쪽에서 그곳을 찾으실 수 있을 겁니다. 거기에는 그네, 시소, 암벽, 그리고 몇 개의 미끄럼틀이 있어요. 아이들과 오신 분들이 그것을 즐기실 거라고 확신합니다.

즐거운 시간을 보내시고, 저희는 모두 약 한 시간 뒤에 이곳 정문에서 다시 만나겠습니다.

Questions 1-4

Westfield 공원

공원
- 1........... 공간을 조성하려는 광역 사업
- 더 이상 사용되지 않던 철길의 한 구획이었던 장소를 사용함
- 2...........년간 최고의 도심 공원으로 뽑힘

가장 흥미로운 것
- 여러 이국적인 식물들
- Edwin Coyle이 공원의 3...........임
- 4...........으로부터 들여온 꽃과 관목을 특색으로 함

---

1   해설 문제의 핵심어구(Citywide project)가 언급된 지문 내용 중 'Westfield Park was established as part of a citywide project to create green spaces in unused industrial or commercial areas'에서 Westfield 공원은 사용되지 않는 공업 또는 상업 구역에 녹색 공간을 조성하려는 광역 사업의 일환으로 설립되었다고 하였으므로, **green**이 정답입니다.

2　해설　문제의 핵심어구(Best City Park)가 언급된 지문 내용 중 'It has been voted Best City Park in annual surveys conducted by the city for five of the seven years it has been open.'에서 Westfield 공원은 시에 의해 진행된 연간 설문 조사에서 개원한 이래 7년 중 5번이나 최고의 도심 공원으로 뽑혔다고 하였으므로, **5** 또는 **five**가 정답입니다.

3　해설　문제의 핵심어구(Edwin Coyle)가 언급된 지문 내용 중 'The park's designer is Edwin Coyle.'에서 공원의 설계자는 Edwin Coyle이라고 하였으므로, **designer**가 정답입니다.

4　해설　문제의 핵심어구(flowers and shrubs)가 언급된 지문 내용 중 'Mr Coyle imported flowers and shrubs from South America'에서 Coyle씨는 꽃과 관목들을 남미에서 수입했다고 하였으므로, **South America**가 정답입니다.

Questions 5-10

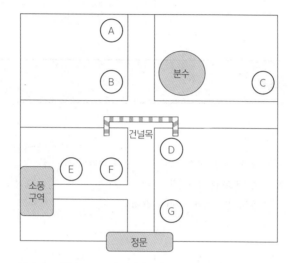

5　기념품점　　　　…………
6　공원 사무실　　…………
7　소원을 비는 우물　…………
8　안내소　　　　…………
9　카페　　　　　…………
10　놀이터　　　　…………

5　해설　문제(Gift shop)와 관련된 지문 내용 중 'go straight ahead from the entrance and then turn left onto the first pathway. Walk past the statue of the city founder on your right, and you will see it right next to the Picnic area.'에서 입구에서부터 쭉 직진하고 왼쪽으로 꺾어 첫 번째 오솔길로 진입하라고 한 뒤, 오른쪽에 있는 도시 창립자의 동상을 지나쳐서 걸어가면 소풍 구역 바로 옆에 있는 기념품점을 볼 것이라고 하였으므로, 보기 **E**가 정답입니다.

6　해설　문제(Park office)와 관련된 지문 내용 중 'That is the first building on the right as you walk straight into the park from the Main gate.'에서 공원 사무실은 정문으로부터 공원 안쪽으로 직진하면 오른쪽에 있는 첫 번째 건물이라고 하였으므로, 보기 **G**가 정답입니다.

7　해설　문제(Wishing well)와 관련된 지문 내용 중 'It is on the right, just before the Crossing gate.'에서 소원을 비는 우물은 건널목 바로 직전에 오른쪽에 있다고 하였으므로, 보기 **D**가 정답입니다.

8 해설 문제(Information booth)와 관련된 지문 내용 중 'Follow the road from the main entrance until you pass through the Crossing gate, and turn right. You will see the Fountain on your left. At the end of the road, you can find the booth on the left.'에서 정문으로부터 건널목을 통과할 때까지 길을 따라가다가 오른쪽으로 꺾으면 왼쪽에 있는 분수가 보일 것이라고 한 뒤, 그 길의 끝에서 왼쪽에 있는 안내소를 찾을 수 있을 것이라고 하였으므로, 보기 **C**가 정답입니다.

9 해설 문제(Café)와 관련된 지문 내용 중 'It will be on your left after the junction, just across the road from the Fountain.'에서 카페는 교차로를 지나면 왼쪽에 있을 것인데 분수의 바로 길 건너편이라고 하였으므로, 보기 **B**가 정답입니다.

10 해설 문제(Playground)와 관련된 지문 내용 중 'Walk straight from the main entrance through the Crossing gate. Then continue on all the way to the end of the road. You'll find it there on your left.'에서 정문으로부터 직진해서 건널목을 통과하라며 그러고 나서 길 끝까지 계속 걸으라고 한 뒤, 왼쪽에서 놀이터를 찾을 수 있을 것이라고 하였으므로, 보기 **A**가 정답입니다.

(6일) 단답형 Short Answer

DAILY CHECK-UP

p.124

1 fall **2** twice / 2 times **3** breakfast **4** (car / an) accident

5 £3,000 / 3,000 pounds **6** Gold (Policy) / the Gold **7** (a) guide **8** (the) buddy system

9 pressure **10** 10 metres / ten metres

01 영국식 발음 → 영국식 발음 (W2_D6) DC1-3.mp3

M: Good morning. Welcome to the admissions department. How can I help you?	남: 안녕하세요. 입학처에 오신 것을 환영합니다. 무엇을 도와드릴까요?
W: Hi, / I'm interested in / signing up / for a summer course / here.	여: 안녕하세요, 저는 이곳의 여름 강의에 등록하는 것에 관심이 있어요.
M: OK, / I can help you with that. Are you currently studying here?	남: 네, 제가 그것을 도와드릴 수 있어요. 현재 여기서 공부하고 계신가요?
W: Well, / ¹I'm starting a medical degree / in the fall semester.	여: 음, ¹저는 가을 학기에 의학 학위를 시작해요.
M: I see, / and what sort of course / are you interested in?	남: 알겠습니다, 그리고 어떤 종류의 강의에 관심이 있으신가요?
W: I want to take a chemistry course.	여: 저는 화학 강의를 수강하고 싶어요.
M: Let's see . . . We have an Introduction to Chemistry course / this summer. That lasts for a month.	남: 어디 봅시다... 이번 여름에 입문 화학 강의가 있네요. 한 달 동안 계속돼요.
W: That would be good. How often are the classes?	여: 좋을 것 같네요. 수업은 얼마나 자주 있나요?
M: ²There are lectures / three times a week / and seminars / twice a week.	남: ²강의는 일주일에 세 번 있고 세미나는 일주일에 두 번 있어요.
W: Great. And how much is the course?	여: 좋아요. 그리고 강의는 얼마인가요?
M: It's £1,150, / although newly enrolled students / get a discount. So you would only have to pay, um . . . £990.	남: 1,150파운드이지만, 새로 등록한 학생들은 할인을 받아요. 그러니까 학생은, 음... 990파운드만 내면 될 거예요.
W: Ah, that's a lot.	여: 아, 금액이 많네요.
M: Yes, / but you do get accommodation / with that, / and ³that includes breakfast, / although not lunch or dinner.	남: 네, 하지만 그것으로 숙소도 받고, ³비록 점심이나 저녁은 아니더라도, 아침 식사를 포함해요.
W: Oh, I see. Well, that's not too bad / then. I think / I'll sign up.	여: 오, 알겠어요. 음, 그러면 그렇게 나쁘지 않네요. 등록할까 싶은데요.
M: OK, let me get a form / ready for you . . .	남: 네, 양식을 준비해 드릴게요...

1 학생은 어느 학기에 의학 학위를 시작할 것인가?

해설 문제의 핵심어구(In which semester ~ medical degree)와 관련된 지문 내용 중 여자가 'I'm starting a medical degree in the fall semester'라며 가을 학기에 의학 학위를 시작한다고 하였으므로, **fall**이 정답입니다.

2 세미나는 일주일에 몇 번 진행될 것인가?

해설 문제의 핵심어구(How often ~ seminars be held)와 관련된 지문 내용 중 남자가 'There are ~ seminars twice a week.'라며 세미나는 일주일에 두 번 있다고 하였으므로, **twice** 또는 **2 times**가 정답입니다.

3 비용에는 무슨 식사가 포함되어 있는가?

해설 문제의 핵심어구(What meal ~ included)와 관련된 지문 내용 중 남자가 'that includes breakfast, although not lunch or dinner'라며 그 비용은 비록 점심이나 저녁은 아니더라도 아침 식사를 포함한다고 하였으므로, **breakfast**가 정답입니다.

02 호주식 발음 → 호주식 발음　　　　🎧 (W2_D6) DC4-6.mp3

W: Thank you for calling Delta Insurance. How can I help you today?	**여:** Delta 보험사에 전화 주셔서 감사합니다. 오늘 무엇을 도와드릴까요?
M: Good morning. Um, I bought an insurance policy / for my vehicle / through your company. But the thing is, / ⁴I was recently involved / in a car accident.	**남:** 안녕하세요. 음, 저는 귀하의 회사를 통해서 제 차량 보험 증서를 구입했어요. 그런데 문제는, ⁴제가 최근에 차 사고에 연루됐어요.
W: Oh dear. That's unfortunate. I hope / nobody was injured.	**여:** 오 저런. 유감스럽습니다. 아무도 안 다치셨기를 바랍니다.
M: No, / but my car was badly damaged. That's why I'm calling . . . I want to find out / how much of the repair cost / will be covered / by my insurance policy. ⁵The bill is likely to be / around £3,000 in total.	**남:** 안 다쳤지만, 제 차가 심하게 손상됐어요. 그게 제가 전화 드리는 이유예요. 제 보험 증서로 수리 비용에서 얼마나 보장될 것인지 알고 싶어요. ⁵비용은 총 3,000파운드 정도가 될 것 같아요.
W: Well, / first / could you give me your name, please?	**여:** 음, 먼저 고객님의 성함을 알려주시겠어요?
M: Sure. It's Dennis Anderson.	**남:** 그럼요. Dennis Anderson이에요.
W: OK, / just a minute . . . so ⁶you currently have the Gold Policy, / and under the terms of this, / we will provide / up to £8,000. But keep in mind / that . . .	**여:** 네, 잠시만요... 그러니까 ⁶고객님께서는 현재 골드 증서를 갖고 계시고, 이 조건 하에서는, 저희가 8,000파운드까지 제공해 드릴 거예요. 하지만 유념하셔야 할 것은...

4 최근에 고객은 무엇에 연루되었는가?

해설 문제의 핵심어구(What ~ involved in)와 관련된 지문 내용 중 남자가 'I was recently involved in a car accident'라며 최근에 차 사고에 연루됐다고 하였으므로, **(car) accident** 또는 **(an) accident**가 정답입니다.

5 고객의 수리 비용은 아마 얼마가 될 것인가?

해설 문제의 핵심어구(How much ~ repair bill)와 관련된 지문 내용 중 남자가 'The bill is likely to be around £3,000 in total.'이라며 비용은 총 3,000파운드 정도가 될 것 같다고 하였으므로, **£3,000** 또는 **3,000 pounds**가 정답입니다.

6 고객은 무슨 유형의 보험 증서를 가지고 있는가?

해설 문제의 핵심어구(What type of policy ~ have)와 관련된 지문 내용 중 여자가 'you currently have the Gold Policy'라며 고객은 현재 골드 증서를 갖고 있다고 하였으므로, **Gold (Policy)** 또는 **the Gold**가 정답입니다.

Everyone gather around, please. ⁷My name is Adam Tanner, / and I'll be your guide / today. In a few minutes, / we'll be boarding the boat / that will take us to the area / where we will be scuba diving. But first, / I'd like to go over some safety precautions. All of you are inexperienced divers, / so please pay close attention.

First of all, / ⁸each of you will be assigned / a partner. This is known as / the buddy system. Right before we dive, / you and your partner / should take some time / to check each other's scuba equipment / to ensure / it is functioning correctly. Once we enter the water, / you should stay close to your partner / at all times. Never swim off / alone. If you see / that your partner is / in any sort of danger, / do not attempt to assist. Instead, / immediately signal to me / or one of my assistants / so that we can help.

Another thing to keep in mind / is the importance of breathing regularly. ⁹Due to changes in pressure / that occur / while diving, / the air in your lungs / will expand. As long as you keep breathing, / this won't be a problem. But if you hold your breath, / the expanding air / can result in serious damage / to your lungs. So please be careful.

Finally, make sure / that you ascend slowly / once the dive is complete. Moving too quickly / from deep water / to the surface / can cause sickness. You should return to the surface / at a rate / no faster than eight metres per minute. And ¹⁰once you are 10 metres / from the surface, / you need to stop / for at least three minutes / to give your body / time to adjust.

OK . . . unless anyone has a question, / let's board the boat.

모두 모여주시길 바랍니다. ⁷제 이름은 Adam Tanner이고, 오늘 여러분의 가이드가 될 겁니다. 몇 분 후에, 우리는 스쿠버 다이빙을 할 곳으로 우리를 데려다 줄 보트에 탑승할 것입니다. 하지만 먼저, 몇몇 안전 예방책을 살펴보고 싶어요. 여러분 모두 숙련되지 않은 다이버이므로, 주의 깊게 들어주시길 바랍니다.

우선, ⁸여러분 각각은 파트너를 배정받을 것입니다. 이것은 2인 1조 방식으로 알려져 있습니다. 다이빙하기 바로 전에, 여러분과 파트너는 서로의 스쿠버 장비가 제대로 기능하는지 확실히 하기 위해 그것을 확인하는 시간을 잠시 가져야 합니다. 일단 물에 들어가면, 항상 파트너와 가까이 붙어 있어야 합니다. 절대 혼자서 헤엄쳐 나가지 마세요. 만약 파트너가 어떤 종류이든 위험에 처한 것을 본다면, 도우려고 시도하지 마세요. 대신에, 저희가 도와 드릴 수 있도록 즉시 저 또는 제 보조들 중 한 명에게 신호를 보내세요.

유념하셔야 할 또 다른 것은 규칙적으로 숨을 쉬는 일의 중요성입니다. ⁹다이빙 중에 발생하는 압력의 변화로 인해, 여러분의 폐 속 공기가 팽창할 것입니다. 여러분이 계속 숨을 쉬는 한, 이것은 문제가 되지 않을 거예요. 하지만 숨을 참으시면, 팽창한 공기가 폐에 심각한 손상을 야기할 수 있습니다. 그러니 조심해주세요.

마지막으로, 다이빙이 끝난 후에는 반드시 천천히 올라오세요. 깊은 물 속에서 수면으로 너무 빠르게 이동하는 것은 구토를 유발할 수 있습니다. 여러분은 1분당 8미터 이하의 속도로 수면으로 돌아와야 합니다. 그리고 ¹⁰수면으로부터 10미터 떨어져 있게 되면, 신체가 적응할 수 있는 시간을 주기 위해 적어도 3분 동안 멈추셔야 합니다.

네... 누군가 질문이 있으신 것이 아니라면, 보트에 탑승하겠습니다.

---

7 오늘 Adam Tanner의 역할은 무엇인가?

> 해설 문제의 핵심어구(What ~ Adam Tanner's role)와 관련된 지문 내용 중 'My name is Adam Tanner, and I'll be your guide today.'에서 그의 이름은 Adam Tanner이고 오늘 가이드가 될 것이라고 하였으므로, **(a) guide**가 정답입니다.

8 다이버들에게 파트너를 배정해주는 관행의 명칭은 무엇인가?

> 해설 문제의 핵심어구(What ~ assigning divers partners)와 관련된 지문 내용 중 'each of you will be assigned a partner. This is known as the buddy system.'에서 그들 각각은 파트너를 배정받을 것이라고 한 뒤, 이것은 2인 1조 방식으로 알려져 있다고 하였으므로, **(the) buddy system**이 정답입니다.

9 무엇의 변화가 물 속에서 폐 속의 공기가 팽창하게 만드는가?

> 해설 문제의 핵심어구(Changes in what ~ air in the lungs to expand)와 관련된 지문 내용 중 'Due to changes in pressure that occur while diving, the air in your lungs will expand.'에서 다이빙 중에 발생하는 압력의 변화로 인해 폐 속 공기가 팽창할 것이라고 하였으므로, **pressure**가 정답입니다.

10 다이버들은 수면으로부터 얼마나 멀리 떨어져 있을 때 3분 동안 멈춰야 하는가?

해설 문제의 핵심어구(How far ~ divers stop)와 관련된 지문 내용 중 'once you are 10 metres from the surface, you need to stop for at least three minutes to give your body time to adjust'에서 수면으로부터 10미터 떨어져 있게 되면 신체가 적응할 수 있는 시간을 주기 위해 적어도 3분 동안 멈춰야 한다고 하였으므로, **10 metres** 또는 **ten metres**가 정답입니다.

DAILY TEST

p.128

1 Spalding	2 September 1(st)	3 1 year	4 2 / two
5 gas	6 350	7 (a) garden	
8 3 (parking spaces) / 3 (spaces) / three (spaces)	9 (the) square		10 washing machines

Questions 1-10 영국식 발음 → 영국식 발음   🎧 (W2_D6) DT.mp3

Section 1. You will hear a conversation between a property agent and a student about renting a room.

W: Hello. Can I help you with anything?

M: Yes, / I'm a student, / and I'm looking for a room to rent / in a shared house / in Brighton. I was told / your agency might be able to assist / with that.

W: Yes, / of course. Ah, can I get your name / first?

M: Sure . . . ¹My name is Daniel Spalding.

W: How do you spell your last name?

M: ¹That's S-P-A-L-D-I-N-G.

W: Great, thanks. And when are you planning to move / into your new room?

M: Um, I'm registered at the university / for this coming term, / and that begins on September the 4th. So, / ²I need to move in / by September 1st / at the latest. I'll be staying at a friend's house / in the area / starting from August 25th.

W: No problem. We've got a couple of vacancies, / but first, / ³could you give me an idea of / how long you would be renting for? It will help / to narrow down our options.

M: Well, ³for one year / at first. I still have two years left / at university, / though, / so if the first year goes well, / then I would want to renew / for a second.

W: That should be fine. What about your budget / for the rent?

M: Um, ideally, I'd like to spend about £300 to £350.

W: Understood. Let me just check . . . I have a vacancy / on Bentley Road. ⁴It is a two-storey house / with a one-car garage. The rent is £400 per month.

M: Does that include the cost of utilities?

W: Yes, / ⁵your gas and electricity are included. But you would have to pay / for satellite TV and Internet service.

M: I see. To be honest, / I think the added costs / would put that / out of my price range.

섹션 1. 방을 임대하는 것에 관한 부동산 중개인과 학생 간의 대화를 들으세요.

여: 안녕하세요. 무엇을 도와드릴까요?

남: 네, 저는 학생인데, 브라이튼에 있는 셰어하우스에 임대할 방을 찾고 있어요. 귀하의 중개 사무소가 그것을 도와줄 수 있을 거라고 들었는데요.

여: 네, 물론이죠. 아, 먼저 성함을 알 수 있을까요?

남: 그럼요... ¹제 이름은 Daniel Spalding이에요.

여: 성의 철자를 어떻게 쓰시나요?

남: ¹S-P-A-L-D-I-N-G이에요.

여: 좋아요, 감사합니다. 그리고 새로운 방으로 언제 이사 오실 계획이신가요?

남: 음, 저는 다가오는 이번 학기에 대학에 등록되어 있고, 그건 9월 4일에 시작해요. 그래서, ²늦어도 9월 1일까지는 이사해야 해요. 저는 8월 25일부터 그 지역에 있는 친구의 집에서 머무르고 있을 거예요.

여: 문제 없어요. 저희에게 몇 개의 공실이 있는데, 먼저, ³대략 얼마 동안 임대하실 건지 알려주실 수 있나요? 그건 선택지를 좁히는 데 도움이 될 거예요.

남: 음, ³우선은 1년이요. 하지만, 대학에서 아직 2년이 남았으니, 첫해가 잘 지나가면, 두 번째 해에 계약을 갱신하고 싶을 것 같아요.

여: 괜찮을 거예요. 임대료 예산은 어떠신가요?

남: 음, 이상적으로는, 300파운드에서 350파운드 정도를 쓰고 싶어요.

여: 알겠습니다. 바로 확인해보죠... Bentley가에 공실이 하나 있어요. ⁴한 개의 차고가 딸린 2층집이에요. 임대료는 한 달에 400파운드입니다.

남: 공공요금을 포함한 건가요?

여: 네, ⁵가스비와 전기세가 포함되어 있어요. 하지만 위성 TV와 인터넷 서비스 비용은 고객님이 지불하셔야 할 거예요.

남: 알겠습니다. 솔직히 말씀드리자면, 추가 비용이 제 예산 범위를 넘어가게 만들 것 같네요.

W: Hmm. Well, / I have another room available / in a ground floor flat / on Clifton Street / in a place with three flatmates. [6]It's only £350 / but all utilities are the responsibility / of the tenants.

M: That seems good to me.

W: However, / it is in the student district, / which is a rather noisy area of town.

M: I'm not really bothered by noise.

W: Good. [7]It's also got a garden behind it, / which is lovely / in the summer.

M: That sounds great. Oh, one more thing. Does the place have spaces / for vehicles?

W: Yes, / [8]there are three parking spaces / available. One in the driveway, / and two on the street / in front of the house.

M: Sounds perfect. Do you happen to know / if there are any places / to buy groceries / in the neighbourhood?

W: Actually, / [9]there is a supermarket / in the square. It's within walking distance / of the flat.

M: That's convenient. I heard / that there were several restaurants there / as well. And what about laundry facilities?

W: [10]There are washing machines / in the basement of the building.

M: That's good. So, how soon could I see the place?

W: I could take you to see it / this morning. Let me make a few calls / and see . . .

여: 흠. 그러면, Clifton가에 3명의 룸메이트가 있는 1층 아파트에 또 다른 이용 가능한 방이 있어요. [6]그건 350파운드밖에 되지 않지만 모든 공공요금은 세입자 부담이에요.

남: 괜찮은 것 같네요.

여: 하지만, 그곳이 대학가에 있는데, 동네에서 다소 시끄러운 지역이에요.

남: 저는 소음은 그다지 개의치 않아요.

여: 잘됐네요. [7]그곳은 뒤에 정원도 있는데, 여름에 아름다워요.

남: 좋은 것 같네요. 오, 한 가지 더요. 차량을 둘 공간이 있나요?

여: 네, [8]이용 가능한 주차 공간이 3개 있어요. 한 개는 진입로에, 두 개는 집 앞의 거리에 있죠.

남: 완벽한 것 같네요. 혹시 근처에 식료품을 살 곳이 있는지 알고 계신가요?

여: 사실, [9]광장에 슈퍼마켓이 있어요. 아파트에서 걸어서 갈 수 있는 거리에요.

남: 편리하네요. 그곳에 식당이 여러 군데 있다는 것도 들었어요. 그리고 세탁 시설은 어떤가요?

여: [10]건물의 지하에 세탁기가 있어요.

남: 좋아요. 그럼, 제가 그곳을 얼마나 빨리 볼 수 있을까요?

여: 오늘 오전에 보시도록 안내해 드릴 수 있어요. 전화 몇 통을 해서 알아볼게요...

Questions 1-3

학생 셰어하우스 고객 문의

이름: Daniel 1 . . . .

필요한 날짜: 2 . . . .

임대 기간: 3 . . . .

예산: 300파운드에서 350파운드

---

1 해설 문제의 핵심어구(Name)가 언급된 지문 내용 중 남자가 'My name is Daniel Spalding.'이라며 이름은 Daniel Spalding이라고 한 뒤, 'That's S-P-A-L-D-I-N-G.'라고 하였으므로, **Spalding**이 정답입니다.

2 해설 문제의 핵심어구(Needed by)와 관련된 지문 내용 중 남자가 'I need to move in by September 1st at the latest'라며 늦어도 9월 1일까지는 이사해야 한다고 하였으므로, **September 1(st)**가 정답입니다. 'need to move in by'가 'Needed by'로 바꾸어 표현되었습니다.

3 해설 문제의 핵심어구(Length of stay)와 관련된 지문 내용 중 여자가 'could you give me an idea of how long you would be renting for?'라며 대략 얼마 동안 임대할 건지 알려줄 수 있는지 묻자, 남자가 'for one year at first'라며 우선은 1년이라고 하였으므로, **1 year**가 정답입니다.

Questions 4-6

위치	임대물 종류	임대료	부대 비용
Bentley가	4.............층집	400파운드	5............과 전기세가 임대료에 포함됨
Clifton가	1층 아파트	6............파운드	모든 공공요금은 세입자 부담임

4 해설 문제의 첫 열(Bentley Road)과 첫 행(Type of rental)을 통해 문제가 Bentley가의 임대물 종류에 대한 내용임을 알 수 있습니다. 문제의 핵심어구(with ~ storeys)와 관련된 지문 내용 중 여자가 'It is a two-storey house with a one-car garage.'라며 한 개의 차고가 딸린 2층집이라고 하였으므로, **2** 또는 **two**가 정답입니다.

5 해설 문제의 첫 열(Bentley Road)과 첫 행(Other fees)을 통해 문제가 Bentley가의 부대 비용에 대한 내용임을 알 수 있습니다. 문제의 핵심어구(included in rent)와 관련된 지문 내용 중 여자가 'your gas and electricity are included'라며 가스비와 전기세가 포함되어 있다고 하였으므로, **gas**가 정답입니다.

6 해설 문제의 첫 열(Clifton Street)과 첫 행(Rent)을 통해 문제가 Clifton가의 임대료에 대한 내용임을 알 수 있습니다. 지문 내용 중 여자가 'It's only £350'라며 임대료는 350파운드밖에 되지 않는다고 하였으므로, **350**가 정답입니다.

Questions 7-10

7 Clifton가에 있는 집 뒤에는 무엇이 있는가?

해설 문제의 핵심어구(What ~ behind it)와 관련된 지문 내용 중 여자가 'It's also got a garden behind it'이라며 Clifton가 집은 뒤에 정원도 있다고 하였으므로, **(a) garden**이 정답입니다.

8 Clifton가 아파트에는 몇 개의 주차 공간이 있는가?

해설 문제의 핵심어구(How many parking spaces ~ have)와 관련된 지문 내용 중 여자가 'there are three parking spaces available'이라며 이용 가능한 주차 공간이 3개 있다고 하였으므로, **3 (parking spaces)**, **3 (spaces)** 또는 **three (spaces)**가 정답입니다.

9 슈퍼마켓은 어느 구역에 위치해 있는가?

해설 문제의 핵심어구(Which area ~ supermarket located in)와 관련된 지문 내용 중 여자가 'there is a supermarket in the square'라며 광장에 슈퍼마켓이 있다고 하였으므로, **(the) square**가 정답입니다.

10 Clifton가 건물의 지하에는 무엇이 있는가?

해설 문제의 핵심어구(What are in ~ basement)와 관련된 지문 내용 중 여자가 'There are washing machines in the basement of the building.'이라며 Clifton가 건물의 지하에 세탁기가 있다고 하였으므로, **washing machines**가 정답입니다.

* 각 문제에 대한 정답의 단서는 지문에 문제 번호와 함께 별도의 색으로 표시되어 있습니다.

1일 다지선다 Multiple Choice

DAILY CHECK-UP

p.138

1 C	**2** A	**3** A	**4** A
5 C	**6** B	**7-8** B, D	**9** B
10 A			

01 영국식 발음 → 미국식 발음　　　　　　　　　　　　🎧 (W3_D1) DC1-3.mp3

W: Hi, may I help you? **M:** Hi. My name is Louis, / and I want to talk to someone about / taking an introductory archaeology course. Um, Archaeology 101 . . . **W:** I can help you. I'm a tutor here / in the archaeology department. **M:** Good. Well, I'm thinking of taking it / next term. But ¹I'm worried / it may be too challenging. **W:** Well, it's just an introductory course, / so the material isn't very complex. **M:** I'm happy to hear that. And, uh, ²what are the assignments like? **W:** ²There are two short writing projects / that don't take too long to finish. There are no weekly tests, / oral presentations, / or anything like that. **M:** That sounds reasonable. And I'd like to know a little / about the professor, Dr Brenda Chang. **W:** Dr Chang is an excellent teacher. She has experience working as an archaeologist, / so she has an in-depth understanding of the subject. And ³she explains all the material / very clearly. **M:** Hmm. I think I will register for the course. Do you happen to know . . .	여: 안녕, 무엇을 도와줄까? 남: 안녕하세요. 제 이름은 Louis이고, 고고학 입문 수업을 수강하는 것에 대해 누군가와 이야기를 하고 싶은데요. 음, 고고학 101이요... 여: 내가 도와줄 수 있겠구나. 나는 여기 고고학과의 지도 교수란다. 남: 잘됐네요. 음, 다음 학기에 그것을 수강하려고 생각 중인데요. 하지만 ¹너무 어려울지도 모른다는 걱정이 들어서요. 여: 음, 그건 그저 입문 강의여서, 내용이 매우 복잡하지는 않아. 남: 그걸 들으니 다행이네요. 그리고, 어, ²과제는 어떤가요? 여: ²작성하는 데 아주 오래 걸리지는 않는 두 개의 짧은 작문 과제가 있단다. 주간 시험, 구두 발표, 또는 그와 같은 어떤 것도 없어. 남: 합리적인 것 같네요. 그리고 교수님이신, Brenda Chang 박사님에 대해서도 조금 알고 싶은데요. 여: Chang 박사님은 훌륭한 교수님이지. 그녀는 고고학자로 일한 경험이 있기 때문에, 그 학문에 대한 깊은 이해가 있단다. 그리고 ³모든 내용을 매우 명확하게 설명하지. 남: 흠. 그 수업을 등록할 것 같아요. 혹시 아실지...

1 Louis가 고고학 수업이 걱정된다고 말하는 이유는 -때문이다.
　A 많은 시험들을 포함할 것이다
　B 입문 수업이다
　C 너무 어려울 수도 있다

> 해설　문제의 핵심어구(concerned about ~ course)와 관련된 지문 내용 중 남자가 'I'm worried it may be too challenging'이라며 고고학 수업이 너무 어려울지도 모른다는 걱정이 든다고 하였으므로, 보기 **C** it might be too difficult가 정답입니다. 'worried'가 'concerned'로, 'challenging'이 'difficult'로 바꾸어 표현되었습니다.

A는 지문의 'There are no weekly tests'와 반대되는 내용이므로 오답입니다.

B는 지문의 'introductory course'를 그대로 언급해 혼동하기 쉽지만, 문제에서 묻는 Louis가 고고학 수업이 걱정된다고 말하는 이유와 관련된 내용이 아니므로 오답입니다.

2 그 수업의 과제는 무엇인가?

A 보고서   B 구두 발표   C 주간 시험

해설   문제의 핵심어구(assignments)가 언급된 지문 내용 중 남자가 'what are the assignments like?'이라며 과제는 어떤지 묻자, 여자가 'There are two short writing projects that don't take too long to finish.'라며 작성하는 데 아주 오래 걸리지는 않는 두 개의 짧은 작문 과제가 있다고 하였으므로, 보기 **A** Written reports가 정답입니다. 'writing projects'가 'Written reports'로 바꾸어 표현되었습니다.

B와 C는 지문의 'There are no weekly tests, oral presentations'와 반대되는 내용이므로 오답입니다.

3 지도 교수는 Chang 박사가 –라고 말한다.

A 내용을 명확하게 설명한다고

B 고고학에 대한 경험이 거의 없다고

C 학과장이라고

해설   문제의 핵심어구(Dr Chang)가 언급된 지문 내용 중 여자가 'she explains all the material very clearly'라며 Chang 박사는 모든 내용을 매우 명확하게 설명한다고 하였으므로, 보기 **A** describes the material clearly가 정답입니다. 'explains'가 'describes'로 바꾸어 표현되었습니다.

B는 지문의 'She has experience working as an archaeologist, so she has an in-depth understanding of the subject.'와 반대되는 내용이므로 오답입니다.

C는 지문의 'department'를 그대로 언급해 혼동하기 쉽지만, 지문에서 Chang 박사가 학과장이라는 내용은 언급하지 않았으므로 오답입니다.

02 영국식 발음   🎧 (W3_D1) DC4-6.mp3

Today, we're going to discuss social design. Basically, / [4]this is a deliberate social plan / to increase human well-being. And one of the subtopics within social design / is the safety of women. Because there is so much violence and harassment towards women, / city planners must do more / to keep them safe.

For architects, / this means / designing buildings and public spaces / with the safety of women / in mind. This is already happening in Austria, / where all designs consider the needs of women. [5]The city's policy, / known as 'gender mainstreaming', / is to create city spaces / that are shared in a fair way. And, well, to achieve this, / planners have moved bus stops / to areas / that women feel more comfortable in, / and added more street lights / to provide better visibility at night. In addition, [6]sidewalks were widened / to better accommodate mothers with strollers. This makes it less likely that other pedestrians will bump into women with young children.

오늘은, 사회적 디자인에 대해 이야기해 보겠습니다. 기본적으로, [4]이것은 인간의 행복을 증대시키기 위한 의도적인 사회적 계획입니다. 그리고 사회적 디자인의 하위 주제 중 하나는 여성의 안전입니다. 여성을 향한 수많은 폭력과 희롱이 있기 때문에, 도시 계획자들은 그들을 안전하게 지키기 위한 일을 더 많이 수행해야 합니다.

건축가들에게, 이것은 여성의 안전을 염두에 두고 건물이나 공공장소를 설계하는 것을 뜻합니다. 이것은 오스트리아에서는 이미 일어나고 있으며, 그곳에서는 모든 디자인이 여성의 필요를 고려합니다. [5]'성주류화'라고 알려진, 이 도시 정책은, 공평한 방식으로 공유되는 도시 공간을 창조하기 위함입니다. 그리고, 음, 이것을 성취하기 위해, 계획자들은 버스 정류장을 여성들이 더 편안하게 느끼는 구역으로 옮겼고, 밤에 더 나은 시야를 제공하기 위해 가로등을 더 추가했습니다. 게다가, [6]보도는 유모차를 끄는 어머니들을 위한 충분한 공간을 제공하기 위해 넓어졌습니다. 이는 다른 보행자들이 어린이와 함께 있는 여성들에게 부딪힐 가능성이 적어지게 만들었습니다.

4 화자에 따르면, 사회적 디자인은 −하기 위한 의도적인 계획이다.

   A 행복을 증진시키기

   B 권리를 보호하기

   C 협동을 증대시키기

5 '성 주류화'라고 불리는 정책의 목표는 −하는 것이다.

   A 사회에서의 여성의 역할을 강조

   B 공공 안전에 관해 사람들을 교육

   C 도시에서 공평하게 공유된 공간을 창조

6 보도는 왜 넓어졌는가?

   A 버스 정류장에서 기다리는 여성들에게 더 넓은 공간을 제공하기 위해서

   B 유모차를 끄는 어머니들의 필요를 충족시키기 위해서

   C 사람들이 길을 더 쉽게 찾도록 돕기 위해서

03 호주식 발음   🎧 (W3_D1) DC7-10.mp3

Most of us carry around / some type of wallet these days, / but few of us know the history / behind this handy object. So, I'd like to briefly discuss its origins / and how it has developed through time / to become the commonly used object it is today.

Let's first look at / the early history of wallets. In ancient Greece, / men carried around packs of things / needed on a regular basis. ⁷⁻⁸This included their daily provisions, / such as a few coins, a meal, and other items. This early type of wallet was known / as a *kibisis*. ⁷⁻⁸It was quite large – similar in size to a backpack today. And wallets remained large / for quite some time / – until the 1600s

우리들 중 대부분은 오늘날 어떤 형태든 지갑을 가지고 다니지만, 이 간편한 물건 이면의 역사에 대해 아는 사람은 드물죠. 그래서, 저는 그것의 기원과 그것이 시대에 따라 어떻게 발전하여 오늘날처럼 흔히 사용되는 물건이 되었는지에 대해 짧게 이야기하려고 합니다.

먼저 지갑의 초기 역사부터 살펴보죠. 고대 그리스에서, 남성은 정기적으로 필요한 물품들의 꾸러미들을 가지고 다녔습니다. ⁷⁻⁸이것은 소량의 동전, 식량, 그리고 다른 물품들처럼, 그들의 일상적인 필수품을 포함했어요. 이러한 초기 지갑 형태는 'kibisis'라고 알려졌습니다. ⁷⁻⁸그것은 꽤 컸는데, 오늘날의 배낭과 크기가 비슷했죠. 그리고 지갑은 꽤 오랜 시간,

in fact. That was / when wallets underwent their first major change. A new type of currency was developed / during that period: / paper money. In the late 1600s, / British colonies in America / were at war with the French / over land in Canada, / and they were running out of money / to pay the soldiers. To solve the problem, / they began issuing pieces of paper / that could be spent / like real money. [9]This form of currency / was light and easier to carry / than traditional silver and gold coins. So, <u>wallets became smaller</u> . . . small enough to conceal from thieves / or to tie securely to a belt or garment.

Wallets varied in size and shape / depending on the country and culture. And they did not change significantly / until the introduction of credit cards / in the mid-1900s. It was at that point / that the folding wallet was developed. [10]<u>This type of wallet / could be folded in half / and carried around / in a pocket or larger handbag.</u> And slots were also added to wallets, / allowing credit cards / to be stored easily.

However, now mobile devices / are starting to replace credit cards. So, what will happen . . .

사실상 1600년대까지 커다란 상태로 유지됐습니다. 그때가 지갑이 첫 번째로 주요한 변화를 겪은 때였습니다. 그 시기에 새로운 유형의 통화인, 지폐가 개발됐어요. 1600년대 후반에, 미국에 있는 영국 식민지들은 캐나다의 영토를 두고 프랑스와 전쟁 중이었고, 그들은 군인들에게 지급할 급여가 부족했습니다. 이 문제를 해결하기 위해, 그들은 실제 화폐처럼 쓰일 수 있는 종이들을 발행하기 시작했습니다. [9]이러한 유형의 통화는 전통적인 은과 금으로 된 동전보다 더 가볍고 가지고 다니기 쉬웠어요. 그래서, 지갑은 작아졌습니다... 도둑에게서 숨기거나 벨트나 의류에 안전하게 맬 수 있을 만큼 작았죠.

지갑은 국가와 문화에 따라서 크기와 모양이 다양했습니다. 그리고 1900년대 중반에 신용 카드가 도입되기 전까지는 그것들은 크게 변하지 않았어요. 접이식 지갑이 개발된 시점은 그때입니다. [10]이 유형의 지갑은 반으로 접힐 수 있었고, 주머니나 더 큰 핸드백에 넣어 가지고 다닐 수 있게 되었죠. 그리고 지갑에 칸이 추가되어서, 신용 카드가 쉽게 보관될 수 있도록 했습니다.

하지만, 이제 전자 기기가 신용 카드를 대체하기 시작하고 있죠. 그래서, 무슨 일이 일어날 것인지...

7-8 고대 그리스 지갑의 **두 가지** 특징은 무엇이었는가?

    A 종종 벨트에 매어졌다.
    B 가끔 음식을 담았다.
    C 여성이 가지고 다녔다.
    D 배낭의 크기였다.
    E 도둑으로부터 쉽게 숨길 수 있었다.

해설 문제의 핵심어구(wallets in ancient Greece)와 관련된 지문 내용 중 'This included their daily provisions, such as a few coins, a meal, and other items.'에서 필요한 물품들의 꾸러미들은 소량의 동전, 식량, 그리고 다른 물품들처럼 일상적인 필수품을 포함했다고 하였으므로, 보기 **B** They sometimes held food가 정답입니다. 'included ~ a meal'이 'held food'로 바뀌어 표현되었습니다.
또한, 지문 내용 중 'It was quite large – similar in size to a backpack today.'에서 지갑은 꽤 컸는데 오늘날의 배낭과 크기가 비슷했다고 하였으므로, 보기 **D** They were the size of backpacks가 정답입니다.

    오답 확인하기
A는 지문에서 'tie ~ to a belt'로 등장해 혼동하기 쉽지만, 고대 그리스 지갑의 특징이 아닌 1600년대 후반의 지갑의 특징에 대한 내용이므로 오답입니다.
C는 지문의 'In ancient Greece, men carried around packs of things needed on a regular basis.'와 반대되는 내용이므로 오답입니다.
E는 지문에서 'conceal from thieves'로 등장해 혼동하기 쉽지만, 고대 그리스 지갑의 특징이 아닌 1600년대 후반의 지갑의 특징에 대한 내용이므로 오답입니다.

9 지폐의 사용은 –으로 이어졌다.

    A 도둑의 증가

    B 더 작은 지갑

    C 영국 식민지의 더 많은 군인

> 해설 문제의 핵심어구(paper money)와 관련된 지문 내용 중 'This form of currency was light and easier to carry ~. So, wallets became smaller'에서 종이 유형의 통화는 더 가볍고 가지고 다니기 쉬웠다고 한 뒤, 그래서 지갑은 작아졌다고 하였으므로, 보기 **B** smaller wallets가 정답입니다.
>
> **오답 확인하기**
> A는 지문에 'thieves'로 등장해 혼동하기 쉽지만, 지문에서 지폐의 사용이 도둑의 증가로 이어졌다는 내용은 언급하지 않았으므로 오답입니다.
> C는 지문의 'soldiers'와 'British colonies'를 그대로 언급해 혼동하기 쉽지만, 지문에서 지폐의 사용이 영국 식민지의 더 많은 군인으로 이어졌다는 내용은 언급하지 않았으므로 오답입니다.

10 화자에 의하면, 접이식 지갑의 개발은 사람들이 –할 수 있도록 했다.

    A 주머니에 그것들을 휴대할 수 있도록

    B 간편한 칸에 동전을 넣을 수 있도록

    C 신분증을 더 쉽게 보관할 수 있도록

> 해설 문제의 핵심어구(folding wallets)와 관련된 지문 내용 중 'This type of wallet could be folded in half and carried around in a pocket or larger handbag.'에서 접이식 유형의 지갑은 반으로 접힐 수 있었고 주머니나 더 큰 핸드백에 넣어 가지고 다닐 수 있게 되었다고 하였으므로, 보기 **A** carry them in their pockets가 정답입니다.
>
> **오답 확인하기**
> B는 지문의 'slots'를 그대로 언급해 혼동하기 쉽지만, 지문에서 간편한 칸에 동전을 넣을 수 있다는 내용은 언급하지 않았으므로 오답입니다.
> C는 지문에 언급되지 않은 내용이므로 오답입니다.

DAILY TEST

1 C	2 A	3 A	4 B
5 wages	6 reasonable	7 environmental standards	8 waste
9 behavio(u)r	10 shopping		

Questions 1-10 영국식 발음 → 미국식 발음　　　　　　　　　　　　　🎧 (W3_D1) DT.mp3

Section 3. You will hear two students discussing a research paper for a business class.

M: Hi, Janice. Sorry I am a little bit late. Um, ¹one of the classmates in my last class / gave a presentation today, / and it took longer than expected.

W: That's fine, Brett. I don't have anything to do until lunch, / so we still have plenty of time / to discuss our research paper / on fair trade fashion.

M: Great. Um, I looked through the textbook this morning, / but there isn't a lot of information / on the topic. I was thinking of going to the library this evening / to look for some books / about fair trade fashion.

섹션 3. 두 학생이 경영학 수업을 위한 연구 논문에 관해 이야기하는 것을 들으세요.

남: 안녕, Janice. 내가 좀 늦어서 미안해. 음, ¹바로 앞 수업의 학생 중 한 명이 오늘 발표를 했는데, 그게 생각보다 오래 걸렸어.

여: 괜찮아, Brett. 나는 점심시간까지 할 일이 없어서, 우리는 아직 공정 무역 의류에 관한 우리의 연구 논문을 논의할 시간이 꽤 많아.

남: 좋아. 음, 나는 오늘 아침에 교과서를 살펴봤지만, 이 주제에 대해서 많은 정보가 있지는 않았어. 오늘 저녁에 공정 무역 의류에 관한 책을 몇 권 찾으러 도서관에 가려고 생각하고 있었어.

W: Good idea. [2]I'll search for some information online / this afternoon. I'm sure / I can find some useful websites. And if necessary, / we can always meet with Professor Roberts. He'd be able to suggest / some suitable sources.

M: That's a good plan. We need to work fairly quickly, though. [3]The deadline for this paper is / May the 3rd.

W: Right. That's just three weeks away. So, we should have the outline completed / by April 24th at the latest.

M: OK. But before we get started, / we should probably narrow the topic down a bit.

W: I agree. Uh, [4]what about focusing on / the marketing techniques / used to promote fair trade fashion?

M: Actually, um, I was thinking / we should discuss the advantages of fair trade fashion / for people in the developing countries / where this clothing is made. And we can also talk about / how consumers have the power / to force companies / to adopt fair trade practices.

W: Hmm . . . What kind of advantages / are there?

M: I think / the most important one is / that labour conditions are better / in factories / where fair trade clothing is made.

W: What do you mean?

M: Well, [5]workers who produce fair trade clothing / often receive higher wages / than others in the industry. In addition, / they have better overall working conditions.

W: Can you give me an example?

M: Sure. Uh, [6]their schedules are more reasonable. They work fewer hours / than the employees of other clothing manufacturers.

W: That's great. Um, are there any other benefits?

M: Definitely. [7]Fair trade companies / must meet strict environmental standards. This directly benefits / people living in the region.

W: I get it . . . [8]The factories generate less waste, / so they don't pollute / the surrounding countryside.

M: Right. And they use fewer resources as well. Uh, like water and electricity . . .

W: All of these things you've mentioned / sound quite costly for companies. Why would they decide / to produce fair trade products?

M: That's where the power of consumers / enters the picture. [9]They are able to exert / a great deal of influence / over the behaviour of companies. If a large number of people / refuse to purchase clothing made in factories / where the workers are mistreated / and are willing to pay extra / for fair trade products, well . . .

W: I understand what you're saying. Companies will adopt fair trade practices / to attract customers.

여: 좋은 생각이네. [2]나는 오늘 오후에 온라인에서 정보를 좀 검색해 볼게. 몇몇 유용한 웹사이트를 찾을 수 있을 거라고 확신해. 그리고 필요하다면, 우리는 언제든지 Roberts 교수님을 만날 수 있어. 몇 가지 알맞은 자료를 추천해주실 수 있을 거야.

남: 좋은 계획이야. 하지만, 우리는 상당히 빨리 작업해야 해. [3]이 논문의 마감 기한은 5월 3일이잖아.

여: 맞아. 단지 3주 만이 남았지. 그래서, 우리는 늦어도 4월 24일까지는 개요를 완성해놓아야 해.

남: 그래. 하지만 시작하기 전에, 우리는 아마 주제의 범위를 조금 좁혀야 할거야.

여: 동의해. 어, [4]공정 무역 의류를 홍보하기 위해 사용되는 마케팅 기법에 초점을 맞추는 건 어때?

남: 사실, 음, 나는 이런 의류가 생산되는 개발도상국의 사람들에게 공정 무역 의류가 가지는 이점에 대해 이야기해야 한다고 생각하고 있었어. 그리고 우리는 소비자들이 어떻게 기업들이 공정 무역 관행을 채택하게 만드는 힘을 가지는지에 관해서도 이야기할 수 있어.

여: 흠... 어떤 종류의 이점이 있니?

남: 내 생각에 가장 중요한 것은 공정 무역 의류가 만들어지는 공장들의 노동 조건이 더 좋다는 거야.

여: 무슨 뜻이야?

남: 음, [5]공정 무역 의류를 생산하는 노동자들은 종종 그 산업의 다른 사람들보다 더 높은 임금을 받아. 게다가, 그들은 전반적으로 더 좋은 근무 환경에 있어.

여: 예를 하나 들어줄 수 있니?

남: 그럼. 어, [6]그들의 업무 일정이 더욱 합리적이야. 그들은 다른 의류 제조사들의 직원들보다 더 적은 시간을 일해.

여: 그거 대단하다. 음, 뭔가 다른 이점도 있니?

남: 물론이지. [7]공정 무역 기업들은 엄격한 환경 기준을 지켜야만 해. 이것은 그 지역에 사는 사람들에게 직접적으로 이득을 주지.

여: 그렇구나... [8]공장들은 더 적은 폐기물을 배출할 테니, 주변의 전원 지대를 오염시키지 않겠네.

남: 맞아. 그리고 그들은 자원도 더 적게 사용해. 어, 물이나 전기 같은 것 말이지...

여: 네가 언급한 모든 것들은 기업 입장에서는 꽤 돈이 많이 들 것 같아. 그들이 왜 공정 무역 제품을 생산하기로 결정하려는 거니?

남: 그게 바로 소비자의 힘이 작용하는 지점이지. [9]그들은 회사의 행위에 대해 굉장히 큰 영향력을 행사할 수 있어. 만약 많은 사람들이 노동자들이 혹사당하는 공장에서 만들어진 의류를 구입하기를 거부하고 공정 무역 제품을 위해 기꺼이 돈을 더 지불할 용의가 있다면, 아마...

여: 네가 무슨 말을 하는지 이해하겠어. 기업들은 고객을 끌어들이기 위해 공정 무역 관행을 채택하겠구나.

M: Exactly. [10]The success or failure of the fair trade movement / is dependent on the decisions / people make / while shopping.

W: OK. You've convinced me. This sounds like an excellent focus / for our project. Um, why don't we / both do some preliminary research / and then meet back here / tomorrow at 2 pm?

M: Sounds good. I'll see you then.

남: 정확해. [10]공정 무역 운동의 성공이나 실패는 사람들이 물건을 사면서 내리는 결정에 의존하지.

여: 그래. 네가 날 설득했어. 이건 우리 과제에서 굉장히 좋은 초점인 것 같아. 음, 둘 다 예비 조사를 조금 한 후에 내일 오후 2시에 여기에서 다시 만나는 게 어떨까?

남: 좋아. 그럼 그때 보자.

Questions 1-4

1 Brett은 왜 늦게 도착했는가?

  A 그는 친구와 점심을 먹고 있었다.

  B 그는 발표를 하고 있었다.

  C 그는 수업을 듣고 있었다.

> 해설 문제의 핵심어구(Brett arrive late)와 관련된 지문 내용 중 남자가 'one of the classmates in my last class gave a presentation today, and it took longer than expected'라며 바로 앞 수업의 학생 중 한 명이 오늘 발표를 했는데 그게 생각보다 오래 걸렸다고 하였으므로, 보기 **C** He was attending a class가 정답입니다.
>
> **오답 확인하기**
> A는 지문의 'lunch'를 그대로 언급해 혼동하기 쉽지만, 지문에서 Brett이 친구와 점심을 먹고 있었다는 내용은 언급하지 않았으므로 오답입니다.
> B는 지문의 'presentation'을 그대로 언급해 혼동하기 쉽지만, Brett이 아닌 Brett의 앞 수업의 학생 중 한 명에 대한 내용이므로 오답입니다.

2 Janice는 오늘 오후에 무엇을 하려고 계획하는가?

  A 온라인 검색을 한다

  B 교과서를 빌린다

  C 교수를 만난다

> 해설 문제의 핵심어구(Janice ~ do this afternoon)와 관련된 지문 내용 중 여자가 'I'll search for some information online this afternoon.'이라며 오늘 오후에 온라인에서 정보를 좀 검색해 보겠다고 하였으므로, 보기 **A** Search online이 정답입니다.
>
> **오답 확인하기**
> B는 지문의 'textbook'을 그대로 언급해 혼동하기 쉽지만, 지문에서 오늘 오후에 교과서를 빌리려고 계획한다는 내용은 언급하지 않았으므로 오답입니다.
> C는 지문에 'meet with Professor Roberts'로 등장해 혼동하기 쉽지만, 문제에서 묻는 오늘 오후에 하려고 계획하는 것과 관련된 내용이 아니므로 오답입니다.

3 학생들은 5월 3일에 무엇을 반드시 해야 하는가?

  A 과제를 제출한다

  B 개요를 완성한다

  C 주제를 선정한다

> 해설 문제의 핵심어구(May 3rd)와 관련된 지문 내용 중 남자가 'The deadline for this paper is May the 3rd.'라며 이 논문의 마감 기한은 5월 3일이라고 하였으므로, 보기 **A** Submit an assignment가 정답입니다.
>
> **오답 확인하기**
> B는 지문에서 'outline completed'로 등장해 혼동하기 쉽지만, 5월 3일이 아닌 4월 24일에 대한 내용이므로 오답입니다.
> C는 지문의 'topic'을 그대로 언급해 혼동하기 쉽지만, 지문에서 주제를 선정한다는 내용은 언급하지 않았으므로 오답입니다.

4 Janice는 무엇에 초점을 맞출 것을 제안하는가?

A 공정 무역 의류가 어디에서 만들어지는지

B 공정 무역 의류가 어떻게 홍보되는지

C 공정 무역 의류가 왜 인기가 있는지

> 해설 문제의 핵심어구(Janice suggest focusing)와 관련된 지문 내용 중 여자가 'what about focusing on the marketing techniques used to promote fair trade fashion?'이라며 공정 무역 의류를 홍보하기 위해 사용되는 마케팅 기법에 초점을 맞추는 건 어떤지 물었으므로, 보기 **B** How fair trade clothing is promoted가 정답입니다.

Questions 5-10

공정 무역 의류

이점:

- 공정 무역 노동자들에게는 더 높은 **5**............이 주어진다.
- 일정이 더 **6**............이다.
- 기업들에 의해 엄격한 **7**............이 지켜져야 한다.
- 공장들은 더 적은 **8**............을 배출한다.

소비자들의 역할:

- 소비자들은 회사의 **9**............에 영향을 미친다.
- 공정 무역 운동은 사람들이 **10**............하면서 내리는 결정에 의존한다.

---

5 해설 문제의 핵심어구(fair trade workers)와 관련된 지문 내용 중 남자가 'workers who produce fair trade clothing often receive higher wages than others in the industry'라며 공정 무역 의류를 생산하는 노동자들은 종종 그 산업의 다른 사람들보다 더 높은 임금을 받는다고 하였으므로, **wages**가 정답입니다.

6 해설 문제의 핵심어구(Schedules)가 언급된 지문 내용 중 남자가 'their schedules are more reasonable'이라며 공정 무역 의류를 생산하는 노동자들의 업무 일정이 더욱 합리적이라고 하였으므로, **reasonable**이 정답입니다.

7 해설 문제의 핵심어구(met by companies)와 관련된 지문 내용 중 남자가 'Fair trade companies must meet strict environmental standards.'라며 공정 무역 기업들은 엄격한 환경 기준을 지켜야만 한다고 하였으므로, **environmental standards**가 정답입니다. 'companies must meet'이 'must be met by companies'로 바꾸어 표현되었습니다.

8 해설 문제의 핵심어구(Factories generate)가 언급된 지문 내용 중 여자가 'The factories generate less waste, so they don't pollute the surrounding countryside.'라며 공장들은 더 적은 폐기물을 배출할 테니 주변의 전원 지대를 오염시키지 않겠다고 하였으므로, **waste**가 정답입니다.

9 해설 문제의 핵심어구(Consumers influence)와 관련된 지문 내용 중 남자가 'They are able to exert a great deal of influence over the behaviour of companies.'라며 소비자들은 회사의 행위에 대해 굉장히 큰 영향력을 행사할 수 있다고 하였으므로, **behavio(u)r**가 정답입니다.

10 해설 문제의 핵심어구(decisions people make)가 언급된 지문 내용 중 남자가 'The success or failure of the fair trade movement is dependent on the decisions people make while shopping.'이라며 공정 무역 운동의 성공이나 실패는 사람들이 물건을 사면서 내리는 결정에 의존한다고 하였으므로, **shopping**이 정답입니다.

DAILY CHECK-UP

p.148

1 5 / five	**2** Europe	**3** ticket	**4** cave
5 ceremony	**6** city	**7** minimal / limited	**8** greenhouse
9 watering	**10** air quality		

01 영국식 발음 → 영국식 발음

🎧 (W3_D2) DC1-3.mp3

M: Hi, Meredith. So, / I've done some more research / for our case study of Steven James, / the CEO of GB-Air. ¹I think we should focus on his performance / since he took / charge of the company five years ago.

W: What do you mean?

M: Well, one of his accomplishments / was the expansion of GB-Air. It has gone from being a small domestic airline / to a strong international one.

W: Actually, / I read a newspaper article about that . . . ²GB-Air now has flights / to 17 major cities in Europe.

M: Yes. And it plans to add / 10 more North American and Asian routes next year.

W: That's quite impressive. But, um, there have been some problems, right? The article I read mentioned / that a lot of GB-Air workers lost their jobs.

M: Right. He eliminated around 200 administrative positions in the UK. ³It was part of his efforts to cut costs / so that he could reduce ticket prices.

W: We should definitely include that in our case study as well.

남: 안녕, Meredith. 자, 나는 GB 항공의 최고경영자인 Steven James의 사례 연구를 위해 조사를 좀 더 해보았어. ¹그가 5년 전 그 기업을 인수한 이래의 그의 실적에 초점을 맞춰야 할 것 같아.

여: 무슨 뜻이니?

남: 음, 그의 성과 중 하나는 GB 항공의 확장이었어. 작은 국내 항공사에서 시작해서 강력한 국제 항공사가 되었지.

여: 사실, 그것에 대한 신문기사를 읽었어... ²GB 항공은 현재 유럽의 17개 주요 도시로 운항하는 항공기를 보유하고 있지.

남: 응. 그리고 내년에 10개의 북미와 아시아 운항로를 더 추가할 계획이야.

여: 꽤 인상적이구나. 하지만, 음, 문제점도 좀 있었어, 그렇지? 내가 읽은 기사에서는 많은 GB 항공 직원들이 일자리를 잃었다고 언급했어.

남: 맞아. 그는 영국에서 200개 정도의 행정직을 없앴어. ³그건 비용을 줄여서 항공료를 인하할 수 있도록 한 그의 노력의 일환이지.

여: 그것도 우리 사례 연구에 반드시 포함시켜야 해.

Steven James, GB 항공의 최고경영자

배경
- **1**............년 전에 회사를 인수함

성과
- 회사가 확장함: 현재 **2**............의 주요 도시로 운항하는 항공기를 보유함

문제점
- 대략 200개의 행정직이 없어짐
- 비용을 줄여 **3**............ 가격을 낮추기 위한 노력의 일환

---

1 해설 문제의 핵심어구(Took charge of company)와 관련된 지문 내용 중 남자가 'I think we should focus on his performance since he took charge of the company five years ago.'라며 Steven James가 5년 전 GB 항공을 인수한 이래의 그의 실적에 초점을 맞춰야 할 것 같다고 하였으므로, **5** 또는 **five**가 정답입니다.

2 해설 문제의 핵심어구(flights to)가 언급된 지문 내용 중 여자가 'GB-Air now has flights to 17 major cities in Europe.'이라며 GB 항공은 현재 유럽의 17개 주요 도시로 운항하는 항공기를 보유하고 있다고 하였으므로, **Europe**이 정답입니다.

3 해설 문제의 핵심어구(lower ~ prices)와 관련된 지문 내용 중 남자가 'It was part of his efforts to cut costs so that he could reduce ticket prices.'라며 200개 정도의 행정직을 없앤 것은 비용을 줄여서 항공료를 인하할 수 있도록 한 노력의 일환이었다고 하였으므로, **ticket**이 정답입니다. 'reduce'가 'lower'로 바꾸어 표현되었습니다.

02 호주식 발음 → 호주식 발음　　　　　　　　　　　🎧 (W3_D2) DC4-6.mp3

W: So, we have to choose an artefact / to include in our project / for anthropology class. I think it would be interesting / to write about a well-known artefact. The famous Muisca raft / found in Colombia, for example. **M:** That's a good idea. Then I guess / we need to decide / which points about the sculpture / to include / in our project. We should probably begin / with its discovery. ⁴Wasn't that discovered / in a cave by some local farmers? **W:** Yes, it was found in 1969. And according to archaeologists, it was made / around 1,000 years ago. Actually, the exact date is unknown, / but that's a rough estimation. **M:** Right. And maybe we should provide / a description. It is / a raft with figures of people / made of gold, and ⁵it refers to an actual raft / that was used in an important religious ceremony. In the ceremony, / the person who would become the next chief / covered his body in gold dust / and jumped into a lake. **W:** Correct. And ⁶it's significant / because many believe / it was from the lost city of El Dorado. **M:** That's another thing / we should include . . . OK. We've got a lot of good points / to write about / now. We just need to organise them.	**여:** 자, 우리는 인류학 수업의 과제에 포함할 유물을 선택해야 해. 잘 알려진 유물에 대해 쓰는 것이 흥미로울 것 같아. 예를 들면, 콜롬비아에서 발견된 유명한 무이스카 뗏목처럼 말이야. **남:** 좋은 생각이야. 그런 다음에 그 조각품에 대한 어떤 요점을 우리 과제에 포함할지 결정해야 할 것 같아. 아마도 그것의 발견부터 시작해야 할 거야. ⁴그건 몇몇 현지 농부들에 의해서 동굴에서 발견되지 않았니? **여:** 응, 1969년에 발견됐어. 그리고 고고학자들에 따르면, 그것은 약 1,000년 전에 만들어졌어. 사실, 정확한 날짜는 알려져 있지 않지만, 그게 대략적인 추정치야. **남:** 맞아. 그리고 아마 묘사를 제공해야 할 거야. 그건 금으로 만들어진 뗏목과 사람들의 형상인데, ⁵중요한 종교적 의식에서 사용되었던 실제 뗏목을 나타내지. 그 의식에서는, 다음 족장이 될 사람이 그의 몸을 금색 먼지로 덮고 호수로 뛰어들었어. **여:** 맞아. 그리고 ⁶그것이 중요한 이유는 많은 사람들이 그것이 엘도라도의 잃어버린 도시에서 왔다고 생각하기 때문이지. **남:** 그건 우리가 포함해야 하는 또 다른 거네... 좋아. 이제 작성할 만한 좋은 요점들이 많이 있어. 우리는 그저 그것들을 정리하기만 하면 돼.

인류학 과제: 무이스카 뗏목

포함할 점	세부 사항
발견	현지 농부들에 의해서 4............에서
유물의 연대	약 1,000년 전에 만들어짐
묘사	종교적 5............에서 사용되었던 뗏목을 묘사함
중요성	엘도라도의 잃어버린 6............으로부터 왔다고 믿어짐

4　해설 문제의 첫 열(Discovery)과 첫 행(Details)을 통해 문제가 무이스카 뗏목의 발견의 세부 사항에 대한 내용임을 알 수 있습니다. 문제의 핵심어구(local farmers)가 언급된 지문 내용 중 남자가 'Wasn't that discovered in a cave by some local farmers?'라며 무이스카 뗏목은 몇몇 현지 농부들에 의해서 동굴에서 발견되지 않았는지 물었으므로, **cave**가 정답입니다.

5　해설 문제의 첫 열(Description)과 첫 행(Details)을 통해 문제가 무이스카 뗏목의 묘사의 세부 사항에 대한 내용임을 알 수 있습니다. 문제의 핵심어구(used in ~ religious)가 언급된 지문 내용 중 남자가 'it refers to an actual raft that was used in an important religious ceremony'라며 중요한 종교적 의식에서 사용되었던 실제 뗏목을 나타낸다고 하였으므로, **ceremony**가 정답입니다.

6 해설 문제의 첫 열(Significance)과 첫 행(Details)을 통해 문제가 무이스카 뗏목의 중요성의 세부 사항에 대한 내용임을 알 수 있습니다. 문제의 핵심어구(El Dorado)가 언급된 지문 내용 중 여자가 'it's significant because many believe it was from the lost city of El Dorado'라며 무이스카 뗏목이 중요한 이유는 많은 사람들이 그것이 엘도라도의 잃어버린 도시에서 왔다고 생각하기 때문이라고 하였으므로, **city**가 정답입니다.

03 영국식 발음 (W3_D2) DC7-10.mp3

The topic of my presentation today / is self-sustaining architecture. In particular, / I'll focus on a complex of buildings / in Sydney, Australia, / called One Central Park. I chose this residential complex / for my presentation / as [7]it includes structures / that were designed / to have a minimal effect / on the local environment. It is vital / that the buildings of the future / have a limited environmental impact / but also meet the needs of increasing city populations . . . And the buildings in this complex accomplish this.

So, / let's look at / some of the environmentally friendly features / of One Central Park. Well, the most obvious of these / is probably the heating system. The system uses natural gas / to create thermal energy / for the complex's thousands of residents. It also heats / the commercial and retail spaces / in the buildings. [8]This method is very efficient / and produces less greenhouse gases than others. In fact, / burning this type of fuel / produces 29 per cent less carbon dioxide / than burning oil.

Another important characteristic of the buildings / is their rainwater collection system. A system of drains and pipes / catches rain from the rooftops and balconies. The rainwater is filtered / at the complex's water recycling plant, / and, / uh, / stored in large tanks. And [9]it is actually used / for watering the gardens / around the buildings. Now, the gardens at One Central Park / are very unique. What makes them different from other gardens / is that they are vertical . . . They grow up / the sides of the buildings. The many plants in the vertical gardens / produce a lot of oxygen. [10]This improves the air quality in and around the buildings.

오늘 제 발표의 주제는 자력으로 유지하는 건축물입니다. 특히, 저는 호주 시드니에 있는, 원 센트럴 파크라고 불리는 복합 건물 단지에 초점을 맞출 거예요. 제 발표를 위해 이 주택 복합 단지를 선택한 이유는 [7]이곳이 지역 환경에 최소한의 영향을 주도록 설계된 구조물들을 포함하기 때문입니다. 미래의 건물들은 제한된 환경적 영향이 있는 것뿐만 아니라 증가하는 도시 인구의 수요 또한 충족시키는 것이 필수적입니다... 그리고 이 복합 단지의 건물들은 이것을 해내죠.

그럼, 원 센트럴 파크의 몇몇 환경 친화적인 특징들에 대해 살펴봅시다. 음, 이것들 중 가장 분명한 것은 아마 난방 체계겠죠. 이 체계는 천연가스를 사용해 이 복합 단지의 수천 명의 거주자들을 위한 열 에너지를 만들어냅니다. 이것은 또한 건물의 상업 단지와 소매 단지를 따뜻하게 합니다. [8]이 방법은 매우 효율적이며 다른 것들보다 더 적은 온실가스를 발생시켜요. 사실, 이러한 유형의 연료를 태우는 것은 석유를 태울 때보다 29퍼센트나 더 적은 이산화탄소를 발생시킵니다.

이 건물의 또 다른 중요한 특징은 빗물 수집 장치입니다. 이 배수로와 배관 체계는 지붕과 발코니에서 빗물을 받습니다. 빗물은 복합 단지의 용수 재활용 시설에서 여과되고, 어, 큰 탱크에 저장됩니다. 그리고 [9]그것은 실제로 건물 주변의 정원에 물을 주는 데 쓰이죠. 자, 원 센트럴 파크의 정원들은 매우 독특합니다. 그것들을 다른 정원들과 다르게 만드는 것은 그들이 수직이라는 것입니다... 그들은 건물의 측면에서 자라죠. 이 수직 정원에 있는 많은 식물들은 다량의 산소를 발생시킵니다. [10]이는 건물 안과 주변의 공기 질을 향상시키죠

원 센트럴 파크

• 환경에 7............의 영향을 주도록 설계됨

• 난방 체계
 – 열 에너지를 만들어내기 위해 천연가스를 사용함
 – 적은 8............가스를 발생시킴

• 빗물 수집 장치
 – 지붕과 발코니에서 빗물을 받음
 – 정원에 9............하는 데 사용함

• 수직 정원
 – 산소를 발생시키며, 이는 10............을 향상시킴

7 해설 문제의 핵심어구(effect on the environment)가 언급된 지문 내용 중 'it includes structures that were designed to have a minimal effect on the local environment'에서 원 센트럴 파크가 지역 환경에 최소한의 영향을 주도록 설계된 구조물들을 포함한다고 하였으므로, **minimal**이 정답입니다. 또한, 같은 의미의 단어인 **limited**도 정답입니다.

8 해설 문제의 핵심어구(Produces less)가 언급된 지문 내용 중 'This method ~ produces less greenhouse gases than others.'에서 천연가스를 사용하는 방법은 다른 것들보다 더 적은 온실가스를 발생시킨다고 하였으므로, **greenhouse**가 정답입니다.

9 해설 문제의 핵심어구(used for ~ gardens)가 언급된 지문 내용 중 'it is actually used for watering the gardens around the buildings'에서 빗물은 실제로 건물 주변의 정원에 물을 주는 데 쓰인다고 하였으므로, **watering**이 정답입니다.

10 해설 문제의 핵심어구(oxygen)와 관련된 지문 내용 중 'This improves the air quality in and around the buildings.'에서 다량의 산소는 건물 안과 주변의 공기 질을 향상시킨다고 하였으므로, air quality in and around the buildings가 답이 될 수 있습니다. 지시문에서 두 단어 이내로 답안을 작성하라고 하였으므로, **air quality**가 정답입니다.

DAILY TEST

p.152

1 A	2 C	3 A	4 B
5 wolves	6 leather	7 army	8 permits
9 endangered	10 restaurants		

Questions 1-10 미국식 발음 → 호주식 발음

🎧 (W3_D2) DT.mp3

Section 3. You will hear two students discussing an upcoming field trip to a bison reserve.

M: So, are you excited / about our field trip to the bison reserve? I'm really looking forward / to seeing all the American bison, / or buffalo as they are sometimes called.

W: Yeah, it should be really fun. Um, [1]what do you think about the presentation / each of us has to give / once we return from the trip? I thought / our professor would have us / submit a report / or take a test / instead.

M: It actually seems like / an interesting assignment, [2]especially since he expects us / to interview the rangers / who work at the reserve . . . I'm sure they will have / a lot of useful information to share.

W: Good point. I plan to ask them / whether the bison ever cause problems for ranchers / in the area. I read / that some local residents were opposed / to the creation of the reserve.

M: Really? Why?

W: Well, [3]bison generally inhabit grassland areas / rather than mountains or forests. Of course, this is the same type of land / that ranchers need for cows.

M: That makes sense. Um, it's almost as if / cows and bison are competing for resources.

섹션 3. 다가오는 들소 보호 구역 현장학습에 관해 두 학생이 이야기하는 것을 들으세요.

남: 그래서, 들소 보호 구역 현장학습에 대해 들떠 있니? 나는 모든 아메리카들소, 혹은 종종 불리듯 물소를 보는 것을 정말 기대하고 있어.

여: 응, 정말 재미있을 거야. 음, [1]우리가 현장학습에서 돌아오면 각자 해야 하는 발표에 대해서는 어떻게 생각하니? 교수님이 그 대신 우리에게 보고서를 제출하게 하거나 시험을 보게 할 줄 알았는데.

남: 사실 그건 흥미로운 과제 같은데, [2]특히 교수님은 우리가 보호 구역에서 일하는 관리인들을 인터뷰하기를 기대하시니 말야... 그들이 공유해 줄 유용한 정보가 많을 거라고 확신해.

여: 좋은 지적이야. 난 그들에게 들소가 그 지역의 목장주들에게 문제를 일으킨 적이 있는지 물어볼 계획이야. 몇몇 지역 주민들이 보호 구역 조성에 반대했었다는 걸 읽었거든.

남: 정말? 왜?

여: 음, [3]들소는 보통 산이나 숲보다는 초원에 서식하잖아. 물론, 이건 목장주들이 젖소를 위해 필요로 하는 토지와 같은 종류지.

남: 말이 되네. 음, 이건 마치 거의 젖소와 들소가 물자를 두고 경쟁하는 것 같네.

W: Exactly. This is the topic I'm planning to discuss / for the assignment. Hopefully, I can find out more / about this / at the information centre. Our professor mentioned / that we'd be stopping by there.

M: What will we be doing / at the information centre?

W: Taking part in an orientation. [4]When we first arrive, an employee will give a brief lecture about the history of the reserve.

M: Great. Maybe I can get some information for the assignment at that time.

W: Oh, I meant to ask you about the topic you've chosen. What do you plan / to focus on?

M: I want to talk about / how the bison were saved from extinction. In the early 1800s, / there were around 40 million bison / living in North America. However, by 1900, only 300 or so / remained in the wild.

W: Really? Was that due to natural predators?

M: Bison are large enough / that they don't really have to worry about other animals. Um, [5]wolves sometimes attack bison, / but this does not lead to many deaths.

W: Then what caused / such a dramatic decline / in population?

M: Overhunting by humans. Bison were an important source of food / for early European settlers. In addition, / [6]their hides were used / to make leather.

W: It's hard to believe / that people could kill so many animals / in such a short time period.

M: The European settlers / were very efficient hunters. Take William Cody, / for example . . . [7]He had a contract / to supply meat / to the army. He is reported / to have killed 4,282 bison / in an 18 month period.

W: So, um, what led / to the rise in numbers? Our professor mentioned / that there are over 350,000 bison / in North America today.

M: A couple of things, actually. First, bison hunting / became strictly regulated. [8]Only a limited number of permits / to kill bison / are issued each year. Also, large areas of land / were set aside / for these animals to live on. Um, like the reserve / we are visiting today . . .

W: [9]So they were classified / as an endangered species?

M: [9]Right. But it's important to keep in mind / that bison are no longer in danger of extinction. In fact, there are even privately owned herds of domesticated bison.

W: You mean / something similar to cattle ranches?

M: Exactly. The bison are raised for their meat. Um, [10]bison meat is sold / in many restaurants / in the United States now.

W: Interesting. I think we are going to learn a lot / on this field trip . . .

여: 정확해. 이게 내가 과제에서 이야기하려고 계획하고 있는 주제야. 바라건대, 안내소에서 이것에 대해 더 찾아낼 수 있으면 좋겠어. 교수님이 거기에 들르게 될 거라고 언급하셨잖아.

남: 안내소에서 우리가 무엇을 하게 되니?

여: 오리엔테이션에 참여할 거야. [4]처음 도착하면, 직원이 보호 구역의 역사에 대해서 짧은 강의를 해줄 거야.

남: 좋아. 어쩌면 그때 과제를 위한 정보를 좀 얻을 수 있겠네.

여: 오, 네가 선택한 주제에 관해 물어보려고 했었어. 너는 어떤 것에 초점을 맞출 계획이니?

남: 들소가 어떻게 멸종을 면했는지에 대해 이야기하고 싶어. 1800년대 초반에는, 북미 지역에 사는 들소는 거의 4천만 마리가 있었어. 하지만, 1900년 즈음에는, 대략 300여 마리만이 야생에 남아 있었지.

여: 정말? 자연적인 포식자들 때문이었니?

남: 들소는 다른 동물들을 걱정할 필요가 없을 정도로 충분히 커. 음, [5]늑대가 가끔 들소를 공격하기는 하지만, 이것이 많은 죽음으로 이어지지는 않아.

여: 그러면 무엇이 그렇게 극적인 개체 수의 감소를 불러온 거야?

남: 인간의 남획이지. 들소는 초기 유럽 정착민들의 중요한 식량원이었어. 게다가, [6]그들의 가죽은 피혁을 만드는 데 사용됐지.

여: 사람들이 그렇게 짧은 기간 동안 그 많은 동물들을 도살할 수 있었다는 게 믿기 힘들어.

남: 유럽 정착민들은 매우 효율적인 사냥꾼들이었어. 예를 들면, William Cody가 있지... [7]그는 군대에 육류를 공급하는 계약을 맺고 있었어. 그는 18개월 동안 4,282마리의 들소를 도살했다고 전해져.

여: 그러면, 음, 무엇이 개체 수 증가로 이어진 거니? 교수님은 오늘날 북미에 35만 마리가 넘는 들소가 있다고 말씀하셨잖아.

남: 사실, 몇 가지가 있어. 먼저, 들소 사냥이 엄격하게 규제되었어. [8]매해 오직 제한된 횟수의 들소 도축 허가가 발행되지. 또한, 이 동물들이 살 수 있도록 넓은 지역의 땅이 확보되었어. 음, 우리가 오늘 방문하는 보호 구역처럼 말이야...

여: [9]그래서 그들이 멸종 위기종으로 분류되었니?

남: [9]그래. 하지만 들소가 더는 멸종 위기에 처해있지 않다는 것을 명심하는 것이 중요해. 사실, 사적으로 소유되는 가축 들소 무리도 있을 정도거든.

여: 소 목장처럼 말이니?

남: 정확해. 들소는 고기를 위해 사육되지. 음, [10]들소 고기는 현재 미국의 많은 식당에서 판매돼.

여: 흥미롭구나. 이번 현장학습에서 많은 것을 배우게 될 것 같아...

1 현장학습에서 돌아오면 학생들은 무엇을 할 것인가?

A 발표를 한다

B 보고서를 제출한다

C 시험을 본다

> 해설 문제의 핵심어구(return from the field trip)와 관련된 지문 내용 중 여자가 'what do you think about the presentation each of us has to give once we return from the trip?'이라며 현장학습에서 돌아오면 각자 해야 하는 발표에 대해서는 어떻게 생각하는지 묻고 있으므로, 보기 **A** Give a presentation이 정답입니다.
>
> 오답 확인하기
> B와 C는 지문의 'submit a report'와 'take a test'를 그대로 언급해 혼동하기 쉽지만, 문제에서 묻는 현장학습에서 돌아오면 학생들이 할 일과 관련된 내용이 아니므로 오답입니다.

2 학생들이 인터뷰할 것으로 예상되는 사람은 누구인가?

A 지역 주민

B 목장 주인

C 관리인

> 해설 문제의 핵심어구(interview)가 언급된 지문 내용 중 남자가 'especially since he expects us to interview the rangers who work at the reserve'라며 특히 교수님은 그들이 보호 구역에서 일하는 관리인들을 인터뷰하기를 기대한다고 하였으므로, 보기 **C** Rangers가 정답입니다.

3 몇몇 사람들은 왜 보호 구역 조성에 반대하였는가?

A 들소가 젖소와 같은 종류의 토지를 선호한다.

B 들소가 다양한 생태계에 피해를 입힌다.

C 들소가 숲으로 뒤덮인 지역으로 이동하는 경향이 있다.

> 해설 문제의 핵심어구(opposed to ~ the reserve)와 관련된 지문 내용 중 여자가 'bison generally inhabit grassland areas rather than mountains or forests. ~ this is the same type of land that ranchers need for cows.'라며 들소는 보통 산이나 숲보다는 초원에 서식한다고 한 뒤, 이건 목장주들이 젖소를 위해 필요로 하는 토지와 같은 종류라고 하였으므로, 보기 **A** Bison prefer the same type of land as cows가 정답입니다.
>
> 오답 확인하기
> B는 지문에 언급되지 않은 내용이므로 오답입니다.
> C는 지문에서 'forests'로 등장해 혼동하기 쉽지만, 지문에서 들소가 숲으로 뒤덮인 지역으로 이동하는 경향이 있다는 내용은 언급하지 않았으므로 오답입니다.

4 안내소에서 일어날 일은 무엇인가?

A 영상이 상영될 것이다.

B 강의가 진행될 것이다.

C 책자가 배부될 것이다.

> 해설 문제의 핵심어구(information centre)와 관련된 지문 내용 중 여자가 'When we first arrive, an employee will give a brief lecture about the history of the reserve.'라며 처음 도착하면 직원이 보호 구역의 역사에 대해서 짧은 강의를 해줄 것이라고 하였으므로, 보기 **B** A talk will be given이 정답입니다. 'a brief lecture'가 'A talk'으로 바꾸어 표현되었습니다.

북미 지역의 들소

개체 수 감소

- 1800년대 초반에는, 4천만 마리의 야생 들소가 있었다.
- 1900년 즈음에는, 오직 300마리가 있었다.
- 5............이 때때로 들소를 공격하기는 하지만, 그들이 많은 수를 죽이지는 않는다.
- 유럽인들은 6............을 만들기 위한 가죽뿐만 아니라 식량을 위해 들소를 사냥했다.
- 예를 들어, William Cody는 수천 마리를 도살해 7............에 육류를 공급했다.

개체 수 증가

- 오직 제한된 수량의 들소 도축 8............이 발행된다.
- 들소들이 살 수 있도록 보호 구역이 조성되었다.
- 그들은 9............종으로 분류되었다.
- 결과적으로, 들소는 더 이상 위험에 처해 있지 않다.
- 들소 고기는 현재 많은 미국 10............에서 판매된다.

---

5 해설 문제의 핵심어구(attack bison)가 언급된 지문 내용 중 남자가 'wolves sometimes attack bison'이라며 늑대가 가끔 들소를 공격하기는 한다고 하였으므로, **wolves**가 정답입니다.

6 해설 문제의 핵심어구(hides ~ to make)가 언급된 지문 내용 중 남자가 'their hides were used to make leather'라며 들소의 가죽은 피혁을 만드는 데 사용됐다고 하였으므로, **leather**가 정답입니다.

7 해설 문제의 핵심어구(William Cody)와 관련된 지문 내용 중 남자가 'He had a contract to supply meat to the army.'라며 William Cody는 군대에 육류를 공급하는 계약을 맺고 있었다고 하였으므로, **army**가 정답입니다.

8 해설 핵심어구(issued)가 언급된 지문 내용 중 남자가 'Only a limited number of permits to kill bison are issued each year.'라며 매해 오직 제한된 횟수의 들소 도축 허가가 발행된다고 하였으므로, **permits**가 정답입니다.

9 해설 문제의 핵심어구(classified as)가 언급된 지문 내용 중 여자가 'So they were classified as an endangered species?'라며 그래서 들소들이 멸종 위기종으로 분류되었는지 묻자, 남자가 'Right.'라며 그렇다고 하였으므로, **endangered**가 정답입니다.

10 해설 문제의 핵심어구(Bison meat)가 언급된 지문 내용 중 남자가 'bison meat is sold in many restaurants in the United States now'라며 들소 고기는 현재 미국의 많은 식당에서 판매된다고 하였으므로, **restaurants**가 정답입니다.

(3일) **문장/요약문 완성하기** Sentence/Summary Completion

DAILY CHECK-UP

p.158

1 border	**2** Human activity	**3** soil	**4** musical
5 social	**6** minor	**7** mound	**8** bar
9 storm	**10** fertile		

M: Hi, Beth. Thanks for dropping by.

W: Hi, Mr Corbyn. I was wondering / if you could help me / with my geography project.

M: Of course. What do you need help with?

W: I want to get some information / on desertification. If I remember correctly from class, / this is the process of / fertile land / turning into desert.

M: That's correct. [1]Desertification usually occurs in regions / that border existing deserts.

W: OK. So, / um, / these areas receive very little rainfall, / so even small changes in climate / can cause desertification to begin. Am I right?

M: Yes. That's right.

W: I see. But, / um, / what is the main cause of these changes?

M: Basically, / [2]human activity is usually / the main cause of desertification.

W: What do you mean exactly?

M: Well, / trees and grasses are destroyed / as a result of farming. This leaves the ground / exposed to the sun and wind.

W: Right. So / [3]without plants and trees / to protect it, / the soil will dry out / and the wind will blow it away.

M: Precisely. And over time, / nothing will remain / but sand and rock. In other words, / the area will have become / a desert.

남: 안녕, Beth. 들러줘서 고맙구나.

여: 안녕하세요, Corbyn 교수님. 제 지리학 과제를 도와주실 수 있는지 궁금해하고 있었어요.

남: 물론이지. 어떤 것에서 도움이 필요하니?

여: 저는 사막화에 대한 정보를 조금 얻고 싶어요. 제가 수업을 정확하게 기억한다면, 이건 비옥한 땅이 사막으로 변하는 과정이에요.

남: 맞아. [1]사막화는 보통 현존하는 사막들과 경계를 접하고 있는 지역에서 발생한단다.

여: 네. 그럼, 음, 이 지역들은 강우량이 매우 적으니, 기후의 작은 변화조차도 사막화가 시작되도록 만들 수 있겠네요. 맞나요?

남: 그래. 맞아.

여: 알겠어요. 그런데, 음, 이러한 변화들의 주요 원인은 무엇인가요?

남: 기본적으로, [2]인간 활동이 보통 사막화의 주요 원인이란다.

여: 정확히 무슨 말씀이신가요?

남: 음, 농업의 결과로 나무와 풀이 파괴되지. 이는 대지를 태양과 바람에 노출된 상태로 놓아두게 된단다.

여: 맞아요. 그럼 [3]그것을 보호해줄 식물과 나무가 없으면, 토양은 메말라지고 바람이 그것을 날려 보내네요.

남: 정확하단다. 그리고 시간이 지나면서, 모래와 암석 외에는 아무것도 남지 않게 될 거야. 다시 말해서, 그 지역은 사막이 될 거란다.

1 사막화는 현존하는 사막들과 ....하는 지역에서 발생한다.

> 해설 문제의 핵심어구(Desertification occurs)가 언급된 지문 내용 중 남자가 'Desertification usually occurs in regions that border existing deserts.'라며 사막화는 보통 현존하는 사막들과 경계를 접하고 있는 지역에서 발생한다고 하였으므로, **border**가 정답입니다. 'regions'가 'areas'로 바꾸어 표현되었습니다.

2 ....은 보통 사막화의 주된 원인이다.

> 해설 문제의 핵심어구(primary cause)와 관련된 지문 내용 중 남자가 'human activity is usually the main cause of desertification'이라며 인간 활동이 보통 사막화의 주요 원인이라고 하였으므로, **Human activity**가 정답입니다. 'main cause'가 'primary cause'로 바꾸어 표현되었습니다.

3 식물이 없으면, ...은 메말라지고 날아가 버릴 것이다.

> 해설 문제의 핵심어구(dry out)가 언급된 지문 내용 중 여자가 'without plants and trees to protect it, the soil will dry out and the wind will blow it away'라며 대지를 보호해줄 식물과 나무가 없으면 토양은 메말라지고 바람이 그것을 날려 보낼 것이라고 하였으므로, **soil**이 정답입니다.

M: So, Amy . . . How is the research / for your comparative literature paper going?

W: I'm making progress. I've decided to write / about *Les Misérables*. [4]I'm going to compare / the novel by Victor Hugo / with the musical adaptation.

M: That sounds promising. Um, what are the major differences / between the two works?

W: Well, the novel provides / more background information. [5]There are a lot of details / about the social problems of the period.

M: That's true. The adaptation focuses more / on the characters themselves / rather than the setting. That could be / the first main point of your paper.

W: OK. And another difference I noticed is / that some characters from the novel / do not appear / in the theatre production.

M: Interesting. Do you know why?

W: Well, / the performance lasts for / less than three hours, / so [6]it would have been impossible to include / all of the minor characters from the book.

M: That makes sense. The book is over / 1,400 pages long.

W: Right. So, / many of them / had to be left out.

M: I see. Then / I would suggest / that you explain why certain characters / were not considered necessary / for the theatre production of *Les Misérables*.

남: 자, Amy... 비교 문학 논문에 대한 조사는 어떻게 되어 가고 있니?

여: 진전이 있어요. 저는 '레미제라블'에 대해 쓰기로 결정했어요. [4]빅토르 위고의 소설을 뮤지컬 각색 작품과 비교할 거예요.

남: 기대되는 이야기구나. 음, 두 작품 간의 주요 차이점들은 무엇이니?

여: 음, 소설은 더 많은 배경 정보를 제공해요. [5]그 시대의 사회 문제들에 대한 더 많은 세부 사항들이 있어요.

남: 맞아. 각색 작품은 배경보다는 등장인물들 자체에 더 초점을 맞추지. 그게 네 논문의 첫 번째 요점이 될 수도 있겠구나.

여: 네. 그리고 제가 발견한 또 다른 차이점은 소설의 몇몇 등장인물들이 극작품에서는 등장하지 않는다는 것이에요.

남: 흥미롭구나. 이유를 알고 있니?

여: 음, 공연은 세 시간도 채 계속되지 않기 때문에, [6]책에 나오는 중요하지 않은 등장인물을 모두 포함하는 것은 불가능했을 거예요.

남: 말이 되는구나. 책은 1,400쪽이 넘는 길이지.

여: 맞아요. 그래서, 그들 중 여럿이 빠져야 했어요.

남: 그렇구나. 그럼 나는 '레미제라블'의 극작품에서는 왜 특정 등장인물들이 필요하다고 여겨지지 않았는지 설명할 것을 제안하고 싶구나.

'레미제라블'

빅토르 위고의 소설 '레미제라블'과 4.......... 각색 작품 간에는 몇 가지 차이점들이 있다. 첫째로, 책은 그 시대의 5........... 문제에 대한 더 많은 세부 사항들을 제공한다. 또한, 몇몇 등장인물들은 극작품에서는 등장하지 않는다. 공연은 3시간도 채 계속되지 않으므로, 책의 모든 6.......... 등장인물이 포함될 수는 없다.

---

4 해설 문제의 핵심어구(adaptation)가 언급된 지문 내용 중 여자가 'I'm going to compare the novel by Victor Hugo with the musical adaptation.'이라며 빅토르 위고의 소설을 뮤지컬 각색 작품과 비교할 것이라고 하였으므로, **musical**이 정답입니다.

5 해설 문제의 핵심어구(problems of the period)가 언급된 지문 내용 중 여자가 'There are a lot of details about the social problems of the period.'라며 그 시대의 사회 문제들에 대한 더 많은 세부 사항들이 있다고 하였으므로, **social**이 정답입니다.

6 해설 문제의 핵심어구(characters from the book)가 언급된 지문 내용 중 여자가 'it would have been impossible to include all of the minor characters from the book'이라며 책에 나오는 중요하지 않은 등장인물을 모두 포함하는 것은 불가능했을 것이라고 하였으므로, **minor**가 정답입니다.

Today, / I'd like to continue / our discussion about prehistoric Scotland. Specifically, / I want to focus on / one famous archaeological site . . . Skara Brae.

Skara Brae is located / on the largest of the Orkney Islands, / off the north coast of Scotland. ⁷It was discovered in 1850 / after strong winds removed earth / from the top of an ancient mound. Four stone houses were revealed underneath. Later excavations uncovered / another four buildings. It was originally believed / that this settlement was approximately 2,500 years old. However, tests showed / that it was built / just over 5,200 years ago.

What's interesting is / that the people living in this settlement / had fairly sophisticated residences. ⁸Each house had a door / that could be locked / from within by a bar. In addition, / most included beds and dressers / made of stone. And each had a primitive toilet / that was connected / to a drainage system.

Now, / Skara Brae was abandoned by its inhabitants / approximately 600 years after it was built. ⁹One early theory was / that the inhabitants were forced / to flee the village suddenly / as a result of a catastrophic storm. However, modern researchers believe / that the settlement fell into disuse / over an extended period of time. The most likely cause / was coastal erosion. As the sea approached the settlement, / ¹⁰sand and saltwater / made the surrounding fields / less fertile. Eventually, the residents abandoned the site / to find land more suitable for farming.

오늘, 저는 선사 시대의 스코틀랜드에 관한 우리의 논의를 계속하고 싶습니다. 구체적으로는, 유명한 고고학적 명소 중 한 곳인... 스카라 브레이에 초점을 맞추고 싶군요.

스카라 브레이는 스코틀랜드의 북쪽 해안에서 떨어져 있는, 오크니 제도 중 가장 큰 섬에 위치해 있습니다. ⁷그곳은 1850년에 강한 바람이 고대 무덤의 꼭대기로부터 흙을 치운 후에 발견되었습니다. 그 아래에서 4개의 석조 가옥이 발견됐죠. 그 후의 발굴 작업은 또 다른 4개의 건축물을 발견하였습니다. 원래 이 정착지는 대략 2,500년 정도 된 것으로 여겨졌어요. 하지만, 실험들은 그것이 5,200년보다 약간 더 오래 전에 지어졌다는 것을 보여주었습니다.

흥미로운 점은 이 정착지에 살고 있던 사람들이 꽤 정교한 거주지를 가지고 있었다는 것입니다. ⁸각 집에는 내부에서 막대기로 잠글 수 있는 문이 있었습니다. 게다가, 대부분이 돌로 만들어진 침대와 찬장을 포함했습니다. 그리고 각 주거지에는 배수 장치에 연결된 초기의 화장실이 있었습니다.

이제, 스카라 브레이는 건설된 지 약 600년 후에 주민들로부터 버려졌습니다. ⁹초기의 한 이론은 파국적인 폭풍우의 결과로 주민들이 어쩔 수 없이 갑작스럽게 마을을 떠나게 되었다는 것입니다. 하지만, 현대의 연구자들은 이 정착지가 장기간에 걸쳐 쓰이지 않게 되었다고 생각합니다. 가장 그럴듯한 원인은 해안 침식이었습니다. 바다가 정착지에 가까워지면서, ¹⁰모래와 바닷물이 주변의 들판을 덜 비옥하게 만들었습니다. 결국, 주민들은 농사에 더 적합한 땅을 찾기 위해 그 장소를 버렸죠.

스카라 브레이

7 스카라 브레이는 1850년에 고대 …………의 아래에서 발견되었다.

> 해설   문제의 핵심어구(discovered in 1850)가 언급된 지문 내용 중 'It was discovered in 1850 after strong winds removed earth from the top of an ancient mound.'에서 스카라 브레이는 1850년에 강한 바람이 고대 무덤의 꼭대기로부터 흙을 치운 후에 발견되었다고 하였으므로, **mound**가 정답입니다.

8 각 집의 문은 …………으로 잠글 수 있었다.

> 해설   문제의 핵심어구(locked by)와 관련된 지문 내용 중 'Each house had a door that could be locked from within by a bar.'에서 각 집에는 내부에서 막대기로 잠글 수 있는 문이 있었다고 하였으므로, **bar**가 정답입니다.

9 한 가지 이론은 대단히 파괴적인 …………이 주민들이 어쩔 수 없이 갑작스럽게 떠나게 만들었다는 것이다.

> 해설   문제의 핵심어구(residents to leave suddenly)와 관련된 지문 내용 중 'One early theory was that the inhabitants were forced to flee the village suddenly as a result of a catastrophic storm.'에서 초기의 한 이론은 파국적인 폭풍우의 결과로 주민들이 어쩔 수 없이 갑작스럽게 마을을 떠나게 되었다는 것이라고 하였으므로, **storm**이 정답입니다. 'inhabitants were forced to flee'가 'forced residents to leave'로 바꾸어 표현되었습니다.

10 또 다른 이론은 들판이 덜 ....해졌을 때, 사람들이 그 장소를 버렸다는 것이다.

DAILY TEST

p.162

1 (approximately) 20 / twenty	2 decade	3 global temperatures
4 space	5 A	6 C	7 B
8 A	9-10 A, E	

Questions 1-10 영국식 발음

🎧 (W3_D3) DT.mp3

Section 4. You will hear a professor discussing rising sea levels in a geography class.

I'd like to continue / our discussion of global warming. As I mentioned / at the end of last class, / global warming has a number of harmful effects. Today, I want to talk about / the most serious of these . . . rising sea levels.

Let me start by giving you an overview of the current situation. ¹Since 1880, / average sea levels have risen / by approximately 20 centimetres. This might not sound like much, / but it can have a significant effect in areas / that are close to the sea. Now, ²sea levels have risen most quickly / during the last decade. It is likely / that this trend will continue / over the next century.

So, what's causing this? Well, ³the main problem is / that higher global temperatures / are causing ice in Antarctica and the Arctic to melt. As a result, / a large amount of freshwater / is entering the planet's oceans / each year. Another issue is thermal expansion. Um, ⁴as water becomes warmer, / it expands and occupies more space than cold water. So, as the oceans continue to heat up, / water levels will rise further.

OK, one thing / that many people don't realise is / that rising sea levels are already causing serious problems / in many parts of the world. Now, let's look at a specific example of an affected area . . . the Solomon Islands.

The Solomon Islands is a nation in the South Pacific / made up of approximately 900 islands. Over the past 70 years or so, / ⁵five of the country's islands / have been lost due to rising water. Luckily, these islands / were not inhabited. Uh, this was determined / by a group of Australian researchers. ⁶They made this discovery /

섹션 4. 지리학 수업에서 교수가 해수면 상승에 관해 이야기하는 것을 들으세요.

지구 온난화에 대한 우리의 논의를 이어가고 싶군요. 지난 수업의 후반부에서 언급했듯이, 지구 온난화에는 많은 해로운 영향이 있습니다. 오늘, 저는 이들 중 가장 심각한... 해수면 상승에 대해 이야기하고 싶습니다.

현재 상황의 개요를 설명드리면서 시작하겠습니다. ¹1880년 이래, 평균 해수면은 대략 20센티미터가량 상승했습니다. 이것은 많지 않게 들릴지도 모르지만, 바다에 가까운 지역에는 상당한 영향을 끼칠 수 있죠. 자, ²해수면은 지난 10년간 가장 빠르게 상승해 왔습니다. 이 추세는 다음 세기까지 계속될 것으로 예상됩니다.

그래서, 이것을 야기하는 것은 무엇일까요? 음, ³가장 주요한 문제는 높아지는 지구의 온도가 남극 대륙과 북극의 얼음을 녹게 만든다는 것입니다. 결과적으로, 많은 양의 담수가 매년 지구의 대양으로 들어오죠. 또 다른 문제는 열 팽창입니다. 음, ⁴물이 뜨거워지면, 그것은 팽창해서 차가운 물보다 더 많은 공간을 차지합니다. 그래서, 대양이 계속해서 뜨거워지면, 수면도 더욱 상승할 것입니다.

자, 많은 사람들이 깨닫지 못하는 것 중 하나는 해수면 상승이 세계의 많은 곳에서 이미 심각한 문제를 야기하고 있다는 겁니다. 이제, 영향을 받은 지역의 구체적인 예를 살펴봅시다... 솔로몬 제도입니다.

솔로몬 제도는 남태평양에 있는 대략 900개의 섬으로 이루어진 국가입니다. 지난 70여년 동안, ⁵그 국가의 섬 중 5개가 해수면 상승으로 인해 사라졌습니다. 다행히도, 이러한 섬들에는 사람이 살지 않았어요. 어, 이것은 호주의 연구자 집단에 의해 밝혀졌습니다. ⁶그들은 그 지역의 위성 사진을 연구함으로써

by studying satellite photographs of the region. **Their findings matched** / previous accounts of residents of nearby islands. They have said that, / because of these disappearing islands, / they fear for their own safety on the Solomon Islands.

In addition, / six other islands are at risk. One example is the island of Nuatambu, / [7]where 50 per cent of the habitable land / is now completely submerged. This island is inhabited, / so many families / have had to relocate to other islands. Most of the remaining residents / will have to leave soon as well.

What's interesting is / that sea levels in the Solomon Islands / are naturally higher than / in many other parts of the world even without the effects of global warming. This is because the country is located / on the western edge of the Pacific Ocean, / near the equator. [8]Strong winds constantly push / the surface water of the ocean / towards the west. This results in / the water around the Solomon Islands / being very high. And, of course, / global warming has only made / this situation worse.

Now, there are a couple of reasons why the Solomon Islands are so vulnerable / to rising sea levels. First, [9-10]much of this country / has a low elevation. Many of the smaller islands / barely rise out of the surrounding water. Although some of the bigger islands / have volcanic peaks, / the coastal areas / are low and flat. And this is / where most of the towns and villages / are located. Uh, that's because / level land is most suitable / for farming.

Finally, [9-10]many of the islands / are exposed to strong waves. Basically, the waves destroy coastlines, / and this makes it possible / for the rising water to cover more land. This cycle continues / until large areas of land / have completely disappeared.

이것을 발견했죠. 그들의 발견은 주변 섬의 거주민들의 이전 설명과 일치했습니다. 그들은, 이렇게 사라지고 있는 섬들 때문에, 솔로몬 제도에서의 그들 자신의 안전이 염려된다고 말했어요.

게다가, 6개의 다른 섬들이 위험에 처해 있습니다. 한 가지 예는 Nuatambu 섬인데, [7]이곳에서 거주 가능한 지역 중 50퍼센트가 이제 완전히 물에 잠겼어요. 이 섬은 사람이 살고 있어서, 많은 가족들이 다른 섬들로 이주해야 했습니다. 남아 있는 거주민들 중 대부분도 곧 떠나야 합니다.

흥미로운 점은 솔로몬 제도의 해수면은 심지어 지구 온난화의 영향 없이도 세계의 다른 많은 지역들에 비해 원래 높다는 것입니다. 이는 이 국가가 적도 근처의, 태평양의 서쪽 끝에 위치해 있기 때문입니다. [8]강한 바람이 끊임없이 지표수를 서쪽으로 밀어내죠. 이것은 솔로몬 제도 주변의 해수면을 매우 높게 만듭니다. 그리고, 물론, 지구 온난화가 이러한 상황을 그저 더 악화시켰죠.

이제, 솔로몬 제도가 해수면 상승에 매우 취약한 것에는 몇 가지 이유가 있습니다. 먼저, [9-10]이 나라의 대부분의 지역은 낮은 고도를 가지고 있다는 것입니다. 더 작은 섬들 중 여럿이 주변의 바닷물로부터 간신히 솟아올라 있죠. 비록 더 큰 섬들의 일부는 화산 봉우리를 가지고 있지만, 해안 지역들은 낮고 평평합니다. 그리고 이곳이 도시와 마을의 대부분이 위치하는 곳입니다. 어, 왜냐하면 평평한 땅이 농업에 가장 적합하기 때문이죠.

마지막으로, [9-10]이 섬들 중 다수가 강한 파도에 노출되어 있습니다. 기본적으로, 파도는 해안선을 파괴시키고, 이는 상승하는 수면이 더 많은 땅을 덮을 수 있도록 합니다. 이러한 순환은 더욱 광범위한 지역이 완전히 사라질 때까지 계속됩니다.

Questions 1-4

해수면 상승

해수면은 1880년대 이래 **1**............센티미터가 상승하였다. 이것은 해안 지역에 상당한 영향을 끼쳐왔다. 상승은 지난 **2**............간 가장 빨랐다. 거기에는 두 가지 이유가 있다. 첫째, 증가한 **3**............이 남극 대륙과 북극의 얼음을 녹게 만든다. 이것은 담수가 대양으로 들어가게 만든다. 열팽창은 또 다른 요인이다. 물이 뜨거워지면, 그것은 팽창해서 더 많은 **4**............을 차지한다.

---

1 해설 문제의 핵심어구(since 1880)가 언급된 지문 내용 중 'Since 1880, average sea levels have risen by approximately 20 centimetres.'에서 1880년 이래, 평균 해수면은 대략 20센티미터가량 상승했다고 하였으므로, **(approximately) 20** 또는 **(approximately) twenty**가 정답입니다.

2 해설 문제의 핵심어구(the fastest)가 언급된 지문 내용 중 'sea levels have risen most quickly during the last decade'에서 해수면은 지난 10년간 가장 빠르게 상승해 왔다고 하였으므로, **decade**가 정답입니다. 'have risen most quickly'가 'rise has been the fastest'로 바꾸어 표현되었습니다.

3 해설 문제의 핵심어구(ice in Antarctica and the Arctic)가 언급된 지문 내용 중 'the main problem is that higher global temperatures are causing ice in Antarctica and the Arctic to melt'에서 가장 주요한 문제는 높아지는 지구의 온도가 남극 대륙과 북극의 얼음을 녹게 만든다는 것이라고 하였으므로, **global temperatures**가 정답입니다. 'higher'가 'increased'로 바꾸어 표현되었습니다.

4 해설 문제의 핵심어구(takes up more)와 관련된 지문 내용 중 'as water becomes warmer, it expands and occupies more space than cold water'에서 물이 뜨거워지면 그것은 팽창해서 차가운 물보다 더 많은 공간을 차지한다고 하였으므로, **space**가 정답입니다. 'occupies'가 'takes up'으로 바꾸어 표현되었습니다.

Questions 5-8

5 화자에 의하면, 솔로몬 제도는 얼마나 많은 섬을 유실했는가?
  A 5
  B 70
  C 900

> 해설 문제의 핵심어구(Solomon Islands lost)와 관련된 지문 내용 중 'five of the country's islands have been lost due to rising water'에서 솔로몬 제도의 섬 중 5개가 해수면 상승으로 인해 사라졌다고 하였으므로, 보기 **A 5**가 정답입니다.

6 호주의 연구자들은 어떻게 섬의 유실을 밝혀냈는가?
  A 해수면을 측정함으로써
  B 지역 거주민들과 이야기함으로써
  C 위성 사진을 관찰함으로써

> 해설 문제의 핵심어구(Australian researchers discover)와 관련된 지문 내용 중 'They made this discovery by studying satellite photographs of the region.'에서 호주의 연구자 집단은 솔로몬 제도 지역의 위성 사진을 연구함으로써 섬이 사라진 것을 발견했다고 하였으므로, 보기 **C** By looking at satellite images가 정답입니다.
>
> 오답 확인하기
> A는 지문의 'sea levels'를 그대로 언급해 혼동하기 쉽지만, 지문에서 호주의 연구자들이 해수면을 측정함으로써 섬의 유실을 밝혀냈다는 내용은 언급하지 않았으므로 오답입니다.
> B는 지문에서 'accounts of residents'로 등장해 혼동하기 쉽지만, 문제에서 묻는 호주의 연구자들이 섬의 유실을 밝혀낸 방법과 관련된 내용이 아니므로 오답입니다.

7 화자는 Nuatambu 섬의 거주 가능한 지역의 절반이 -하다고 말한다.
  A 쉽게 접근 가능하다고
  B 물로 덮였다고
  C 위성으로 관찰 가능하다고

> 해설 문제의 핵심어구(Nuatambu Island's habitable land)와 관련된 지문 내용 중 'where 50 per cent of the habitable land is now completely submerged'에서 Nuatambu 섬에서 거주 가능한 지역 중 50퍼센트가 이제 완전히 물에 잠겼다고 하였으므로, 보기 **B** covered by water가 정답입니다. 'submerged'가 'covered by water'로 바꾸어 표현되었습니다.
>
> 오답 확인하기
> A는 지문에 언급되지 않은 내용이므로 오답입니다.
> C는 지문에 'studying satellite photographs of the region'으로 등장해 혼동하기 쉽지만, 문제에서 묻는 Nuatambu 섬의 거주 가능한 지역이 아닌 솔로몬 제도의 섬에 대한 내용이므로 오답입니다.

8 왜 솔로몬 제도 주변의 해수면은 원래 다른 지역보다 높은가?

    A 바람이 해수를 서쪽으로 밀어낸다.

    B 해류가 변해 왔다.

    C 적도에서 온도가 상승한다.

> 해설 문제의 핵심어구(sea levels around the Solomon Islands)와 관련된 지문 내용 중 'Strong winds constantly push the surface water of the ocean towards the west. This results in the water around the Solomon Islands being very high.'에서 강한 바람이 끊임없이 지표수를 서쪽으로 밀어낸다고 한 뒤, 이것은 솔로몬 제도 주변의 해수면을 매우 높게 만든다고 하였으므로, 보기 **A** Winds push water westwards가 정답입니다. 'towards the west'가 'westwards'로 바꾸어 표현되었습니다.
>
> **오답 확인하기**
> B는 지문에 언급되지 않은 내용이므로 오답입니다.
> C는 지문의 'equator'를 그대로 언급해 혼동하기 쉽지만, 지문에서 적도에서 온도가 상승하기 때문에 솔로몬 제도 주변의 해수면이 원래 다른 지역보다 높다는 내용은 언급하지 않았으므로 오답입니다.

Questions 9-10

9-10 솔로몬 제도를 해수면 상승에 취약하게 만드는 **두 가지** 요인은 무엇인가?

    A 낮은 고도

    B 화산 활동

    C 작은 섬들

    D 긴 해안선

    E 강력한 파도

> 해설 문제의 핵심어구(vulnerable to rising sea levels)와 관련된 지문 내용 중 'much of this country has a low elevation'에서 솔로몬 제도의 대부분의 지역은 낮은 고도를 가지고 있다고 하였으므로, 보기 **A** low elevation이 정답입니다.
> 또한, 'many of the islands are exposed to strong waves'에서 솔로몬 제도의 섬들 중 다수가 강한 파도에 노출되어 있다고 하였으므로, 보기 **E** powerful waves가 정답입니다. 'strong'이 'powerful'로 바꾸어 표현되었습니다.
>
> **오답 확인하기**
> B는 지문의 'volcanic'을 그대로 언급해 혼동하기 쉽지만, 지문에서 화산 활동에 대한 내용은 언급하지 않았으므로 오답입니다.
> C는 지문에서 'smaller islands'로 등장해 혼동하기 쉽지만, 지문에서 작은 섬들이 솔로몬 제도를 해수면 상승에 취약하게 만드는 요인이라는 내용은 언급하지 않았으므로 오답입니다.
> D는 지문의 'coastlines'를 그대로 언급해 혼동하기 쉽지만, 지문에서 긴 해안선에 대한 내용은 언급하지 않았으므로 오답입니다.

4일 순서도/다이어그램 완성하기 Flow-chart/Diagram Completion

DAILY CHECK-UP

p.168

1 outline	**2** introduction	**3** main points	**4** pressure
5 spin	**6** turn	**7** dust	**8** power
9 enclosed	**10** top		

W: So, Scott, do you think / we have enough sources / to show how the music industry / has responded to digital technology?

M: I think so. Maybe we should discuss / the writing process for our paper now.

W: Yes, let's do that. So, [1]I think / we need to make an outline / first. I don't think / it should go into much detail, / though.

M: Agreed. We can just develop / a basic structure for the paper.

W: Yes, / and then [2]we can write out an introduction / about the subject we've chosen.

M: Right. And in the introduction, / we can mention a few of the specific companies and artists / within the industry / that we will discuss in further detail / in the paper.

W: Good. That will keep people interested.

M: I guess / [3]we should develop the main points / for the body of the paper / next.

W: Yes. We should use data / from our research for that.

여: 그러니까, Scott, 우리에게 음악 산업이 디지털 기술에 어떻게 대응해왔는지 보여주기에 충분한 자료가 있다고 생각하니?

남: 그런 것 같아. 아마 이제 보고서의 작성 과정을 논의해야 할 거야.

여: 응, 그렇게 하자. 그러면, [1]먼저 개요를 작성해야 할 것 같아. 비록, 아주 상세히 설명해야 하는 것은 아닐 것 같지만 말이야.

남: 동의해. 보고서의 기본 구조를 좀 만들 수 있을 거야.

여: 응, 그런 다음 [2]우리가 선택한 주제에 대한 서론을 쓸 수 있을 거야.

남: 맞아. 그리고 서론에서는, 우리가 보고서에서 한층 더 자세하게 논의하게 될 그 산업 내의 특정 회사들과 예술가들 중 몇몇을 언급하면 될 거야.

여: 좋아. 그것이 사람들의 흥미를 유지시킬 거야.

남: 내 생각엔 [3]그 다음으로 보고서의 본론에 들어갈 요점들을 발전시켜야 할 것 같아.

여: 응. 그걸 위해서는 우리가 조사한 자료를 이용해야 해.

보고서 작성 과정

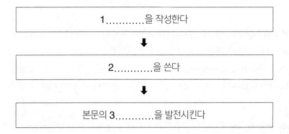

1............을 작성한다

↓

2............을 쓴다

↓

본문의 3............을 발전시킨다

1 해설 문제의 핵심어구(Make)가 언급된 지문 내용 중 여자가 'I think we need to make an outline first'라며 먼저 개요를 작성해야 할 것 같다고 하였으므로, **outline**이 정답입니다.

2 해설 문제의 핵심어구(Write out)가 언급된 지문 내용 중 여자가 'we can write out an introduction about the subject we've chosen'이라며 그들이 선택한 주제에 대한 서론을 쓸 수 있을 것이라고 하였으므로, **introduction**이 정답입니다.

3 해설 문제의 핵심어구(Develop)가 언급된 지문 내용 중 남자가 'we should develop the main points for the body of the paper next'라며 그 다음으로 보고서의 본론에 들어갈 요점들을 발전시켜야 할 것 같다고 하였으므로, **main points**가 정답입니다.

M: So, professor. Can you explain to me / how hydroelectric dams generate electricity?

W: Sure. So, these dams / are usually built on rivers / because rivers provide a constant water source. Once a dam is built, / it first blocks / the flow of the river, / creating a reservoir. And then, / [4]the water flows through the dam / at high pressure.

M: Is the water flow / controlled?

남: 저, 교수님. 수력 발전 댐이 어떻게 전기를 발생시키는지 설명해 주실 수 있으신가요?

여: 그럼. 그러니까, 강이 지속적인 수원을 제공하기 때문에 이러한 댐들은 보통 강에 건설되지. 일단 댐이 건설되면, 그것은 먼저 강의 흐름을 차단해서, 저수지를 형성한단다. 그런 다음, [4]물이 높은 압력으로 댐을 통과하여 흐르지.

남: 물의 흐름은 통제되나요?

W: Yes, the flow is / carefully controlled. Engineers can open / and close the dam. It just depends on / how much energy is needed. Next, ⁵the water flows toward a turbine, / which is like a large fan, / and causes it to spin. M: I get that, / but how is the electricity actually created? W: Well, the turbine is connected to a generator. ⁶The spinning of the turbine / causes the generator to turn, / and this creates electricity.	여: 그렇단다, 그 흐름은 세밀하게 통제되지. 기술자들이 댐을 열고 닫을 수 있어. 그건 단지 얼마나 많은 에너지가 필요한가에 달려 있단다. 다음으로, ⁵물은, 거대한 환풍기 같은 터빈을 향해 흘러서, 그것을 회전하게 만들지. 남: 그건 이해가 되는데, 전기는 실제로 어떻게 만들어지나요? 여: 음, 그 터빈은 발전기에 연결되어 있어. ⁶터빈의 회전이 발전기를 돌아가게 하고, 이것이 전기를 발생시킨단다.

수력 발전 댐의 작동 방식

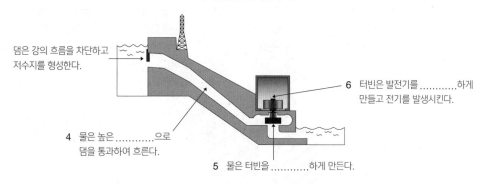

댐은 강의 흐름을 차단하고 저수지를 형성한다.

6 터빈은 발전기를 ....하게 만들고 전기를 발생시킨다.

4 물은 높은 ....으로 댐을 통과하여 흐른다.

5 물은 터빈을 ....하게 만든다.

4 해설 문제의 핵심어구(Water goes through)와 관련된 지문 내용 중 여자가 'the water flows through the dam at high pressure'라며 물이 높은 압력으로 댐을 통과하여 흐른다고 하였으므로, **pressure**가 정답입니다.

5 해설 문제의 핵심어구(causes the turbine to)가 언급된 지문 내용 중 여자가 'the water flows toward a turbine ~ and causes it to spin'이라며 물은 터빈을 향해 흘러서 그것을 회전하게 만든다고 하였으므로, **spin**이 정답입니다.

6 해설 문제(causes the generator to)가 언급된 지문 내용 중 여자가 'The spinning of the turbine causes the generator to turn, and this creates electricity.'라며 터빈의 회전이 발전기를 돌아가게 하고 이것이 전기를 발생시킨다고 하였으므로, **turn**이 정답입니다.

03 호주식 발음   (W3_D4) DC7-10.mp3

Morning, class. Today, we're going to learn / how an air purifier works. Um, this device is found / in many homes / these days. To begin with, / air is drawn into the air purifier / through a large vent / in the front of the machine. Once the air is inside the purifier, / it passes through / multiple layers of carbon filters. Why carbon? Well, this material has a special characteristic / that makes it highly suitable for use in air purifiers. Uh, ⁷carbon naturally attracts / dust particles. As a result, / the air is cleaned / as it flows through the purifier. Some of you might be wondering / what causes the air / to enter the air purifier / in the first place. Well, that is the function of the fan / located within the machine. You can see / that it is attached	좋은 아침입니다, 여러분. 오늘, 우리는 공기 청정기가 어떻게 작동하는지를 배울 겁니다. 음, 이 기기는 요즘 많은 가정에서 찾을 수 있죠. 먼저, 공기는 기계의 전면에 있는 커다란 통풍구를 통해 공기 청정기 안으로 들어옵니다. 공기가 청정기 내부로 들어가면, 그것은 여러 층의 탄소 필터를 통과합니다. 왜 탄소일까요? 음, 이 물질은 공기 청정기에 사용하기에 매우 적합하게 만드는 특별한 성질을 가지고 있습니다. 어, ⁷탄소는 자연 발생적으로 먼지 입자를 끌어들여요. 그 결과, 공기는 청정기를 통과해 흐르면서 깨끗해집니다. 여러분 중 몇몇 분들은 애초에 공기가 공기 청정기로 들어가게 하는 것이 무엇인지 궁금해할 수도 있겠죠. 음, 그것이 기계 내부에 위치해 있는 환풍기의 기능입니다. 여러분은 그것이 공기 압축기에 붙어 있는

to a compressor. [8]This component provides / power to the fan, / enabling it to spin / very quickly. As the fan rotates, / it sucks air into the purifier / through the vent in the front.

Now, [9]the flow of air / into the enclosed space / leads to pressure building up. Basically, / the air becomes denser / within the machine. This causes the clean air / to be forced out of the purifier. [10]It goes out through an exit vent / on the top of the appliance. As a result, the air in the room / where a purifier is installed / is continually flowing / in and out of the machine. And, of course, / it is being cleaned / in the process.

것을 보실 수 있습니다. [8]이 부품은 환풍기에 동력을 제공하여, 그것이 매우 빠르게 회전하게 만듭니다. 환풍기가 회전하면서, 그것은 전면에 있는 통풍구를 통해 공기를 청정기 안으로 빨아들입니다.

이제, [9]폐쇄된 공간으로의 공기의 흐름은 압력이 높아지게 만들어요. 기본적으로, 공기는 기계 내부에서 더 밀도가 높아집니다. 이는 깨끗한 공기가 청정기 밖으로 나오게 만듭니다. [10]그것은 기기의 위쪽에 있는 출구 통풍구를 통해 나갑니다. 그 결과, 청정기가 설치된 방에 있는 공기는 계속해서 기계로 흘러 들어가고 나옵니다. 그리고, 물론, 이 과정에서 깨끗해지고 있는 거죠.

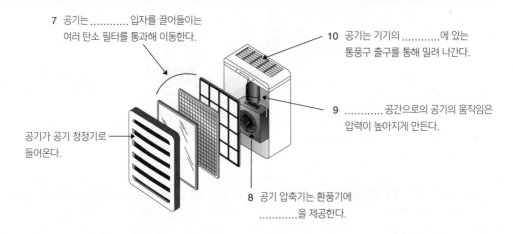

7 공기는 .... 입자를 끌어들이는 여러 탄소 필터를 통과해 이동한다.

공기가 공기 청정기로 들어온다.

10 공기는 기기의 ....에 있는 통풍구 출구를 통해 밀려 나간다.

9 .... 공간으로의 공기의 움직임은 압력이 높아지게 만든다.

8 공기 압축기는 환풍기에 ....을 제공한다.

7 해설 문제의 핵심어구(attract ~ particles)와 관련된 지문 내용 중 'carbon naturally attracts dust particles'에서 탄소는 자연 발생적으로 먼지 입자를 끌어들인다고 하였으므로, **dust**가 정답입니다.

8 해설 문제의 핵심어구(The compressor provides)와 관련된 지문 내용 중 'This component provides power to the fan'이라며 공기 압축기는 환풍기에 동력을 제공한다고 하였으므로, **power**가 정답입니다.

9 해설 문제의 핵심어구(movement of air)와 관련된 지문 내용 중 'the flow of air into the enclosed space leads to pressure building up'에서 폐쇄된 공간으로의 공기의 흐름은 압력이 높아지게 만든다고 하였으므로, **enclosed**가 정답입니다. 'flow'가 'movement'로 바꾸어 표현되었습니다.

10 해설 문제의 핵심어구(air is pushed out)와 관련된 지문 내용 중 'It goes out through an exit vent on the top of the appliance.'에서 깨끗한 공기는 기기의 위쪽에 있는 출구 통풍구를 통해 나간다고 하였으므로, **top**이 정답입니다. 'goes out'이 'is pushed out'으로 바꾸어 표현되었습니다.

DAILY TEST

p.172

| 1-3 B, F, G | 4 recommendation | 5 interview | 6 conference |
| 7 underground | 8 chamber | 9 hot | 10 lava |

Section 3. You will hear a student and a professor discussing an academic competition.

W: Hi, Professor Matthews. Thanks for meeting with me.

M: That's no problem. So, / you're planning on / submitting a proposal / to the Society of Geology's research project competition?

W: That's right. I think / this could be a great opportunity / for me.

M: It will be, / certainly. Now, um, I've read through your proposal / on the Yellowstone Caldera, and I have some suggestions.

W: Great. I'm really grateful / for any help / you can give me.

M: First of all, / I think / it needs to be more compact. [1-3]Remember that the competition guidelines state / that the maximum word count / is 4,000 words. You should not exceed this.

W: Right. I saw that, but I wasn't sure what to cut.

M: Well, / [1-3]the guidelines state / that the proposal should not contain / data from previous studies, so you should remove this type of information from your proposal. It should focus on the studies / that you intend to conduct.

W: OK, / so I can cut those / from the proposal . . . is there anything else / you think I should cut?

M: Apart from that, / I think that you need to take out / the section about your personal experience of visiting the Yellowstone Caldera. That is not relevant.

W: Oh, OK. I'll get rid of that, too.

M: And you have a really good section / on the theoretical background of your proposal, / but [1-3]you don't have a section / where you clearly lay out / your aims for this project. You need to include this. That is one of the essential criteria / mentioned in the guidelines.

W: Right. Um, should I add that / to the introduction?

M: Yes. You can even have / a few bullet points there / that lay it out clearly.

W: OK. Thanks, professor.

M: Now, / do you have everything / ready for the submission?

W: Once I redraft this proposal, / I think I will be ready . . . but [4]I need a recommendation letter. Apparently, / I have to submit that / along with the proposal. Would it be possible for you / to write one for me?

M: That's fine.

W: Thanks so much. What happens after that?

M: If they like your proposal, / the judges will ask you / to defend it. So [5]they will set up / an interview to ask you questions / and give you advice / about the project.

W: Yes, / I heard about that. It sounds quite daunting.

섹션 3. 학생과 교수가 학술 대회에 관해 이야기하는 것을 들으세요.

여: 안녕하세요, Matthews 교수님. 만나주셔서 감사해요.

남: 문제없단다. 그러니까, 지질학회 연구 프로젝트 대회에 제안서를 제출하려고 계획하고 있는 거니?

여: 맞아요. 이건 저에게 좋은 기회가 될 것 같아요.

남: 분명히, 그럴 거란다. 자, 음, 옐로스톤 칼데라에 대한 네 제안서를 읽어봤는데, 몇 가지 제안이 있단다.

여: 좋아요. 주실 수 있는 모든 도움에 정말 감사해요.

남: 우선, 그건 더 간결해야 할 것 같구나. [1-3]대회 지침에서 최대 단어 수를 4,000 단어로 명시한 것을 기억하렴. 이것을 초과해서는 안 된단다.

여: 맞아요. 그걸 봤지만, 무엇을 삭제해야 할지 확신이 서지 않았어요.

남: 음, [1-3]그 지침에서는 제안서가 이전의 연구 자료를 포함해서는 안 된다고 명시하고 있으니, 네 제안서에서 그러한 종류의 정보를 삭제해야 한단다. 네가 하려고 계획하는 연구에 초점을 맞춰야 할 거야.

여: 네, 그러면 저는 제안서에서 그것들을 삭제할 수 있겠네요... 제가 삭제해야 한다고 생각하시는 다른 것이 있으신가요?

남: 그 외에는, 옐로스톤 칼데라에 방문했던 네 개인적인 경험에 대한 부분도 제외해야 할 것 같구나. 그건 관련이 없거든.

여: 오, 네. 그것도 지울게요.

남: 그리고 제안서의 이론적 배경에 관한 정말 좋은 부분이 있지만, [1-3]이 프로젝트에 대한 네 목표를 명확하게 제시하는 부분이 없어. 이것을 포함해야 한단다. 그건 지침에 언급된 필수 기준 중 하나지.

여: 맞아요. 음, 그것을 서론에 추가해야 할까요?

남: 그래. 심지어 그것을 명확하게 제시하는 항목들 몇 개를 거기에 넣을 수도 있단다.

여: 네. 감사해요, 교수님.

남: 이제, 제출을 위한 모든 것이 준비됐니?

여: 일단 이 제안서를 고쳐 쓰면, 준비가 될 것 같아요... 그런데 [4]저는 추천서가 필요해요. 분명히, 제안서와 함께 그것을 제출해야 하거든요. 교수님께서 저를 위해 하나 써주실 수 있을까요?

남: 그럼.

여: 정말 감사해요. 그 다음에는 어떻게 되나요?

남: 심사위원들이 네 제안서를 마음에 들어 하면, 그들은 네게 그것의 올바름을 입증할 것을 요청할 거야. 그래서 [5]그들이 프로젝트에 대해 질문하고 조언을 해 줄 면접을 잡을 거란다.

여: 네, 그것에 대해 들었어요. 꽤 어려울 것 같네요.

정답·스크립트·해석·해설   Hackers IELTS Listening Basic

M: It can be, yes. But / [6]if you are successful with that, / they will then invite you / to deliver your proposal / at the annual geology conference, / and you will receive funding / to carry out the project.

W: That would be amazing. Do you think I have a chance?

M: I think so. This is a strong proposal. But, let's go over the content a bit, / so your topic is . . .

W: . . . the possibility of another eruption / at the Yellowstone Caldera.

M: Yes, / and what might cause / another eruption?

W: Well, / [7]if there is a build-up of magma underground.

M: What would happen after that?

W: Then, / that magma would start / to fill an empty space / beneath the caldera. [8]The pressure in that chamber would increase / and push the surface of the caldera upwards . . .

M: Eventually causing an eruption.

W: Exactly. The pressure / would force the magma to break / through the surface. That's what causes an eruption.

M: And then . . .

W: Well, / then [9]the eruption / would release hot rocks and gas. This would cause the caldera to collapse. Eventually, [10]on the surface, / the lava would cool and harden, / and a new caldera would form.

M: Right, / and in your proposal, / you wrote that you intend to test / the geological conditions in the area / to see if there have been / any pressure changes.

W: Erm, yes.

M: Well, / let's talk about your methodology then . . .

남: 그래, 그럴 수 있지. 하지만 [6]네가 그것을 성공적으로 해내면, 그 다음에 그들은 네가 연례 지질학회에서 제안서를 발표하도록 초대할 것이고, 너는 그 프로젝트를 수행하기 위한 자금을 받을 거야.

여: 굉장할 것 같네요. 제게 가능성이 있다고 생각하세요?

남: 그럴 것 같구나. 이건 유력한 제안서야. 하지만, 내용을 좀 검토해 보도록 하자, 그러니까 네 주제가...

여: ...옐로스톤 칼데라에서의 또 다른 화산 폭발 가능성이에요.

남: 그래, 그리고 무엇이 또 다른 화산 폭발을 야기할 수도 있는 거니?

여: 음, [7]지하에 마그마의 축적이 생긴다면요.

남: 그 다음에는 무슨 일이 일어날 수 있지?

여: 그런 다음, 그 마그마가 칼데라 아래 암석의 빈 공간을 채우기 시작할 거예요. [8]그 공간에서의 압력은 증가할 것이고 칼데라의 표면을 위쪽으로 밀어낼 거예요...

남: 결국 화산 폭발을 야기하겠구나.

여: 맞아요. 그 압력은 마그마가 지표면을 뚫고 나오도록 할 수도 있어요. 그게 화산 폭발을 야기하는 거죠.

남: 그런 다음...

여: 음, 그런 다음에는 [9]화산 폭발이 뜨거운 암석과 가스를 방출할 거예요. 이것은 칼데라가 붕괴하게 만들 수도 있죠. 결국은, [10]지표면에서, 용암이 식으면서 굳어질 것이고, 새로운 칼데라가 형성될 거예요.

남: 맞아, 그리고 네 제안서에는, 네가 어떤 압력의 변화라도 있었는지 확인하기 위해 그 지역의 지질학적 조건을 시험하려고 계획한다고 쓰여 있어.

여: 음, 네.

남: 음, 그러면 네 방법론에 대해 이야기해보자...

Questions 1-3

1-3 교수가 제안서의 개선을 위해 이야기한 **세 가지** 권고는 무엇인가?

A 4,000 단어 이상을 쓴다

B 최대 단어 수를 지킨다

C 이전 연구의 자료를 더 포함한다

D 개인적인 경험 부분을 더 자세히 말한다

E 결론에 항목들을 포함한다

F 이전 연구의 정보를 뺀다

G 서론에 목표를 명확하게 기술한다

> 해설　지문 내용 중 남자가 'Remember that the competition guidelines state that the maximum word count is 4,000 words. You should not exceed this.'라며 대회 지침에서 최대 단어 수를 4,000 단어로 명시한 것을 기억하라고 한 뒤, 이것을 초과해서는 안 된다고 하였으므로, 보기 **B** Stick to the maximum word count가 정답입니다. 'should not exceed'가 'Stick to'로 바꾸어 표현되었습니다.

또한, 지문 내용 중 남자가 'the guidelines state that the proposal should not contain data from previous studies, so you should remove this type of information from your proposal'이라며 대회 지침에서는 제안서가 이전의 연구 자료를 포함해서는 안 된다고 명시하고 있으니 제안서에서 그러한 종류의 정보를 삭제해야 한다고 하였으므로, 보기 **F** Take out the figures from previous studies가 정답입니다. 'remove'가 'take out'으로 바꾸어 표현되었습니다.

마지막으로, 지문 내용 중 남자가 'you don't have a section where you clearly lay out your aims for this project. You need to include this.'라며 프로젝트에 대한 목표를 명확하게 제시하는 부분이 없다고 한 뒤, 이것을 포함해야 한다고 하였으므로, 보기 **G** Clearly set out the aims in the introduction이 정답입니다. 'lay out'이 'set out'으로 바꾸어 표현되었습니다.

> **오답 확인하기**

A는 지문의 'the maximum word count is 4,000 words. You should not exceed this.'와 반대되는 내용이므로 오답입니다.
C는 지문의 'the proposal should not contain data from previous studies, so you should remove this type of information from your proposal'과 반대되는 내용이므로 오답입니다.
D는 지문의 'you need to take out the section about your personal experience of visiting the Yellowstone Caldera'와 반대되는 내용이므로 오답입니다.
E는 지문에서 'have a few bullet points there'로 등장해 혼동하기 쉽지만, 지문에서 결론에 항목들을 포함한다는 내용은 언급하지 않았으므로 오답입니다.

Questions 4-6

제출 과정

제안서를 4............서와 함께 제출한다

↓

심사위원들은 그들이 마음에 들어 한 제안서의 지원자들과 5............을 할 것이다

↓

수상자들은 지질 6............에 초대되고 자금을 받을 것이다

4 해설 문제의 핵심어구(Submit the proposal)가 언급된 지문 내용 중 여자가 'I need a recommendation letter. Apparently, I have to submit that along with the proposal.'이라며 추천서가 필요하다고 한 뒤, 분명히 제안서와 함께 그것을 제출해야 한다고 하였으므로, **recommendation**이 정답입니다.

5 해설 문제의 핵심어구(Judges will conduct)와 관련된 지문 내용 중 남자가 'they will set up an interview to ask you questions and give you advice about the project'라며 심사위원들이 프로젝트에 대해 질문하고 조언을 해 줄 면접을 잡을 것이라고 하였으므로, **interview**가 정답입니다. 'set up'이 'conduct'로 바꾸어 표현되었습니다.

6 해설 문제의 핵심어구(invited to)와 관련된 지문 내용 중 남자가 'if you are successful with that, they will then invite you to deliver your proposal at the annual geology conference'라며 면접을 성공적으로 해내면 그 다음에 심사위원들은 그가 연례 지질 학회에서 제안서를 발표하도록 초대할 것이라고 하였으므로, **conference**가 정답입니다.

Questions 7-10

옐로스톤 칼데라의 화산 폭발
원인: 7............마그마의 축적 마그마는 8............에 있는 압력을 증가시킴 **결과:** 화산 폭발은 9............ 암석과 가스를 분출함 지표면에서, 10............은 식고 굳음

7 해설 문제의 핵심어구(Build-up of magma)가 언급된 지문 내용 중 여자가 'if there is a build-up of magma underground'라 며 지하에 마그마의 축적이 생긴다면 화산 폭발을 야기할 수도 있다고 하였으므로, **underground**가 정답입니다.

8 해설 문제의 핵심어구(pressure ~ to increase)와 관련된 지문 내용 중 여자가 'The pressure in that chamber would increase and push the surface of the caldera upwards'라며 빈 공간에서의 압력은 증가할 것이고 칼데라의 표면을 위쪽으로 밀어 낼 것이라고 하였으므로, **chamber**가 정답입니다.

9 해설 문제의 핵심어구(Eruption releases)와 관련된 지문 내용 중 여자가 'the eruption would release hot rocks and gas'라 며 화산 폭발이 뜨거운 암석과 가스를 방출할 것이라고 하였으므로, **hot**이 정답입니다.

10 해설 문제의 핵심어구(cools and hardens)와 관련된 지문 내용 중 여자가 'on the surface, the lava would cool and harden' 이라며 지표면에서 용암이 식으면서 굳어질 것이라고 하였으므로, **lava**가 정답입니다.

(5일) 정보 연결하기 Matching

DAILY CHECK-UP

p.178

1 C	**2** E	**3** B	**4** C
5 A	**6** D	**7** A	**8** C
9 A	**10** B		

01 영국식 발음 → 미국식 발음　　　　　　　　　🎧 (W3_D5) DC1-3.mp3

W: Hi, Greg. Have you considered my idea / for our sports science presentation? I suggested /discussing the roles of members / of the rowing team.

M: Yes, Emma. That's a good idea. I guess / the logical place to start / would be the rower / at the front of the boat, right?

W: Oh, / you mean the 'bow' . . . <u>¹That is the rower / who is responsible / for keeping the boat balanced.</u> Then there's the 'coxswain'. The coxswain doesn't row / but monitors the team / and shouts out instructions. Um, kind of like a coach.

M: Right. What about the person / at the back of the boat?

W: That would be the 'stroke'. This rower is vital / to the team's success. <u>²This is the person / who determines the timing of each oar stroke.</u> The other rowers have to follow the stroke's lead.

M: I see. So, / the stroke must be the most powerful member / of the team, then?

W: No. The strongest rowers are the ones / sitting in the centre of the boat. Um, they are called the 'middle rowers', / and <u>³they're responsible for producing / most of the craft's speed.</u>

M: Oh . . . well, I can see / I still have a lot to learn.

여: 안녕, Greg. 우리의 스포츠 과학 발표에 관한 내 의견에 대해 생각해 봤니? 내가 조정 팀 구성원들의 역할에 대해 이야기하는 것을 제안했었어.

남: 응, Emma. 좋은 생각이야. 내 생각에는 보트 앞자리의 조수가 시작하기에 당연한 자리인 것 같은데, 맞니?

여: 오, '뱃머리'를 말하는 거구나... ¹그 사람은 보트의 균형을 유지하는 책임을 맡는 조수야. 그 다음으로 '타수'가 있어. 타수는 노를 젓지는 않지만 팀을 감독하고 지시 사항을 외치지. 음, 일종의 감독 같은 거야.

남: 알겠어. 보트 뒷자리에 있는 사람은 어때?

여: 그 사람은 '정조수'일 거야. 이 조수는 팀의 성공에 필수적이야. ²이 사람은 노를 한 번 저을 때의 박자를 결정하는 사람이지. 다른 조수들은 정조수의 지시를 따라야 해.

남: 알겠어. 그럼, 정조수가 팀에서 가장 영향력 있는 구성원이겠구나?

여: 아니야. 가장 영향력이 강한 조수들은 보트의 중앙에 앉아 있는 사람들이야. 음, 그들은 '중앙 조수'라고 불리고, ³보트 속도의 대부분을 내는 책임을 맡고 있어.

남: 오... 음, 내가 아직도 배울 게 많은 것 같네.

각 조정 팀의 구성원은 다음 역할 중 무엇을 수행하는가?

구성원

A 코치
B 중앙 조수
C 뱃머리
D 타수
E 정조수

역할

1   보트 균형을 유지함   ....

2   박자를 결정함   ....

3   속도를 냄   ....

---

1   **해설** 지문 내용 중 여자가 'That is the rower who is responsible for keeping the boat balanced.'라며 뱃머리는 보트의 균형을 유지하는 책임을 맡는 조수라고 하였으므로, 보기 **C** Bow가 정답입니다. 'keeping the boat balanced'가 'maintains boat balance'로 바꾸어 표현되었습니다.

2   **해설** 지문 내용 중 여자가 'This is the person who determines the timing of each oar stroke.'라며 정조수는 노를 한 번 저을 때의 박자를 결정하는 사람이라고 하였으므로, 보기 **E** Stroke가 정답입니다. 'determines'가 'sets'로 바꾸어 표현되었습니다.

3   **해설** 지문 내용 중 여자가 'they're responsible for producing most of the craft's speed'라며 중앙 조수는 보트 속도의 대부분을 내는 책임을 맡고 있다고 하였으므로, 보기 **B** Middle rower가 정답입니다.

---

02 호주식 발음   🎧 (W3_D5) DC4-6.mp3

In last week's class, / I discussed the challenges of determining / the true value of a company. Today, / I want to look at three methods / that those interested in purchasing a business / commonly use to value it.

The first is the asset approach. This focuses on a company's assets, / such as buildings or equipment. To use this approach, / ⁴you must take away the company's debts / from the total value of the assets it owns. The amount remaining / after you do this / is how much the company is worth.

Then there is the earnings approach . . . Now, / most people assume / that this method just involves / looking at how much profit / the company's owners make. But / ⁵the earnings approach requires / that you use this information / to estimate how much the company will earn / in the future.

Now, / the final technique is / the market approach. In many ways, / this is the simplest method. It involves / looking at the prices of similar businesses / that have been sold recently. ⁶By comparing these competitors / to the company you plan to purchase, / you can get a sense of its value.

지난 주 수업에서, 저는 기업의 진가를 결정하는 것의 어려움에 대해 이야기했습니다. 오늘은, 기업을 매수하는 데 관심이 있는 사람들이 그것을 평가하기 위해 흔히 사용하는 세 가지 방법을 살펴보고 싶네요.

첫 번째는 자산 접근법입니다. 이것은 건물이나 설비와 같은, 기업의 자산에 초점을 맞춥니다. 이 접근법을 사용하기 위해서는, ⁴여러분은 기업이 소유하고 있는 자산의 총 가치에서 부채를 빼야 합니다. 여러분이 이렇게 한 다음에 남아 있는 총액이 그 기업이 얼마의 가치가 있는지를 의미하죠.

그 다음으로는 수익 접근법이 있습니다... 자, 대부분의 사람들은 이 방법이 그저 기업의 소유주들이 창출하는 수익이 얼마인지 살펴보는 것을 수반한다고 추측합니다. 하지만 ⁵수익 접근법은 그 기업이 미래에 얼마나 많은 수익을 올릴 것인지 추정하는 데 이 정보를 사용하는 것을 필요로 합니다.

이제, 마지막 기법은 시장 접근법입니다. 여러모로, 이는 가장 간단한 방법이죠. 그것은 최근에 매각된 유사한 기업들의 가격을 살펴보는 것을 수반합니다. ⁶이러한 경쟁업체들과 여러분이 매수하려는 기업을 비교함으로써, 그것의 가치를 짐작해 볼 수 있습니다.

기업을 평가하는 각 방법에 대한 설명으로 주어진 것은 무엇인가?

> A 미래 수익을 추정한다
> B 수익에서 지출을 뺀다
> C 자산의 가치에서 부채를 공제한다
> D 회사를 경쟁업체들과 비교한다

4   자산 접근법   ....

5   수익 접근법   ....

6   시장 접근법   ....

4 해설 문제(Asset approach)와 관련된 지문 내용 중 'you must take away the company's debts from the total value of the assets it owns'에서 기업이 소유하고 있는 자산의 총 가치에서 부채를 빼야 한다고 하였으므로, 보기 **C** Subtract debts from value of assets가 정답입니다. 'take away'가 'Subtract'로 바꾸어 표현되었습니다.

5 해설 문제(Earnings approach)가 언급된 지문 내용 중 'the earnings approach requires that you use this information to estimate how much the company will earn in the future'에서 수익 접근법은 그 기업이 미래에 얼마나 많은 수익을 올릴 것인지 추정하는 데 이 정보를 사용하는 것을 필요로 한다고 하였으므로, 보기 **A** Estimate future income이 정답입니다. 'how much the company will earn in the future'가 'future income'으로 바꾸어 표현되었습니다.

6 해설 문제(Market approach)와 관련된 지문 내용 중 'By comparing these competitors to the company you plan to purchase, you can get a sense of its value.'에서 경쟁업체들과 매수하려는 기업을 비교함으로써 기업의 가치를 짐작해 볼 수 있다고 하였으므로, 보기 **D** Compare company with competitors가 정답입니다.

03 영국식 발음 → 영국식 발음

M: I got your e-mail / about the presentation, Carmen. And / I agree with your suggestion . . . Honeybees is an excellent topic.

W: Great. Before we get started on the research, though, / we should figure out / which subtopics to include.

M: Well, [7]we should definitely discuss / how honeybees reproduce. Specifically, we should describe / the role of the queen bee. She can lay up to 2,000 eggs / per day.

W: [7]Right. And that means / that we should mention drone bees as well. Um, they are the ones / that mate with the queen.

M: OK. [8]What about talking about / the construction of hives?

W: [8]We'd better leave that out. We will have a limited amount of time for the presentation, / and that doesn't seem very important.

M: Yeah, I think you're right. But . . . [9]we should describe the process / by which honey is made.

W: [9]I agree. That is the main function of the worker bees. We could provide a step-by-step explanation / of the entire process.

M: Um, [10]what do you think / about talking about the defence of the hive?

W: You mean / how the worker bees protect / the hive from other insects? Hmm . . . [10]I'm not sure.

남: 발표에 관한 네 이메일 받았어, Carmen. 그리고 네 제안에 동의해... 꿀벌은 훌륭한 주제야.

여: 잘됐네. 그런데, 우리가 조사를 시작하기 전에, 하위 주제로 무엇을 포함할지 생각해 내야 해.

남: 음, [7]분명히 꿀벌이 어떻게 번식하는지를 이야기 해야 할 거야. 특히, 여왕벌의 역할을 설명해야 해. 여왕벌은 하루에 알을 2,000개까지 낳을 수 있지.

여: [7]맞아. 그리고 그건 우리가 수벌 또한 언급해야 한다는 뜻이지. 음, 그들은 여왕과 짝짓기를 하는 벌이야.

남: 그래. [8]벌집의 건축에 대해 이야기하는 건 어때?

여: [8]그건 빼는 게 좋겠어. 우리에게는 한정된 발표 시간이 있을 텐데, 그건 그렇게 중요해 보이지는 않아.

남: 그래, 네 말이 맞는 것 같아. 하지만... [9]꿀이 만들어지는 과정은 설명해야 해.

여: [9]동의해. 그건 일벌의 주요 기능이지. 우리는 전 과정에 대한 단계적 설명을 제공할 수 있을 거야.

남: 음, [10]벌집의 방어에 대해 이야기하는 건 어떻게 생각하니?

여: 일벌들이 어떻게 다른 곤충들로부터 벌집을 지키는지를 말하는 거니? 흠... [10]난 잘 모르겠어.

M: [10]Why don't we decide later? We could research the other two points first / and determine if we will have enough time to discuss this.

W: That sounds like a reasonable plan.

남: [10]나중에 결정하는 게 어때? 먼저 다른 두 가지 요점들에 대해 조사하고 나서 이것을 이야기할 시간이 충분히 있는지 결정할 수 있을 거야.

여: 그게 합리적인 계획인 것 같네.

학생들이 다음 각각의 발표 하위 주제와 관련해 결정한 것은 무엇인가?

> A 그들은 그것을 포함할 것이다.
> B 그들은 그것을 포함할 수도 있다.
> C 그들은 그것을 포함하지 않을 것이다.

7 번식 ....
8 벌집 건축 ....
9 꿀 생산 ....
10 벌집 방어 ....

7 해설 문제(Reproduction)와 관련된 지문 내용 중 남자가 'we should definitely discuss how honeybees reproduce'라며 분명히 꿀벌이 어떻게 번식하는지를 이야기해야 할 것이라고 하자, 여자가 'Right.'이라며 맞다고 하였으므로, 보기 **A They will include it**이 정답입니다.

8 해설 문제(Hive construction)와 관련된 지문 내용 중 남자가 'What about talking about the construction of hives?'라며 벌집의 건축에 대해 이야기하는 건 어떤지 묻자, 여자가 'We'd better leave that out.'이라며 그건 빼는 게 좋겠다고 하였으므로, 보기 **C They will not include it**이 정답입니다. 'leave that out'이 'will not include it'으로 바꾸어 표현되었습니다.

9 해설 문제(Honey making)와 관련된 지문 내용 중 남자가 'we should describe the process by which honey is made'라며 꿀이 만들어지는 과정은 설명해야 한다고 하자, 여자가 'I agree.'라며 동의한다고 하였으므로, 보기 **A They will include it**이 정답입니다.

10 해설 문제(Hive defence)와 관련된 지문 내용 중 남자가 'what do you think about talking about the defence of the hive?'라며 벌집의 방어에 대해 이야기하는 건 어떻게 생각하는지 묻자, 여자가 'I'm not sure.'이라며 잘 모르겠다고 한 뒤, 남자가 'Why don't we decide later?'라며 나중에 결정하는 게 어떤지 물었으므로, 보기 **B They may include it**이 정답입니다.

DAILY TEST

1 C	2 A	3 B	4 D
5 A	6 C	7 C	8 A
9 C	10 B		

Questions 1-10 영국식 발음 → 호주식 발음

🎧 (W3_D5) DT.mp3

Section 3. You will hear a professor talking to a student about a psychology project.

M: Thanks for coming to meet me today, Martha. I wanted to check / how you were getting on / with your psychology project. Have you selected a topic yet?

섹션 3. 교수가 학생에게 심리학 연구 과제에 대해 이야기하는 것을 들으세요.

남: 오늘 나를 만나러 와줘서 고맙구나, Martha. 네 심리학 연구 과제를 어떻게 해 나가고 있는지 확인하고 싶었단다. 주제는 이제 골랐니?

3주 5일 정보 연결하기(Matching) **327**

정답·스크립트·해석·해설 Hackers IELTS Listening Basic

W: Yes. I decided to focus / on the influence colour has / on people's moods.

M: That sounds great. And it's something / you could say a lot about. What sort of psychological effects of colour / have you identified / so far?

W: Well, / uh, / there are a lot for each colour. For example, / [1]warm colours like orange / are known to make people feel / lively and active. That's why / this colour is used so often / in professional sports / for logos and team mascots.

M: That's interesting.

W: Right. On the other hand, / cool colours like blue / make people feel more relaxed and calm. Some studies have even shown / that blue can lower a person's blood pressure. So, [2]looking at the colour / can help someone deal with anxiety and feel less afraid.

M: But surely not all colours have such positive effects.

W: That's true, like yellow . . . yellow produces mixed responses. It can make people cheerful, / but it can also make them think of sickness. [3]It can even make people feel fearful, / depending on the situation.

M: Yes, / I suppose / people's reactions depend on the circumstances.

W: Right. And there have also been a lot of studies / into how the colour of someone's clothes / affects how they are perceived. For example, [4]wearing purple makes people think / you are creative. But of course, a lot of this depends on the context.

M: OK, / it sounds like / you have a lot to work with / there. So, have you found some specific studies / you can include?

W: Yes. [5]I actually chose this topic / because there has been a lot of research on it. Unfortunately, I had to leave out the art and design studies / because they were not scientific.

M: How so?

W: Well, / [6]mostly they were surveys / of random people / conducted in galleries or offices, / rather than scientific studies / carried out under controlled conditions.

M: I see. It would be best / to leave them out / then. What studies have you found?

W: Well, / I found a study / that asked a group of people / to test three differently packaged detergents. One of the packages was yellow, / one was blue, / and one was blue with a bit of yellow.

M: So, / this tested / how packaging influences people's opinions?

여: 네. 저는 색깔이 사람의 기분에 미치는 영향에 초점을 맞추기로 결정했어요.

남: 좋은 생각인 것 같구나. 그리고 그건 관련해서 네가 이야기할 게 많을 만한 것이지. 지금까지 색깔의 어떤 종류의 심리적 효과를 찾았니?

여: 저, 어, 각 색깔마다 많아요. 예를 들어, [1]주황색처럼 따뜻한 색깔은 사람들이 의욕적이고 활기 넘치게 느끼도록 해 주는 것으로 알려져 있어요. 그게 이 색깔이 프로 스포츠에서 로고와 팀 마스코트에 그렇게 자주 사용되는 이유예요.

남: 흥미롭구나.

여: 맞아요. 반면에, 파란색처럼 시원한 색깔은 사람들이 더 편안하고 차분하게 느끼도록 해 줘요. 몇몇 연구들은 심지어 파란색이 사람의 혈압을 낮출 수 있다는 것을 증명했어요. 그래서, [2]그 색깔을 보는 것은 누군가가 불안감에 대처하고 두려움을 덜 느끼도록 도와줄 수 있죠.

남: 하지만 분명 모든 색깔들에 그렇게 긍정적인 효과들이 있는 건 아니겠지.

여: 맞아요, 노란색처럼요... 노란색은 복합적인 반응을 초래해요. 사람들을 명랑하게 만들 수도 있지만, 그건 또한 메스꺼움을 떠올리게 할 수도 있어요. 상황에 따라서는, [3]심지어 사람들이 무서움을 느끼게 만들 수도 있어요.

남: 그래, 나는 사람들의 반응이 상황에 달려있다고 생각한단다.

여: 맞아요. 그리고 누군가의 옷차림이 그들이 어떻게 인지되는지에 어떤 영향을 미치는지와 관련된 연구들도 많이 있어요. 예를 들어, [4]보라색 옷을 입는 것은 사람을 창의적이라고 생각하게 만들어요. 하지만 물론, 이 중 많은 것들이 맥락에 달려 있죠.

남: 그래, 네가 거기서 조사할 부분이 많은 것 같구나. 그래서, 네가 포함할 수 있는 구체적인 연구들을 좀 찾았니?

여: 네. [5]저는 사실 이것에 대한 연구가 많이 있었기 때문에 이 주제를 골랐어요. 유감스럽게도, 과학적이지 않았기 때문에 예술과 디자인 연구들은 제외해야 했어요.

남: 어째서 그런 거니?

여: 음, 그것들은 주로 통제된 조건에서 수행된 과학적인 연구보다는, [6]미술관이나 사무실에서 수행된 무작위로 선정된 사람들에 대한 설문조사였어요.

남: 그렇구나. 그럼 그것들을 빼는 게 최선이겠구나. 어떤 연구들을 찾았니?

여: 음, 한 그룹의 사람들에게 세 개의 서로 다르게 포장된 세제를 시험해보라고 요청했던 연구를 찾았어요. 포장 중 하나는 노란색, 하나는 파란색, 그리고 하나는 노란색이 조금 섞여 있는 파란색이었어요.

남: 그러니까, 이건 포장이 사람들의 의견에 어떤 영향을 미치는지를 실험했던 거로구나?

W: Right. The subjects did their laundry with the detergents / and thought / that the detergent in the yellow box / was much too harsh. [7]They were worried / it would damage their clothes. And they felt / that the detergent with blue packaging / was much too weak. So, / the one in the blue and yellow container / was considered the best of all three. But all the subjects had actually been given / the same detergent. So, they were completely influenced / by the colour.

M: That's fascinating.

W: And another study I found / was based on a change to a soft drink can. [8]The can was originally blue, / but the company added large yellow elements to the design. But, um, they did not change any of the ingredients / in the product.

M: And people started to complain / about the new taste, didn't they?

W: Yes. [9]They thought / the lemon flavour was too strong, / even though no citrus had been added. They were influenced / by the yellow on the can.

M: OK. I think / this could be a very good presentation. Well . . . [10]I would recommend / asking the class how they feel / when they see these different colours. You could do that / at the beginning of the session.

W: That's a good idea. I could show / some images featuring the different colours / then.

여: 맞아요. 피실험자들은 그 세제들로 빨래를 했고 노란색 상자에 들어 있는 세제가 너무 독하다고 생각했어요. [7]그들은 그것이 옷을 손상시킬지도 모른다고 걱정했죠. 그리고 그들은 파란색 포장의 세제는 너무 약하다고 느꼈어요. 그래서, 파란색과 노란색이 섞인 용기에 있는 것이 셋 중에서 가장 좋은 것으로 간주되었어요. 하지만 모든 피실험자들에게는 사실 같은 세제가 주어졌어요. 그러니까, 그들은 전적으로 색깔에 영향을 받았던 거죠.

남: 대단히 흥미롭구나.

여: 그리고 제가 찾은 또 다른 연구는 청량음료 캔의 변화를 토대로 했어요. [8]그 캔은 원래 파란색이었지만, 회사가 그 디자인에 큰 노란색 요소들을 추가했어요. 하지만, 음, 그들은 제품의 성분은 어떤 것도 바꾸지 않았어요.

남: 그리고 사람들이 새로운 맛에 대해 불평하기 시작했지, 그렇지 않니?

여: 네. 감귤류는 전혀 추가되지 않았는데도 불구하고, [9]그들은 레몬 맛이 너무 강하다고 생각했어요. 캔에 있는 노란색에 영향을 받은 거죠.

남: 그래. 내 생각엔 이게 아주 좋은 발표가 될 수 있을 것 같아. 음... [10]나는 학생들에게 그들이 이렇게 다른 색깔들을 볼 때 어떻게 느끼는지를 물어보는 것을 추천하고 싶구나. 수업을 시작할 때 그걸 할 수 있을 거야.

여: 좋은 생각이에요. 그럼 저는 서로 다른 색깔을 특징으로 하는 이미지들을 몇 개 보여줄 수 있을 거예요.

Questions 1-4

각 색깔은 무엇을 하는가?

효과

A 사람들의 불안 수준을 낮춤
B 사람들이 두려움을 느끼게 만들 수 있음
C 사람들이 활기 넘치게 느끼도록 함
D 사람들을 창의적으로 보이게 함
E 사람들의 혈압을 높임

색깔

1 주황색 ....
2 파란색 ....
3 노란색 ....
4 보라색 ....

1 해설 문제(Orange)가 언급된 지문 내용 중 여자가 'warm colours like orange are known to make people feel lively and active'라며 주황색처럼 따뜻한 색깔은 사람들이 의욕적이고 활기 넘치게 느끼도록 해 주는 것으로 알려져 있다고 하였으므로, 보기 C makes people feel energetic이 정답입니다. 'lively and active'가 'energetic'으로 바꾸어 표현되었습니다.

2 해설 문제(Blue)와 관련된 지문 내용 중 여자가 'looking at the colour can help someone deal with anxiety and feel less afraid' 라며 파란색을 보는 것은 누군가가 불안감에 대처하고 두려움을 덜 느끼도록 도와줄 수 있다고 하였으므로, 보기 **A** lowers people's anxiety level이 정답입니다. 'help ~ deal with anxiety'가 'lowers ~ anxiety level'로 바꾸어 표현되었습니다.

> **오답 확인하기**
> E는 Blue가 언급된 지문 내용 중 'blue can lower a person's blood pressure'와 반대되는 내용이므로 오답입니다.

3 해설 문제(Yellow)와 관련된 지문 내용 중 여자가 'it can even make people feel fearful'이라며 노란색은 심지어 사람들이 무서움을 느끼게 만들 수도 있다고 하였으므로, 보기 **B** can make people feel afraid가 정답입니다. 'fearful'이 'afraid'로 바꾸어 표현되었습니다.

4 해설 문제(Purple)가 언급된 지문 내용 중 여자가 'wearing purple makes people think you are creative'라며 보라색 옷을 입는 것은 사람을 창의적이라고 생각하게 만든다고 하였으므로, 보기 **D** makes people appear creative가 정답입니다.

Questions 5-10

5 학생은 왜 그 주제를 골랐는가?
   A 그것은 광범위하게 연구되었다.
   B 그것은 과학 프로그램에 특별히 포함되었다.
   C 그것은 학생이 관심이 있던 분야였다.

> 해설 문제의 핵심어구(select her topic)와 관련된 지문 내용 중 여자가 'I actually chose this topic because there has been a lot of research on it.'이라며 사실 색깔에 대한 연구가 많이 있었기 때문에 이 주제를 골랐다고 하였으므로, 보기 **A** It has been researched extensively가 정답입니다. 'a lot of research'가 'researched extensively'로 바꾸어 표현되었습니다.

6 예술과 디자인 연구들은 -하기 때문에 비과학적이었다.
   A 사기업에 의해 수행되었기 때문에
   B 통제된 조건에서 일어났기 때문에
   C 무작위로 선정된 사람들에 대한 설문조사를 토대로 했기 때문에

> 해설 문제의 핵심어구(art and design ~ unscientific)와 관련된 지문 내용 중 여자가 'mostly they were surveys of random people conducted in galleries or offices'라며 예술과 디자인 연구들은 미술관이나 사무실에서 수행된 무작위로 선정된 사람들에 대한 설문조사였다고 하였으므로, 보기 **C** they were based on surveys of random people이 정답입니다.
>
> **오답 확인하기**
> A는 지문에서 'conducted in ~ offices'로 등장해 혼동하기 쉽지만, 지문에서 사기업에 의해 수행되었기 때문에 예술과 디자인 연구들이 비과학적이었다는 내용은 언급하지 않았으므로 오답입니다.
> B는 지문의 'mostly they were surveys of random people ~ rather than scientific studies carried out under controlled conditions'와 반대되는 내용이므로 오답입니다.

7 연구의 피실험자들은 노란색 세제가 -이라고 말했다.
   A 세탁기를 손상시킬 수도 있다
   B 얼룩을 없애기에는 너무 약하다
   C 의류를 상하게 할 수 있다

> 해설 문제의 핵심어구(yellow detergent)와 관련된 지문 내용 중 여자가 'They were worried it would damage their clothes.' 라며 피실험자들은 노란색 상자에 들어 있는 세제가 옷을 손상시킬지도 모른다고 걱정했다고 하였으므로, 보기 **C** could harm clothing items가 정답입니다. 'damage ~ clothes'가 'harm clothing items'로 바꾸어 표현되었습니다.
>
> **오답 확인하기**
> A는 지문의 'damage'를 그대로 언급해 혼동하기 쉽지만, 지문에서 세탁기를 손상시키는 것에 대한 내용은 언급하지 않았으므로 오답입니다.
> B는 지문의 'too weak'를 그대로 언급해 혼동하기 쉽지만, 노란색 세제가 아닌 파란색 세제에 대한 내용이므로 오답입니다.

8 청량음료 회사는 캔에서 무엇을 바꾸었는가?

    A 새로운 색깔이 추가되었다.

    B 주요 색깔이 바뀌었다.

    C 색깔 중 일부가 제거되었다.

> 해설　문제의 핵심어구(change about its can)와 관련된 지문 내용 중 여자가 'The can was originally blue, but the company added large yellow elements to the design.'이라며 청량음료 캔은 원래 파란색이었지만 회사가 그 디자인에 큰 노란색 요소들을 추가했다고 하였으므로, 보기 **A** A new colour was added가 정답입니다.

9 청량음료 캔이 바뀐 후, 사람들은 −라고 불평했다.

    A 음료에서 레몬 맛이 나지 않는다고

    B 회사가 그것의 성분을 바꾸지 않았다고

    C 음료의 맛이 바뀌었다고

> 해설　문제의 핵심어구(people complained)와 관련된 지문 내용 중 여자가 'They thought the lemon flavour was too strong'이라며 사람들은 레몬 맛이 너무 강하다고 생각했다고 하였으므로, 보기 **C** the drink's flavour had changed가 정답입니다.
>
> 오답 확인하기
>
> A는 지문의 'They thought the lemon flavour was too strong'과 반대되는 내용이므로 오답입니다.
>
> B는 지문에서 'did not change any of the ingredients'로 등장해 혼동하기 쉽지만, 문제에서 묻는 사람들이 불평한 것과 관련된 내용이 아니므로 오답입니다.

10 교수는 학생이 −할 것을 제안한다.

    A 수업 시간을 줄일 것

    B 학생들에게 질문할 것

    C 발표 중에 이미지를 보여줄 것

> 해설　문제의 핵심어구(professor suggests)와 관련된 지문 내용 중 남자가 'I would recommend asking the class how they feel when they see these different colours.'라며 학생들에게 그들이 이렇게 다른 색깔들을 볼 때 어떻게 느끼는지를 물어보는 것을 추천하고 싶다고 하였으므로, 보기 **B** ask her classmates questions가 정답입니다.
>
> 오답 확인하기
>
> A는 지문의 'session'을 그대로 언급해 혼동하기 쉽지만, 지문에서 수업 시간을 줄이라는 내용은 언급하지 않았으므로 오답입니다.
>
> C는 지문에서 'show some images'로 등장해 혼동하기 쉽지만, 문제에서 묻는 교수가 학생에게 한 제안과 관련된 내용이 아니므로 오답입니다.

 6일　단답형 Short Answer

DAILY CHECK-UP

p.188

1 (academic) journals	**2** parents	**3** Wednesday	**4** Australia
5 mating (season)	**6** 80% / 80 per cent	**7** writing	**8** creativity
9 references	**10** 3 (weeks) / three		

M: Hi, Christine. I got your e-mail yesterday / with your suggestions / for our research project. I think / the advantages and disadvantages of nursery schools / is the perfect topic.

W: That's great. Then / I suppose / our next step is research. [1]Academic journals are the best source / of up-to-date information.

M: Good point. Oh, and let's interview some teachers . . .

W: Hmm, I'm not sure about that. I mean, teachers get paid / to work there, / so I think / they might be biased. They probably would only focus / on the advantages.

M: Maybe you're right. Then . . . [2]how about parents? They'd probably see both sides.

W: That's true. They would have more of an unbiased perspective. [2]OK, let's do that. So, when should we meet up?

M: Well, can you meet me / in the library / on Monday?

W: I've got some classes and a study group session / that day. I'm free on Tuesday and Wednesday, / though.

M: OK, then [3]what about Wednesday?

W: [3]Sounds good.

남: 안녕, Christine. 우리의 조사 과제에 대한 네 제안이 적혀 있는 이메일을 어제 받았어. 유치원의 장단점은 완벽한 주제인 것 같아.

여: 잘됐네. 그렇다면 우리의 다음 단계는 조사가 될 것 같아. [1]학술지는 최신 정보를 얻을 수 있는 가장 좋은 출처지.

남: 좋은 지적이야. 오, 그리고 선생님 몇 명을 인터뷰해 보자...

여: 흠, 그것에 대해서는 잘 모르겠어. 내 말은, 선생님들은 그곳에서 일하고 보수를 받으니까, 그들이 편향될 수도 있을 것 같아. 그들은 아마도 장점에만 초점을 맞출 수도 있어.

남: 어쩌면 네 말이 맞을지도 모르겠다. 그럼... [2]부모님들은 어때? 그들은 아마 양 측면을 다 볼 수도 있을 거야.

여: 맞아. 그들은 좀 더 편향되지 않은 관점을 가질 수도 있지. [2]그래, 그렇게 하자. 그럼, 우리는 언제 만나야 할까?

남: 음, 월요일에 도서관에서 만날 수 있을까?

여: 나는 그날 몇몇 수업과 공부 모임이 있어. 하지만, 화요일과 수요일에는 시간이 있어.

남: 그래, 그럼 [3]수요일은 어떠니?

여: [3]좋아.

---

1 최근의 정보를 얻을 수 있는 가장 좋은 출처는 무엇인가?

> 해설 문제의 핵심어구(What ~ source of current information)와 관련된 지문 내용 중 여자가 'Academic journals are the best source of up-to-date information.'이라며 학술지는 최신 정보를 얻을 수 있는 가장 좋은 출처라고 하였으므로, **(academic) journals**가 정답입니다. 'up-to-date'가 'current'로 바뀌어 표현되었습니다.

2 과제를 위해 누가 인터뷰될 것인가?

> 해설 문제의 핵심어구(Who ~ be interviewed)와 관련된 지문 내용 중 남자가 'how about parents? They'd probably see both sides.'라며 부모님들은 어떤지 물으며 그들은 아마 양 측면을 다 볼 수도 있을 것이라고 하자, 여자가 'OK, let's do that.'이라며 그렇게 하자고 하였으므로, **parents**가 정답입니다.

3 학생들은 다음에 언제 만날 것인가?

> 해설 문제의 핵심어구(When ~ students meet)와 관련된 지문 내용 중 남자가 'what about Wednesday?'라며 수요일은 어떤지 묻자, 여자가 'Sounds good.'이라며 좋다고 하였으므로, **Wednesday**가 정답입니다.

Hello, everyone. My presentation today / will be on songbirds. Many different types of birds / in locations all over the world / belong to this group. But [4]the one I want to talk about today / is an unusual songbird / from Australia . . . the lyrebird.

Like most songbirds, / the lyrebird is able to produce songs / that have a wide variety of functions. You know, such as defending their nests / or warning other lyrebirds / that predators are near. But the

---

여러분, 안녕하세요. 오늘 제 발표는 명금류에 관한 것이 될 겁니다. 전 세계의 곳곳에 있는 여러 다른 종의 새들이 이 분류에 속합니다. 하지만 [4]오늘 제가 이야기하고 싶은 종은 호주의 특이한 명금류입니다... 금조 말이죠.

대부분의 명금류처럼, 금조는 다양한 기능을 하는 노래들을 만들어 낼 수 있습니다. 그러니까, 둥지를 지키거나 포식자가 가까이에 있다고 다른 금조에게 경고

most essential function is / attracting a mate. So, / ⁵male lyrebirds sing constantly / during mating season.

Now, / what really makes the lyrebird special / is the sounds it makes. It is extremely talented at imitating sounds, / such as the songs of other birds / as well as the noises of other animals. But the really unusual thing about a lyrebird / is that it can imitate nonanimal noises. Lyrebirds can copy the sounds of car alarms, chainsaws . . . / even the human voice. In fact, ⁶80 per cent of a typical lyrebird's song is / made up of sound imitations.

하는 것처럼요. 하지만 가장 중요한 기능은 짝을 유혹하는 것입니다. 따라서, ⁵수컷 금조는 짝짓기 기간 동안 끊임없이 노래를 합니다.

자, 금조를 정말로 특별하게 만드는 것은 그것이 내는 소리입니다. 그것은 소리를 모방하는 데 굉장한 재능이 있는데, 예를 들면 다른 새들의 노래뿐만 아니라 다른 동물의 소리와 같은 것들이죠. 하지만 금조에 관해 정말로 특이한 점은 그것이 동물의 소리가 아닌 것들을 모방할 수 있다는 것입니다. 금조는 자동차 도난 경보 장치나, 전기톱 소리... 심지어 사람의 목소리까지 흉내 낼 수 있습니다. 실제로, ⁶일반적인 금조 노래의 80퍼센트는 소리의 모방으로 구성되어 있습니다.

4 금조는 어느 국가의 토종인가?

> 해설 문제의 핵심어구(Which country ~ native to)와 관련된 지문 내용 중 'the one I want to talk about today is an unusual songbird from Australia ~ the lyrebird'에서 오늘 이야기하고 싶은 종은 호주의 특이한 명금류인 금조라고 하였으므로, **Australia**가 정답입니다. 'from'이 'native to'로 바뀌어 표현되었습니다.

5 수컷 금조는 어느 계절에 줄곧 노래하는가?

> 해설 문제의 핵심어구(in which season ~ male lyrebirds sing)와 관련된 지문 내용 중 'male lyrebirds sing constantly during mating season'에서 수컷 금조는 짝짓기 기간 동안 끊임없이 노래를 한다고 하였으므로, **mating (season)**이 정답입니다. 'constantly'가 'all the time'으로 바뀌어 표현되었습니다.

6 금조의 노래 중 어느 정도가 소리의 모방으로 이루어져 있는가?

> 해설 문제의 핵심어구(How much ~ composed of sound imitations)와 관련된 지문 내용 중 '80 per cent of a typical lyrebird's song is made up of sound imitations'에서 일반적인 금조 노래의 80퍼센트는 소리의 모방으로 구성되어 있다고 하였으므로, **80%** 또는 **80 per cent**가 정답입니다. 'made up of'가 'composed of'로 바뀌어 표현되었습니다.

03 호주식 발음 → 미국식 발음 → 호주식 발음　　　　　🎧 (W3_D6) DC7-10.mp3

W: Do you have a few minutes, Professor Lee? We want to talk to you / about our research paper. We're having a hard time / deciding what to focus on.

M1: I see. Well, / how about / discussing the benefits of arts education / for young people?

M2: Hmm . . . We hadn't considered that. Could you give us some examples?

M1: Well, / one direct benefit is / achievement in different academic areas. For example, / students who study art / also do better / in the field of literature. ⁷They also are more likely / to win awards / in writing competitions.

W: Wow. I had no idea. What about creativity? I assume / children who receive arts education / are more creative than those who don't.

여: 몇 분 정도 괜찮으세요, Lee 교수님? 저희 연구 논문에 대해 말씀드리고 싶은데요. 저희는 무엇에 초점을 맞출지 결정하는 데 어려움을 겪고 있어요.

남1: 그렇구나. 음, 젊은이들을 위한 예술 교육의 이점에 대해 이야기하는 것은 어떠니?

남2: 흠... 그건 고려해보지 않았네요. 저희에게 몇 가지 예시를 들어 주실 수 있을까요?

남1: 음, 한 가지 직접적인 이점은 다른 학문 분야에서의 성취란다. 예를 들어, 예술을 공부하는 학생들은 문학 분야에서도 더 잘 한단다. ⁷그들은 또한 작문 대회에서 수상할 가능성이 더 높지.

여: 와. 전혀 몰랐어요. 창의성은 어떤가요? 저는 예술 교육을 받는 아이들이 그렇지 않은 아이들보다 더 창의적일 거라고 추측하는데요.

M1: Right. Arts education helps children / become more innovative. And [8]creativity is more important / than being diligent or intelligent / when it comes to achieving lifelong success, / in my opinion.

M2: That's very interesting. I think / we can definitely use this as the topic of our paper.

M1: Great. You should be able to find / a lot of studies about this / that you can include. But bear in mind / that when you rely on someone else's study, / you must give the author credit. So, [9]you need to list all your references / at the end of the paper.

W: OK, we'll make sure to do that.

M1: Good. And you need to get started / soon. [10]The paper is due on June the 4th, / which is only three weeks away. You will need / at least one or two weeks to do the research.

M2: Right. We plan to head over to the library now. Thank you, professor.

남1: 맞아. 예술 교육은 아이들이 더 창조력이 풍부해지도록 도와준단다. 그리고 [8]내 생각에는, 일생의 성공을 거두는 것에 관해서는 근면한 것이나 지적인 것보다 창의성이 더 중요한 것 같구나.

남2: 그건 매우 흥미롭네요. 확실히 이걸 저희 논문의 주제로 사용할 수 있을 것 같아요.

남1: 좋아. 이것에 관해 너희가 포함할 수 있는 많은 연구들을 찾을 수 있을 거란다. 하지만 너희가 다른 누군가의 연구에 의존할 때에는, 저자의 저작자 표시를 해야한다는 것을 유념하렴. 그러니까 [9]논문의 마지막 부분에 너희의 모든 참고문헌을 기재해야 한단다.

여: 네, 반드시 그렇게 할게요.

남1: 좋아. 그리고 곧 시작해야 할 거야. [10]이 논문은 6월 4일까지인데, 그건 단 3주밖에 남지 않았지. 조사를 하기 위해서는 최소한 1주나 2주가 필요할 거란다.

남2: 맞아요. 저희는 지금 도서관으로 출발할 예정이에요. 감사합니다, 교수님.

---

7 예술 교육을 받은 학생들은 어떤 대회에서 수상할 가능성이 더 높은가?

해설 문제의 핵심어구(What competitions ~ more likely to win)와 관련된 지문 내용 중 남자1이 'They also are more likely to win awards in writing competitions.'라며 예술을 공부하는 학생들은 또한 작문 대회에서 수상할 가능성이 더 높다고 하였으므로, **writing**이 정답입니다.

8 교수는 일생의 성공을 위해서 무엇이 가장 중요하다고 생각하는가?

해설 문제의 핵심어구(What ~ most important for lifelong success)와 관련된 지문 내용 중 남자1이 'creativity is more important than being diligent or intelligent when it comes to achieving lifelong success, in my opinion'이라며 그의 생각에는 일생의 성공을 거두는 것에 관해서는 근면한 것이나 지적인 것보다 창의성이 더 중요한 것 같다고 하였으므로, **creativity**가 정답입니다.

9 학생들은 논문의 마지막 부분에 무엇을 기재해야 하는가?

해설 문제의 핵심어구(What ~ list at the end)와 관련된 지문 내용 중 남자1이 'you need to list all your references at the end of the paper'라며 논문의 마지막 부분에 모든 참고문헌을 기재해야 한다고 하였으므로, all references가 답이 될 수 있습니다. 지시문에서 한 단어로만 답안을 작성하라고 하였으므로, **references**가 정답입니다.

10 연구 논문의 마감까지 몇 주가 남았는가?

해설 문제의 핵심어구(How many weeks ~ due)와 관련된 지문 내용 중 남자1이 'The paper is due on June the 4th, which is only three weeks away.'라며 논문은 6월 4일까지인데 그건 단 3주밖에 남지 않았다고 하였으므로, **3 (weeks)** 또는 **three**가 정답입니다.

DAILY TEST
p.192

1 distinguish	2 3 / three	3 root	4 data
5 taxes	6 5 / five (people / employees)		7 programmer(s)
8 (low / its) price	9 2 days / two days	10 (in) America	

Section 4. You will hear a professor in a business class giving a lecture on organisational problem-solving techniques.

For my lecture today, / I will be discussing organisational problem-solving. There are four basic steps / to this process.

The first is to identify the problem. To do this, / [1]it is necessary to distinguish / between the symptoms of a problem / and the problem itself. Imagine / a company is receiving a lot of complaints / from customers / about late deliveries. This seems like a problem, right? But it could also just be / an indication of a larger problem . . . Erm, maybe a factory isn't able to produce enough products / to keep up with demand. The point is, / if the actual problem isn't identified, / there is no hope of resolving it.

The next part of the process / is to brainstorm solutions. Many people should be involved in this stage / as that is obviously better / than having a single person / come up with one or two solutions. Even if the solution to the problem / seems obvious, / [2]it is best / to come up with / at least three alternatives. The brainstorming process can often lead to more creative and effective ways / of dealing with a situation.

Once there are several potential solutions / to choose from, / it is time to select the best one / and implement it. [3]It's important / to choose the one / that deals with the root causes of the problem / and not just the symptoms.

The final stage of the process / is monitoring. [4]Data must be gathered / to measure the effects of the solution. If the problem has not been successfully resolved, / the organisation needs to go back to the previous step / and select a different solution.

OK . . . Let's take a look / at a real-world example of this. Recently, I read about / a small British finance company. [5]It was developing a new program / to help people / manage their taxes. As they were working on / the first version of their software, / several investors became interested. These investors saw promise in the company / and invested a large sum of money in it. [6]At the time, / the company was made up of only five people.

Eventually, the company had to expand / to speed up the production process. As a result, / [7]the managers decided to hire a lot of new programmers. But once the new staff members started, / they began / making a lot of simple coding mistakes, / which slowed down production. At first, / the management team thought / that the new staff members / were the problem. / But they were all

---

섹션 4. 조직의 문제 해결 기법에 관해 경영학 수업에서 교수가 강의하는 것을 들으세요.

오늘 제 강의에서, 저는 조직의 문제 해결에 관해 이야기할 것입니다. 이 과정에는 네 가지 기본 단계가 있습니다.

첫 번째는 문제를 확인하는 것입니다. 이것을 하기 위해서는, [1]문제의 증상과 문제 자체를 구분할 필요가 있습니다. 한 기업에서 늦은 배송에 대해 고객들로부터 많은 항의를 받고 있다고 상상해 보세요. 이것은 문제인 것처럼 보입니다, 그렇죠? 하지만 이것은 또한 바로 더 큰 문제의 조짐일 수도 있습니다... 음, 아마도 공장이 수요를 따라잡을 만큼 충분한 제품을 생산하지 못하는 것일지도 모르죠. 요점은, 실질적인 문제가 확인되지 않는다면, 그것을 해결할 희망이 없다는 것입니다.

이 과정의 다음 부분은 해결책을 생각해내는 것입니다. 많은 사람들이 이 단계에 참여해야 하는데 이는 그것이 한 사람이 한두 가지의 해결책을 생각해내는 것보다 분명히 더 낫기 때문입니다. 문제에 대한 해결책이 명백히 보인다 하더라도, [2]적어도 세 가지의 대안을 생각해내는 것이 가장 좋습니다. 집단 사고 과정은 종종 상황을 해결하는 더욱 창의적이고 효과적인 방법으로 이어질 수 있습니다.

선택할 수 있는 여러 가지 잠재적인 해결책이 있다면, 최선의 것을 선택하고 그것을 실행할 때입니다. [3]증상만이 아니라 문제의 근본 원인을 다루는 해결책을 선택하는 것이 중요합니다.

이 과정의 마지막 단계는 관찰입니다. [4]그 해결책의 효과를 측정하기 위해서는 자료가 수집되어야 합니다. 문제가 성공적으로 해결되지 않았다면, 조직은 그 이전 단계로 돌아가서 다른 해결책을 선택해야 합니다.

좋아요... 이것에 관한 실제 사례를 한 번 살펴 보겠습니다. 최근에, 저는 영국의 작은 금융 기업에 관한 내용을 읽었습니다. [5]그곳은 사람들이 세금을 관리할 수 있도록 돕는 새로운 프로그램을 개발하고 있었어요. 그들이 소프트웨어의 첫 번째 버전을 작업하면서, 여러 투자자들이 관심을 갖게 되었습니다. 투자자들은 이 기업에서 장래성을 보았고 그곳에 많은 액수의 돈을 투자했습니다. [6]그 당시에, 이 기업은 오직 5명으로 구성되어 있었습니다.

결국, 그 기업은 생산 과정의 속도를 높이기 위해 확장해야 했습니다. 그 결과, [7]경영자들은 많은 신입 프로그래머를 고용하기로 결정했습니다. 하지만 신입 직원들이 일을 시작하자마자, 그들은 간단한 코딩 실수들을 많이 하기 시작했고, 이는 생산을 늦추었습니다. 처음에는, 경영팀은 신입 직원들이 문제라고 생각했습니다. 하지만 그들은 모두 매우 훌륭했으

highly qualified, / so it wasn't that. Eventually, / the management team figured out / that there weren't enough senior people around / to conduct training / for these new staff members.

Once the management team realised / this was the actual problem, / they came up with / several possible solutions. The team considered hiring an HR manager / to take charge of training or writing a training manual / for the new staff members. But the solution / they decided on / was to create an instructional video. [8]The management team was attracted to this option / because of its low price. It meant / that they could save money / by having the new staff watch the video / before they started / at the company.

[9]The management team had to spend two days / making the video, / but they were able to cut their training time down / to almost nothing. Then management monitored / the output of the staff / for several months / by tracking the number of coding errors. They found / that the video had improved the new employees' output / considerably, / and they were able to launch the software / on schedule. [10]They are now very successful / and have just opened up a second office / in America.

OK, / if you have any questions, / just raise your hand . . .

므로, 그건 아니었죠. 결국, 경영팀은 주변에 이 신입 직원들에 대한 교육을 수행할 상급자가 충분히 있지 않았다는 것을 알아냈습니다.

경영팀에서 이것이 실질적인 문제임을 알게 되자, 그들은 여러 가지 가능한 해결책을 생각해냈습니다. 그 팀은 인사 담당자를 고용하여 신입 직원들에 대한 교육이나 교육 편람을 작성하는 일을 담당하도록 하는 것을 고려했습니다. 하지만 그들이 결정한 해결책은 교육용 영상을 제작하는 것이었습니다. [8]경영팀은 낮은 비용 때문에 이 선택지에 끌렸습니다. 이는 신입 직원이 이 기업에서 일을 시작하기 전에 영상을 보게 함으로써 비용을 절감할 수 있음을 의미했습니다.

[9]경영팀은 영상을 제작하는 데 이틀을 소비해야 했지만, 그들은 교육 시간을 거의 없는 것만큼이나 줄일 수 있었습니다. 그런 다음 경영팀은 코딩 오류의 개수를 추적함으로써 직원들의 결과물을 몇 개월 동안 관찰했습니다. 그들은 그 영상이 신입 직원들의 결과물을 상당히 개선시켰다는 것을 발견했으며, 일정에 맞춰 소프트웨어를 출시할 수 있었습니다. [10]그들은 현재 매우 성공적이며 이제 막 미국에 두 번째 사무실을 열었습니다.

좋습니다, 어떤 질문이든 있으시면, 그저 손을 들어 주세요...

Questions 1-4

조직의 문제 해결

1단계: 문제를 확인한다
- 증상과 문제를 1.............한다
- 예: 배송에 대한 고객 불만은 공급 문제의 결과일 수도 있다

2단계: 해결책을 생각해낸다
- 많은 사람들을 참여시킨다
- 최소한 2............ 개의 대안을 생각해낸다
- 집단 사고는 더욱 창의적이고 효과적인 해결책으로 이어질 수 있다

3단계: 해결책을 실행한다
- 3............ 원인을 다루는 것을 선택한다

4단계: 관찰
- 효과를 측정하기 위해 4............을 수집한다
- 해결책이 효과가 없다면, 대안을 시도한다

---

1 해설 문제의 핵심어구(symptoms and the problem)와 관련된 지문 내용 중 'it is necessary to distinguish between the symptoms of a problem and the problem itself'에서 문제의 증상과 문제 자체를 구분할 필요가 있다고 하였으므로, **distinguish**가 정답입니다.

2 해설 문제의 핵심어구(Come up with)가 언급된 지문 내용 중 'it is best to come up with at least three alternatives'에서 적어도 세 가지의 대안을 생각해내는 것이 가장 좋다고 하였으므로, 3 또는 **three**가 정답입니다.

3 해설 문제의 핵심어구(deals with ~ causes)가 언급된 지문 내용 중 'It's important to choose the one that deals with the root causes of the problem and not just the symptoms.'에서 증상만이 아니라 문제의 근본 원인을 다루는 해결책을 선택하는 것이 중요하다고 하였으므로, **root**가 정답입니다.

4 해설 문제의 핵심어구(to measure effects)와 관련된 지문 내용 중 'Data must be gathered to measure the effects of the solution.'에서 해결책의 효과를 측정하기 위해서는 자료가 수집되어야 한다고 하였으므로, **data**가 정답입니다.

Questions 5-10

5 금융 기업의 프로그램은 사람들을 무엇에 관해서 도우려고 의도되었는가?

해설 문제의 핵심어구(What ~ intended to help)와 관련된 지문 내용 중 'It was developing a new program to help people manage their taxes.'에서 금융 기업은 사람들이 세금을 관리할 수 있도록 돕는 새로운 프로그램을 개발하고 있었다고 하였으므로, **taxes**가 정답입니다.

6 기업이 확장하기 전에는 몇 명의 직원이 있었는가?

해설 문제의 핵심어구(How many employees ~ company have)와 관련된 지문 내용 중 'At that time, the company was made up of only five people.'에서 그 당시에 이 금융 기업은 오직 5명으로 구성되어 있었다고 하였으므로, **5 (people)** 또는 **five (people)**이 정답입니다. 또한, 같은 의미의 단어인 **5 (employees)** 또는 **five (employees)**도 정답입니다.

7 경영팀은 어떤 직종의 직원들을 고용했는가?

해설 문제의 핵심어구(What type of staff members ~ hire)와 관련된 지문 내용 중 'the managers decided to hire a lot of new programmers'에서 경영자들은 많은 신입 프로그래머를 고용하기로 결정했다고 하였으므로, **programmer(s)**가 정답입니다.

8 경영팀은 영상을 제작하는 것의 어떤 요소를 좋아했는가?

해설 문제의 핵심어구(What factor ~ management team like)와 관련된 지문 내용 중 'The management team was attracted to this option because of its low price.'에서 경영팀은 낮은 비용 때문에 교육용 영상을 제작하는 선택지에 끌렸다고 하였으므로, its low price가 답이 될 수 있습니다. 지시문에서 두 단어 이내로 답안을 작성하라고 하였으므로, **(low) price** 또는 **(its) price**가 정답입니다. 'attracted to'가 'like'로 바꾸어 표현되었습니다.

9 교육 영상을 제작하는 데 얼마나 걸렸는가?

해설 문제의 핵심어구(How long ~ make the training video)와 관련된 지문 내용 중 'The management team had to spend two days making the video'에서 경영팀은 영상을 제작하는 데 이틀을 소비해야 했다고 하였으므로, **2 days** 또는 **two days**가 정답입니다.

10 회사는 어디에 새로운 사무실을 열었는가?

해설 문제의 핵심어구(Where ~ open up a new office)와 관련된 지문 내용 중 'They ~ have just opened up a second office in America.'에서 기업은 이제 막 미국에 두 번째 사무실을 열었다고 하였으므로, **(in) America**가 정답입니다.

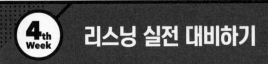
* 각 문제에 대한 정답의 단서는 지문에 문제 번호와 함께 별도의 색으로 표시되어 있습니다.

1일 Progressive Test 1

p.196

1 Haight	**2** 452	**3** 10 / ten	**4** 6 / six
5 exercise	**6** car	**7** 8 / eight	**8** lobby
9 concerts	**10** June	**11** C	**12** A
13 C	**14** B	**15** C	**16** professional
17 ballroom	**18** Friday	**19** Italian	**20** website

Questions 1-10 영국식 발음 → 영국식 발음

🎧 (W4_D1) PT1_1-10.mp3

Section 1. You will hear a representative from a community centre conduct a survey with a member.

W: Pardon me. We're conducting a survey to find out how the community centre can better serve the residents of the neighbourhood. Would you be willing to answer some questions?

M: Sure. Go ahead.

W: First, would you mind if I got your name?

M: No problem at all. ¹It's John Haight.

W: Sorry, but how do you spell your last name?

M: ¹It's H-A-I-G-H-T.

W: Thank you. And could you tell me your street address?

M: Certainly. ²I'm at 452 Collins Street.

W: Ah, yes. That's not too far from here. And how long have you lived in the neighbourhood?

M: Um, ³I've lived here for ten years now. But I have only been at my current address for three years. I lived on Packard Street for my first seven years in the area.

W: I see. And . . . um . . . how often do you visit the centre, Mr Haight?

M: Oh, ⁴I would say I come here about six times a month. I used to come eight or nine times a month when I took a tennis class, but I've had to give that up.

W: Great. And what is your purpose in coming to the community centre?

M: ⁵I come every Tuesday for my exercise class, and my wife comes to meet with her book club.

섹션 1. 지역 문화 센터의 대표가 회원들에게 설문 조사를 하는 것을 들으세요.

여: 실례합니다. 저희는 지역 문화 센터가 지역의 주민들에게 어떻게 더 도움이 될 수 있는지 알아보기 위해 설문 조사를 하고 있습니다. 몇 가지 질문에 답변을 주실 의향이 있으신가요?

남: 물론이죠. 그렇게 하세요.

여: 우선, 성함을 여쭤봐도 괜찮을까요?

남: 전혀 문제없어요. ¹John Haight입니다.

여: 죄송하지만, 성의 철자가 어떻게 되시죠?

남: ¹H-A-I-G-H-T예요.

여: 감사합니다. 그리고 거리 주소를 말씀해주실 수 있나요?

남: 그럼요. ²Collins가 452번지입니다.

여: 아, 네. 여기서 그렇게 멀지 않네요. 그리고 이 지역에 얼마나 사셨나요?

남: 음, ³여기에 지금 10년 동안 거주하고 있어요. 하지만 현재의 주소지로 온 지는 3년밖에 안 됐죠. 이 지역에서의 첫 7년 동안은 Packard가에 살았어요.

여: 그러시군요. 그리고... 음... 얼마나 자주 이 센터에 방문하시나요, Haight씨?

남: 오, ⁴한 달에 6번 정도 여기에 온다고 말할 수 있어요. 테니스 수업을 들었을 때는 한 달에 8번이나 9번을 오곤 했는데, 그건 그만둬야 했어요.

여: 좋네요. 그리고 지역 문화 센터에 오시는 목적은 무엇인가요?

남: ⁵제 운동 수업 때문에 매주 화요일마다 오고, 제 아내도 독서 모임을 하러 와요.

W: Oh, ⁵so today you've come to . . .

M: ⁵. . . attend my class. There are about four of us who regularly attend, and we enjoy working out together.

W: I see. And, uh, how do you get to the centre? Do you take the bus or the subway?

M: ⁶I use my car to get to the centre. So I appreciate the free parking.

W: Perfect. Now, I have a few questions about the centre. Based on your experience here, how do you think we could improve our services for the people in our community?

M: Actually, it's a shame that the centre's café closes at 4 o'clock. As you know, ⁷the community centre stays open until 8 o'clock for evening classes, so I think you should extend the café's hours until then.

W: I see. That's a good point. And what did you think of the recent renovations?

M: I think that everything looks very nice, especially the new classrooms. But ⁸you really need to think about renovating the lobby. The flooring is in rather poor condition.

W: I agree. And we'll definitely consider doing that. Is there anything else you can think of to help improve the centre?

M: Well, the centre started holding movie nights once a month, and even arranged a couple of plays. I really enjoy these events, but ⁹I think the centre should organise concerts as well. My wife and I really enjoy listening to music.

W: That's a good idea. Well, this has been very informative. ¹⁰We're going to review all the responses in June, and we should start making some changes to the centre by July or August. Thanks so much for your time.

여: 오, ⁵그래서 오늘 오신 것이...

남: ⁵...제 수업에 참석하려고요. 4명 정도 정기적으로 참석하는 사람들이 있는데, 저희는 같이 운동하는 걸 즐기거든요.

여: 그렇군요. 그리고, 어, 센터에는 어떻게 오시나요? 버스나 지하철을 타시나요?

남: ⁶제 차를 이용해서 센터에 와요. 그래서 무료 주차에 감사하죠.

여: 완벽하네요. 이제, 센터에 관해서 몇 가지 질문을 드릴게요. 이곳에서의 귀하의 경험에 기반해서, 어떻게 저희가 지역 사회 구성원들을 위한 서비스를 향상시킬 수 있을 거라고 생각하시나요?

남: 실은, 센터의 카페가 4시에 닫는 것이 유감이에요. 아시다시피, ⁷지역 문화 센터가 저녁 수업을 위해 8시까지 열려 있으니, 카페의 운영 시간을 그때까지 연장하셔야 한다고 생각해요.

여: 그렇군요. 좋은 지적이네요. 그리고 최근의 보수에 대해서는 어떻게 생각하셨나요?

남: 모든 것들, 특히 새로운 강의실들이 근사해 보이는 것 같아요. 하지만 ⁸로비를 보수하는 것을 정말 고려해보실 필요가 있어요. 바닥재가 꽤 좋지 않은 상태예요.

여: 동의해요. 그리고 확실히 그렇게 하는 것을 고려할 거예요. 그밖에 센터를 개선하는 데 도움이 될 만한 어떤 것이든 생각나시는 것이 있으신가요?

남: 음, 센터가 한 달에 한 번 영화의 밤을 개최하기 시작했고, 심지어 두세 개의 연극도 마련했어요. 저는 그러한 행사를 정말 즐기는데, ⁹센터가 콘서트도 준비해야 한다고 생각해요. 제 아내와 저는 음악 듣는 것을 매우 좋아하거든요.

여: 좋은 생각이네요. 음, 아주 유익했어요. ¹⁰저희는 6월에 모든 응답들을 검토할 것이고, 아마 7월이나 8월까지 센터에 몇 가지의 변화를 주는 것을 시작할 거예요. 시간 내주셔서 정말 감사드립니다.

어휘 **serve**[미 səːrv, 영 səːv] 도움이 되다, 기여하다 **resident**[rézidənt] 주민 **neighbourhood**[미 néibərhùd, 영 néibəhùd] 지역, 이웃 **attend**[əténd] 참석하다 **shame**[ʃeim] 유감, 안타까운 일 **renovation**[rènəvéiʃn] 보수 **informative**[미 infɔ́ːrmətiv, 영 infɔ́ːmətiv] 유익한 **review**[rivjúː] 검토하다

Questions 1-6

설문 조사 – 개인 정보

- 방문객 이름: John 1...........
- 주소: Collins가 2...........번지
- 지역에 3...........년 동안 거주함
- 한 달에 4...........번 센터에 방문함
- 오늘 5........... 수업에 참석하기 위해 방문함
- 센터에 6...........을 타고 다님

1 해설 문제의 핵심어구(Visitor's Name)와 관련된 지문 내용 중 남자가 'It's John Haight.'라며 John Haight라고 한 뒤, 'It's H-A-I-G-H-T.'라고 하였으므로, **Haight**가 정답입니다.

2 해설 문제의 핵심어구(Address)와 관련된 지문 내용 중 남자가 'I'm at 452 Collins Street.'라며 Collins가 452번지라고 하였으므로, **452**가 정답입니다.

3 해설 문제의 핵심어구(lived in neighbourhood)와 관련된 지문 내용 중 남자가 'I've lived here for ten years now'라며 이 지역에 지금 10년 동안 거주하고 있다고 하였으므로, **10** 또는 **ten**이 정답입니다.

4 해설 문제의 핵심어구(Comes to the centre)와 관련된 지문 내용 중 남자가 'I would say I come here about six times a month.'라며 한 달에 6번 정도 센터에 온다고 말할 수 있다고 하였으므로, **6** 또는 **six**가 정답입니다.

5 해설 문제의 핵심어구(Visiting today)와 관련된 지문 내용 중 남자가 'I come every Tuesday for my exercise class'라며 운동 수업 때문에 매주 화요일마다 온다고 한 뒤, 여자가 'so today you've come to'라며 그래서 오늘 온 이유가 무엇인지 묻자, 남자가 'attend my class'라며 수업에 참석하려고 한다고 하였으므로, **exercise**가 정답입니다.

6 해설 문제의 핵심어구(Travels to the centre)와 관련된 지문 내용 중 남자가 'I use my car to get to the centre.'라며 그의 차를 이용해서 센터에 온다고 하였으므로, **car**가 정답입니다.

Questions 7-10

7 남자는 카페의 운영 시간을 ....시까지 연장하는 것을 제안한다.

해설 문제의 핵심어구(café's hours)가 언급된 지문 내용 중 남자가 'the community centre stays open until 8 o'clock for evening classes, so I think you should extend the café's hours until then'이라며 지역 문화 센터가 저녁 수업을 위해 8시까지 열려 있으니 카페의 운영 시간을 그때까지 연장해야 한다고 생각한다고 하였으므로, **8** 또는 **eight**가 정답입니다.

8 남자는 ....가 보수되어야 한다고 생각한다.

해설 문제의 핵심어구(renovated)와 관련된 지문 내용 중 남자가 'you really need to think about renovating the lobby'라며 로비를 보수하는 것을 정말 고려해볼 필요가 있다고 하였으므로, **lobby**가 정답입니다.

9 남자는 센터가 ....을 준비하기를 원한다.

해설 문제의 핵심어구(organise)가 언급된 지문 내용 중 남자가 'I think the centre should organise concerts as well'이라며 센터가 콘서트도 준비해야 한다고 생각한다고 하였으므로, **concerts**가 정답입니다.

10 여자는 설문 조사의 응답이 ....월에 검토될 것이라고 말한다.

해설 문제의 핵심어구(responses will be reviewed)와 관련된 지문 내용 중 여자가 'We're going to review all the responses in June'이라며 6월에 모든 응답들을 검토할 것이라고 하였으므로, **June**이 정답입니다.

Section 2. You will hear a host give a talk about a community centre during a podcast.

W: Good afternoon, and thanks for listening to *What's Happening*. This week, our programme is going to be all about the new Cranbrook Community Centre. And we have David Adams, a member of the Cranbrook City Council, in the studio to tell us about the centre. Welcome to the show, David.

M: Thanks for having me.

W: So, can you give us an update on the centre?

M: Of course. As many of you are already aware, [11]construction of the centre took approximately nine months. The project was originally scheduled to take four months, but it took five months longer than expected because the design of the building was changed. The public will finally get to see the new centre when it opens next Monday. There will be an opening ceremony at noon that day, and Mayor Davis will give a speech. Then [12]employees of the community centre will show attendees around the premises.

W: Great. And have you seen the new centre? What's it like?

M: Well, I think it looks great. And it will include a wide range of facilities for residents. There is a gymnasium for sporting events, an auditorium for performances, and several classrooms. [13]There is also a plan to set up a library in the centre shortly after it has opened. Um, and we are aware that many city residents are concerned about the centre because the construction costs did go over the original budget by nearly £600,000. [14]People have been concerned that they will have to pay high fees to use the community centre or even that their council tax bills will go up. However, this will not be necessary because [15]the city requested a special grant to cover the additional costs, and the national government approved the request.

W: That's good to hear. Now, why don't you let our listeners know what sort of programmes will be offered at the centre?

M: Of course. There will be various educational programmes on offer at the Cranbrook Community Centre. One that will likely be popular is the dance class. It will be an excellent opportunity for members of the community to socialise. [16]The class will be taught by Beth Anderson, a professional dancer. Ms Anderson will provide her students with lessons on jazz and swing dancing, and [17]students will also learn ballroom dancing techniques. Um, she originally planned to teach ballet as well, but she decided that four different dance styles might be too much for one class.

섹션 2. 팟캐스트 중에 진행자가 지역 문화 센터에 관해 이야기하는 것을 들으세요.

여: 안녕하세요, 'What's Happening'을 청취해 주셔서 감사드립니다. 이번 주에, 저희 방송은 새로운 Cranbrook 지역 문화 센터에 대한 모든 것이 될 겁니다. 그리고 우리에게 센터에 대해 이야기해주실, Cranbrook 시의회의 의원인, David Adams씨를 스튜디오에 모셨습니다. 이 쇼에 오신 것을 환영합니다, David.

남: 초대해 주셔서 감사합니다.

여: 그럼, 센터에 대한 최신 정보를 알려주실 수 있으신가요?

남: 물론이죠. 많은 분들께서 이미 알고 계시다시피, [11]센터의 건축 공사는 거의 9개월이 걸렸습니다. 이 프로젝트는 원래 4개월이 걸리는 것으로 예정되어 있었지만, 건물의 디자인이 바뀌었기 때문에 예상보다 5개월이 더 걸렸죠. 대중은 다음 주 월요일에 개관할 때 마침내 새로운 센터를 보게 될 것입니다. 그날 정오에 개관식이 있을 것이고, Davis 시장이 연설을 할 거예요. 그런 다음 [12]지역 문화 센터의 직원들이 참석자들에게 부지를 구경시켜 드릴 것입니다.

여: 좋아요. 그러면 새로운 센터를 보셨나요? 그곳은 어떤가요?

남: 음, 제 생각엔 멋져 보여요. 그리고 그곳은 주민들을 위한 다양한 시설을 포함할 겁니다. 스포츠 행사를 위한 체육관, 공연을 위한 강당, 그리고 여러 개의 교실들이 있어요. [13]개관 직후 센터에 도서관을 설립할 계획 또한 있습니다. 음, 그리고 건축 공사 비용이 원래 예산에서 거의 600,000파운드 가까이 초과했기 때문에 도시의 많은 주민들이 센터에 대해 걱정하고 있다는 것을 알고 있습니다. [14]사람들은 지역 문화 센터를 이용하는 데 비싼 요금을 지불해야 하거나 혹은 심지어 지방세가 인상될 것을 걱정하고 계셨죠. 하지만, [15]시에서 추가 비용을 감당하기 위해 특별 보조금을 요청했고, 중앙 정부에서 그 요청을 승인했기 때문에 이건 필요하지 않을 겁니다.

여: 그 말을 들으니 좋네요. 이제, 저희 청취자들에게 센터에서 어떤 종류의 프로그램들이 제공될 것인지 알려주시지 않겠어요?

남: 물론입니다. Cranbrook 지역 문화 센터에서 제공되는 다양한 교육 프로그램들이 있을 거예요. 인기가 있을 만한 것은 무용 수업입니다. 지역 구성원들이 서로 어울릴 수 있는 훌륭한 기회가 될 것입니다. [16]그 수업은 전문 무용인, Beth Anderson이 가르칠 거예요. Anderson씨는 학생들에게 재즈와 스윙 댄스에 관한 수업을 제공할 것이고, [17]학생들은 또한 사교 춤의 기법들도 배울 것입니다. 음, 그녀는 원래 발레 또한 가르칠 계획이었지만, 네 가지의 서로 다른 무용 방식은 한 수업에는 너무 벅찰 것이라고 생각했어요.

At the end of the year, Ms Anderson will hold a dance recital so that class members can perform for the public. If you are interested in participating, ¹⁸the class will meet on Monday and Friday evenings from 6 pm until 7 pm.

W: That sounds great. I'm sure that a lot of people in town will join.

M: I agree. And another programme we have set up is the cooking class. Tony Ricci, the owner of a popular restaurant here in Cranbrook, will be the instructor. Mr Ricci specialises in Italian and Spanish cuisine. For this class, ¹⁹he plans to teach his students the basics of Italian cooking. He grew up in Rome and wants to share the food of his home country. He will show his students how to make some of his favourite dishes. This class will be held every Tuesday and Thursday from 10 to 11.30 am. Space is limited, so you should sign up soon if you are interested. ²⁰For more information about these programmes and others being offered by the Cranbrook Community Centre, please visit the centre's website.

W: Thank you for that, David. Now, let's get the local weather report from . . .

연말에는, Anderson씨가 수업의 구성원들이 대중 앞에서 공연할 수 있도록 무용 발표회를 개최할 것입니다. 참여하는 데 관심이 있으시다면, ¹⁸수업은 월요일과 금요일 저녁 6시부터 7시까지 모일 것입니다.

여: 좋은 것 같네요. 도시의 많은 사람들이 함께 할 거라고 확신해요.

남: 동의해요. 그리고 저희가 준비한 또 다른 프로그램은 요리 수업입니다. 이곳 Cranbrook의 유명한 식당의 소유주인, Tony Ricci가 강사가 될 거예요. Ricci씨는 이탈리아와 스페인 요리를 전문으로 하죠. 이 수업에서, ¹⁹그는 학생들에게 이탈리아 요리의 기초를 가르칠 계획입니다. 그는 로마에서 자랐고 고국의 음식을 함께 나누고 싶어해요. 그는 학생들에게 그가 가장 좋아하는 몇몇 요리들을 어떻게 만드는지 보여줄 것입니다. 이 수업은 매주 화요일과 목요일 오전 10시부터 11시 30분까지 열릴 것입니다. 자리가 한정되어 있으므로, 관심이 있으시면 곧 등록하셔야 해요. ²⁰이 프로그램들과 Cranbrook 지역 문화 센터에서 제공될 예정인 다른 것들에 대한 더 많은 정보를 위해서는, 센터의 웹사이트를 방문해 주시기 바랍니다.

여: 감사합니다, David. 이제, 지역 일기 예보를 들어보면...

어휘 construction[kənstrʌ́kʃn] 건축 공사 attendee[미] ætèndíː, [영] ətèndíː] 참석자 show around ~을 구경시켜 주다 premises[prémisiz] 부지
gymnasium[dʒimnéiziəm] 체육관 auditorium[ɔ̀ːditɔ́ːriəm] 강당 go over 초과하다 council tax 지방세
grant[미] grænt, [영] grɑːnt] (정부나 단체에서 주는) 보조금 on offer 제공되는 ballroom dance 사교 춤 recital[risáitl] 발표회
specialise in ~를 전문으로 하다 cuisine[kwizíːn] 요리, 요리법 dish[diʃ] 요리

Questions 11-15

11 센터를 건설하는 데 얼마나 걸렸는가?

 A 4개월

 B 5개월

 C 9개월

> 해설 문제의 핵심어구(take to build the centre)와 관련된 지문 내용 중 남자가 'construction of the centre took approximately nine months'라며 센터의 건축 공사는 거의 9개월이 걸렸다고 하였으므로, 보기 **C** 9 months가 정답입니다. 'construction of'가 'build'로 바꾸어 표현되었습니다.

12 개관식은 -을 포함할 것이다.

 A 센터의 견학

 B 프로젝트에 대한 영상

 C 디자이너의 연설

> 해설 문제의 핵심어구(opening ceremony)와 관련된 지문 내용 중 남자가 'employees of the community centre will show attendees around the premises'라며 지역 문화 센터의 직원들이 참석자들에게 부지를 구경시켜 줄 것이라고 하였으므로, 보기 **A** a tour of the centre가 정답입니다. 'show ~ around the premises'가 'a tour of the centre'로 바꾸어 표현되었습니다.

13 센터가 개관한 후에 어떤 시설이 추가될 것인가?

A 체육관

B 강당

C 도서관

해설 문제의 핵심어구(added after the centre opens)와 관련된 지문 내용 중 남자가 'There is also a plan to set up a library in the centre shortly after it has opened.'라며 개관 직후 센터에 도서관을 설립할 계획 또한 있다고 하였으므로, 보기 **C** a library가 정답입니다.

오답 확인하기

A와 B는 지문의 'gymnasium'과 'auditorium'을 그대로 언급해 혼동하기 쉽지만, 문제에서 묻는 센터가 개관한 후에 추가될 시설과 관련된 내용이 아니므로 오답입니다.

14 몇몇 주민들은 센터가 ~할 것을 걱정한다.

A 적은 수의 강의를 제공

B 비싼 요금을 부과

C 계획되었던 것보다 늦게 개관

해설 문제의 핵심어구(residents are concerned)와 관련된 지문 내용 중 남자가 'People have been concerned that they will have to pay high fees to use the community centre'라며 주민들은 지역 문화 센터를 이용하는 데 비싼 요금을 지불해야 하는 것을 걱정하고 있었다고 하였으므로, 보기 **B** charge high fees가 정답입니다.

오답 확인하기

A는 지문에서 'class'로 등장해 혼동하기 쉽지만, 지문에서 적은 수의 강의를 제공한다는 내용은 언급하지 않았으므로 오답입니다.

C는 지문에서 'it took five months longer than expected'로 등장해 혼동하기 쉽지만, 문제에서 묻는 주민들이 센터에 대해 걱정하는 것과 관련된 내용이 아니므로 오답입니다.

15 시는 추가적인 건축 공사 비용을 어떻게 지불했는가?

A 세금을 인상함으로써

B 기부금을 받음으로써

C 정부 보조금을 요청함으로써

해설 문제의 핵심어구(additional construction costs)와 관련된 지문 내용 중 남자가 'the city requested a special grant to cover the additional costs, and the national government approved the request'라며 시에서 추가 비용을 감당하기 위해 특별 보조금을 요청했고 중앙 정부가 그 요청을 승인했다고 하였으므로, 보기 **C** By requesting government funding이 정답입니다. 'a special grant'가 'funding'으로 바꾸어 표현되었습니다.

오답 확인하기

A는 지문의 'People have been concerned ~ that their council tax bills will go up. However, this will not be necessary'와 반대되는 내용이므로 오답입니다.

B는 지문에 언급되지 않은 내용이므로 오답입니다.

Cranbrook 지역 문화 센터 프로그램

무용 수업
- 수업은 16.............. 무용수인, Beth Anderson이 가르칠 것이다
- 재즈, 스윙, 17.............. 춤을 배울 것이다
- 연말에 대중 앞에서 공연을 할 것이다
- 월요일과 18.............., 오후 6시부터 7시까지 모일 것이다

요리 수업
- Tony Ricci는 그의 학생들에게 기초적인 19.............. 요리법을 가르칠 것이다
- 그가 가장 좋아하는 요리들을 준비하는 법을 배울 것이다
- 화요일과 목요일, 오전 10시부터 11시 30분까지 모일 것이다
- 자리가 많지 않다
- Cranbrook 지역 문화 센터의 행사에 대해 더 찾아보기 위해서는, 센터의 20.............. 을 방문한다

---

16 해설 문제의 핵심어구(Beth Anderson)가 언급된 지문 내용 중 남자가 'The class will be taught by Beth Anderson, a professional dancer.'라며 무용 수업은 전문 무용수인 Beth Anderson이 가르칠 것이라고 하였으므로, **professional**이 정답입니다.

17 해설 문제의 핵심어구(learn ~ dancing)가 언급된 지문 내용 중 남자가 'students will also learn ballroom dancing techniques'라며 학생들은 또한 사교 춤의 기법들도 배울 것이라고 하였으므로, **ballroom**이 정답입니다.

18 해설 문제의 핵심어구(Meet on)가 언급된 지문 내용 중 남자가 'the class will meet on Monday and Friday evenings from 6 pm until 7 pm'이라며 수업은 월요일과 금요일 저녁 6시부터 7시까지 모일 것이라고 하였으므로, Friday evenings가 답이 될 수 있습니다. 지시문에서 한 단어로만 답을 작성하라고 하였으므로, **Friday**가 정답입니다.

19 해설 문제의 핵심어구(teach ~ cooking)가 언급된 지문 내용 중 남자가 'he plans to teach his students the basics of Italian cooking'이라며 Tony Ricci는 학생들에게 이탈리아 요리의 기초를 가르칠 계획이라고 하였으므로, **Italian**이 정답입니다.

20 해설 문제의 핵심어구(find out more)와 관련된 지문 내용 중 남자가 'For more information about these programmes and others being offered by the Cranbrook Community Centre, please visit the centre's website.'에서 이 프로그램들과 Cranbrook 지역 문화 센터에서 제공되는 다른 것들에 대한 더 많은 정보를 위해서는 센터의 웹사이트를 방문해 달라고 하였으므로, **website**가 정답입니다. 'programmes and others being offered'가 'events'로 바꾸어 표현되었습니다.

---

② 일 Progressive Test 2   *p.200*

1 math	2 May	3 10 / ten	4 science
5 Deacon	6 CO4 2AB	7 Friday	8 second year / 2nd year
9 middle(-)school	10 6 months / six months	11 dry	12 diversity
13 corn	14 weather	15 salt	16 465
17 island	18 war	19 food	20 destroyed

Section 1. You will hear a conversation between an employee and a customer interested in applying for a position through a volunteer placement agency.

M: Good morning. My name's Aiden Kelly, and I'm interested in volunteering over the summer. I was hoping you could help me find an opening.

W: Hi, Aiden. I'm sure we can help. What type of volunteer position are you looking for?

M: Well, I'm currently studying education at university. So, I'd like to do something that involves teaching, if possible.

W: I see. As a matter of fact, ¹the Brentwood Community Centre is looking for a volunteer math teacher for one of its summer programmes. The children will be between 7 and 9 years old.

M: That sounds interesting. Um, when does the position start?

W: I'll check. Uh, ²the programme runs from the 21st of May until the 15th of August.

M: Hmm . . . I don't think that will work. I'll be taking a holiday with my family until May 27th. Are there any other teaching positions available?

W: Let me see. Oh, there's one at the Riverview Summer Camp, which is on Old Hall Creek . . . about 15 kilometres south of here. The organisers of the camp are looking for a volunteer English teacher. ³The kids will be aged 10 to 13. Um, they need someone from July 10th to August 20th.

M: That's a bit far . . . especially considering that I don't have a car. It would be difficult for me to get there. Do you have anything closer to town?

W: There is one other position. The Davis Library is planning to offer two classes over the summer for primary school students. The geography position has been filled, but ⁴they are still looking for a science teacher. You would be teaching kids aged 6 to 10, and the class will begin on June 5th and end on August 12th.

M: That sounds like the best option. I'd like to apply for that position.

W: OK. Hopefully, I'll be able to arrange it for you.

M: Um, what is the application process?

W: First, I'll get some information from you, and then I'll contact the volunteer coordinator at the library to arrange an interview.

M: That's fine. What do you need to know?

W: To start with, ⁵could you give me your name and telephone number?

남: 안녕하세요. 제 이름은 Aiden Kelly이고, 저는 여름 동안 자원봉사를 하는 것에 관심이 있어요. 공석을 찾는 것을 도와주실 수 있기를 바라고 있었는데요.

여: 안녕하세요, Aiden. 저희가 도와드릴 수 있을 거라고 확신해요. 어떤 종류의 자원봉사 자리를 찾고 계신가요?

남: 음, 저는 현재 대학에서 교육학을 전공하고 있어요. 그래서, 가능하다면, 가르치는 일과 관련된 무언가를 하고 싶어요.

여: 알겠습니다. 사실, ¹Brentwood 지역 문화 센터에서 여름 프로그램 중 하나를 위해 자원봉사 수학 교사를 구하고 있어요. 아이들은 7살에서 9살 사이일 거예요.

남: 흥미로울 것 같네요. 음, 그 업무는 언제부터 시작하나요?

여: 확인해볼게요. 어, ²그 프로그램은 5월 21일부터 8월 15일까지 운영해요.

남: 흠... 그건 가능할 것 같지 않네요. 전 5월 27일까지 가족들과 함께 휴가를 가질 거라서요. 구할 수 있는 다른 어떤 교사 자리가 있을까요?

여: 확인해 보죠. 오, Riverview 여름 캠프에 하나 있고, 그곳은 Old Hall Creek에 있어요... 이곳에서 남쪽으로 약 15킬로미터 거리죠. 캠프의 주최자들은 자원봉사 영어 교사를 구하고 있어요. ³아이들의 나이는 10살부터 13살일 거예요. 음, 그들은 7월 10일부터 8월 20일까지 누군가를 필요로 해요.

남: 조금 머네요... 특히 제가 차가 없다는 점을 고려하면요. 제가 그곳에 가기가 어려울 것 같아요. 시내에서 더 가까운 곳은 없나요?

여: 다른 한 자리가 있어요. Davis 도서관은 여름 동안 초등학생들을 위한 두 개의 수업을 제공하려고 계획하고 있어요. 지리 교사 자리는 찼지만, ⁴그들은 여전히 과학 교사를 구하고 있어요. 나이가 6살부터 10살인 아이들을 가르치게 되실 거고, 수업은 6월 5일에 시작해서 8월 12일에 끝날 거예요.

남: 그게 가장 좋은 선택지인 것 같네요. 그 자리에 지원하고 싶어요.

여: 좋아요. 바라건대, 고객님께 그것을 주선해드릴 수 있으면 좋겠네요.

남: 음, 지원 절차가 어떻게 되나요?

여: 먼저, 제가 고객님으로부터 몇몇 정보를 받을 것이고, 그런 다음 면접을 주선하기 위해 도서관에 있는 자원봉사 담당자에게 연락할 거예요.

남: 좋아요. 어떤 것을 아셔야 하나요?

여: 먼저, ⁵성함과 전화번호를 알려주실 수 있나요?

M: Sure. [5]It's John Deacon . . . D-E-A-C-O-N. My phone number is 555-6760.

W: And what's your address?

M: I live at 142 Sudbury Way here in Colchester. [6]My postcode is CO4 2AB.

W: Sorry . . . The last two letters are AD?

M: No. AB . . . B as in bravo.

W: Got it. And [7]when are you available for an interview? They are planning to meet with applicants on Monday, Wednesday, and Friday in the last week of May.

M: Um, I have classes all day from Monday to Thursday, so [7]Friday would be the most convenient day for me. That would be . . . May 29th.

W: OK, that shouldn't be a problem. Now, you mentioned that you are studying education. Which university do you attend?

M: I go to the University of Essex.

W: And what year of study are you in?

M: [8]I'm in the second year of my undergraduate program.

W: OK. Do you have any relevant work experience?

M: Um, I was employed as a part-time tutor at the Hillside Academy last year. [9]I mainly helped middle school students prepare for tests.

W: Perfect. That's related to the position you are applying for. Um, how long did you do that?

M: [10]I worked there for approximately six months.

W: Great. That's everything I need. I'll contact you in a couple days to let you know about the interview.

M: OK. I'll talk to you then.

남: 그럼요. [5]John Deacon이에요... D-E-A-C-O-N이요. 전화번호는 555-6760이에요.

여: 그리고 주소는 어떻게 되시나요?

남: 저는 여기 콜체스터의 Sudbury로 142번지에 살아요. [6]우편번호는 CO4 2AB예요.

여: 죄송한데... 마지막 두 글자가 AD인가요?

남: 아뇨. AB예요... 브라보의 B요.

여: 알겠습니다. 그리고 [7]언제 면접이 가능하신가요? 그들은 5월 마지막 주의 월요일, 수요일, 그리고 금요일에 지원자들을 만나려고 계획하고 있어요.

남: 음, 저는 월요일부터 목요일까지는 하루 종일 수업이 있어서, [7]금요일이 저에게는 가장 편한 날일 것 같아요. 그러면... 5월 29일이 되겠네요.

여: 좋습니다, 그건 문제가 되지 않을 거예요. 이제, 교육학을 전공하신다고 말씀하셨죠. 어느 대학에 다니시나요?

남: Essex 대학교에 다녀요.

여: 그리고 몇 학년이신가요?

남: [8]학부 과정 2학년이에요.

여: 알겠습니다. 무엇이든 관련 업무 경력이 있으신가요?

남: 음, 저는 작년에 Hillside 학원에서 시간제 개인 교사로 고용됐었어요. [9]저는 주로 중학생들이 시험을 준비하는 것을 도와주었어요.

여: 완벽하네요. 그건 고객님이 지원하시는 자리와 관련되어 있네요. 음, 그 일을 얼마나 오래 하셨죠?

남: [10]그곳에서 약 6개월 정도 일했어요.

여: 좋습니다. 제가 필요한 건 그게 다예요. 면접에 대해 알려드리기 위해 며칠 안에 연락 드릴게요.

남: 네. 그럼 그때 얘기하죠.

어휘 placement[pléismənt] (직업) 알선 community centre 지역 문화 센터 take a holiday 휴가를 갖다
organiser[미 ɔ́ːrgənàizər, 영 ɔ́ːgənàizə] 주최자 geography[미 dʒiɑ́ːgrəfi, 영 dʒiɔ́grəfi] 지리 postcode 우편번호
undergraduate program 학부 과정 part-time[미 pɑrttáim, 영 pɑːttáim] 시간제의 tutor[미 túːtər, 영 tjúːtə] 개인 교사

Questions 1-4

자원봉사 교사 자리

단체	과목	학생 연령대	일정
Brentwood 지역 문화 센터	1.............	7 – 9	2............월 21일 – 8월 15일
Riverview 여름 캠프	영어	3............ – 13	7월 10일 – 8월 20일
Davis 도서관	4............	6 – 10	6월 5일 – 8월 12일

1 해설 문제의 첫 열(Brentwood Community Centre)과 첫 행(Subject)을 통해 문제가 Brentwood 지역 문화 센터의 과목에 대한 내용임을 알 수 있습니다. 지문 내용 중 여자가 'the Brentwood Community Centre is looking for a volunteer math teacher for one of its summer programmes'라며 Brentwood 지역 문화 센터에서 여름 프로그램 중 하나를 위해 자원봉사 수학 교사를 구하고 있다고 하였으므로, **math**가 정답입니다.

2 해설 문제의 첫 열(Brentwood Community Centre)과 첫 행(Schedule)을 통해 문제가 Brentwood 지역 문화 센터의 일정에 대한 내용임을 알 수 있습니다. 문제의 핵심어구(August 15)와 관련된 지문 내용 중 여자가 'the programme runs from the 21st of May until the 15th of August'라며 그 프로그램은 5월 21일부터 8월 15일까지 운영한다고 하였으므로, **May**가 정답입니다.

3 해설 문제의 첫 열(Riverview Summer Camp)과 첫 행(Student Age Group)을 통해 문제가 Riverview 여름 캠프의 학생 연령대에 대한 내용임을 알 수 있습니다. 지문 내용 중 여자가 'The kids will be aged 10 to 13.'이라며 Riverview 여름 캠프 아이들의 나이는 10살부터 13살일 것이라고 하였으므로, **10** 또는 **ten**이 정답입니다.

4 해설 문제의 첫 열(Davis Library)과 첫 행(Subject)을 통해 문제가 Davis 도서관의 과목에 대한 내용임을 알 수 있습니다. 지문 내용 중 여자가 'they are still looking for a science teacher'라며 Davis 도서관은 여전히 과학 교사를 구하고 있다고 하였으므로, **science**가 정답입니다.

Questions 5-10

지원자 정보

- 이름: John **5**...........
- 전화번호: 555-6760
- 주소: Sudbury로 142번지, 콜체스터
- 우편번호: **6**...........
- 면접 가능일: **7**............, 5월 29일

학력
- 교육학을 전공함
- Essex 대학교에 재학 중임
- 학부 과정 **8**...........임

관련 업무 경력
- Hillside 학원에 고용됐음
- **9**............학생들이 시험 공부를 하는 것을 도왔음
- **10**...........의 기간 동안 고용됐음

---

5 해설 문제의 핵심어구(Name)가 언급된 지문 내용 중 여자가 'could you give me your name and telephone number?'라며 성함과 전화번호를 알려줄 수 있는지 묻자, 남자가 'It's John Deacon ~ D-E-A-C-O-N.'이라고 하였으므로, **Deacon**이 정답입니다.

6 해설 문제의 핵심어구(Postcode)가 언급된 지문 내용 중 남자가 'My postcode is CO4 2AB.'라고 하였으므로, **CO4 2AB**가 정답입니다.

7 해설 문제의 핵심어구(Interview availability ~ May 29th)와 관련된 지문 내용 중 여자가 'When are you available for an interview?'라며 언제 면접이 가능한지 묻자, 남자가 'Friday would be the most convenient day for me. That would be ~ May 29th.'라고 하였으므로, **Friday**가 정답입니다.

8 해설 문제의 핵심어구(undergraduate program)가 언급된 지문 내용 중 남자가 'I'm in the second year of my undergraduate program.'이라며 학부 과정 2학년이라고 하였으므로, **second year** 또는 **2nd year**가 정답입니다.

9 해설 문제의 핵심어구(Helped ~ students)와 관련된 지문 내용 중 남자가 'I mainly helped middle school students prepare for tests.'라며 주로 중학생들이 시험을 준비하는 것을 도와주었다고 하였으므로, **middle(-)school**이 정답입니다. 'prepare for'가 'study for'로 바꾸어 표현되었습니다.

Questions 11-20 미국식 발음

(W4_D2) PT2_11-20.mp3

Section 4. You will hear a student giving a presentation about seed banks in a biology class.

For my presentation today, I'm going to be talking about something that we've touched on a few times throughout the term – seed banks. At present, there are over 6 million samples of seeds in 1,300 seed banks around the world.

Let's start with the basics . . . What exactly is a seed bank? As the name suggests, a seed bank is a facility where seeds are stored. A seed bank has many different varieties of each type of plant in its collection. For example, it might contain dozens of varieties of rice, tomatoes, and so on. The temperature and humidity within a seed bank are carefully controlled. [11]This is because seeds last the longest in environments that are both cold and dry. As a result, seed banks can be quite expensive to build and operate.

Now, you might ask why seed banks exist. Well, seed banks have two main functions. First, [12]they ensure genetic diversity. You see, large-scale agricultural practices have reduced the number of available crops species. Um, large farms tend to all grow the same crop types, and this leads to many strains of plants dying out. For instance, [13]over 80% of the corn species that were commonly grown in the 1930s no longer exist. Seed banks will try to prevent this from happening in the future with other types of crops.

The second function is to make sure farmers have access to a wide variety of seeds when needed. [14]Each crop variety is best suited for different soil or weather conditions. So if there is a sudden environmental change in a region, it may be necessary to grow different crop varieties. In these situations, farmers require the help of seed banks. Um, a good example of this is the aftermath of the 2004 tsunami in Southeast Asia. A lot of low-lying land was covered with seawater. And once the water was gone, [15]farmers could not grow rice in these areas because the soil contained too much salt. Fortunately, seed banks contained the seeds of a type of rice that could grow under these conditions. These were given to farmers in affected regions, allowing them to produce this important crop.

섹션 4. 학생이 생물학 수업에서 종자 은행에 관해 발표하는 것을 들으세요.

오늘 발표에서, 저는 우리가 이번 학기 동안 몇 번 간단히 다루었던, 종자 은행에 관해 이야기하려고 합니다. 현재, 전 세계의 1,300군데의 종자 은행에는 6백만 개 이상의 종자 표본이 있습니다.

기초부터 시작해보죠... 종자 은행은 정확히 무엇일까요? 이름이 암시하듯, 종자 은행은 종자가 저장되는 시설입니다. 종자 은행은 소장하고 있는 식물 각각의 많은 다양한 품종들을 보유하고 있습니다. 예를 들어, 그곳은 쌀, 토마토, 기타 다른 것들의 수십 가지 품종을 가지고 있을 수도 있습니다. 종자 은행 내부의 온도와 습도는 주의 깊게 통제됩니다. [11]이는 종자들이 차가우면서도 건조한 환경에서 가장 오래가기 때문이죠. 결과적으로, 종자 은행을 건설하고 운영하는 것은 비용이 꽤 많이 들 수 있습니다.

자, 여러분은 종자 은행이 왜 존재하는지 질문할 수도 있을 겁니다. 음, 종자 은행에는 두 가지 주요 기능이 있습니다. 먼저, [12]그들은 유전적 다양성을 보장합니다. 보시다시피, 대규모 농업 관행들은 이용 가능한 작물 종류의 수를 감소시켰습니다. 음, 대형 농장들은 모두 똑같은 작물 종류를 재배하려는 경향이 있고, 이는 식물의 많은 품종들이 멸종되는 것으로 이어집니다. 예를 들어, [13]1930년대에 흔히 재배되었던 옥수수 품종의 80% 이상이 더 이상 존재하지 않습니다. 종자 은행은 미래에 다른 작물 종류들에서 이런 일이 일어나는 것을 방지하기 위해 노력할 것입니다.

두 번째 기능은 필요 시 농부들이 매우 다양한 종자들에 접근할 수 있도록 보장하는 것입니다. [14]각각의 작물 종류는 서로 다른 토양이나 기상 조건에 가장 적합합니다. 그래서 만약 지역에 갑작스러운 환경 변화가 있으면, 다른 작물 품종을 재배하는 것이 필요할 수도 있습니다. 이러한 상황에서, 농부들은 종자 은행의 도움을 필요로 하죠. 음, 이것의 좋은 예시는 동남아시아에서의 2004년 쓰나미의 여파입니다. 많은 저지대가 바닷물로 덮였습니다. 그리고 일단 물이 물러가자, [15]토양이 너무 많은 소금을 함유하고 있었기 때문에 농부들이 이러한 지역에서 벼를 재배할 수 없었습니다. 다행히, 종자 은행은 이러한 조건에서 재배할 수 있는 종류의 벼 종자를 보유하고 있었습니다. 이것들은 영향을 받은 지역에 있는 농부들에게 주어졌고, 그들이 이 중요한 작물을 생산하도록 해주었습니다.

OK . . . Let's look at a specific example of a seed bank. The Svalbard Global Seed Vault is the largest and most important of all the seed banks. It has space to store up to 2.25 billion seeds, although ¹⁶at present it contains only 465 million. What makes the Svalbard Global Seed Vault so special is that it is an incredibly secure facility. ¹⁷It is located on an island in the Arctic Ocean. It is just 1,300 kilometres from the North Pole, and very few people live in the area. ¹⁸This remote location was chosen because it is safe from civil disturbances, such as war. Military forces are unlikely to occupy or attack the island because it is far from major population centres. There has also never been an earthquake or volcanic eruption in the region.

This is important because the primary focus of the Svalbard Global Seed Vault is to preserve seeds that can be used in the event of a global crisis. ¹⁹The goal is to ensure that food production continues in this situation. This has led some people to call it a doomsday vault. It also serves as a backup facility for other seed banks. Um, they can send duplicates of the seeds they have to the Svalbard Global Seed Vault. ²⁰If any of the seeds they contain are destroyed, these seed banks can simply ask for the duplicates to be returned.

좋습니다... 이제 종자 은행의 구체적인 예시를 보도록 하죠. 스발바르 국제 종자 저장고는 모든 종자 은행 중에서 가장 크고 중요한 곳입니다. 비록 ¹⁶현재는 4억 6,500만 개만을 보유하고 있지만, 그곳에는 22억 5천만 개의 종자까지 저장할 수 있는 공간이 있습니다. 스발바르 국제 종자 저장고를 매우 특별하게 만드는 것은 그곳이 놀라울 정도로 안전한 시설이라는 점입니다. ¹⁷이곳은 북극해에 있는 한 섬에 위치해 있습니다. 북극으로부터 단 1,300킬로미터 떨어져 있고, 매우 적은 사람들이 이 지역에 거주하죠. ¹⁸전쟁과 같은, 민간 소요 사태로부터 안전하기 때문에 이렇게 외진 위치가 선택되었습니다. 주요한 인구 밀집 지역으로부터 멀리 떨어져 있기 때문에 군대가 이 섬을 점령하거나 공격할 가능성이 낮죠. 그 지역에는 지진이나 화산 폭발 또한 한 번도 없었습니다.

이것이 중요한 이유는 스발바르 국제 종자 저장고의 주요 초점이 세계적인 위기 상황에서 사용될 수 있는 종자들을 보존하는 것이기 때문입니다. ¹⁹목표는 이런 상황에서 식량 생산이 계속되도록 보장하는 것이죠. 이는 몇몇 사람들이 그것을 최후의 심판일 저장고라고 부르게 했습니다. 그것은 또한 다른 종자 은행들의 예비 시설로서의 역할도 합니다. 음, 그들은 가지고 있는 종자들의 복제품을 스발바르 국제 종자 저장고에 보낼 수 있습니다. ²⁰만약 그들이 보유한 종자 중 어떤 것이라도 파괴되었다면, 이러한 종자 은행들은 간단히 복제품이 반환되도록 요청할 수 있습니다.

어휘 seed bank 종자 은행 touch on 간단히 다루다 dozens of 수십의, 많은 humidity[hju:mídəti] 습도 genetic diversity 유전적 다양성
agricultural[æ̀grikʌ́ltʃərəl] 농업의, 농사의 practice[prǽktis] 관행, 관습 strain[strein] 품종 die out 멸종되다
aftermath[미 ǽftərmæθ, 영 ɑ́:ftəmæθ] 여파, 후유증 low-lying[미 lòuláiiŋ, 영 lə̀uláiiŋ] 저지대의, 낮은 vault[미 vɔːlt, 영 vɔlt] 저장고, 금고
remote[미 rimóut, 영 rimə́ut] 외진, 멀리 떨어진 disturbance[미 distə́:rbəns, 영 distə́:bəns] 소요 (사태) doomsday[dú:mzdei] 최후의 심판일
backup[bǽkʌp] 예비의, 대체의 duplicate[미 dú:plikət, 영 dʒú:plikət] 복제품

Questions 11-15

종자 은행

11 종자가 오래가도록 보장하기 위해 그것들은 차갑고, ...한 환경에서 저장되어야 한다.

> 해설 문제의 핵심어구(Seeds must be stored)와 관련된 지문 내용 중 'This is because seeds last the longest in environments that are both cold and dry.'에서 종자 은행 내부의 온도와 습도가 주의 깊게 통제되는 것은 종자들이 추우면서도 건조한 환경에서 가장 오래가기 때문이라고 하였으므로, **dry**가 정답입니다.

12 종자 은행의 한 가지 기능은 유전적 ....을 보존하는 것이다.

> 해설 문제의 핵심어구(to preserve)와 관련된 지문 내용 중 'they ensure genetic diversity'에서 종자 은행은 유전적 다양성을 보장한다고 하였으므로, **diversity**가 정답입니다. 'ensure'가 'preserve'로 바꾸어 표현되었습니다.

13 1930년대의 ....의 품종의 약 80%가 사라졌다.

> 해설 문제의 핵심어구(80% of ~ species from the 1930s)와 관련된 지문 내용 중 'over 80% of the corn species that were commonly grown in the 1930s no longer exist'에서 1930년대에 흔히 재배되었던 옥수수 품종의 80% 이상이 더 이상 존재하지 않는다고 하였으므로, **corn**이 정답입니다. 'no longer exist'가 'disappeared'로 바꾸어 표현되었습니다.

14 각각의 작물은 토양이나 ....의 측면에서 서로 다른 조건에 적합하다.

> 해설 문제의 핵심어구(different conditions)와 관련된 지문 내용 중 'Each crop variety is best suited for different soil or weather conditions.'에서 각각의 작물 종류는 서로 다른 토양이나 기상 조건에 가장 적합하다고 하였으므로, **weather**가 정답입니다.

15 농부들은 쓰나미 이후에 토양이 많은 ....을 함유하고 있었기 때문에 벼농사를 지을 수 없었다.

> 해설 문제의 핵심어구(soil contained)가 언급된 지문 내용 중 'farmers could not grow rice in these areas because the soil contained too much salt'에서 토양이 너무 많은 소금을 함유하고 있었기 때문에 농부들은 이러한 지역에서 벼를 재배할 수 없었다고 하였으므로, **salt**가 정답입니다. 'too much'가 'a lot of'로 바꾸어 표현되었습니다.

Questions 16-20

> **스발바르 국제 종자 저장고**
>
> 스발바르 국제 종자 저장고는 세계에서 가장 큰 종자 은행이다. 그 저장고는 현재 16...........백만 개의 종자를 보유하고 있다. 그곳은 북극해에 있는 17...........에 위치한다. 이렇게 외진 위치는 아마도 18...........과 같은 민간 소요 사태에 영향을 받지 않을 것이다. 게다가, 이 지역은 지진이나 화산 폭발을 한 번도 경험하지 않았다. 스발바르 국제 종자 저장고는 세계적인 위기 이후 19...........의 생산을 위한 종자들을 보존하도록 설계되었다. 그곳은 또한 전 세계 종자 은행의 예비 시설로서 기능한다. 그들은 스발바르 종자 은행에 종자 복제품들을 보관할 수 있다. 만약 그들의 종자 중 어떤 것이라도 20...........되었다면 이 종자 은행들은 복제품들을 돌려달라고 요청할 수 있다.

16 해설 문제의 핵심어구(currently contains)와 관련된 지문 내용 중 'at present it contains only 465 million'에서 현재는 4억 6,500만 개의 종자만을 보유하고 있다고 하였으므로, **465**가 정답입니다. 'at present'가 'currently'로 바꾸어 표현되었습니다.

17 해설 문제의 핵심어구(located on ~ in the Arctic)가 언급된 지문 내용 중 'It is located on an island in the Arctic Ocean.'에서 스발바르 국제 종자 저장고는 북극해에 있는 한 섬에 위치해 있다고 하였으므로, **island**가 정답입니다.

18 해설 문제의 핵심어구(civil disturbances)가 언급된 지문 내용 중 'This remote location was chosen because it is safe from civil disturbances, such as war.'에서 전쟁과 같은 민간 소요 사태로부터 안전하기 때문에 이렇게 외진 위치가 선택되었다고 하였으므로, **war**가 정답입니다. 'safe from'이 'will ~ not be affected by'로 바꾸어 표현되었습니다.

19 해설 문제의 핵심어구(preserve seeds for)와 관련된 지문 내용 중 'The goal is to ensure that food production continues in this situation.'에서 목표는 세계적인 위기 상황에서 식량 생산이 계속되도록 보장하는 것이라고 하였으므로, **food**가 정답입니다.

20 해설 문제의 핵심어구(ask for the duplicate back)와 관련된 지문 내용 중 'If any of the seeds they contain are destroyed, these seed banks can simply ask for the duplicates to be returned.'에서 만약 그들이 보유한 종자 중 어떤 것이라도 파괴되었다면, 이러한 종자 은행들은 간단히 복제품이 반환되도록 요청할 수 있다고 하였으므로, **destroyed**가 정답입니다. 'duplicates to be returned'가 'duplicate back'으로 바꾸어 표현되었습니다.

1 copy	2 Bourke	3 $16 / 16 dollars	4 5 (am)
5 22nd	6 decorate	7 recipes	8 clean
9 12.30 (pm)	10 passport	11 supporting arguments	12 graphs
13 attention	14 construction	15 dam	16 poverty
17 homeless	18 1935	19 pensions	20 insurance system

Questions 1-10 호주식 발음 → 영국식 발음   (W4_D3) PT3_1-10.mp3

Section 1. You will hear a conversation between a bakery manager and an applicant about a job in the bakery.

M: Morning Glory Bakery. This is Peter. How can I help you?

W: I saw a post online about a part-time baker's helper job. There are a few things I'd like to ask about the position, if you don't mind.

M: Sure. I have some time now. What questions do you have?

W: Well, I'm a foreign student from Italy studying here in Melbourne. Do I need to have some sort of permit in order to work?

M: No. In that case, [1]we just need a copy of your residency card.

W: That's good. And your website says that you are located on 101 Albert Street . . .

M: Actually, [2]we moved to 423 Bourke Street at the beginning of the month. I still need to update our website.

W: Can you spell the name of that street? I'd like to write it down.

M: Sure, [2]it is B-O-U-R-K-E.

W: Thanks. Also, could you let me know what the hourly wage is? It wasn't specified in the job posting.

M: [3]The starting wage is $16 per hour, but it can go up to as much as $22 per hour depending on how long you work here.

W: OK. Oh, um . . . I was also wondering what the hours would be exactly. The advertisement only mentioned a morning shift of two hours.

M: [4]We start early, at 5 am, and the shift finishes at 7 am. Then the bakery opens for business at 8 am.

W: Great. That fits my schedule perfectly. I have classes in the mornings and afternoons, and I want to keep my evenings free to study. Uh, [5]when would be the first day?

M: We want someone to start one week from today.

W: You mean June 23rd?

섹션 1. 제과점의 직무에 관한 제과점 점주와 지원자 간의 대화를 들으세요.

남: Morning Glory 제과점입니다. 저는 Peter입니다. 무엇을 도와드릴까요?

여: 시간제 제빵사 보조 직무에 관한 온라인 게시물을 봤는데요. 실례가 안 된다면, 그 직무에 관해 몇 가지 문의하고 싶은 것이 있어요.

남: 그럼요. 지금 잠시 시간이 있어요. 어떤 질문이 있으신가요?

여: 음, 저는 이곳 멜버른에서 공부하고 있는 이탈리아에서 온 외국인 학생이에요. 일을 하려면 일종의 허가증 같은 것을 가지고 있어야 하나요?

남: 아니요. 그런 경우에는, [1]그저 체류 허가증의 사본만 필요합니다.

여: 좋네요. 그리고 웹사이트에는 그곳이 Albert가 101번지에 위치해있다고 하던데...

남: 사실, [2]저희는 이번 달 초에 Bourke가 423번지로 이전했어요. 제가 아직 웹사이트를 갱신해야 해서요.

여: 그 길의 철자를 불러 주실 수 있나요? 적어두고 싶어서요.

남: 그럼요. [2]B-O-U-R-K-E예요.

여: 감사합니다. 그리고, 시급이 얼마인지 알려주실 수 있나요? 직무 공고에는 명시되어 있지 않아서요.

남: [3]초임은 시간당 16달러이지만, 이곳에서 귀하가 얼마나 오래 일하는지에 따라 시간당 22달러까지 인상될 수 있어요.

여: 알겠습니다. 오, 음... 정확히 근무 시간이 어떻게 될지도 궁금했어요. 공고는 2시간의 오전 교대 근무라고만 언급해서요.

남: [4]저희는 오전 5시에, 일찍 시작해서, 교대 근무는 오전 7시에 끝나요. 그런 다음 제과점은 오전 8시에 영업을 시작해요.

여: 좋아요. 제 일정에 완벽하게 맞아요. 저는 아침과 오후에 수업이 있고, 공부하기 위해 저녁을 비워두고 싶거든요. 어, [5]시작일이 언제가 될까요?

남: 저희는 오늘로부터 일주일 후에 시작할 수 있는 사람을 원해요.

여: 6월 23일 말씀이신가요?

M: No, [5]the 22nd . . . Today is the 15th.

W: Oh, that's right.

M: Good. Well, um, maybe I should explain a few things to you about the job.

W: Thanks. I'm interested in finding out what the duties would be.

M: You would be working with our pastry maker. [6]The job would be to help him decorate our pastries. You wouldn't have to package them . . . Other employees handle those tasks. Do you have any experience working with pastries?

W: I don't have much experience with pastries, actually. I worked at a bakery in Italy for a year, but it only sold breads and buns.

M: OK, that won't be a problem. We can provide training. [7]You'd actually learn quite a variety of recipes and baking techniques. On your first day, you'd just observe our operations. And we'd teach you how to use the equipment.

W: I see. Is there anything else I would be expected to do?

M: Well, [8]you'd also have to clean the work area at the end of your shift. You know, washing the equipment and mopping the floors . . .

W: That won't be a problem. I had to do the same thing at my last job.

M: OK. I'd like to set up an interview then. Can I take down your name?

W: Sure, it's Amanda Lewis.

M: Thanks. And when would you be able to come in?

W: Well, I don't have anything planned on Monday morning.

M: I'm quite busy in the mornings. [9]What about next Monday at half past twelve?

W: [9]Yes, I could do that. As long as I'm back on campus by 1.30 for class.

M: Oh, it won't take that long. Could you bring a copy of your résumé? And [10]your passport . . . I'll need to look at the original to confirm your visa status.

W: No problem. I'll make sure to have those with me when I come.

M: Good. I look forward to seeing you on Monday, then.

W: OK. I look forward to meeting you too. Thanks.

남: 아니오, [5]22일이요... 오늘이 15일이에요.

여: 오, 그렇네요.

남: 좋네요. 자, 음, 아마 이 직무에 대해 몇 가지를 설명해드려야 할 것 같네요.

여: 감사합니다. 업무가 무엇일지 알아보는 데 관심이 있거든요.

남: 귀하는 저희 페이스트리 제빵사와 함께 일하게 될 겁니다. [6]직무는 그를 도와서 페이스트리를 장식하는 거예요. 그것들을 포장할 필요는 없을 거예요... 다른 직원들이 그런 업무를 처리하거든요. 무엇이든 페이스트리와 관련된 업무를 해 본 경험이 있으신가요?

여: 사실, 페이스트리와 관련된 경험은 별로 없어요. 저는 이탈리아의 제과점에서 1년간 일했는데, 그곳은 빵과 번만 팔았어요.

남: 괜찮아요, 문제되지 않을 겁니다. 저희가 교육을 제공할 수 있어요. [7]귀하는 실제로 꽤 다양한 조리법과 제빵 기술을 배우게 될 거예요. 첫날에는, 그저 저희 작업을 관찰하실 거예요. 그리고 저희가 어떻게 장비를 사용하는지 가르쳐드릴 겁니다.

여: 그렇군요. 제가 할 것으로 예상되는 다른 일이 있나요?

남: 음, [8]교대 근무 마지막에 작업 구역도 청소하셔야 할 거예요. 그러니까, 장비를 설거지하고 대걸레로 바닥을 닦고...

여: 문제 없을 거예요. 지난 번의 직무에서도 비슷한 일을 해야 했거든요.

남: 좋아요. 그러면 면접을 잡고 싶은데요. 성함을 좀 적어둘 수 있을까요?

여: 그럼요, Amanda Lewis예요.

남: 감사합니다. 그리고 언제 오실 수 있나요?

여: 음, 월요일 아침에 계획된 일이 아무것도 없어요.

남: 아침마다 제가 좀 바빠요. [9]다음 주 월요일 12시 반은 어떠신가요?

여: [9]네, 가능해요. 수업을 들으러 1시 30분까지 캠퍼스로 돌아올 수만 있다면요.

남: 오, 그렇게 오래 걸리지 않을 거예요. 이력서 사본을 가져오실 수 있나요? 그리고 [10]여권도요... 비자 상태를 확인하기 위해서는 원본을 봐야 할 거예요.

여: 문제없어요. 갈 때 그것들을 반드시 가지고 가도록 할게요.

남: 좋아요. 그럼, 월요일에 만나기를 기대하겠습니다.

여: 네. 저도 귀하를 뵙는 것이 기대가 돼요. 감사합니다.

어휘 permit[미] pə́:rmit, [영] pə́mit] 허가증   residency card 체류 허가증   hourly wage 시급   specify[spésifài] 명시하다   shift[ʃift] 교대 근무   recipe[미] résəpi, [영] résipi] 조리법   operation[미] à:pəréiʃn, [영] ɔ̀pəréiʃn] 작업   mop[미] mɑ:p, [영] mɔp] 대걸레로 닦다   look forward to ~을 기대하다

Morning Glory 제과점

- 시간제 제빵사 보조 직무가 지원 가능함
- 외국인 학생들에게는, 체류 허가증의 1............이 요구됨

직무 세부 사항
- 제과점 주소: 2............가 423번지
- 초임: 시간당 3............
- 근무 시간: 4............시부터 오전 7시까지
- 근무 시작일: 6월 5............일

업무
- 직무는 페이스트리를 6............하는 것을 돕는 일을 수반함
- 다양한 7............과 제빵 기술을 배우게 됨
- 각 교대 근무 마지막에 작업 공간을 8............하게 됨

면접
- 직무 면접: 다음 주 월요일 9............시
- 면접에 10............의 원본을 가져올 것

---

1 해설 문제의 핵심어구(residency card)가 언급된 지문 내용 중 남자가 'we just need a copy of your residency card'라며 그저 체류 허가증의 사본만 필요하다고 하였으므로, **copy**가 정답입니다.

2 해설 문제의 핵심어구(Bakery's address)와 관련된 지문 내용 중 남자가 'we moved to 423 Bourke Street at the beginning of the month'라며 이번 달 초에 Bourke가 423번지로 이전했다고 한 뒤, 'it is B-O-U-R-K-E'라고 하였으므로, **Bourke**가 정답입니다.

3 해설 문제의 핵심어구(Starting salary)와 관련된 지문 내용 중 남자가 'The starting wage is $16 per hour'라며 초임은 시간당 16달러라고 하였으므로, **$16** 또는 **16 dollars**가 정답입니다. 'wage'가 'salary'로 바꾸어 표현되었습니다.

4 해설 문제의 핵심어구(Working time)와 관련된 지문 내용 중 남자가 'We start early, at 5 am'이라며 오전 5시에 일찍 시작한다고 하였으므로, **5 (am)**이 정답입니다.

5 해설 문제의 핵심어구(First day)가 언급된 지문 내용 중 여자가 'When would be the first day?'라며 시작일이 언제인지 묻자, 남자가 'the 22nd'라며 22일이라고 하였으므로, **22nd**가 정답입니다.

6 해설 문제의 핵심어구(helping to ~ pastries)와 관련된 지문 내용 중 남자가 'The job would be to help him decorate our pastries.'라며 직무는 페이스트리 제빵사를 도와서 페이스트리를 장식하는 것이라고 하였으므로, **decorate**가 정답입니다.

7 해설 문제의 핵심어구(learn a variety of)가 언급된 지문 내용 중 남자가 'You'd actually learn quite a variety of recipes and baking techniques.'라며 실제로 꽤 다양한 조리법과 제빵 기술을 배우게 될 것이라고 하였으므로, **recipes**가 정답입니다.

8 해설 문제의 핵심어구(at the end of each shift)와 관련된 지문 내용 중 남자가 'you'd also have to clean the work area at the end of your shift'라며 교대 근무 마지막에 작업 구역을 청소해야 할 것이라고 하였으므로, **clean**이 정답입니다. 'work area'가 'workspace'로 바꾸어 표현되었습니다.

9 해설 문제의 핵심어구(Job interview)와 관련된 지문 내용 중 남자가 'What about next Monday at half past twelve?'라며 다음 주 월요일 12시 반은 어떤지 묻자, 여자가 'Yes, I could do that.'이라며 가능하다고 하였으므로, **12.30 (pm)**이 정답입니다.

Questions 11-20 영국식 발음 → 영국식 발음

🎧 (W4_D3) PT3_11-20.mp3

Section 3. You will hear a conversation between a student and a tutor at a university tutoring centre.

M: Hi. My name is Carlos, and I'm having problems with an assignment for an economics class. My friend suggested that I ask for some assistance here at the tutoring centre.

W: Sure. I'd be happy to help you. What's the project that you're having difficulty with?

M: My professor wants me to give a presentation on the Great Depression. But I'm not really sure how to give an effective presentation. I can never seem to organise the information in a logical manner.

W: That's a common issue. I would suggest creating a detailed outline. 11Make sure that it has all of your main points and supporting arguments.

M: Do I need to include examples in the outline as well?

W: No, the outline doesn't need to be that detailed. The goal is to figure out what you want to talk about and the order you will discuss it in.

M: OK, that helps. Another problem is that there is a lot of complex economic data to cover. Like unemployment figures and stock market prices . . . I'm not sure how to explain it all clearly.

W: Well, 12maybe you can present this information visually.

M: . . . Are you talking about photographs or something?

W: No, 12I mean graphs. These make it easier for your audience members to understand what you are trying to explain.

M: That makes sense. Um, one more thing . . . The topic I've been assigned . . . uh, the Great Depression is, well . . . it isn't very exciting. 13I'm a little worried about keeping my audience's attention.

W: Yeah, many people face the same problem when giving a presentation. One effective technique is to prepare several questions to ask your audience members. This will make sure everyone focuses on what you are saying.

M: I'll definitely give that a try. I also wanted to get some help with the content of my presentation, if possible . . .

W: Well, I majored in economics, so I'm sure I can help you with that.

섹션 3. 대학 개인 교습 센터에서의 학생과 지도 교수 간의 대화를 들으세요.

남: 안녕하세요. 제 이름은 Carlos이고, 저는 경제학 수업 과제와 관련해 문제를 겪고 있는데요. 제 친구가 여기 개인 교습 센터에 도움을 좀 요청해보라고 제안해줬어요.

여: 그렇구나. 기꺼이 도와줄게. 어려움을 겪고 있는 과제가 어떤 거니?

남: 저희 교수님은 제가 대공황에 대해 발표하기를 원하세요. 하지만 저는 어떻게 효과적인 발표를 할지 잘 모르겠어요. 결코 논리적인 방법으로 정보를 정리할 수 없을 것 같아요.

여: 그건 흔한 문제란다. 나는 세부적인 개요를 만드는 것을 제안한단다. 11그것이 반드시 너의 모든 요점과 지지 논거를 포함하도록 하렴.

남: 개요에서 예시도 포함해야 할까요?

여: 아니, 개요가 그렇게 세부적일 필요는 없단다. 목표는 네가 이야기하고자 하는 것과 그것을 이야기할 순서를 생각해내는 거야.

남: 네, 도움이 되네요. 또 다른 문제점은 다뤄야 할 많은 복잡한 경제학 자료예요. 실업률 수치나 주식 시세 같은 것들이요... 이 모든 것을 어떻게 명확하게 설명할지 잘 모르겠어요.

여: 음, 12아마도 너는 이 정보를 시각적으로 제시할 수 있을 거야.

남: ...사진이나 그런 것을 말씀하시는 건가요?

여: 아니, 12도표를 말하는 거란다. 그것들은 청중들이 네가 설명하고자 하는 것을 이해하기 더 쉽게 만들어 주지.

남: 이해가 되네요. 음, 한 가지 더요... 제게 주어진 주제... 어, 대공황은, 음... 이건 그렇게 흥미롭지는 않아요. 13저는 청중의 주의를 집중시키는 것에 대해서 조금 걱정이 돼요.

여: 그래, 많은 사람들이 발표를 할 때 같은 문제에 직면한단다. 한 가지 효과적인 방법은 네 청중들에게 할 몇몇 질문을 준비하는 거야. 이건 반드시 모두가 네가 말하는 것에 집중하도록 만들 거란다.

남: 꼭 그걸 시도해 볼게요. 가능하다면, 제 발표의 내용에 관해서도 도움을 조금 얻고 싶었는데요...

여: 음, 내가 경제학을 전공했으니, 그것에 관해서 도움을 줄 수 있을 거라고 확신한다.

M: Great. Uh, my professor said I should include an overview of the US government's response to the Great Depression. He specifically mentioned that I should discuss President Roosevelt's New Deal . . . but I'm not really clear on what this means.

W: Well, the New Deal included a number of measures introduced by Roosevelt. They can be divided into two broad categories . . . public works and welfare programmes.

M: Um, what do you mean by public works programmes?

W: [14]These were construction projects funded by the government. The goal was to provide work to the millions of unemployed people.

M: I see. Uh, what kind of projects did they work on?

W: They built a lot of roads and bridges as well as schools and hospitals. [15]The most expensive project was a massive dam in Nevada.

M: So, the work they did directly benefited the public?

W: Exactly.

M: OK. Um, you also mentioned welfare programmes . . .

W: Right. One type of welfare programme was emergency relief. Basically, [16]the government took steps to provide immediate assistance to people in extreme poverty.

M: How did it do this?

W: The government set up soup kitchens to feed people. These could be found in almost every American city. And [17]it also provided blankets and other basic necessities to homeless people.

M: OK. Was there any other type of welfare programme?

W: Yes. Roosevelt wanted to find a long-term solution to economic hardship. So, [18]in 1935 he signed the Social Security Act. This is considered to be one of Roosevelt's most important actions as president.

M: What did the Social Security Act do?

W: Well, [19]it provided pensions to people over the age of 65. This ensured that people too old to work could pay for food and shelter.

M: What about younger people? Did they benefit from this legislation as well?

W: Sure. [20]It also led to the creation of an unemployment insurance system for workers.

M: That must have been a popular decision. I mean, so many people benefitted from it.

W: It was controversial at first, but it came to be widely accepted over time. And the system is still in place today.

M: Right. Well, I think I have enough information now. Thank you for all your help today.

W: No problem. Good luck with your presentation.

남: 좋네요. 어, 저희 교수님은 제가 대공황에 대한 미국 정부의 반응에 관한 개관을 포함해야 한다고 말씀하셨어요. 특히 제가 루스벨트 대통령의 뉴딜 정책에 대해 논해야 한다고 언급하셨죠... 하지만 이것이 무엇을 의미하는지 정말 확실하지가 않아요.

여: 음, 뉴딜 정책은 루스벨트에 의해 도입된 많은 조치들을 포함했단다. 그것들은 두 가지의 큰 범주로 나뉠 수 있지... 공공 사업과 복지 계획이란다.

남: 음, 공공 사업 계획은 무엇을 의미하나요?

여: [14]이들은 자본이 정부에 의해 제공되었던 건설 사업이란다. 목표는 수백만 명의 실업자들에게 일자리를 제공하는 것이었지.

남: 알겠어요. 어, 그들 착수했던 건 어떤 종류의 사업이었나요?

여: 그들은 학교와 병원뿐만 아니라 수많은 도로와 교량들을 건설했지. [15]가장 비용이 많이 든 사업은 네바다의 대규모 댐이었단다.

남: 그래서, 그들이 했던 작업이 대중에게 직접적으로 혜택을 줬나요?

여: 정확해.

남: 네. 음, 복지 계획도 언급하셨는데요...

여: 맞아. 복지 계획의 한 가지 유형은 긴급 구제였단다. 기본적으로, [16]정부는 극도의 빈곤에 처한 사람들에게 즉각적인 원조를 제공하기 위한 조치를 취했단다.

남: 어떻게 했나요?

여: 정부는 사람들에게 식량을 주기 위해 무료 급식소를 설치했단다. 이것들은 미국의 거의 모든 도시에서 발견될 수 있었어. 그리고 [17]그것은 또한 노숙자들에게 담요와 기타 생필품을 제공했지.

남: 알겠어요. 뭔가 다른 종류의 복지 계획도 있었나요?

여: 그렇단다. 루스벨트는 경제적 어려움에 대한 장기적인 해결책을 찾기를 원했어. 그래서, [18]그는 1935년에 사회보장법에 서명했단다. 이것은 대통령으로서 루스벨트의 가장 중요한 조치 중 하나로 여겨지지.

남: 사회보장법은 무엇을 했나요?

여: 음, [19]그건 65세 이상의 사람들에게 연금을 지급했단다. 이는 일하기엔 너무 나이가 든 사람들이 음식과 보금자리를 마련할 수 있게 해 주었지.

남: 더 젊은 사람들은 어때요? 그들도 이 법으로 인해 혜택을 받았나요?

여: 물론이지. [20]이는 또한 노동자들을 위한 실업 보험 제도의 탄생으로 이어졌단다.

남: 그건 틀림없이 인기 있는 결정이었겠네요. 그러니까, 매우 많은 사람들이 그것으로부터 혜택을 받았잖아요.

여: 처음에는 논란이 있었지만, 시간이 지남에 따라 널리 받아들여지게 되었단다. 그리고 그 제도는 오늘날까지도 여전히 존재하지.

남: 맞아요. 음, 이제 충분한 정보를 얻은 것 같아요. 오늘 주신 모든 도움에 감사해요.

여: 문제없단다. 네 발표에 행운을 빌게.

어휘 **organise**[미 ɔ́:rgənaiz, 영 ɔ́:gənaiz] 정리하다 **argument**[미 á:rgjumənt, 영 á:gjəmənt] 논거 **unemployment**[ʌ̀nimplɔ́imənt] 실업(률)
stock market 주식 시장 **measure**[미 méʒər, 영 méʒə] 조치 **public works** 공공 사업 **welfare**[미 wélfer, 영 wélfeə] 복지
emergency relief 긴급 구제 **poverty**[미 pá:vərti, 영 pɔ́vəti] 빈곤 **soup kitchen** 무료 급식소 **basic necessities** 생필품
pension[pénʃn] 연금 **legislation**[lèdʒisléiʃn] 법, 제정

Questions 11-13

발표 조언

문제점	해결책
정보를 효과적인 방법으로 정리하지 못함	요점과 지지 11............으로 개요를 작성함
복잡한 경제학 자료를 설명해야 함	발표에 12............을 포함함
청중들의 13............을 유지하기 어려움	미리 몇몇 질문을 준비함

11 해설 문제의 첫 행(Solution)과 빈칸 주변 내용(Cannot organise information in an effective manner)을 통해 문제가 정보를 효과적인 방법으로 정리하지 못하는 문제점의 해결책에 대한 내용임을 알 수 있습니다. 문제의 핵심어구(Create an outline)와 관련된 지문 내용 중 여자가 'Make sure that it has all of your main points and supporting arguments.'라며 개요가 반드시 모든 요점과 지지 논거를 포함하도록 하라고 하였으므로, **supporting arguments**가 정답입니다.

12 해설 문제의 첫 행(Solution)과 빈칸 주변 내용(Must explain complex economic data)을 통해 문제가 복잡한 경제학 자료를 설명해야 하는 문제점의 해결책에 대한 내용임을 알 수 있습니다. 문제의 핵심어구(in the presentation)와 관련된 지문 내용 중 여자가 'maybe you can present this information visually'라며 아마도 정보를 시각적으로 제시할 수 있을 것이라고 한 뒤, 'I mean graphs'라며 도표를 말하는 것이라고 하였으므로, **graphs**가 정답입니다.

13 해설 문제의 첫 행(Problem)과 빈칸 주변 내용(Prepare several questions in advance)을 통해 문제가 미리 몇몇 질문을 준비하는 해결책과 관련된 문제점에 대한 내용임을 알 수 있습니다. 문제의 핵심어구(Hard to maintain)와 관련된 지문 내용 중 남자가 'I'm a little worried about keeping my audience's attention.'이라며 청중의 주의를 집중시키는 것에 대해서 조금 걱정이 된다고 하였으므로, **attention**이 정답입니다. 'worried about keeping'이 'Hard to maintain'으로 바꾸어 표현되었습니다.

Questions 14-15

공공 사업 계획

대공황 동안 뉴딜 정책의 일환으로 많은 조치들이 도입되었다. 공공 사업 계획은 정부에 의해 경비가 지출된 14............ 사업이었다. 그것들은 많은 사람들에게 일자리를 제공했다. 네바다의 15............은 가장 비용이 많이 든 공공 사업이었다.

14 해설 문제의 핵심어구(projects ~ paid by the government)와 관련된 지문 내용 중 여자가 'These were construction projects funded by the government.'라며 공공 사업 계획은 정부에 의해 자본이 제공되었던 건설 사업이라고 하였으므로, **construction**이 정답입니다. 'funded by'가 'paid by'로 바꾸어 표현되었습니다.

15 해설 문제의 핵심어구(most costly public works)와 관련된 지문 내용 중 여자가 'The most expensive project was a massive dam in Nevada.'라며 가장 비용이 많이 든 사업은 네바다의 대규모 댐이었다고 하였으므로, massive dam이 답이 될 수 있습니다. 지시문에서 한 단어로만 답을 작성하라고 하였으므로, **dam**이 정답입니다. 'expensive'가 'costly'로 바꾸어 표현되었습니다.

복지 계획

긴급 구제
- 극도의 16............에 처한 사람들을 도움
- 정부는 무료 급식소를 설립했음
- 담요와 다른 품목들이 17............들에게 주어졌음

장기적인 해결책
- 루스벨트는 18............년에 사회보장법에 서명했음
- 이는 노인들에게 19............을 제공했음
- 이는 또한 노동자들을 위한 실업 20............을 마련했음
- 이 제도는 오늘날에도 여전히 사용됨

16 해설 문제의 핵심어구(helped people)가 언급된 지문 내용 중 여자가 'the government took steps to provide immediate assistance to people in extreme poverty'라며 정부는 극도의 빈곤에 처한 사람들에게 즉각적인 원조를 제공하기 위한 조치를 취했다고 하였으므로, **poverty**가 정답입니다. 'provide ~ assistance'가 'Helped'로 바꾸어 표현되었습니다.

17 해설 문제의 핵심어구(blankets and other items)와 관련된 지문 내용 중 여자가 'it also provided blankets and other basic necessities to homeless people'이라며 정부는 또한 노숙자들에게 담요와 기타 생필품을 제공했다고 하였으므로, **homeless**가 정답입니다.

18 해설 문제의 핵심어구(Social Security Act)가 언급된 지문 내용 중 여자가 'in 1935 he signed the Social Security Act'라며 루스벨트는 1935년에 사회보장법에 서명했다고 하였으므로, **1935**가 정답입니다.

19 해설 문제의 핵심어구(the elderly)와 관련된 지문 내용 중 여자가 'it provided pensions to people over the age of 65'라며 사회보장법은 65세 이상의 사람들에게 연금을 지급했다고 하였으므로, **pensions**가 정답입니다. 'people over the age of 65'가 'the elderly'로 바꾸어 표현되었습니다.

20 해설 문제의 핵심어구(unemployment ~ for workers)가 언급된 지문 내용 중 여자가 'It also led to the creation of an unemployment insurance system for workers.'라며 사회보장법은 또한 노동자들을 위한 실업 보험 제도의 탄생으로 이어졌다고 하였으므로, **insurance system**이 정답입니다. 'led to the creation'이 'set up'으로 바꾸어 표현되었습니다.

(4일) Progressive Test 4

p.208

1 15 / (the) 15th / fifteenth	2 7 (pm)	3 40 / forty	4 beef
5 wine	6 Schumer	7 555-9983	8 6 / six
9 cake	10 flowers	11 A	12 A
13 A	14 C	15 B	16 locker
17 maintenance	18 C	19 D	20 A

Section 1. You will hear a customer speaking to a restaurant manager about hiring a party venue.

M: Good morning. How can I help you?

W: Hi, I'm interested in booking a private room in your restaurant. It's my parents' wedding anniversary next week, so we'd like to hold a small party.

M: Yes, of course. We happen to have one available on July 15th and 16th next week.

W: [1]I'd like to book it for the 15th.

M: OK. What time would you like to book it?

W: Can we book it from 6 pm?

M: We don't actually open in the evening until 6.30. Would that be all right?

W: [2]Can we book it from 7 pm until 11 pm then?

M: [2]Of course. That's fine. And our private room has space for up to 50 people. How many are you expecting for the party?

W: [3]We've invited around 40 people, so that would work perfectly. How much would it cost to hire the room?

M: It's £70. The cost of the meal is not included.

W: OK. We would need meals for everyone. What do you normally provide?

M: Our chefs usually prepare a three-course meal. So everyone will have a starter, a main course, and a dessert. [4]Fish is a popular choice for the main course.

W: My father doesn't like fish. [4]Would it be possible to get beef instead?

M: [4]Sure. The cost is £22 per person.

W: That sounds fine, but are any drinks included?

M: It includes soft drinks, but [5]you have to pay separately for wine. We can set up a bar in the room if you'd like that.

W: Oh, great. Yes, [5]we will have the wine as well. OK, I think I'd like to go ahead and book the room.

M: Perfect. Let me just put that into our schedule. Could I get your name?

W: [6]It's Ellen Schumer.

M: Sorry, how do you spell your last name?

W: [6]That's S-C-H-U-M-E-R.

M: Great. [7]Could I have your phone number as well?

W: Certainly. [7]It's 5-5-5-double 9-8-3.

M: OK. Now, will there be children at the party? We can provide special seats.

W: Yes, I believe there will be about eight children but two of them are toddlers, so [8]we'd only need six special seats.

M: OK, that's no problem.

섹션 1. 파티 장소를 대여하는 것에 관해 고객이 식당 관리인에게 이야기하는 것을 들으세요.

남: 좋은 아침입니다. 무엇을 도와드릴까요?

여: 안녕하세요, 저는 귀하의 식당에서 개인실을 예약하는 데 관심이 있는데요. 다음 주가 저희 부모님의 결혼 기념일이어서, 작은 파티를 열고 싶어요.

남: 네, 그럼요. 저희에게 마침 다음 주 7월 15일과 16일에 이용 가능한 곳이 한 군데 있어요.

여: [1]저는 15일에 그곳을 예약하고 싶어요.

남: 네. 몇 시에 예약하고 싶으신가요?

여: 오후 6시부터 예약할 수 있을까요?

남: 저희는 사실 저녁에는 6시 30분까지는 열지 않아요. 괜찮으신가요?

여: [2]그럼 오후 7시부터 11시까지 예약할 수 있을까요?

남: [2]물론이죠. 괜찮습니다. 그리고 저희 개인실은 50명까지 수용할 수 있는 공간이 있습니다. 파티에 몇 분이나 오실 것으로 예상하고 계신가요?

여: [3]저희는 약 40명 정도를 초대했으니, 그러면 완벽할 것 같아요. 그 방을 대여하는 데 얼마인가요?

남: 70파운드입니다. 식사 비용은 포함되어 있지 않아요.

여: 그렇군요. 저희는 모두를 위해 식사가 필요할 거예요. 보통 어떤 것을 제공하시나요?

남: 저희 주방장들은 보통 3코스 요리를 준비합니다. 그래서 모든 분들이 전채 요리, 주 요리, 그리고 후식을 드실 거예요. [4]주 요리로는 생선이 인기 있는 선택지입니다.

여: 저희 아버지는 생선을 좋아하지 않으세요. [4]대신에 소고기를 준비해주실 수 있으신가요?

남: [4]그럼요. 비용은 1인당 22파운드입니다.

여: 좋아요, 그런데 무엇이든 음료가 포함되어 있나요?

남: 청량음료는 포함되어 있지만, [5]와인은 별도로 비용을 지불하셔야 합니다. 그걸 원하시면 방 안에 바를 준비해드릴 수 있어요.

여: 오, 좋아요. 네, [5]와인도 마실 거예요. 좋아요, 그러면 그 방을 예약하고 싶은데요.

남: 완벽하군요. 저희 일정에 넣겠습니다. 성함을 알 수 있을까요?

여: [6]Ellen Schumer예요.

남: 죄송하지만, 성의 철자가 어떻게 되시나요?

여: [6]S-C-H-U-M-E-R이에요.

남: 좋습니다. [7]전화번호도 알 수 있을까요?

여: 물론이죠. [7]5-5-5-9-9-8-3이에요.

남: 좋습니다. 자, 파티에 아이들이 있나요? 저희는 특수 좌석을 제공할 수 있어요.

여: 네, 약 8명의 아이들이 있을 거지만 그 중 두 명은 유아여서, [8]6개의 특수 좌석만이 필요할 거예요.

남: 네, 문제 없어요.

W: Oh, and as it's an anniversary party, does your restaurant provide special cakes?

M: No, we don't do that. However, we have a business agreement with the Leroy Bake Shop just down the street. ⁹We can ask them to deliver a cake.

W: Yes, please do that then.

M: OK, is there anything else you need?

W: Yes, do you have something we can play music on? I imagine there will be a lot of dancing later in the evening.

M: Of course. We've got some speakers you can use. You can plug your phone into those and play music.

W: Great . . . Oh, and lastly, ¹⁰I think we should have some decorations. Would that be possible?

M: Well, we generally put candles on the table, but ¹⁰we can replace them with flowers this time.

W: Thank you.

M: Perfect. Well, that's all the information I need from you. But if you have questions, don't hesitate to . . .

여: 오, 그리고 이게 기념일 파티라서 그런데, 식당에서 특별 케이크를 제공하시나요?

남: 아니요, 그건 하지 않습니다. 하지만, 저희는 바로 길 아래의 Leroy 제과점과 사업 제휴를 맺고 있어요. ⁹저희가 그들에게 케이크를 배달해 달라고 요청할 수 있습니다.

여: 네, 그럼 그렇게 해주세요.

남: 알겠습니다, 더 필요하신 게 있으신가요?

여: 네, 저희가 음악을 재생할 수 있는 무언가가 있을까요? 저녁 늦게 춤을 꽤 출 것 같아서요.

남: 그럼요. 고객님께서 사용하실 수 있는 스피커가 몇 대 있습니다. 휴대폰을 그것에 꽂으셔서 음악을 재생하실 수 있습니다.

여: 좋아요... 오, 그리고 마지막으로, ¹⁰장식이 좀 있어야 할 것 같아요. 가능할까요?

남: 음, 저희는 일반적으로 테이블에 초를 놓지만, ¹⁰이번에는 그것을 꽃으로 대체할 수 있어요.

여: 감사해요.

남: 완벽하군요. 음, 그것이 제가 귀하로부터 필요한 정보의 전부예요. 하지만 질문이 있으시면, 주저하지 마시고...

어휘 hire[미] haiər, [영] haiə] 대여하다, 빌리다 **wedding anniversary** 결혼 기념일 **normally**[미] nɔ́ːrməli, [영] nɔ́ːməli] 보통 **starter**[stáːrtər, [영] stáːtə] 전채 요리 **soft drink** 청량음료 **separately**[séprətli] 별도로 **toddler**[미] táːdlər, [영] tɔ́dlə] 유아, 갓난아이 **decoration**[dèkəréiʃn] 장식

Questions 1-10

<table>
<tr><td colspan="2" align="center">행사 예약 양식</td></tr>
<tr><td colspan="2">행사 세부 사항</td></tr>
<tr><td>목적</td><td>개인실 예약</td></tr>
<tr><td>날짜</td><td>7월 1............일</td></tr>
<tr><td>시간</td><td>2............시부터 오후 11시까지</td></tr>
<tr><td>손님 수</td><td>약 3............명</td></tr>
<tr><td>음식 서비스 요구 사항</td><td>주 요리: 4............ (1인당 22파운드)</td></tr>
<tr><td>음료</td><td>5............ (별도 비용 지불)</td></tr>
<tr><td colspan="2">고객</td></tr>
<tr><td>이름</td><td>Ellen 6............</td></tr>
<tr><td>연락처</td><td>7............</td></tr>
<tr><td colspan="2">추가 필요 사항 및 서비스</td></tr>
<tr><td>좌석</td><td>8............개의 특수 좌석</td></tr>
<tr><td>특별 배달</td><td>9............</td></tr>
<tr><td>요청</td><td>음악을 재생할 스피커</td></tr>
<tr><td>장식</td><td>10............</td></tr>
</table>

1 해설 문제의 핵심어구(Date)와 관련된 지문 내용 중 여자가 'I'd like to book it for the 15th.'라며 15일에 개인실을 예약하고 싶다고 하였으므로, **15, (the) 15th** 또는 **fifteenth**가 정답입니다.

2 해설 문제의 핵심어구(Time)와 관련된 지문 내용 중 여자가 'Can we book it from 7 pm until 11 pm then?'이라며 그럼 오후 7시부터 오후 11시까지 예약할 수 있는지 묻자, 남자가 'Of course. That's fine.'이라며 물론이라며 괜찮다고 하였으므로, **7 (pm)**이 정답입니다.

3 해설 문제의 핵심어구(Number of guests)와 관련된 지문 내용 중 여자가 'We've invited around 40 people'이라며 약 40명 정도를 초대했다고 하였으므로, **40** 또는 **forty**가 정답입니다.

4 해설 문제의 핵심어구(Main course)가 언급된 지문 내용 중 남자가 'Fish is a popular choice for the main course.'라며 주 요리로는 생선이 인기 있는 선택지라고 한 뒤, 여자가 'Would it be possible to get beef instead?'라며 대신에 소고기를 준비해줄 수 있는지 묻자, 남자가 'Sure.'이라며 그렇다고 하였으므로, **beef**가 정답입니다.

5 해설 문제의 핵심어구(Drinks)와 관련된 지문 내용 중 남자가 'you have to pay separately for wine'이라며 와인은 별도로 비용을 지불해야 한다고 하자, 여자가 'we will have the wine as well'이라며 와인도 마실 것이라고 하였으므로, **wine**이 정답입니다.

6 해설 문제의 핵심어구(Name)와 관련된 지문 내용 중 여자가 'It's Ellen Schumer.'라며 Ellen Schumer라고 한 뒤, 'That's S-C-H-U-M-E-R.'이라고 하였으므로, **Schumer**가 정답입니다.

7 해설 문제의 핵심어구(Contact number)와 관련된 지문 내용 중 남자가 'Could I have your phone number as well?'이라며 전화번호도 알 수 있을지 묻자, 여자가 'It's 5-5-5-double 9-8-3.'라고 하였으므로, **555-9983**가 정답입니다.

8 해설 문제의 핵심어구(special seats)가 언급된 지문 내용 중 여자가 'we'd only need six special seats'라며 6개의 특수 좌석만이 필요할 것이라고 하였으므로, **6** 또는 **six**가 정답입니다.

9 해설 문제의 핵심어구(Special delivery)와 관련된 지문 내용 중 남자가 'We can ask them to deliver a cake.'라며 Leroy 제과점에게 케이크를 배달해 달라고 요청할 수 있다고 하였으므로, **cake**가 정답입니다.

10 해설 문제의 핵심어구(Decoration)와 관련된 지문 내용 중 여자가 'I think we should have some decorations'라며 장식이 좀 있어야 할 것 같다고 하자, 남자가 'we generally put candles on the table, but we can replace them with flowers this time'이라며 그들은 일반적으로 테이블에 초를 놓지만 이번에는 그것을 꽃으로 대체할 수 있다고 하였으므로, **flowers**가 정답입니다.

Questions 11-20 미국식 발음

🎧 (W4_D4) PT4_11-20.mp3

Section 2. You will hear a real estate agent discussing a new apartment building.

Hello, everyone. My name is Jane Meyers, and I'm from Ace Realty. Today, I'll be providing you with information about Sunnyside Tower. I think you will be very excited about this new residential building.

I'll start with a bit of background information. ¹¹Construction of Sunnyside Tower is scheduled to end in July, and residents will be able to move into their units in September. Um, this is because

섹션 2. 부동산 중개인이 새로운 아파트에 관해 이야기하는 것을 들으세요.

안녕하세요, 여러분. 제 이름은 Jane Meyers이고, Ace 부동산에서 왔습니다. 오늘, 저는 여러분에게 Sunnyside 타워에 관한 정보를 제공해 드리고자 합니다. 여러분이 이 새로운 주거용 건물에 매우 흥미를 느낄 것이라고 생각해요.

약간의 배경 정보와 함께 시작하려고 합니다. ¹¹Sunnyside 타워의 건축 공사는 7월 내로 완료되는 것으로 예정되어 있고, 주민들은 9월에 그들의 가구에 입주할 수 있습니다. 음, 이는 8월 말까지 조경

the landscaping won't be finished until the end of August. ¹²The building is located right beside Kent Station. This makes it a good choice for professionals working in the city centre because they can commute by subway rather than car each day. In addition, it is a perfect location for people with children. There is a park just two blocks away, and the city is planning to build a primary school in the area.

With regard to the building itself, Sunnyside Tower will have 60 units in total. There will be 40 with two bedrooms and 20 with three bedrooms. ¹³The three-bedroom apartments will have a balcony — uh, it won't be available for the two-bedroom units. But all of the units will include a separate dining room and floor-to-ceiling windows in the living room. Also, ¹⁴to ensure the safety of residents in the event of a fire, sprinklers will be installed. And, of course, there will be 24-hour security. A guard will be on duty in the lobby at all times to deal with any possible emergency. With regard to parking, there is an underground facility for residents, who will be issued a pass. But, um, ¹⁵guests will have to find a spot on one of the nearby streets.

Now, residents of Sunnyside Tower will have access to a couple of amenities. The first one is a gym that will include modern exercise equipment, changing rooms, and showers. The gym will be open from 6 am to 8 pm Monday to Friday and 6 am to 10 pm on Saturdays and Sundays. There will be no charge to access the gym, but ¹⁶residents who wish to have a personal locker will have to pay a monthly fee. Sunnyside Tower will also include a heated pool. It will be located on the fourth floor of the building. Residents will be able to use it most days from 9 am until 9 pm. However, ¹⁷it will be closed on Wednesdays for cleaning and maintenance.

OK . . . I'll now hand out a brochure. Um, it was put together by Blackstone Properties, the developer of Sunnyside Tower. It includes a lot of useful information, so I'd like to take a few minutes to go over it with you. ¹⁸The introduction part includes detailed floor plans for each type of apartment that will be available in this building. Um, you'll be able to compare the features of the different units. It also has information about the types of materials that will be used in the apartment interiors . . . uh, such as for the flooring and so on.

¹⁹In the main section, you will see the prices of the units. There are also details about the monthly maintenance fee that all residents of the building must pay. You can find some advice about bank loans to finance your purchase in this section as well.

이 마무리되지 않을 것이기 때문입니다. ¹²이 건물은 Kent역 바로 옆에 위치해 있습니다. 매일 자가용보다는 지하철로 통근할 수 있기 때문에 이는 이 건물을 도심에서 일하는 직장인들을 위한 좋은 선택지로 만들죠. 게다가, 아이들이 있는 분들에게도 완벽한 위치입니다. 단 두 구역 떨어진 곳에 공원이 있고, 시는 그 구역에 초등학교를 지으려고 계획하고 있습니다.

건물 자체에 관해서는, Sunnyside 타워에는 총 60가구가 있을 것입니다. 침실이 두 개인 40가구와 침실이 세 개인 20가구가 있을 거예요. ¹³침실이 세 개인 아파트에는 발코니가 있을 것인데, 어, 이것은 침실이 두 개인 가구에서는 이용 가능하지 않을 겁니다. 하지만 모든 가구는 분리된 식당과 거실 바닥부터 천장까지 이어지는 창문을 포함할 겁니다. 또한, ¹⁴화재 시 주민들의 안전을 보장하기 위해, 스프링클러가 설치될 거예요. 그리고, 물론, 24시간 보안 장치가 있을 것입니다. 로비에는 발생 가능한 모든 긴급 상황을 해결하기 위해 경비 요원이 상시 근무 중일 것입니다. 주차에 관해서는, 출입증을 발급받을 주민들을 위한 지하 시설이 있습니다. 하지만, 음, ¹⁵방문객들은 주변 도로 중 한 곳에서 자리를 찾아야 할 거예요.

자, Sunnyside 타워의 주민들은 몇 가지 편의 시설을 이용할 권한을 가질 것입니다. 첫 번째는 체육관으로 최신 운동 장비, 탈의실, 그리고 샤워 시설을 포함할 거예요. 체육관은 월요일부터 금요일까지는 오전 6시부터 오후 8시까지이고 토요일과 일요일에는 오전 6시부터 오후 10시까지 열 것입니다. 체육관 이용 요금은 없을 것이지만, ¹⁶개인 사물함을 갖고 싶은 주민들은 월별 요금을 내야 할 것입니다. Sunnyside 타워는 또한 온수 수영장을 포함할 것입니다. 이곳은 건물의 4층에 위치해 있을 거예요. 주민들은 거의 매일 오전 9시부터 오후 9시까지 이곳을 이용할 수 있을 것입니다. 하지만, ¹⁷수요일마다 청소와 점검을 위해 문을 닫을 겁니다.

좋습니다... 이제 책자를 나누어 드리겠습니다. 음, 이것은 Sunnyside 타워의 개발 업체인, Blackstone 부동산에서 만든 것입니다. 많은 유용한 정보를 포함하고 있으니, 여러분과 함께 몇 분 정도 이것을 살펴보는 시간을 가지려고 해요. ¹⁸도입부는 이 건물에서 이용 가능할 아파트 종류 각각의 상세한 평면도를 포함합니다. 음, 서로 다른 가구들의 특징을 비교해 볼 수 있을 겁니다. 여기에는 또한 아파트 인테리어에 사용될 재료들의 종류에 관한 정보도 있습니다... 어, 바닥재나 그 외 다른 것들 말이죠.

¹⁹본문에서는, 가구들의 가격을 볼 수 있습니다. 건물의 모든 주민들이 지불해야 할 월별 관리비에 관한 세부 사항도 있습니다. 이 섹션에서는 여러분의 구매 자금을 마련하기 위한 은행 대출에 관해 몇몇 조언도 찾으실 수 있을 거예요.

Finally, there is an appendix at the end of the brochure. [20]It includes a list of rules that residents must follow. Everything from pet restrictions to renovation guidelines is included here. I suggest that you read through it carefully. This is information that anyone considering buying an apartment in Sunnyside Tower needs to be aware of.	마지막으로, 책자의 끝에는 부록이 있습니다. [20]이것은 주민들이 반드시 따라야 할 규칙들의 목록을 포함하고 있어요. 애완 동물 규제부터 수리 방침까지 모든 것이 여기 포함됩니다. 이 섹션을 주의 깊게 정독하시는 것을 추천해요. 이것은 Sunnyside 타워의 아파트를 구매하는 것을 고려 중인 모든 분이 알아야 할 필요가 있는 정보입니다.

어휘 real estate 부동산 realty[미 ríːəlti, 영 ríəlti] 부동산 residential[rèzidénʃl] 주거용의 unit[júːnit] (한) 가구 landscaping[lǽndskeìpiŋ] 조경 commute[kəmjúːt] 통근하다 on duty 근무 중인 access[ǽkses] 이용(할 권한) amenity[미 əménəti, 영 əmíːnəti] 편의 시설 maintenance[méintənəns] 점검, 관리 put together 만들다 floor plan 평면도 flooring[flɔ́ːriŋ] 바닥재 finance[fáinæns] 자금을 마련하다 appendix[əpéndiks] 부록

Questions 11-15

Sunnyside 타워

11 Sunnyside 타워의 건축 공사는 언제 끝날 것인가?

A 7월

B 8월

C 9월

> 해설 문제의 핵심어구(construction ~ finish)와 관련된 지문 내용 중 'Construction of Sunnyside Tower is scheduled to end in July'에서 Sunnyside 타워의 건축 공사는 7월 내로 완료되는 것으로 예정되어 있다고 하였으므로, 보기 **A** in July가 정답입니다. 'is scheduled to end'가 'will ~ finish'로 바꾸어 표현되었습니다.
>
> 오답 확인하기
> B와 C는 지문의 'August', 'September'를 그대로 언급해 혼동하기 쉽지만, 문제에서 묻는 Sunnyside 타워의 건축 공사가 끝나는 시점과 관련된 내용이 아니므로 오답입니다.

12 Sunnyside 타워는 -의 옆에 위치해 있다.

A 지하철 역

B 도심 공원

C 초등학교

> 해설 문제의 핵심어구(located next to)와 관련된 지문 내용 중 'The building is located right beside Kent Station.'에서 Sunnyside 타워는 Kent역 바로 옆에 위치해 있다고 하였으므로, 보기 **A** a subway station이 정답입니다. 'right beside'가 'next to'로 바꾸어 표현되었습니다.
>
> 오답 확인하기
> B와 C는 지문의 'park'와 'primary school'을 그대로 언급해 혼동하기 쉽지만, 문제에서 묻는 Sunnyside 타워의 옆에 위치해 있는 것과 관련된 내용이 아니므로 오답입니다.

13 침실이 세 개인 가구에만 포함되는 것은 무엇인가?

A 발코니

B 식당

C 큰 창문

> 해설 문제의 핵심어구(three-bedroom unit)와 관련된 지문 내용 중 'The three-bedroom apartments will have a balcony ~ it won't be available for the two-bedroom units.'에서 침실이 세 개인 아파트에는 발코니가 있을 것인데 이것은 침실이 두 개인 가구에서는 이용 가능하지 않을 것이라고 하였으므로, 보기 **A** a balcony가 정답입니다.

B와 C는 지문의 'all of the units will include a separate dining room and floor-to-ceiling windows in the living room' 과 반대되는 내용이므로 오답입니다.

14 건물은 어떤 설비를 보유할 것인가?

A 응급 경보기

B 방범 카메라

C 화재 살수 소화 장치

해설 문제의 핵심어구(devices ~ building contain)와 관련된 지문 내용 중 'to ensure the safety of residents in the event of a fire, sprinklers will be installed'에서 화재 시 주민들의 안전을 보장하기 위해 스프링클러가 설치될 것이라고 하였으므로, 보기 **C** fire sprinklers가 정답입니다.

A는 지문의 'emergency'를 그대로 언급해 혼동하기 쉽지만, 지문에서 응급 경보기에 대한 내용은 언급하지 않았으므로 오답입니다.

B는 지문의 'security'를 그대로 언급해 혼동하기 쉽지만, 지문에서 방범 카메라에 대한 내용은 언급하지 않았으므로 오답입니다.

15 Sunnyside 타워의 방문객들은 -하도록 요구될 것이다.

A 출입증을 경비 요원에게 보여주도록

B 그들의 차량을 도로에 주차하도록

C 로비의 인터폰을 사용하도록

해설 문제의 핵심어구(visitors)와 관련된 지문 내용 중 'guests will have to find a spot on one of the nearby streets'에서 방문객들은 주변 도로 중 한 곳에서 자리를 찾아야 할 것이라고 하였으므로, 보기 **B** park their vehicle on the street가 정답입니다.

A는 지문의 'pass'를 그대로 언급해 혼동하기 쉽지만, 방문객들이 아닌 주민들에 대한 내용이므로 오답입니다.

C는 지문의 'lobby'를 그대로 언급해 혼동하기 쉽지만, 지문에서 로비의 인터폰에 대한 내용은 언급하지 않았으므로 오답입니다.

Questions 16-17

Sunnyside 타워 편의 시설

편의 시설	운영 시간	세부 사항
체육관	주중: 오전 6시 – 오후 8시 주말: 오전 6시 – 오후 10시	• 16 ....의 사용을 위한 월별 요금
수영장	매일: 오전 9시 – 오후 9시	• 수요일마다 청소와 17 ....을 위해 닫음

16 해설 문제의 첫 열(Gym)과 첫 행(Notes)을 통해 문제가 체육관의 세부 사항에 대한 내용임을 알 수 있습니다. 문제의 핵심어구 (Monthly fee)가 언급된 지문 내용 중 'residents who wish to have a personal locker will have to pay a monthly fee' 에서 개인 사물함을 갖고 싶은 주민들은 월별 요금을 내야 할 것이라고 하였으므로, personal locker가 답이 될 수 있습니다. 지시문에서 한 단어로만 답을 작성하라고 하였으므로, **locker**가 정답입니다.

17 해설 문제의 첫 열(Pool)과 첫 행(Notes)을 통해 문제가 수영장의 세부 사항에 대한 내용임을 알 수 있습니다. 문제의 핵심어구 (not open on Wednesdays)와 관련된 지문 내용 중 'It will be closed on Wednesdays for cleaning and maintenance.' 에서 수요일마다 청소와 점검을 위해 문을 닫을 것이라고 하였으므로, **maintenance**가 정답입니다. 'will be closed'가 'Is not open'으로 바꾸어 표현되었습니다.

화자는 아래 책자의 각 섹션들에 관해 무엇을 말하는가?

설명
A 주민들을 위한 규정을 명시한다
B 인테리어의 사진을 특별히 포함한다
C 가구들의 평면도를 보여준다
D 아파트의 가격을 명시한다
E 대출 신청 양식을 포함한다

섹션들

18 도입부　　　…………

19 본문　　　…………

20 부록　　　…………

18　해설　문제(Introduction)가 언급된 지문 내용 중 'The introduction part includes detailed floor plans for each type of apartment that will be available in this building.'에서 도입부는 Sunnyside 타워에서 이용 가능할 아파트 종류 각각의 상세한 평면도를 포함한다고 하였으므로, 보기 **C** shows plans of units가 정답입니다.

　　오답 확인하기
　　B는 Introduction이 언급된 지문 내용 중 'interiors'를 언급해 혼동하기 쉽지만, 지문에서 사진에 대한 내용은 언급하지 않았으므로 오답입니다.

19　해설　문제(Main section)가 언급된 지문 내용 중 'In the main section, you will see the prices of the units.'에서 본문에서는 가구들의 가격을 볼 수 있다고 하였으므로, 보기 **D** specifies cost of apartments가 정답입니다. 'prices of the units'가 'cost of apartments'로 바꾸어 표현되었습니다.

　　오답 확인하기
　　E는 Main Section이 언급된 지문 내용 중 'loan'으로 등장해 혼동하기 쉽지만, 지문에서 대출 신청 양식에 대한 내용은 언급하지 않았으므로 오답입니다.

20　해설　문제(Appendix)와 관련된 지문 내용 중 'It includes a list of rules that residents must follow.'에서 부록은 주민들이 반드시 따라야 할 규칙들의 목록을 포함하고 있다고 하였으므로, 보기 **A** specifies regulations for residents가 정답입니다. 'a list of rules'가 'regulations'로 바꾸어 표현되었습니다.

---

⑤일 Progressive Test 5

p.212

1 B	2 B	3 C	4 A
5 C	6 A	7 40 / forty	8 characters
9 Costumes	10 Tickets	11 A	12 A
13-14 B, E	15-16 C, E	17 explosion	18 financial gain
19 blame	20 safety		

Section 2. You will hear an employee speaking about an amusement park to a group of visitors.

Thank you all for coming this morning to Fairy Land Amusement Park! Our facility is spread out over 5 acres, and we've got attractions and activities for all ages. Many of you have brought your children along, so I'd like to take a few minutes to tell you about some of our most popular rides.

Our newest attraction is the Whirlwind Roller Coaster, which can hold up to 30 passengers at a time. Keep in mind that there is an age limit for this attraction. [1]You must be older than eight years old to go on this ride. This is our most popular attraction, so the line can be very long sometimes. If so, I suggest trying another one of our famous rides first . . . Raging Rapids. Um, [2]children who are eight years old or under are not permitted on this one either.

Those of you with younger children may wish to visit the Carousel. This attraction is calmer and slower, so [3]it's ideal for young kids. Please note that the seats on the ride are sized for kids, so [3]adults aren't allowed on the ride. But there is an observation area from which parents can take pictures of their children. And right next to the carousel is the Teacups ride. The large cups have seats that can hold several adults and children, and [4]the ride is open to adults and children of all ages. Um, it is one of the most popular rides in the amusement park.

Another attraction is the Miniature Train ride, [5]which is also for young children only. Adults may watch their kids from a platform as the kids go by on the short railway. And not far from the train is another of the park's most visited attractions . . . the Pirate Ship, which swings back and forth and reaches great heights. [6]The ride is open to people of all ages, though some children might find it a little scary.

Now, as I mentioned earlier, Fairy Land Amusement Park is quite large. If you have problems finding a particular attraction, keep in mind that the park is divided into three zones.

The first is Fairy Land City. You can arrange for a tour of the park here. This is a good way to see all of the attractions in our park. Um, [7]the tour lasts approximately 40 minutes. If you're interested, the tour vehicle departs every 30 minutes from the main entrance. There's also a wide assortment of restaurants, cafeterias, and snack and beverage vendors in this zone.

섹션 2. 놀이공원에 관해 직원이 단체 관광객들에게 이야기하는 것을 들으세요.

오늘 아침 Fairy Land 놀이공원에 오신 모든 분들께 감사드립니다! 저희 시설은 5에이커에 걸쳐 펼쳐져 있고, 전 연령대를 위한 놀이기구와 활동들이 있습니다. 많은 분들께서 아이들을 데리고 오셨으니, 저희의 가장 유명한 놀이기구들 몇 가지에 관해 말씀 드리는 시간을 몇 분 정도 갖고 싶습니다.

저희의 가장 새로운 놀이기구는 Whirlwind 롤러코스터인데, 한 번에 승객들을 30명까지 태울 수 있습니다. 이 놀이기구는 나이 제한이 있다는 것을 유념하세요. [1]이것을 타려면 8세보다 나이가 많아야만 합니다. 이것은 가장 유명한 놀이기구여서, 때로는 줄이 매우 길 수도 있어요. 만약 그렇다면, 또 다른 유명한 놀이기구 중 하나를 먼저 타 보시는 것을 제안해요... Raging Rapids죠. 음, [2]8세 이하의 아이들에게는 이것 역시 허용되지 않습니다.

더 어린 아이들과 오신 분들은 아마 회전목마를 방문하기를 바라실 겁니다. 이 놀이기구는 더 차분하고 느려서, [3]어린 아이들에게 가장 알맞습니다. 놀이기구의 좌석이 아이들의 크기로 만들어져 있어서, [3]어른들은 이 기구에 타는 것이 허용되지 않는다는 사실에 주의해주세요. 하지만 부모님들이 아이들의 사진을 찍을 수 있는 전망대가 있습니다. 그리고 회전목마 바로 옆에 Teacups 놀이기구가 있습니다. 이 대형 컵들에는 여러 명의 어른과 아이들을 태울 수 있는 좌석이 있고, [4]이 놀이기구는 전 연령대의 어른과 어린이에게 허용됩니다. 음, 이것은 이 놀이공원에서 가장 유명한 놀이기구 중 하나예요.

또 다른 놀이기구는 미니어처 열차인데, [5]이것 또한 어린 아이들 전용입니다. 어른들은 아이들이 짧은 선로를 지나갈 때 승강장에서 아이들을 볼 수 있습니다. 그리고 열차로부터 멀지 않은 곳에 공원의 가장 이용객이 많은 또 다른 놀이기구가 있습니다... Pirate Ship인데, 앞뒤로 흔들리고 매우 높은 위치까지 올라가죠. [6]이 놀이기구는 전 연령대에 개방되지만, 어떤 아이들은 조금 무섭다고 느낄 수도 있습니다.

이제, 앞서 말씀드렸다시피, Fairy Land 놀이공원은 꽤 큽니다. 특정 놀이기구를 찾는 데 문제가 있으시다면, 공원은 3개의 구역으로 나누어져 있다는 것을 유념하세요.

첫 번째는 Fairy Land 도시입니다. 여러분은 이곳에서 공원의 투어를 계획하실 수 있습니다. 이것은 저희 공원의 모든 놀이기구를 볼 수 있는 좋은 방법이에요. 음, [7]투어는 대략 40분 정도 계속됩니다. 관심이 있으시다면, 투어 차량은 매 30분마다 정문에서 출발합니다. 이 구역에는 또한 다양한 레스토랑, 구내 식당, 그리고 간식과 음료 노점이 있습니다.

Just east of that is Pixie Village, where you can find rides for young children. And [8]this is where you can get your picture taken with Fairy Land's many popular characters. They are always willing to pose with park visitors. [9]You can also purchase costumes for children at the Pixie gift shop. These allow kids to remember the Fairy Land experience once they get home.

And at the north end of the park, you'll find Wizards Forest. This area has our roller coasters and a lot of other fast rides. It is also where we have our popular 3-D Experience ride. [10]Tickets for this attraction can be purchased at the ride's entrance. The cost is $12 for children and $16 for adults. The 3-D Experience ride is definitely worth the extra money, though.

OK . . . Are there any questions?

그곳의 바로 동쪽은 Pixie 마을로, 그곳에서 어린 아이들을 위한 놀이기구를 찾으실 수 있습니다. 그리고 [8]이곳은 Fairy Land의 많은 유명한 캐릭터들과 사진을 찍을 수 있는 곳입니다. 그들은 언제나 기꺼이 저희 공원 방문객들과 포즈를 취할 것입니다. [9]여러분은 또한 Pixie 기념품점에서 아이들을 위한 의상을 구매하실 수도 있어요. 이것들은 아이들이 집으로 돌아갔을 때 Fairy Land의 경험을 기억하도록 해 줍니다.

그리고 공원의 북쪽 끝에서, 여러분은 Wizards 숲을 찾으실 것입니다. 이 구역에는 저희의 롤러코스터와 여러 다른 빠른 놀이기구들이 있습니다. 이곳은 또한 저희의 유명한 3D 체험 놀이기구가 있는 곳이기도 합니다. [10]이 놀이기구의 입장권은 놀이기구의 입구에서 구매하실 수 있습니다. 비용은 아이들 12달러이고 어른들은 16달러입니다. 하지만, 3D 체험 놀이기구는 분명히 추가 비용의 가치가 있습니다.

좋습니다... 어떤 질문이라도 있으신가요?

어휘 amusement park 놀이공원, 유원지 spread out 넓은 공간을 차지하다 attraction[ətrǽkʃn] 놀이기구, 명소 bring along ~을 데리고 오다
carousel[kӕrəsél] 회전목마 observation area 전망대 platform[미 plǽtfɔ:rm, 영 plǽtfɔ:m] 승강장
depart[미 dipɑ́:rt, 영 dipɑ́:t] 출발하다, 떠나다 worth[미 wə:rθ, 영 wə:θ] ~의 가치가 있는

Questions 1-6

다음의 공원 놀이기구들에 적합한 사람은 누구인가?

연령대
A 전 연령대
B 8세가 넘은 누구나
C 아이들만

놀이기구

1 Whirlwind   ....
2 Raging Rapids   ....
3 회전목마   ....
4 Teacups   ....
5 미니어처 열차   ....
6 Pirate Ship   ....

1 해설 문제(Whirlwind)와 관련된 지문 내용 중 'You must be older than eight years old to go on this ride.'에서 Whirlwind 롤러코스터를 타려면 8세보다 나이가 많아야만 한다고 하였으므로, 보기 B Anyone over 8 years old가 정답입니다. 'older than eight years old'가 'over 8 years old'로 바꾸어 표현되었습니다.

2 해설 문제(Raging Rapids)와 관련된 지문 내용 중 'children who are eight years old or under are not permitted on this one either'에서 8세 이하의 아이들에게는 Raging Rapids 역시 허용되지 않는다고 하였으므로, 보기 B Anyone over 8 years old가 정답입니다.

3 해설 문제(Carousel)와 관련된 지문 내용 중 'it's ideal for young kids'에서 회전목마는 어린 아이들에게 가장 알맞다고 한 뒤, 'adults aren't allowed on the ride'에서 어른들은 이 기구에 타는 것이 허용되지 않는다고 하였으므로, 보기 C Children only가 정답입니다.

4 해설 문제(Teacups)와 관련된 지문 내용 중 'the ride is open to adults and children of all ages'에서 Teacups 놀이기구는 전 연령대의 어른과 어린이에게 허용된다고 하였으므로, 보기 A All age groups가 정답입니다. 'adults and children of all ages'가 'All age groups'로 바꾸어 표현되었습니다.

5 해설 문제(Miniature Train)가 언급된 지문 내용 중 'which is also for young children only'에서 미니어처 열차 또한 어린 아이들 전용이라고 하였으므로, 보기 C Children only가 정답입니다.

6 해설 문제(Pirate Ship)와 관련된 지문 내용 중 'The ride is open to people of all ages'에서 Pirate Ship은 전 연령대에 개방된다고 하였으므로, 보기 A All age groups가 정답입니다. 'people of all ages'가 'All age groups'로 바꾸어 표현되었습니다.

Questions 7-10

구역	활동	구매 가능한 것
Fairy Land 도시	7............분 동안 투어를 함	간식과 음료
Pixie 마을	8............과 사진을 찍음	아이들을 위한 9...........
Wizards 숲	롤러코스터를 탐	3D 체험 놀이기구의 10...........

7 해설 문제의 첫 열(Fairy Land City)과 첫 행(Activities)을 통해 문제가 Fairy Land 도시에서의 활동에 대한 내용임을 알 수 있습니다. 문제의 핵심어구(tour)가 언급된 지문 내용 중 'the tour lasts approximately 40 minutes'에서 투어는 대략 40분 정도 계속된다고 하였으므로, **40** 또는 **forty**가 정답입니다.

8 해설 문제의 첫 열(Pixie Village)과 첫 행(Activities)을 통해 문제가 Pixie 마을에서의 활동에 대한 내용임을 알 수 있습니다. 문제의 핵심어구(Take photos)와 관련된 지문 내용 중 'this is where you can get your picture taken with Fairy Land's many popular characters'에서 Pixie 마을은 Fairly Land의 많은 유명한 캐릭터들과 사진을 찍을 수 있는 곳이라고 하였으므로, Fairy Land's many popular characters가 답이 될 수 있습니다. 지시문에서 한 단어로만 답을 작성하라고 하였으므로, **characters**가 정답입니다. 'get your picture taken'이 'Take photos'로 바꾸어 표현되었습니다.

9 해설 문제의 첫 열(Pixie Village)과 첫 행(Available for purchase)을 통해 문제가 Pixie 마을에서 구매 가능한 것에 대한 내용임을 알 수 있습니다. 문제의 핵심어구(for children)가 언급된 지문 내용 중 'You can also purchase costumes for children at the Pixie gift shop.'에서 또한 Pixie 기념품점에서 아이들을 위한 의상을 구매할 수도 있다고 하였으므로, **Costumes**가 정답입니다.

10 해설 문제의 첫 열(Wizards Forest)과 첫 행(Available for purchase)을 통해 문제가 Wizards 숲에서 구매 가능한 것에 대한 내용임을 알 수 있습니다. 문제의 핵심어구(3-D Experience ride)와 관련된 지문 내용 중 'Tickets for this attraction can be purchased at the ride's entrance.'에서 3D 체험 놀이기구의 입장권은 놀이기구의 입구에서 구매할 수 있다고 하였으므로, **Tickets**가 정답입니다.

Section 3. You will hear two students talking about a business ethics assignment.

W: Hi, Roland. How are you?

M: Hi, Kate. I'm not so good. I'm having trouble with a research paper for my business ethics course.

W: Maybe I could help you out. Could you give me some more information about the assignment?

M: Well, I'm supposed to describe how a company dealt with an ethical problem. But I can't find a good example of this type of situation.

W: What exactly are you supposed to write about?

M: [11]We have to select a company that faced a recent crisis and evaluate whether its response was ethical or not. We should also discuss the role of the CEO in this situation.

W: I see. Is there any other information that you have to include?

M: Yes. Our professor said we should explain how the government responded to the company's actions. [12]He stressed that we should mention any government penalties because fines can be significant expenses for companies.

W: That's a lot of information to cover. Have you done any research yet?

M: Not much, to be honest. [13-14]I looked through some handouts the professor gave us. But they didn't include any useful case studies. [13-14]I've also gone through some newspaper archives. Next week, I'm planning to search for relevant journal articles and maybe e-mail some companies.

W: That seems like a good plan. Did your professor say which industry the company should be in?

M: No. He said he would leave that decision up to us. But [15-16]he specified that we should not use an example of a company in the legal field . . . I guess he will give us another assignment related to that later. And [15-16]ones in the medical field should be avoided as well. Um, he used this type of company as an example in a lecture, so he wants us to find something else.

W: That still leaves a wide range of companies to choose from.

M: Right. Uh, I was thinking of looking for a financial or technology firm. Or maybe a media one.

W: Actually, I have a suggestion . . . What about that huge oil spill that happened last year?

M: When the tanker crashed?

W: No. [17]It was an oil spill caused by an accidental explosion on a rig. The accident received a lot of press coverage because it resulted in one of the largest oil spills in history.

섹션 3. 두 학생이 기업 윤리 과제에 관해 이야기하는 것을 들으세요.

여: 안녕, Roland. 어떻게 지내니?

남: 안녕, Kate. 그렇게 잘 지내진 않아. 기업 윤리 수업의 연구 보고서 때문에 애를 먹고 있거든.

여: 어쩌면 내가 널 도와줄 수 있을지도 몰라. 그 과제에 대한 정보를 좀 줄 수 있니?

남: 음, 기업이 윤리 문제에 어떻게 대처했는지 서술해야 해. 하지만 이런 유형의 상황에 대한 좋은 예시를 찾을 수가 없어.

여: 정확히 무엇에 대해 써야 하니?

남: [11]최근 위기에 직면했던 기업을 선택하고 그것의 대응이 윤리적이었는지 아니었는지를 평가해야 해. 이러한 상황에서 최고 경영자의 역할에 대해서도 이야기해야 하지.

여: 그렇구나. 네가 포함해야 하는 또 다른 정보가 있니?

남: 응. 교수님께서 그 기업의 조치에 대해 정부가 어떻게 대응했는지를 설명해야 한다고 말씀하셨어. 벌금이 기업들에게 상당한 지출일 수 있기 때문에 [12]무엇이든 정부의 처벌을 언급해야 한다고 강조하셨지.

여: 다뤄야 할 정보가 많구나. 무엇이든 이미 조사한 것이 있니?

남: 솔직히 말하자면, 많지 않아. [13-14]교수님께서 주셨던 몇몇 수업 자료들을 훑어봤어. 하지만 그것들은 어떤 유용한 사례 연구도 포함하고 있지 않았어. [13-14]몇몇 신문 기록들 또한 검토했어. 다음 주에는, 관련된 학술지 기사를 검색해보고 아마 몇몇 기업에 이메일을 보낼 계획이야.

여: 좋은 계획인 것 같아. 교수님께서 기업이 어떤 산업군에 속해 있어야 하는지 말씀해 주셨니?

남: 아니. 그 판단은 우리에게 맡길 거라고 말씀하셨어. 하지만 [15-16]우리가 법조계의 기업은 예시로 사용해서는 안 된다고 명시하셨어... 내 생각엔 나중에 우리에게 그것과 관련된 또 다른 과제를 주실 것 같아. 그리고 [15-16]의료계에 있는 것들도 지양해야 해. 음, 교수님이 강의에서 이런 유형의 기업을 예시로 사용하셨기 때문에, 우리가 다른 무언가를 찾길 원하셔.

여: 여전히 선택할 수 있는 다양한 기업들이 남아 있네.

남: 맞아. 어, 나는 금융이나 기술 기업을 찾아보려고 생각 중이었어. 아니면 언론 기업이나.

여: 사실, 한 가지 제안이 있어... 작년에 발생했던 큰 규모의 기름 유출 건은 어때?

남: 대형 선박이 충돌했던 때 말이니?

여: 아니. [17]그건 굴착 장치에서의 우발적인 폭발로 인해 발생한 기름 유출이었어. 결과적으로 역사상 가장 큰 규모의 기름 유출 중 하나가 되었기 때문에 그 사고는 많은 언론 보도를 받았지.

M: I remember hearing about that. What caused it?	남: 그것에 대해 들었던 기억이 나. 무엇이 그것을 야기했었지?
W: Basically, low-quality materials were used when building the oil rig. In addition, some of the equipment on the rig did not function correctly.	여: 근본적으로, 석유 굴착 장치를 건설할 때 낮은 품질의 재료가 사용되었어. 게다가, 굴착 장치에 있는 일부 장비가 제대로 기능하지 않았어.
M: Really? Why didn't the oil company try to deal with these problems before the accident occurred?	남: 정말이야? 그 석유 기업은 왜 사고가 발생하기 전에 이런 문제들을 해결하려고 노력하지 않았지?
W: [18]The company decided that short-term financial gain was more important than the risk of an ecological disaster.	여: [18]그 기업은 단기적인 경제적 이익이 생태학적 재해의 위험보다 더 중요하다고 판단했어.
M: So how did the company respond to the situation?	남: 그럼 그 기업은 그 상황에 어떻게 대응했니?
W: Initially, the CEO claimed that the spill wasn't very serious. [19]He also tried to blame other companies for the problem.	여: 처음에, 최고 경영자는 유출이 그렇게 심각하지 않다고 주장했어. [19]그는 또한 그 문제에 대해 다른 기업들을 탓하려고 시도했지.
M: Why did he do that?	남: 그는 왜 그렇게 했던 거지?
W: Well, most likely to protect the company from lawsuits. The spill resulted in billions of dollars in damage to coastal areas.	여: 음, 소송으로부터 기업을 보호하기 위해서였을 가능성이 가장 크지. 그 유출이 결과적으로 해안 지역에 수십억 달러의 피해를 초래했거든.
M: And in the end, didn't that company have to pay a huge fine?	남: 그리고 결국, 그 기업은 막대한 벌금을 내야 하지 않니?
W: Yes. [20]The company was found guilty of numerous safety violations that led to the spill. It had to pay billions of dollars in fines.	여: 맞아. [20]그 기업은 유출로 이어진 많은 안전성 위반으로 유죄 판결을 받았어. 수십억 달러를 벌금으로 내야 했지.
M: This sounds like an excellent example to base my paper on. I'm going to get started on the research right away. Thanks for the help, Kate.	남: 이건 내 보고서의 기초가 될 훌륭한 예시인 것 같아. 당장 조사를 시작할 거야. 도움 고마워, Kate.

어휘 business ethics 기업 윤리 crisis[kráisis] 위기 penalty[pénəlti] 벌금 fine[fain] 처벌 archive[미 άːrkaiv, 영 άːkaiv] 기록(물), 기록 보관소
specify[spésifài] 명시하다 legal[líːgl] 법조계의, 합법적인 spill[spil] 유출 tanker[미 tǽŋkər, 영 tǽŋkə] 대형 선박 oil rig 석유 굴착 장치
ecological disaster 생태학적 재해 be found guilty 유죄 판결을 받다 violation[vàiəléiʃən] 위반, 위배

Questions 11-12

11 학생이 선택한 기업은 −했어야 한다.

    A 위기를 경험했다

    B 새로운 최고 경영자를 고용했다

    C 평가를 수행했다

해설 문제의 핵심어구(company selected)와 관련된 지문 내용 중 남자가 'We have to select a company that faced a recent crisis and evaluate whether its response was ethical or not.'이라며 최근 위기에 직면했던 기업을 선택하고 그것의 대응이 윤리적이었는지 아니었는지를 평가해야 한다고 하였으므로, 보기 **A experienced a crisis**가 정답입니다. 'faced'가 'experienced'로 바뀌어 표현되었습니다.

오답 확인하기

B는 지문의 'CEO'를 그대로 언급해 혼동하기 쉽지만, 지문에서 학생이 선택한 기업이 새로운 최고 경영자를 고용했어야 한다는 내용은 언급하지 않았으므로 오답입니다.
C는 지문에서 'evaluate'로 등장해 혼동하기 쉽지만, 문제에서 묻는 학생이 선택한 기업이 했어야 할 일과 관련된 내용이 아니므로 오답입니다.

12 보고서에는 어떤 정보가 포함되어야 하는가?

    A 정부의 처벌

    B 기업의 지출

    C 직원의 조치

> 해설 문제의 핵심어구(included in the report)와 관련된 지문 내용 중 남자가 'He stressed that we should mention any government penalties'라며 교수가 무엇이든 정부의 처벌을 언급해야 한다고 강조했다고 하였으므로, 보기 **A** Government penalties가 정답입니다.

Questions 13-14

13-14 Roland는 어떤 **두 가지** 조사를 이미 수행했는가?

    A 학술지 기사를 확인했다

    B 수업 자료를 읽었다

    C 기업에 연락했다

    D 도서관에 방문했다

    E 신문 모음을 찾아보았다

> 해설 문제의 핵심어구(research tasks ~ already done)와 관련된 지문 내용 중 남자가 'I looked through some handouts the professor gave us.'라며 교수님이 줬던 몇몇 수업 자료들을 훑어봤다고 하였으므로, 보기 **B** Read handouts가 정답입니다. 'looked through'가 'Read'로 바꾸어 표현되었습니다.
>
> 또한, 남자가 'I've also gone through some newspaper archives.'라며 몇몇 신문 기록들 또한 검토했다고 하였으므로, 보기 **E** Searched newspaper collections가 정답입니다. 'gone through'가 'Searched'로 바꾸어 표현되었습니다.
>
> **오답 확인하기**
>
> A는 지문의 'journal articles'를 그대로 언급해 혼동하기 쉽지만, 문제에서 묻는 Roland가 이미 수행한 조사와 관련된 내용이 아니므로 오답입니다.
>
> C는 지문에서 'e-mail some companies'로 등장해 혼동하기 쉽지만, 문제에서 묻는 Roland가 이미 수행한 조사와 관련된 내용이 아니므로 오답입니다.
>
> D는 지문에 언급되지 않은 내용이므로 오답입니다.

Questions 15-16

15-16 어떤 **두 가지** 업계가 연구 보고서에서 이야기될 수 없는가?

    A 언론

    B 기술

    C 의료

    D 금융

    E 법률

> 해설 문제의 핵심어구(fields cannot be discussed)와 관련된 지문 내용 중 남자가 'he specified that we should not use an example of a company in the legal field'라며 교수가 법조계의 기업은 예시로 사용해서는 안 된다고 명시했다고 하였으므로, 보기 **E** Legal이 정답입니다.
>
> 또한, 남자가 'ones in the medical field should be avoided as well'이라며 의료계에 있는 기업들도 지양해야 한다고 하였으므로, 보기 **C** Medical이 정답입니다.
>
> **오답 확인하기**
>
> A, B, D는 지문의 'I was thinking of looking for a financial or technology firm. Or maybe a media one.'과 반대되는 내용이므로 오답입니다.

17   석유 굴착 장치에서의 우발적인 ....으로 인한 석유 유출이 있었다.

> 해설   문제의 핵심어구(oil spill due to)와 관련된 지문 내용 중 여자가 'It was an oil spill caused by an accidental explosion on a rig.'라며 그건 굴착 장치에서의 우발적인 폭발로 인해 발생한 기름 유출이었다고 하였으므로, **explosion**이 정답입니다. 'caused by'가 'due to'로 바꾸어 표현되었습니다.

18   단기간의 ....이 자연 재해의 위험보다 더 중요하다고 여겨졌다.

> 해설   문제의 핵심어구(considered more significant)와 관련된 지문 내용 중 여자가 'The company decided that short-term financial gain was more important than the risk of an ecological disaster.'라며 석유 기업은 단기적인 경제적 이익이 생태학적 재해의 위험보다 더 중요하다고 판단했다고 하였으므로, **financial gain**이 정답입니다. 'ecological'이 'environmental'로 바꾸어 표현되었습니다.

19   최고 경영자는 폭발이 덜 심각하게 보이도록 하고 다른 기업들을 ....하려고 시도했다.

> 해설   문제의 핵심어구(other companies)가 언급된 지문 내용 중 여자가 'He also tried to blame other companies for the problem.'이라며 최고 경영자는 또한 유출에 대해 다른 기업들을 탓하려고 시도했다고 하였으므로, **blame**이 정답입니다.

20   기업은 많은 .... 위반으로 유죄 판결을 받았고 막대한 벌금을 내야 했다.

> 해설   문제의 핵심어구(guilty of)가 언급된 지문 내용 중 여자가 'The company was found guilty of numerous safety violations that led to the spill.'이라며 석유 기업은 유출로 이어진 많은 안전성 위반으로 유죄 판결을 받았다고 하였으므로, **safety**가 정답입니다. 'numerous'가 'many'로 바꾸어 표현되었습니다.

⑥일 Progressive Test 6

p.216

1 A	2 A	3 B	4 C
5-6 B, D	7 G	8 C	9 F
10 B	11 face	12 Reaches	13 depth
14 colo(u)r	15 home	16 adult	17 connection
18 eye patch	19 physical	20 surgery	

Questions 1-10 영국식 발음

🎧 (W4_D6) PT6_1-10.mp3

Section 2. You will hear a tour guide describing a museum to a group of tourists.

Welcome to the Military Aircraft Museum. This will be the final stop on today's tour, and you will have two hours to explore it on your own. Before you begin, though, I'd like to give you some information about the facility.

섹션 2. 여행 가이드가 단체 관광객에게 박물관을 설명하는 것을 들으세요.

군용기 박물관에 오신 것을 환영합니다. 이곳은 오늘 관광의 마지막 장소가 될 것이며, 여러분은 두 시간 동안 스스로 이곳을 둘러 볼 시간을 갖게 될 겁니다. 하지만, 시작하기 전에, 이 시설에 대한 몇 가지 정보를 드리고 싶네요.

[1]This museum moved to London from Manchester in 1972. And since then, it has become one of the most popular museums in the city. Over 14,000 tickets were sold last year. Um, [2]there are 90 aircraft on display right now, and another 40 will be added next year. The museum has already constructed a new exhibition hall for these airplanes.

There are several special attractions that you should check out. First, your general admission ticket gives you access to the model aircraft demonstration. [3]You'll get the chance to operate one of these model planes. There is also a full-size replica of a Spitfire, which is a famous World War II fighter plane. You can even sit in it and get your picture taken. Or you can try out the flight simulator. It lets you experience what it would be like to fly over 50 historical aircraft. Both of these attractions are included in the admission cost. [4]If you don't mind paying extra, you can take the 4-D theatre ride. You can buy tickets for this at the counter near the Main entrance.

And please keep in mind that there are a few rules that all visitors must follow. First, taking photographs is permitted, but [5-6]making video recordings is not allowed. Anyone who breaks this rule will be asked to leave. You should also keep your cell phone on silent mode to avoid bothering other visitors. And [5-6]please do not touch any of the items or aircraft on display. Finally, bottled beverages are allowed inside, but you should make sure that you place all empty containers in the recycling bins.

Now, I'll briefly explain where things are. Please take a look at this map of the museum compound. We are currently standing at the Main entrance. If you have to get anything from the tour bus, you'll need to go to the Coach parking area. [7]From the entrance, just turn right, follow the path and then turn left. It's opposite the Car park.

OK . . . Some of you might want to check out the Cold War Exhibit Hall. [8]If you turn right at the Main entrance and then pass by the Car park, you'll see a narrow pathway on your left. Follow that pathway until you reach the round courtyard. You'll find the exhibit hall on the right-hand side of the courtyard. After you've visited the Cold War Exhibit Hall, take some time to look around the courtyard as well. Several information booths have been set up there.

[1]이 박물관은 1972년에 맨체스터에서 런던으로 이전했습니다. 그리고 그 이래로, 이곳은 도시에서 가장 유명한 박물관 중 한 곳이 되었죠. 작년에는 14,000장이 넘는 입장권이 판매되었습니다. 음, [2]현재 전시 중인 90개의 항공기가 있으며, 내년에 또 다른 40개가 추가될 것입니다. 박물관은 이 항공기들을 위한 새로운 전시관을 이미 건립했습니다.

이곳에는 여러분이 확인하셔야 하는 여러 가지 특별한 볼거리들이 있습니다. 먼저, 여러분의 일반 입장권으로 모형 항공기 전시를 이용하실 수 있습니다. [3]여러분은 이 모형 항공기들 중 하나를 작동해볼 수 있는 기회를 얻으실 것입니다. Spitfire의 실물 크기 모형 또한 있는데, 이것은 유명한 2차 세계 대전 전투기예요. 여러분은 심지어 그것에 탑승해 보고 사진을 찍으실 수도 있습니다. 또는 모의 비행 장치를 시험적으로 사용해보실 수도 있습니다. 그건 여러분이 50개가 넘는 역사적인 항공기를 조종하는 것이 어떤 것일지를 경험하게 해 줄 거예요. 두 가지 볼거리 모두 입장권 가격에 포함됩니다. [4]만약 추가 비용을 내는 것을 개의치 않으신다면, 4D 극장 놀이기구를 타실 수도 있습니다. 이것의 입장권은 정문 근처의 판매대에서 구매하실 수 있어요.

그리고 모든 방문객들이 따라야 하는 몇 가지 규정들이 있다는 것을 명심해주세요. 먼저, 사진을 찍는 것은 허용되지만, [5-6]영상 녹화를 하는 것은 허용되지 않습니다. 이 규정을 어기시는 분은 누구라도 퇴장해달라는 요구를 받으실 거예요. 다른 방문객들을 방해하는 것을 피하도록 휴대폰 또한 무음 모드로 유지하셔야 합니다. 그리고 [5-6]전시된 물품이나 항공기 중 어떤 것도 만지지 말아주세요. 마지막으로, 병에 든 음료는 반입이 허용되지만, 모든 빈 용기들은 반드시 재활용 쓰레기통에 넣어주세요.

이제, 무엇이 어디에 있는지 간단히 설명하겠습니다. 박물관 구내 지도를 한 번 봐주시길 바랍니다. 저희는 현재 정문에 서 있어요. 관광 버스에서 뭔가 가져오셔야 한다면, 관광 버스 주차 구역에 가셔야 할 것입니다. [7]입구에서, 바로 오른쪽으로 꺾으시고, 길을 따라가신 다음 왼쪽으로 꺾으세요. 그곳은 주차장의 맞은편입니다.

자... 여러분 중 몇몇 분들은 냉전 전시관을 살펴보고 싶으실지도 모르겠습니다. [8]정문에서 오른쪽으로 꺾으신 다음 주차장을 지나시면, 여러분의 왼쪽에 있는 좁은 오솔길을 보실 거예요. 원형 마당에 도달하실 때까지 그 오솔길을 따라가세요. 마당의 오른편에서 그 전시관을 찾으실 것입니다. 냉전 전시관을 방문하신 후에는, 마당을 둘러보는 시간도 잠시 가지세요. 거기에는 여러 개의 정보 전시장들이 설치되어 있습니다.

Now, if you want to visit the World War II Exhibit Hall, it's on the other side of the museum compound. ⁹You should turn left at the Main entrance and then turn right. It will be on your right . . . just before the Spitfire replica I mentioned earlier. Keep in mind that this exhibit hall is very popular, so it is likely to be crowded.

And this is also the route you would follow to get to the Visitor centre. ¹⁰From the Spitfire, follow the path until you have passed the Workshop area. The centre will be on your right just before you turn right at the corner.

이제, 여러분께서 2차 세계 대전 전시관을 방문하고 싶으시다면, 그곳은 박물관 구내의 반대편에 있습니다. ⁹정문에서 왼쪽으로 꺾으신 다음 오른쪽으로 꺾으셔야 합니다. 그곳은 여러분의 오른쪽... 제가 아까 언급했던 Spitfire 모형의 직전에 있을 겁니다. 이 전시관은 매우 인기가 있어서, 붐빌 수 있다는 점을 유념하세요.

그리고 이것은 여러분이 관광 안내소로 가시기 위해 따라가실 길이기도 합니다. ¹⁰Spitfire에서, 작업장 구역을 통과하실 때까지 길을 따라가세요. 안내소는 모퉁이에서 오른쪽으로 꺾으시기 직전에 여러분의 오른쪽에 있을 겁니다.

어휘   **military aircraft** 군용기   **exhibition**[èksibíʃn] 전시   **full-size**[fúlsàiz] 실물 크기의   **replica**[réplikə] 모형, 복제품   **flight simulator** 모의 비행 장치
recycling bin 재활용 쓰레기통   **compound**[미 kά:mpaund, 영 kɔ́mpaund] 구내   **pathway**[미 pǽθwèi, 영 pά:θwèi] 오솔길
courtyard[미 kɔ́:rtjà:rd, 영 kɔ́:tjà:d] 마당, 뜰

Questions 1-4

1 화자는 1972년에 무엇이 일어났다고 말하는가?
  A 박물관이 다른 도시로 이전했다.
  B 박물관이 운영 시간을 연장했다.
  C 박물관이 맨체스터에 분관을 개관했다.

해설   문제의 핵심어구(in 1972)가 언급된 지문 내용 중 'This museum moved to London from Manchester in 1972.'에서 군용기 박물관은 1972년에 맨체스터에서 런던으로 이전했다고 하였으므로, 보기 A The museum moved to a different city가 정답입니다.

오답 확인하기
B는 지문에 언급되지 않은 내용이므로 오답입니다.
C는 지문의 'Manchester'를 그대로 언급해 혼동하기 쉽지만, 지문에서 박물관이 맨체스터에 분관을 개관했다는 내용은 언급하지 않았으므로 오답입니다.

2 화자에 따르면, 내년에 박물관에는 어떤 일이 일어날 것인가?
  A 항공기들이 추가될 것이다.
  B 전시관이 건립될 것이다.
  C 입장권 가격이 인상될 것이다.

해설   문제의 핵심어구(next year)가 언급된 지문 내용 중 'there are 90 aircraft on display right now, and another 40 will be added next year'에서 현재 전시 중인 90개의 항공기가 있으며 내년에 또 다른 40개가 추가될 것이라고 하였으므로, 보기 A Aircraft will be added가 정답입니다.

오답 확인하기
B는 지문의 'The museum has already constructed a new exhibition hall for these airplanes.'와 반대되는 내용이므로 오답입니다.
C는 지문의 'ticket'을 그대로 언급해 혼동하기 쉽지만, 지문에서 입장권 가격이 인상될 것이라는 내용은 언급하지 않았으므로 오답입니다.

3 방문객들은 모형 항공기 전시에서 무엇을 할 수 있는가?

    A 사진을 찍는 것

    B 기기를 작동해 보는 것

    C 항공기에 탑승해 보는 것

> 해설 문제의 핵심어구(model aircraft demonstration)와 관련된 지문 내용 중 'You'll get the chance to operate one of these model planes.'에서 방문객들은 모형 항공기들 중 하나를 작동해볼 수 있는 기회를 얻을 것이라고 하였으므로, 보기 **B** operate a device가 정답입니다. 'one of these model planes'가 'a device'로 바뀌어 표현되었습니다.
>
> **오답 확인하기**
> A와 C는 지문의 'picture taken'과 'sit in'을 그대로 언급해 혼동하기 쉽지만, 모형 항공기 전시가 아닌 Spitfire의 모형에서 할 수 있는 일에 대한 내용이므로 오답입니다.

4 어떤 볼거리가 일반 입장권의 가격에 포함되지 않는가?

    A Spitfire 모형

    B 모의 비행 장치

    C 4D 극장 놀이기구

> 해설 문제의 핵심어구(not included in ~ general admission ticket)와 관련된 지문 내용 중 'If you don't mind paying extra, you can take the 4-D theatre ride.'에서 만약 추가 비용을 내는 것을 개의치 않으면 4D 극장 놀이기구를 탈 수도 있다고 하였으므로, 보기 **C** The 4-D theatre ride가 정답입니다.
>
> **오답 확인하기**
> A와 B는 지문의 'Both of these attractions are included in the admission cost.'와 반대되는 내용이므로 오답입니다.

Questions 5-6

5-6 어떤 **두 가지** 활동이 허용되지 않는가?

    A 사진을 찍는 것

    B 영상을 만드는 것

    C 휴대폰을 사용하는 것

    D 전시품을 만지는 것

    E 음료를 마시는 것

> 해설 문제의 핵심어구(not permitted)와 관련된 지문 내용 중 'making video recordings is not allowed'에서 영상 녹화를 하는 것은 허용되지 않는다고 하였으므로, 보기 **B** making videos가 정답입니다. 'not allowed'가 'not permitted'로 바뀌어 표현되었습니다.
>
> 또한, 'please do not touch any of the items or aircraft on display'에서 전시된 물품이나 항공기 중 어떤 것도 만지지 말아 달라고 하였으므로, 보기 **D** touching exhibits가 정답입니다. 'items or aircraft on display'가 'exhibits'로 바뀌어 표현되었습니다.
>
> **오답 확인하기**
> A는 지문의 'taking photographs is permitted'와 반대되는 내용이므로 오답입니다.
> C는 지문의 'You should also keep your cell phone on silent mode to avoid bothering other visitors.'와 반대되는 내용이므로 오답입니다.
> E는 지문의 'bottled beverages are allowed inside'와 반대되는 내용이므로 오답입니다.

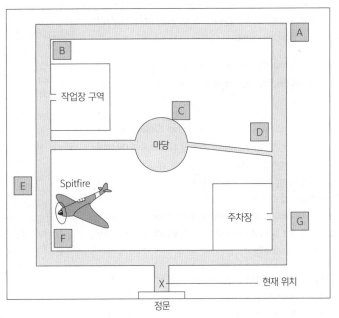

7 관광 버스 주차 구역   ....
8 냉전 전시관   ....
9 2차 세계 대전 전시관   ....
10 관광 안내소   ....

7 해설 문제(Coach parking area)와 관련된 지문 내용 중 'From the entrance, just turn right, follow the path and then turn left. It's opposite the Car park.'에서 입구에서 바로 오른쪽으로 꺾고 길을 따라간 다음 왼쪽으로 꺾으라고 한 뒤, 관광 버스 주차 구역은 주차장의 맞은편이라고 하였으므로, 보기 **G**가 정답입니다.

8 해설 문제(Cold War Exhibit Hall)와 관련된 지문 내용 중 'If you turn right at the Main entrance and then pass by the Car park, you'll see a narrow pathway on your left. Follow that pathway until you reach the round courtyard. You'll find the exhibit hall on the right-hand side of the courtyard.'에서 정문에서 오른쪽으로 꺾은 다음 주차장을 지나면 왼쪽에 있는 좁은 오솔길을 볼 것이라며 원형 마당에 도달할 때까지 그 오솔길을 따라가라고 한 뒤, 마당의 오른편에서 냉전 전시관을 찾을 것이라고 하였으므로, 보기 **C**가 정답입니다.

9 해설 문제(World War II Exhibit Hall)와 관련된 지문 내용 중 'You should turn left at the Main entrance and then turn right. It will be on your right ~ just before the Spitfire replica I mentioned earlier.'에서 정문에서 왼쪽으로 꺾은 다음 오른쪽으로 꺾으라고 한 뒤, 2차 세계 대전 전시관은 그들의 오른쪽, 아까 언급한 Spitfire 모형의 직전에 있을 것이라고 하였으므로, 보기 **F**가 정답입니다.

10 해설 문제(Visitor centre)와 관련된 지문 내용 중 'From the Spitfire, follow the path until you have passed the Workshop area. The centre will be on your right just before you turn right at the corner.'에서 Spitfire에서 작업장 구역을 통과할 때까지 길을 따라가라고 한 뒤, 안내소는 모퉁이에서 오른쪽으로 꺾기 직전에 오른쪽에 있을 것이라고 하였으므로, 보기 **B**가 정답입니다.

Section 4. You will hear a professor giving a lecture about infant visual development in a biology class.

At the end of last class, I mentioned that it takes about a year for a child to develop full vision. Today, I want to look at the process in detail.

From birth until four months of age, children have limited vision. They are extremely nearsighted . . . um, [11]they can't see distant objects and tend to focus on a point right in front of the face. In addition, children this young cannot control their eye movements properly. Therefore, they go cross-eyed easily. But [12]by the third or fourth month, babies are better able to move their eyes and focus. This leads them to reach for objects around them, which shows that their vision is developing normally.

Now, in the period from five to eight months, several improvements in vision occur. First, [13]the child will gain depth perception. That is, the child will start to be able to distinguish between objects that are closer and farther away. But I should point out that this ability is still rather limited. [14]Another important step is the development of colour vision. This makes it possible to distinguish between blue, yellow, red, and so on. Finally, the child will gain better eye-body coordination. As a result, [15]he or she should be able to crawl around the home by the end of this period.

The final stage of the process occurs between nine and twelve months. [16]The child's overall vision will become almost the same as that of an adult, making it possible to see distant and close objects equally clearly. In addition, the child will be better able to judge distances. This is indicated by the ability to throw objects with great accuracy.

OK . . . This is the normal process. But sometimes there are problems that lead to poor eyesight. The most common is a condition known as amblyopia. Um, this is when only one eye is used for vision.

There are a couple of causes. One is something called a wandering eye. In this case, only one eye is used to look at objects. The other points off in a different direction. Eventually, the brain will start ignoring the information from the faulty eye. [17]A wandering eye is the result of a weak connection between the brain and the muscles that move one of the eyes. In the past, doctors recommended a series of eye exercises to correct this problem, but this rarely had any effect. Some doctors believed that nothing could be done until the child was old enough to wear corrective glasses. However,

섹션 4. 생물학 수업에서 교수가 유아의 시력 발달에 관해 강의하는 것을 들으세요.

지난 수업의 후반에, 아이가 완전한 시력을 발달시키는 데 약 1년이 걸린다고 언급했었죠. 오늘, 저는 이 과정을 자세히 알아보고 싶습니다.

출생부터 4개월까지, 아이들은 제한된 시력을 가집니다. 그들은 극도로 근시입니다... 음, [11]그들은 멀리 있는 물체를 볼 수 없고 얼굴 바로 앞의 한 지점에 초점을 맞추는 경향이 있죠. 또한, 이렇게 어린 아이들은 눈의 움직임을 제대로 제어할 수 없습니다. 따라서, 그들은 쉽게 사시가 됩니다. 하지만 [12]3개월 또는 4개월 즈음, 아기들은 눈을 더 잘 움직이고 초점을 더 잘 맞출 수 있습니다. 이것은 그들이 주위에 있는 물체들에 손을 뻗도록 하는데, 이는 그들의 시력이 정상적으로 발달하고 있음을 보여줍니다.

자, 5개월부터 8개월까지의 기간에는, 시력에 있어서 여러 발달이 일어납니다. 첫째, [13]아이는 원근감을 얻게 될 것입니다. 즉, 아이는 더 가까운 물체와 더 멀리 떨어져 있는 물체들을 구분하게 되기 시작합니다. 하지만 이 능력이 여전히 다소 제한적이라는 것을 지적해야겠군요. [14]또 다른 중요한 단계는 색각의 발달입니다. 이는 파란색, 노란색, 빨간색 등을 구별하는 것이 가능하게끔 만들어 줍니다. 마지막으로, 아이는 더 나은 눈과 신체의 공동 작용을 얻게 될 것입니다. 결과적으로, [15]아이는 이 시기의 후반 무렵 집을 기어다닐 수 있게 될 것입니다.

이 과정의 마지막 단계는 9개월에서 12개월 사이에 발생합니다. [16]아이의 전반적인 시력은 성인의 것과 거의 동일해질 것인데, 이는 멀리 있는 물체와 가까이 있는 물체들을 똑같이 선명하게 볼 수 있도록 만들어줍니다. 또한, 아이는 거리를 더 잘 판단할 수 있게 될 거예요. 이는 높은 정확성으로 물체를 던질 수 있는 능력에 의해 나타납니다.

자... 이것은 정상적인 과정입니다. 하지만 때로는 시력이 나빠지도록 하는 문제점들이 있습니다. 가장 흔한 것은 약시로 알려진 질환이죠. 음, 이것은 하나의 눈만이 시각에 사용되는 경우입니다.

여기에는 몇 가지 원인이 있습니다. 한 가지는 헤매는 눈이라고 불리는 것입니다. 이 경우, 한쪽 눈만이 물체를 보는 데 사용됩니다. 반대쪽은 다른 방향을 향하죠. 결국, 두뇌는 결함 있는 눈으로부터의 정보를 무시하기 시작할 것입니다. [17]헤매는 눈은 두뇌와 한쪽 눈을 움직이는 근육 사이의 연결이 약해 나타나는 결과입니다. 과거에는, 의사들이 이 문제를 고치기 위해 일련의 안구 운동을 권장했지만, 이것은 효과가 거의 없었습니다. 몇몇 의사들은 아이가 교정 안경을 착용할 만큼 충분히 나이가 들 때까지 아무것도 할 수 없다고 생각했습니다. 하지만,

¹⁸we now know of an effective treatment. We can use an eye patch to block the vision of the good eye. It forces the child to rely solely on the wandering eye to see, leading to improved control.

Now, another cause of amblyopia is unequal focus. Basically, one eye is either farsighted or nearsighted. The other eye functions normally. ¹⁹This is difficult to detect because there are no physical indicators. The eyes will move normally and appear to function correctly. In addition, the child's vision will seem fine. The child will distinguish and react to objects normally. This is because the good eye can compensate for the bad one. However, over time, this condition will cause the child's vision to worsen. Glasses can help, but ²⁰the only permanent solution is surgery. But this cannot be performed until adulthood, meaning that the child will have to wait many years for improved vision.

OK, let's turn now to steps parents can take to ensure that their children's vision develops properly.

¹⁸우리는 이제 효과적인 치료법을 알고 있습니다. 좋은 눈의 시각을 차단하기 위해 안대를 이용할 수 있죠. 그것은 아이가 헤매는 눈에만 의존하여 보도록 만들어, 제어 능력을 향상시키게 합니다.

자, 약시의 또 다른 원인은 불균등한 초점입니다. 기본적으로, 한쪽 눈은 원시이거나 근시인 것이죠. 다른 눈은 정상적으로 기능합니다. ¹⁹신체적 지표가 없기 때문에 이를 감지하기는 어렵습니다. 눈은 정상적으로 움직이며 제대로 기능하는 것처럼 보일 것입니다. 또한, 아이의 시력은 괜찮아 보일 거예요. 아이는 정상적으로 물체를 구별하고 반응할 것입니다. 이는 좋은 눈이 나쁜 눈을 보완할 수 있기 때문입니다. 하지만, 시간이 지남에 따라, 이 상태는 아이의 시력을 저하시킬 것입니다. 안경이 도움이 될 수 있지만, ²⁰유일한 영구적인 해결책은 수술입니다. 하지만 이것은 어른이 될 때까지 수행될 수 없고, 이는 아이가 시력이 개선되기 위해 몇 년을 기다려야 할 것을 의미합니다.

좋습니다, 이제 아이들의 시력이 제대로 발달하도록 보장하기 위해 부모들이 취할 수 있는 조치들로 넘어가봅시다.

어휘 **infant**[ínfənt] 유아   **nearsighted**[미 níərsàitid, 영 níəsàitid] 근시의   **cross-eyed**[krɔ́sàid] 사시의   **depth perception** 원근감
colour vision 색각, 색을 식별하는 능력   **coordination**[미 kouɔ̀ːrdinéiʃn, 영 kəuɔ̀ːrdinéiʃn] 공동 작용   **crawl around** ~을 기어다니다
condition[kəndíʃən] 질환, 상태   **amblyopia**[æ̀mblióupiə] 약시   **wandering**[미 wándəriŋ, 영 wɔ́ndəriŋ] 헤매는   **faulty**[fɔ́ːlti] 결함 있는
corrective[kəréktiv] 교정의   **eye patch** 안대   **farsighted**[미 fáːrsàitid, 영 fáːsàitid] 원시의   **compensate for** ~을 보완하다
worsen[미 wə́ːrsn, 영 wə́ːsn] 저하시키다, 악화시키다   **permanent**[미 pə́ːrmənənt, 영 pə́ːmənənt] 영구적인, 영속적인
surgery[미 sə́ːrdʒəri, 영 sə́ːdʒəri] 수술

Questions 11-16

유아 시력 발달

연령	시력 상태	정상적인 발달의 징후
출생부터 4개월까지	• 11............의 바로 앞의 한 지점에 초점을 맞춤 • 눈의 움직임을 제어할 수 없음 • 종종 사시가 되는 경향이 있음	가까이에 있는 물체에 12............함
5개월에서 8개월까지	• 13............ 감각을 얻음 • 14............ 시각을 발달시킴 • 눈과 신체의 공동 작용을 발달시킴	15............을 기어 다님
9개월에서 12개월까지	• 16............만큼 볼 수 있음 • 멀리 있는 물체와 가까이 있는 물체를 선명하게 봄 • 거리를 더 잘 판단할 수 있음	물체를 정확하게 던짐

11   해설 문제의 첫 열(Birth to 4 months)과 첫 행(Vision Status)을 통해 문제가 출생부터 4개월까지의 시력 상태에 대한 내용임을 알 수 있습니다. 문제의 핵심어구(Focuses on a point)와 관련된 지문 내용 중 'they can't see distant objects and tend to focus on a point right in front of the face'에서 아이들은 멀리 있는 물체를 볼 수 없고 얼굴 바로 앞의 한 지점에 초점을 맞추는 경향이 있다고 하였으므로, **face**가 정답입니다.

12 해설 문제의 첫 열(Birth to 4 months)과 첫 행(Signs of Normal Development)을 통해 문제가 출생부터 4개월까지의 정상적인 발달의 징후에 대한 내용임을 알 수 있습니다. 문제의 핵심어구(for nearby objects)와 관련된 지문 내용 중 'by the third or fourth month, babies ~ reach for objects around them'에서 3개월 또는 4개월 즈음 아기들은 주위에 있는 물체에 손을 뻗는다고 하였으므로, Reaches가 정답입니다. 'objects around them'이 'nearby objects'로 바꾸어 표현되었습니다.

13 해설 문제의 첫 열(5 to 8 months)과 첫 행(Vision Status)을 통해 문제가 5개월부터 8개월까지의 시력 상태에 대한 내용임을 알 수 있습니다. 문제의 핵심어구(Gains)가 언급된 지문 내용 중 'the child will gain depth perception'에서 아이는 원근감을 얻게 될 것이라고 하였으므로, depth가 정답입니다.

14 해설 문제의 첫 열(5 to 8 months)과 첫 행(Vision Status)을 통해 문제가 5개월부터 8개월까지의 시력 상태에 대한 내용임을 알 수 있습니다. 문제의 핵심어구(Develops)와 관련된 지문 내용 중 'Another important step is the development of colour vision.'에서 또 다른 중요한 단계는 색각의 발달이라고 하였으므로, colo(u)r가 정답입니다.

15 해설 문제의 첫 열(5 to 8 months)과 첫 행(Signs of Normal Development)을 통해 문제가 5개월부터 8개월까지의 정상적인 발달의 징후에 대한 내용임을 알 수 있습니다. 문제의 핵심어구(Crawls around)와 관련된 지문 내용 중 'he or she should be able to crawl around the home by the end of this period'에서 아이는 이 시기의 후반 무렵 집을 기어다닐 수 있게 될 것이라고 하였으므로, home이 정답입니다.

16 해설 문제의 첫 열(9 to 12 months)과 첫 행(Vision Status)을 통해 문제가 9개월부터 12개월까지의 시력 상태에 대한 내용임을 알 수 있습니다. 문제의 핵심어구(see as well as)와 관련된 지문 내용 중 'The child's overall vision will become almost the same as that of an adult'에서 아이의 전반적인 시력은 성인의 것과 거의 동일해질 것이라고 하였으므로, adult가 정답입니다.

Questions 17-20

약시

- 아이는 시력을 한쪽 눈에만 의지함
- 두 가지 일반적인 원인

헤매는 눈
- 한쪽 눈으로만 물체에 초점을 맞춤
- 두뇌와 눈 근육 사이의 좋지 않은 **17**............
- **18**............을 착용하는 것은 효과적인 치료법임

불균등한 초점
- 한쪽 눈이 근시이거나 원시임
- **19**............ 지표가 없기 때문에 감지하기 어려움
- **20**............이 유일한 영구적 조치임

---

17 해설 문제의 핵심어구(between brain and eye muscles)와 관련된 지문 내용 중 'A wandering eye is the result of a weak connection between the brain and the muscles that move one of the eyes.'에서 헤매는 눈은 두뇌와 한쪽 눈을 움직이는 근육 사이의 연결이 약해 나타나는 결과라고 하였으므로, connection이 정답입니다. 'weak'가 'Poor'로 바꾸어 표현되었습니다.

18 해설 문제의 핵심어구(effective treatment)가 언급된 지문 내용 중 'we now know of an effective treatment. We can use an eye patch to block the vision of the good eye.'에서 이제 효과적인 치료법을 알고 있다고 한 뒤, 좋은 눈의 시각을 차단하기 위해 안대를 이용할 수 있다고 하였으므로, eye patch가 정답입니다.

19 해설 문제의 핵심어구(Hard to detect)와 관련된 지문 내용 중 'This is difficult to detect because there are no physical indicators.'에서 신체적 지표가 없기 때문에 불균등한 초점을 감지하기는 어렵다고 하였으므로, **physical**이 정답입니다. 'difficult'가 'Hard'로 바꾸어 표현되었습니다.

20 해설 문제의 핵심어구(only permanent measure)와 관련된 지문 내용 중 'the only permanent solution is surgery'에서 유일한 영구적인 해결책은 수술이라고 하였으므로, **surgery**가 정답입니다. 'solution'이 'measure'로 바꾸어 표현되었습니다.

* 각 문제에 대한 정답의 단서는 지문에 문제 번호와 함께 별도의 색으로 표시되어 있습니다.

1 Friday	2 rides	3 £18 / 18 pounds	4 local
5 piano	6 Davenport	7 6 / six	8 fountain
9 4 / four	10 Sandwich(es)	11 members	12 casual
13 schedule	14 15 / fifteen	15 12.30	16 C
17 B	18 refill	19 workshops	20 (library) computer
21-22 B, E	23-24 A, C	25 C	26 C
27 F	28 C	29 E	30 B
31 pain	32 needles	33 threat	34 proper
35 information	36 indirect	37 symptoms	38 general
39 safe	40 skills		

Questions 1-10 영국식 발음 → 영국식 발음

🎧 AT1-10.mp3

Section 1. You will hear a fair representative and a visitor discussing planned events.

W: Good afternoon. Brightstead Park office.

M: Hello, I'm planning to bring my kids to the fair next week. I was hoping to get some information about it.

W: Certainly. I'd be happy to answer any questions you might have.

M: Great. Um, my friend mentioned that the fair starts on Wednesday. Is that correct?

W: Actually, ¹the first day of the fair is Friday. And it will end on Sunday.

M: Oh . . . It's a good thing I checked. How much are tickets for the fair?

W: Admission to the fair is free, but ²you need to purchase tickets for the rides. Uh, it costs £2 for children and £4 for adults to go on a ride. If you plan on going on many rides, you should get a one-day pass. It's a lot cheaper.

M: How much does it cost?

W: ³A one-day pass is £18 for children. For adults, it is £22. Keep in mind that kids must be under 16 to qualify for the discount. And seniors only have to pay £20.

M: I see. Now, I noticed on your website that you are planning several special events. Could you tell me a bit about the free concert on Saturday night?

섹션 1. 계획된 행사에 관해 축제 관계자와 방문객이 이야기하는 것을 들으세요.

여: 안녕하세요. Brightstead 공원 사무실입니다.

남: 안녕하세요, 저는 다음 주 축제에 제 아이들을 데려갈 계획인데요. 그것에 대한 정보를 좀 얻고 싶어서요.

여: 그럼요. 고객님께서 가지고 계실 질문에 무엇이든 기꺼이 대답해드리겠습니다.

남: 좋아요. 음, 제 친구가 축제는 수요일에 시작한다고 했는데요. 그게 맞나요?

여: 사실, ¹축제 첫날은 금요일이에요. 그리고 그건 일요일에 끝날 거예요.

남: 오... 확인해보길 잘했네요. 축제의 표는 얼마인가요?

여: 축제 입장료는 무료이지만, ²놀이기구의 표는 구매하셔야 해요. 어, 놀이기구를 타시려면 어린이는 2파운드이고 어른은 4파운드입니다. 놀이기구를 많이 탈 계획이시라면, 1일권을 구입하셔야 해요. 그게 훨씬 더 저렴해요.

남: 그건 얼마인가요?

여: ³어린이용 1일권은 18파운드입니다. 어른은 22파운드예요. 할인 기준에 부합하려면 아이들이 16세 미만이어야 한다는 점을 유념하세요. 그리고 고령자분들은 20파운드만 내시면 됩니다.

남: 알겠어요. 어, 저는 웹사이트에서 귀하가 여러 특별 행사를 계획하고 있는 것을 알게 되었는데요. 토요일 밤에 있는 무료 콘서트에 대해 좀 말씀해주실 수 있나요?

W: Sure. Um, ⁴five local musicians are scheduled to play. But the highlight of the show will be the performance by Calvin Hart . . . He's an internationally acclaimed jazz musician.

M: I've heard of him. ⁵He plays piano, right?

W: ⁵Yes. He will be accompanied by a guitarist for this performance.

M: Great. I'm looking forward to it. Um, where is the concert being held?

W: ⁶It will take place in the Bay View Auditorium. It's near the Davenport Street entrance to the park.

M: What was the name of that street again?

W: ⁶Davenport. D-A-V-E-N-P-O-R-T. I should point out that if you're driving, the only place to park in the area is the garage on Elm Street.

M: I'll be taking the subway, so that won't be an issue. Oh, before I forget . . . What time does the concert begin?

W: The venue opens at 5 pm, and ⁷the first performance will start at 6 pm.

M: Thanks! I have one more thing I want to ask about. Will food be available at the fair?

W: Yes. Three local restaurants have agreed to set up food booths for fair attendees.

M: Really? Which ones?

W: Well, Three Amigos will have a booth.

M: That's good news. Mexican food has always been my favourite. ⁸Where will the booth be located?

W: ⁸Right next to the fountain at the centre of the park. The booth will be open from 11 am to 9 pm each day of the fair.

M: Great. What other food options will be available?

W: Are you familiar with Earl's? It's the Italian restaurant on Harris Street.

M: Sure. I had dinner there the other night.

W: Well, that restaurant will have a booth as well. It will be behind the children's playground. ⁹You can get food there from 4 pm to 10 pm daily. And you can try some free samples until 5 pm on the first day of the fair.

M: Great! Um, you mentioned that there would be three booths?

W: Right. The last one will be operated by Eastwood Eatery.

M: What kind of food will be available there?

W: Well, the owner originally planned to offer a variety of menu options, such as soups and salads. But in the end, ¹⁰he decided that sandwiches would probably be more popular with people at the fair.

M: And where will it be located?

여: 그럼요. 음, ⁴다섯 명의 현지 음악가들이 연주하기로 예정되어 있어요. 하지만 쇼의 하이라이트는 Calvin Hart의 공연이 될 거예요... 그는 국제적으로 호평을 받고 있는 재즈 음악가죠.

남: 그에 대해 들어봤어요. ⁵그는 피아노를 연주하죠, 맞나요?

여: ⁵맞아요. 이 공연에서는 기타 연주자를 동반할 거예요.

남: 좋아요. 저는 그것을 기대하고 있어요. 음, 콘서트는 어디에서 열리나요?

여: ⁶Bay View 강당에서 열릴 거예요. Davenport 가의 공원 입구 근처에 있어요.

남: 거리 이름을 다시 말씀해주시겠어요?

여: ⁶Davenport요. D-A-V-E-N-P-O-R-T예요. 차를 운전하신다면, 이 지역에서 주차를 할 유일한 장소는 Elm가에 있는 주차장뿐이라는 점을 알려드려야겠네요.

남: 저는 지하철을 탈 거라서, 그건 문제가 되지 않을 것 같네요. 오, 잊어버리기 전에... 콘서트는 몇 시에 시작하나요?

여: 행사장은 오후 5시에 열고, ⁷첫 번째 공연은 오후 6시에 시작할 거예요.

남: 감사합니다! 여쭤보고 싶은 게 하나 더 있어요. 축제에서 음식이 이용 가능할까요?

여: 네. 세 곳의 현지 식당들이 축제 참석자들을 위해 음식 점포들을 설치하기로 합의했어요.

남: 정말요? 어떤 곳들이죠?

여: 음, Three Amigos가 점포를 마련할 거예요.

남: 좋은 소식이네요. 멕시코 음식은 항상 제가 가장 좋아하는 것이었거든요. ⁸그 점포는 어디에 위치하게 되나요?

여: ⁸공원 중앙에 있는 분수 바로 옆에요. 그 점포는 축제 동안 매일 오전 11시부터 오후 9시까지 열 거예요.

남: 좋아요. 이용 가능한 다른 음식의 선택지는 무엇이 있나요?

여: Earl's를 잘 아시나요? Harris가에 있는 이탈리아 식당이에요.

남: 그럼요. 지난 번 밤에 거기서 저녁을 먹었어요.

여: 음, 그 식당도 점포를 마련할 거예요. 그건 어린이 놀이터 뒤가 될 거예요. ⁹매일 오후 4시부터 10시까지 거기서 음식을 살 수 있어요. 그리고 축제 첫날에는 오후 5시까지 몇 가지의 무료 시식용 음식을 맛보실 수 있어요.

남: 좋아요! 음, 세 개의 점포가 있을 거라고 말씀하셨죠?

여: 맞아요. 마지막 하나는 Eastwood Eatery에 의해 운영될 거예요.

남: 거기선 어떤 종류의 음식이 이용 가능한가요?

여: 음, 주인은 원래 수프와 샐러드 같이 다양한 식사 선택지를 제공할 계획이었어요. 하지만 결국, ¹⁰축제에서는 샌드위치가 아마 사람들에게 더 인기 있을 거라고 결론을 내렸어요.

남: 그러면 그곳은 어디에 위치하게 되나요?

W: It will be right beside the park office, and it will operate from 10 am to 7 pm.

M: I see. Well, thank you for all the information.

W: No problem. I hope you enjoy the fair.

여: 그곳은 공원 사무실 바로 옆에 있을 것이고, 오전 10시부터 오후 7시까지 운영할 거예요.

남: 알겠어요. 음, 이 모든 정보에 대해 감사드려요.

여: 문제없어요. 축제에서 즐거운 시간을 보내시길 바랄게요.

어휘 qualify for ~의 기준에 부합하다 senior[미 síːniər, 영 siːniə] 고령자, 상급자 acclaimed[əkléimd] 호평을 받고 있는
accompany[əkʌ́mpəni] 동반하다 auditorium[미 ɔ̀ːditɔ́ːriəm] 강당, 음악당 garage[미 gərɑ́ːdʒ, 영 gǽrɑːʒ] 주차장, 차고
fountain[미 fáuntn, 영 fáuntin] 분수 operate[미 ápərèit, 영 ɔ́prèit] 운영하다, 영업하다

Questions 1-7

Brightstead 축제

예시
- 축제에 대한 정보

축제 세부 사항
- 1............부터 일요일까지 계속됨
- 2............의 티켓은 구매해야 함 (어린이는 2파운드이고 어른은 4파운드임)
- 1일권은 어린이는 3............이고 어른은 22파운드임

콘서트
- 토요일로 예정되어 있음
- 다섯 명의 4............ 음악가들이 공연할 것임
- 5............을 연주하는 유명한 음악가, Calvin Hart를 특별히 포함함
- 6............가 입구 근처의 강당에서 열림
- 주차는 Elm가에서 이용 가능함
- 오후 7............시에 시작함

---

1 해설 문제의 핵심어구(Lasts from)와 관련된 지문 내용 중 여자가 'the first day of the fair is Friday'라며 축제 첫날은 금요일이라고 하였으므로, **Friday**가 정답입니다.

2 해설 문제의 핵심어구(must be purchased)와 관련된 지문 내용 중 여자가 'you need to purchase tickets for the rides'라며 놀이기구의 표는 구매해야 한다고 하였으므로, **rides**가 정답입니다.

3 해설 문제의 핵심어구(one-day pass)가 언급된 지문 내용 중 여자가 'A one-day pass is £18 for children'이라며 어린이용 1일권은 18파운드라고 하였으므로, **£18** 또는 **18 pounds**가 정답입니다.

4 해설 문제의 핵심어구(musicians will perform)가 언급된 지문 내용 중 여자가 'five local musicians are scheduled to play'라며 다섯 명의 현지 음악가들이 연주하기로 예정되어 있다고 하였으므로, **local**이 정답입니다. 'are scheduled to play'가 'will perform'으로 바꾸어 표현되었습니다.

5 해설 문제의 핵심어구(Calvin Hart)와 관련된 지문 내용 중 남자가 'He plays piano, right?'이라며 Calvin Hart는 피아노를 연주하는지 묻자, 여자가 'Yes.'라며 맞다고 하였으므로, **piano**가 정답입니다.

6 해설 문제의 핵심어구(auditorium)가 언급된 지문 내용 중 여자가 'It will take place in the Bay View Auditorium. It's near the Davenport Street entrance to the park.'라며 콘서트는 Bay View 강당에서 열릴 것이며 Davenport가의 공원 입구 근처에 있다고 한 뒤, 'Davenport. D-A-V-E-N-P-O-R-T.'라고 하였으므로, **Davenport**가 정답입니다.

7 해설 문제의 핵심어구(Begins at)와 관련된 지문 내용 중 여자가 'the first performance will start at 6 pm'이라며 첫 번째 공연은 오후 6시에 시작할 것이라고 하였으므로, **6** 또는 **six**가 정답입니다. 'Begins at'이 'start at'으로 바꾸어 표현되었습니다.

Questions 8-10

Brightstead 축제 음식 점포

식당	음식의 종류	위치	운영 시간
Three Amigos	멕시코 음식	8............ 옆	오전 11시 – 오후 9시
Earl's	이탈리아 음식	놀이터 뒤	오후 9............시 – 오후 10시
Eastwood Eatery	10............	공원 사무소 옆	오전 10시 – 오후 7시

8 해설 문제의 첫 열(Three Amigos)과 첫 행(Location)을 통해 문제가 Three Amigos의 위치에 대한 내용임을 알 수 있습니다. 문제의 핵심어구(Next to)가 언급된 지문 내용 중 남자가 'Where will the booth be located?'라며 Three Amigos의 점포는 어디에 위치하게 되는지 묻자, 여자가 'Right next to the fountain at the centre of the park.'라며 공원 중앙에 있는 분수 바로 옆이라고 하였으므로, **fountain**이 정답입니다.

9 해설 문제의 첫 열(Earl's)과 첫 행(Hours)을 통해 문제가 Earl's의 운영 시간에 대한 내용임을 알 수 있습니다. 지문 내용 중 여자가 'You can get food there from 4 pm to 10 pm daily.'라며 매일 오후 4시부터 10시까지 Earl's에서 음식을 살 수 있다고 하였으므로, 4 또는 **four**가 정답입니다.

10 해설 문제의 첫 열(Eastwood Eatery)과 첫 행(Type of Food)을 통해 문제가 Eastwood Eatery의 음식의 종류에 대한 내용임을 알 수 있습니다. 지문 내용 중 여자가 'he decided that sandwiches would probably be more popular with people at the fair'라며 Eastwood Eatery의 주인은 축제에서는 샌드위치가 아마 사람들에게 더 인기 있을 거라고 결론을 내렸다고 하였으므로, **Sandwich(es)**가 정답입니다.

Questions 11-20 영국식 발음

🎧 AT11-20.mp3

Section 2. You will hear a librarian discussing policies and facilities with some new staff members.

Hello, everybody. My name is Eric Carver, and I'm a librarian at this facility. All of you are going to be working as library assistants. You'll be provided with training over the next few days. ¹¹Your main duties will be working at the front desk, putting books and magazines on shelves, and providing assistance to library members. To start with today, we have some staff policies to go through, and then I'll describe our facilities.

Now, uniforms are not required for our employees, so you can wear your own clothing. However, ¹²please avoid wearing casual clothes such as jeans, shorts, or T-shirts. Footwear should be comfortable as you'll be on your feet a lot. However, we do ask that you not wear sports shoes.

¹³We also ask that all staff members arrive 20 minutes before the beginning of a work shift to check the daily schedule and read any notices from management. Your supervisor will let you know which books and magazines need to be put on the shelves at this time as well.

섹션 2. 사서가 몇몇 새로운 직원들과 규정 및 시설에 관해 이야기하는 것을 들으세요.

안녕하세요, 여러분. 제 이름은 Eric Carver이고, 이 시설의 사서입니다. 여러분 모두는 도서관 보조로 일하게 되실 거예요. 다음 며칠 동안은 교육을 받으실 겁니다. ¹¹여러분의 주요 업무는 안내 데스크에서 근무하고, 책과 잡지를 책꽂이에 꽂고, 도서관 회원들에게 도움을 주는 일이 될 것입니다. 오늘은 우선, 몇몇 직원 규정들을 살펴보고, 그런 다음 제가 저희 시설을 설명해드리겠습니다.

자, 저희 직원들에게는 유니폼이 요구되지 않으므로, 여러분의 옷을 입으실 수 있습니다. 하지만, ¹²청바지, 반바지, 또는 티셔츠 같은 평상복을 입는 것은 피해주세요. 많이 서 계셔야 할 것이므로 신발은 편한 것이어야 합니다. 하지만, 운동화는 신지 않도록 요청드려요.

¹³저희는 또한 모든 직원들이 근무 교대가 시작하기 20분 전에 도착해 매일의 일정을 확인하고 운영진으로부터의 모든 공지를 읽을 것을 요청드립니다. 이때 관리자가 여러분에게 어떤 책과 잡지가 책꽂이에 꽂혀야 하는지도 알려드릴 거예요.

Given that you will be very busy during your shift, it is important to take regular breaks. [14]You are permitted to take a break for 15 minutes in the morning and in the afternoon. Um, just let your supervisor know 10 minutes before you go on break. In addition, [15]most staff members take a one-hour lunch break from 12.30 to 1.30 pm. However, one employee always has to be available to help library members. The person who works during this period has lunch from 1.30 to 2.30 pm. Um, we usually take turns doing this.

OK . . . Now, let's discuss the library facilities. The break room is located on the second floor. It includes a vending machine with an assortment of snacks and juices, as well as a coffee maker. Um, [16]the library pays for the coffee, so you don't need to worry about buying it. You can also find the locker area on this floor. There, you can store your personal belongings while working. [17]If you would like to be assigned a locker, speak with the maintenance manager . . . Mr Roberts. Um, you will need to show him an employee ID card. To get one, talk to Ms Harris, the library administrator. Her office is on the third floor, next to the head librarian's.

Now, as you know, we have two photocopiers set up on the second floor that anyone can use. One of our technicians is responsible for replacing the toner cartridges, but [18]you will likely be asked to refill the photocopiers with paper once or twice a day. If this happens, head to the supply room on the fourth floor. Uh, that is where you will find any other supplies you might need, like pens or staples. Just keep in mind that the items stored in the supply room are for work. They are not for personal use.

Finally, [19]the conference room where we are sitting now is used for staff meetings and workshops. This is where your training sessions will be held this week. On Thursday, I will go over the employee manual with you and answer any questions you might have. [20]During Friday's training, an IT worker will explain the library computer system to you. Please make sure that you do not miss any of these training sessions.

Any questions?

교대 근무 시간 동안 여러분이 매우 바쁠 것임을 고려한다면, 주기적인 휴식을 취하는 것이 중요합니다. [14]여러분은 오전과 오후에 15분 동안 휴식을 취하는 것이 허용됩니다. 음, 다만 휴식을 취하러 가기 10분 전에 관리자에게 알려주세요. 또한, [15]대부분의 직원들은 오후 12시 30분부터 1시 30분까지 한 시간의 점심 시간을 가집니다. 하지만, 한 명의 직원은 항상 도서관 회원들을 돕기 위해 있어야 합니다. 이 시간 동안 일하는 사람은 오후 1시 30분부터 2시 30분까지 점심을 먹습니다. 음, 저희는 보통 교대로 이것을 해요.

좋습니다... 이제, 도서관 시설에 대해 이야기해 보죠. 휴게실은 2층에 위치해 있습니다. 그곳에는 커피 메이커뿐만 아니라, 여러 가지 간식과 주스가 있는 자동판매기가 있습니다. 음, [16]도서관에서 커피 대금을 지불하므로, 그것을 사는 것에 대해 신경쓰실 필요는 없어요. 이 층에서는 물품 보관함 구역도 찾으실 수 있습니다. 그곳에, 근무하는 동안 개인 소지품을 보관하실 수 있습니다. [17]물품 보관함을 배정받고 싶으시면, 유지 보수 관리자인... Roberts씨와 이야기하세요. 음, 여러분은 그에게 직원 신분증을 보여주셔야 할 것입니다. 그것을 받으시려면, 도서관 관리자인, Harris씨에게 이야기하세요. 그녀의 사무실은 3층, 수석 사서 사무실 옆에 있습니다.

자, 아시다시피, 2층에는 누구나 사용할 수 있는 두 대의 복사기가 설치되어 있습니다. 저희 기사들 중 한 분이 토너 카트리지를 교체하는 일을 담당하고 계시지만, [18]여러분은 하루에 한 번이나 두 번 복사기에 종이를 다시 채우도록 요청 받으실 수 있습니다. 이런 일이 생기면, 4층에 있는 비품실로 가세요. 어, 그곳은 펜이나 스테이플러용 철침 같은 여러분에게 필요할 수도 있는 다른 비품들을 찾을 수 있는 곳입니다. 단지 비품실에 보관된 물품들이 업무용이라는 점을 유념하세요. 그것들은 개인적인 용도를 위한 것이 아닙니다.

마지막으로, [19]저희가 지금 앉아 있는 회의실은 직원 회의와 워크숍을 위해 사용됩니다. 이곳이 이번 주에 여러분의 교육 세션이 진행될 곳이에요. 목요일에는, 제가 여러분과 함께 직원 수칙을 검토하고 여러분이 가지고 있으실 만한 모든 질문에 답해드릴 것입니다. [20]금요일 교육 동안에는, 정보 기술 직원이 여러분에게 도서관 컴퓨터 체계를 설명해드릴 거예요. 이 교육 중 어떤 것도 반드시 놓치지 않도록 해 주세요.

질문 있으신가요?

어휘 duty[미 dúːti, 영 djúːti] 업무, 임무 go through 살펴보다 casual clothes 평상복 footwear[미 fútwèr, 영 fútwèə] 신발
on one's feet 서 있는, 일어서서 shift[ʃift] 교대 근무 supervisor[미 súːpərvaizər, 영 suːpəváizə] 관리자, 감독관
take turns 교대로 하다 vending machine 자동판매기 personal belongings 개인 소지품
administrator[미 ədmínistrèitər, 영 ədmínistrèitə] 관리자, 행정인 replace[ripléis] 교체하다 refill[riːfíl] 다시 채우다

<table>
<tr><td colspan="2" align="center">도서관 보조직</td></tr>
</table>

도서관 보조직

업무
- 안내데스크에서 근무하고, 출판물을 책꽂이에 꽂고, 도서관 11.............을 도울 것임

규정
- 12.............옷은 입으면 안 됨
- 운동화를 신으면 안 됨
- 교대 근무 시간 전에 도착해야 함
- 매일의 13.............을 확인하고 공지를 읽어야 함
- 오전과 오후에 14.............분 동안 휴식을 취할 수 있음
- 보통 점심 시간은 오후 15.............시에 시작함
- 늦은 점심을 먹는 것은 다른 직원들과 교대로 해야 함

---

11 해설 문제의 핵심어구(assist)와 관련된 지문 내용 중 'Your main duties will be ~ providing assistance to library members.' 에서 그들의 주요 업무는 도서관 회원들에게 도움을 주는 일이 될 것이라고 하였으므로, **members**가 정답입니다. 'providing assistance'가 'assist'로 바꾸어 표현되었습니다.

12 해설 문제의 핵심어구(Must not wear)와 관련된 지문 내용 중 'please avoid wearing casual clothes such as jeans, shorts, or T-shirts'에서 청바지, 반바지, 또는 티셔츠 같은 평상복을 입는 것은 피해달라고 하였으므로, **casual**이 정답입니다. 'avoid wearing'이 'Must not wear'로 바꾸어 표현되었습니다.

13 해설 문제의 핵심어구(Should check)와 관련된 지문 내용 중 'We also ask that all staff members ~ check the daily schedule and read any notices from management.'에서 또한 모든 직원들이 매일의 일정을 확인하고 운영진으로부터의 모든 공지를 읽을 것을 요청한다고 하였으므로, **schedule**이 정답입니다.

14 해설 문제의 핵심어구(take a break)가 언급된 지문 내용 중 'You are permitted to take a break for 15 minutes in the morning and in the afternoon.'에서 직원들은 오전과 오후에 15분 동안 휴식을 취하는 것이 허용된다고 하였으므로, **15** 또는 **fifteen**이 정답입니다.

15 해설 문제의 핵심어구(lunch break)가 언급된 지문 내용 중 'most staff members take a one-hour lunch break from 12.30 to 1.30 pm'에서 대부분의 직원들은 오후 12시 30분부터 1시 30분까지 한 시간의 점심 시간을 가진다고 하였으므로, **12.30** 가 정답입니다.

Questions 16-17

16 도서관 직원들에게 무료로 제공되는 것은 무엇인가?
  A 간식
  B 주스
  C 커피

해설 문제의 핵심어구(provided for free)와 관련된 지문 내용 중 'the library pays for the coffee, so you don't need to worry about buying it'에서 도서관에서 커피 대금을 지불하므로 그것을 사는 것에 대해 신경쓸 필요는 없다고 하였으므로, 보기 C Coffee가 정답입니다. 'don't need to worry about buying it'이 'provided for free'로 바꾸어 표현되었습니다.

17 물품 보관함을 신청하려면, 직원들은 −과 이야기해야 한다.

    A 수석 사서

    B 유지 보수 관리자

    C 도서관 관리자

> 해설　문제의 핵심어구(request a locker)와 관련된 지문 내용 중 'If you would like to be assigned a locker, speak with the maintenance manager ~ Mr Roberts.'에서 물품 보관함을 배정받고 싶으면 유지 보수 관리자인 Roberts씨와 이야기하라고 하였으므로, 보기 **B** maintenance manager가 정답입니다.

Questions 18-20

18 직원들은 보통 하루에 한 번이나 두 번 복사기를 ....야 한다.

> 해설　문제의 핵심어구(photocopiers)가 언급된 지문 내용 중 'you will likely be asked to refill the photocopiers with paper once or twice a day'에서 하루에 한 번이나 두 번 복사기에 종이를 다시 채우도록 요청 받을 수 있다고 하였으므로, **refill**이 정답입니다.

19 회의실은 직원 회의와 ....이 열리는 곳이다.

> 해설　문제의 핵심어구(The conference room)가 언급된 지문 내용 중 'the conference room ~ is used for staff meetings and workshops'에서 회의실은 직원 회의와 워크숍을 위해 사용된다고 하였으므로, **workshops**가 정답입니다.

20 금요일에는, 교육의 초점은 .... 체계가 될 것이다.

> 해설　문제의 핵심어구(Friday ~ focus of the training)와 관련된 지문 내용 중 'During Friday's training, an IT worker will explain the library computer system to you.'에서 금요일 교육 동안에는 정보 기술 직원이 그들에게 도서관 컴퓨터 체계를 설명해줄 것이라고 하였으므로, **(library) computer**가 정답입니다.

Questions 21-30 영국식 발음 → 영국식 발음

🎧 AT21-30.mp3

Section 3. You will hear a tutor discussing a student's preparations for a sociology presentation.	섹션 3. 지도 교수가 학생의 사회학 과제의 준비에 관해 이야기하는 것을 들으세요.

W: Hi, Alexander. Have you selected a topic for your sociology presentation yet?

M: Yes. Each student is supposed to discuss how a particular occupation has changed over time in Britain. I've decided to talk about doctors.

W: ²¹⁻²²Why did you pick that profession?

M: Well, a couple of reasons, actually . . . First, ²¹⁻²²my professor suggested it. He felt it would be a good topic to discuss in class. ²¹⁻²²The other reason is that there is a lot of information about this profession in our textbook.

W: That's convenient. You won't have to spend as much time in the library doing research. Um, have you decided which aspects of the medical profession you want to focus on?

M: I think so . . . ²³⁻²⁴I definitely want to explore the training doctors receive and how it has improved.

W: That sounds promising. Anything else?

여: 안녕, Alexander. 네 사회학 발표를 위한 주제는 이미 골랐니?

남: 네. 각 학생들은 영국에서 특정 직업이 시간이 흐르면서 어떻게 변해왔는지를 이야기해야 해요. 저는 의사에 대해 이야기하기로 결정했어요.

여: ²¹⁻²²왜 그 직업을 고른 거니?

남: 음, 사실, 몇 가지 이유가 있어요... 먼저, ²¹⁻²²저희 교수님이 그것을 제안하셨어요. 교수님은 그것이 수업에서 이야기하기에 좋은 주제가 될 수도 있다고 생각하셨죠. ²¹⁻²²다른 이유는 저희 교과서에 이 직업에 대한 정보가 많아서예요.

여: 그건 편리하구나. 조사하느라 도서관에서 그렇게 많은 시간을 쓰지 않아도 되겠구나. 음, 의료업의 어떤 측면에 초점을 맞추고 싶은지는 결정했니?

남: 그런 것 같아요... ²³⁻²⁴저는 확실히 의사들이 받는 교육과 그것이 어떻게 개선되어 왔는지를 조사하고 싶어요.

여: 그건 전망이 좋을 것 같구나. 또 다른 것이 있니?

M: ²³⁻²⁴I also want to look at how the field has become more regulated over time. Pretty much anyone could claim to be a doctor in the past. Obviously, this has changed.

W: Those two ideas seem closely related.

M: Right. Before the 16th century, there was no formal system to educate and certify doctors. But in 1518, the Royal College of Physicians was established. ²⁵Its initial function was to conduct exams and issue medical licenses to qualified doctors.

W: Interesting. So, this organisation is very influential?

M: Yes. It has always been a respected medical organisation in Britain. As a result, it has had a great deal of influence over government policy. For example, it played a major role in the development of the Medical Act of 1858.

W: That resulted in the creation of a national registry of licensed doctors, right?

M: Yes. And it was a significant development . . . To be included in the registry, a doctor has to show that he or she has received a proper medical education and passed the necessary exams. And ²⁶the registry is a public record. This makes it easy to check whether someone is really a doctor or not.

W: I see . . . It sounds like you've found a lot of useful information about the early developments in the medical profession for your presentation.

M: Yeah. Um, for the second part of my presentation, I want to talk about a more recent change. But I'm not really sure what to include.

W: Hmm . . . I have a suggestion. Why don't you discuss the career-grade system?

M: What do you mean?

W: Well, in 2005, the British government introduced a new way of categorising doctors based on their experience. At the lowest level is a Foundation doctor.

M: Is that someone who is still studying in university?

W: No. ²⁷Foundation doctors have finished medical school and are in their first two years of employment. They work closely with more experienced doctors to gain experience and develop their skills.

M: Interesting. Um, what are the other grades of doctors in the UK?

W: Well, there is a specialty registrar. Doctors spend three to five years doing more advanced training at this level. At the end of this period, ²⁸they receive a certificate indicating that their training is complete.

M: So this is the highest grade?

남: ²³⁻²⁴또한 시간이 흐르면서 그 분야가 얼마나 더 규제를 받아왔는지도 살펴보고 싶어요. 과거에는 거의 누구나 의사라고 주장할 수 있었어요. 분명히, 이건 변화했죠.

여: 그 두 가지 의견들은 밀접하게 연관되어 있는 것 같구나.

남: 맞아요. 16세기 이전에는, 의사들을 교육하고 보증하는 공식적인 체계가 없었어요. 하지만 1518년에, 왕립 의사 협회가 설립되었어요. ²⁵그곳의 초기 기능은 시험을 시행하고 자격을 갖춘 의사들에게 의사 면허증을 발급하는 것이었죠.

여: 흥미롭구나. 그러니까, 이 협회가 매우 영향력이 있는 거니?

남: 네. 그곳은 영국에서 언제나 높이 평가되어 온 의료 협회예요. 결과적으로, 정부 정책에 많은 영향을 미쳐왔죠. 예를 들어, 그곳은 1858년의 의료법 입법에 주요한 역할을 했어요.

여: 결과적으로 면허증을 소지한 의사들의 국가 명부가 만들어졌지, 맞니?

남: 네. 그리고 그건 중요한 발전이었어요... 그 명부에 포함되기 위해서, 의사는 자신이 적절한 의학 교육을 받았고 필수적인 시험을 통과했다는 것을 보여줘야 해요. 그리고 ²⁶그 명부는 대중에게 공개된 문서예요. 이건 어떤 사람이 진짜 의사인지 아닌지 쉽게 확인하도록 해 주죠.

여: 그래... 네가 발표를 위해 의료업의 초기 발전에 대한 유용한 정보를 많이 찾은 것 같구나.

남: 네. 음, 제 발표의 두 번째 부분에서, 저는 좀 더 최근의 변화에 대해 이야기하고 싶어요. 하지만 무엇을 포함시켜야 할지 잘 모르겠어요.

여: 흠... 한 가지 제안이 있단다. 경력 등급 체계에 대해 이야기해 보는 게 어떠니?

남: 무슨 말씀이세요?

여: 음, 2005년에, 영국 정부는 경력에 근거해 의사들을 분류하는 새로운 방식을 도입했단다. 가장 낮은 등급이 Foundation 의사이지.

남: 그건 아직 대학에서 공부 중인 사람인가요?

여: 아니란다. ²⁷Foundation 의사는 의대를 마치고 일을 시작한 지 2년이 안 된 사람들이지. 그들은 경력을 쌓고 기술을 발전시키기 위해 더 숙련된 의사들과 긴밀하게 함께 일해.

남: 흥미로운데요. 음, 영국에서 의사의 다른 등급은 어떤 게 있을까요?

여: 음, 수련의가 있단다. 의사들은 이 단계에서 더 심화된 연수를 하는 데 3년에서 5년을 보내지. 이 기간의 마지막에, ²⁸그들은 연수가 완료되었음을 나타내는 증명서를 받아.

남: 그러면 이게 가장 높은 등급인가요?

W: No, there are two above it. If a doctor spends three years at the speciality registrar level studying a variety of medical areas, he or she will be classified as a general practitioner.

M: Ah, [29]the type of doctor you would see if you went for an annual checkup.

W: Exactly. But doctors also have the option of spending five years as a specialty registrar focusing on a single area of medicine. If they do this, they will become consultants. Um, a consultant is a specialist like a heart surgeon. Uh, [30]they typically receive the highest pay among doctors.

M: That makes sense. I'll definitely include this information in my presentation. Thanks for the suggestion.

여: 아니, 그 위에 두 개가 더 있단다. 의사가 수련의 단계에서 다양한 의료 분야를 공부하면서 3년을 보내면, 일반의로 분류될 거야.

남: 아, [29]매년 검진 받으러 갈 때 사람들이 보게 되는 의사 유형이군요.

여: 정확해. 하지만 의사들에게는 수련의로서 하나의 의료 분야에 집중하면서 5년을 보내는 선택지도 있지. 만약 이렇게 하면, 그들은 고문 의사가 될 거야. 음, 고문 의사는 심장 전문 외과의사와 같은 전문의란다. 어, [30]보통 그들은 의사들 중에서 가장 높은 임금을 받지.

남: 말이 되네요. 꼭 이 정보를 발표에 포함할게요. 제안 감사합니다.

어휘 preparation[prèpəréiʃn] 준비 occupation[미 à:kjupéiʃn, 영 ɔ̀kjəpéiʃn] 직업 profession[prəféʃn] 직업
convenient[kənví:niənt] 편리한, 알맞은 regulate[régjəleit] 규제하다 certify[미 sə́:rtifài, 영 sə́:tifài] 보증하다
influential[influénʃl] 영향력이 있는 respected[rispéktid] 높이 평가되는, 훌륭한 registry[rédʒistri] 명부 categorise[kǽtəgəràiz] 분류하다
classify[klǽsifài] 분류하다 consultant[kənsʌ́ltənt] 고문의 specialist[spéʃəlist] 전문의 surgeon[sə́:rdʒən, sə:dʒən] 외과 의사

Questions 21-22

21-22 학생이 그의 주제를 고른 **두 가지** 이유로 제시한 것은 무엇인가?

    A 사서에 의해 언급되었다.

    B 교과서에서 논의된다.

    C 기사에서 설명된다.

    D 다큐멘터리에서 연구되었다.

    E 강사에 의해 제안되었다.

해설 문제의 핵심어구(selecting his topic)와 관련된 지문 내용 중 여자가 'Why did you pick that profession?'이라며 왜 그 직업을 고른 것인지 묻자, 남자가 'my professor suggested it'이라며 교수가 그것을 제안했다고 하였으므로, 보기 **E** It was recommended by an instructor가 정답입니다. 'professor suggested'가 'was recommended by an instructor'로 바꾸어 표현되었습니다.

또한 남자가 'The other reason is that there is a lot of information about this profession in our textbook.'이라며 다른 이유는 교과서에 이 직업에 대한 정보가 많아서라고 하였으므로 보기 **B** It is discussed in a textbook이 정답입니다.

오답 확인하기

A는 지문에서 'library'로 등장해 혼동하기 쉽지만, 지문에서 사서에 의해 그 주제가 언급되었다는 내용은 언급하지 않았으므로 오답입니다.

C와 D는 지문에 언급되지 않은 내용이므로 오답입니다.

Questions 23-24

23-24 학생이 초점을 맞출 의료업의 **두 가지** 측면은 무엇인가?

    A 교육

    B 보상

    C 규제

    D 연구

    E 홍보

> 해설 문제의 핵심어구(focus on)가 언급된 지문 내용 중 남자가 'I definitely want to explore the training doctors receive and how it has improved.'라며 확실히 의사들이 받는 교육과 그것이 어떻게 개선되어 왔는지를 조사하고 싶다고 하였으므로, 보기 **A** Training이 정답입니다.
>
> 또한 남자가 'I also want to look at how the field has become more regulated over time.'이라며 또한 시간이 흐르면서 그 분야가 얼마나 더 규제를 받아왔는지도 살펴보고 싶다고 하였으므로 보기 **C** Regulation이 정답입니다.

Questions 25-26

25 왕립 의사 협회의 초기 역할은 무엇이었는가?

    A 정부 직원들에게 의료 서비스를 제공했다.

    B 의료 기술에 관한 강의를 제공했다.

    C 의사가 되고 싶어하는 사람들을 평가했다.

> 해설 문제의 핵심어구(Royal College of Physicians)와 관련된 지문 내용 중 남자가 'Its initial function was to conduct exams and issue medical licenses to qualified doctors.'라며 왕립 의사 협회의 초기 기능은 시험을 시행하고 자격을 갖춘 의사들에게 의사 면허증을 발급하는 것이었다고 하였으므로, 보기 **C** It tested people who wanted to be doctors가 정답입니다. 'conduct exams'가 'tested people'로 바꾸어 표현되었습니다.
>
> **오답 확인하기**
> A는 지문의 'government'를 그대로 언급해 혼동하기 쉽지만, 지문에서 정부 직원들에게 의료 서비스를 제공했다는 내용은 언급하지 않았으므로 오답입니다.
> B는 지문의 'medical'을 그대로 언급해 혼동하기 쉽지만, 지문에서 의료 기술에 관한 강의를 제공했다는 내용은 언급하지 않았으므로 오답입니다.

26 국가 의사 명부는 -한다.

    A 1년에 2번 갱신된다.

    B 대학에 의해 관리된다.

    C 공공에게 접근 가능하다.

> 해설 문제의 핵심어구(The national registry of doctors)와 관련된 지문 내용 중 남자가 'the registry is a public record'라며 의사들의 국가 명부는 대중에게 공개된 문서라고 하였으므로, 보기 **C** accessible to the public이 정답입니다. 'public record'가 'accessible to the public'으로 바꾸어 표현되었습니다.
>
> **오답 확인하기**
> A는 지문에 언급되지 않은 내용이므로 오답입니다.
> B는 지문에서 'received proper medical education'으로 등장해 혼동하기 쉽지만, 지문에서 대학에 의해 관리된다는 내용은 언급하지 않았으므로 오답입니다.

Questions 27-30

다음 의사 유형에 대해 어떤 설명이 제시되는가?

설명
A 여전히 의대를 다니고 있다.
B 보통 보수를 가장 많이 받는다.
C 면허증을 받는다.
D 세 가지 의료 분야를 전문으로 한다.
E 건강 검진을 수행한다.
F 2년 미만으로 일했다.

의사의 유형

27 Foundation 의사 ....

28 수련의 ....

29 일반의 ....

30 고문 의사 ....

---

27 해설 문제(Foundation Doctors)가 언급된 지문 내용 중 여자가 'Foundation doctors have finished medical school and are in their first two years of employment.'라며 Foundation 의사는 의대를 마치고 일을 시작한 지 2년이 안 된 사람들이라고 하였으므로, 보기 **F** They have worked for less than two years가 정답입니다. 'in their first two years of employment' 가 'worked for less than two years'로 바꾸어 표현되었습니다.

> **오답 확인하기**
> A는 Foundation Doctors와 관련된 지문 내용 중 남자가 'Is that someone who is still studying in university?'라고 언급 해 혼동하기 쉽지만 다음 문장에서 여자가 'No'라며 부정하고 있으므로 오답입니다.

28 해설 문제(Specialty Registrars)와 관련된 지문 내용 중 여자가 'they receive a certificate indicating that their training is complete'라며 수련의들은 연수가 완료되었음을 나타내는 증명서를 받는다고 하였으므로, 보기 **C** They receive a certificate이 정답입니다.

29 해설 문제(General Practitioners)와 관련된 지문 내용 중 남자가 'the type of doctor you would see if you went for an annual checkup'이라며 매년 검진 받으러 갈 때 사람들이 보게 되는 의사 유형이라고 하였으므로, 보기 **E** They conduct medical checkups가 정답입니다.

> **오답 확인하기**
> D는 General Practitioners와 관련된 지문 내용 중 여자가 'spends three years at the speciality registrar level studying a variety of medical areas'라고 언급해 혼동하기 쉽지만, 지문에서 세 가지 의료 분야를 전문으로 한다는 내용은 언급하지 않았으므로 오답입니다.

30 해설 문제(Consultants)와 관련된 지문 내용 중 여자가 'they typically receive the highest pay among doctors'라며 보통 고문 의사들은 의사들 중에서 가장 높은 임금을 받는다고 하였으므로, 보기 **B** They are usually paid the most가 정답입니다. 'receive the highest pay'가 'are ~ paid the most'로 바꾸어 표현되었습니다.

Section 4. You will hear a professor discussing fear acquisition in a psychology class.

In today's class, I want to look at why people often interpret the same situation differently with regard to the level of risk involved. Specifically, I want to examine the theory of fear acquisition developed by Stanley Rachman.

OK . . . Rachman argued that fear develops through three processes . . . experience, observation, or instruction. The first of these involves fear as a response to something that is associated with a bad experience. The individual will have no fear of it during the first encounter. But [31]if it causes a negative reaction, such as the feeling of pain . . . then the person will likely be frightened of it in the future. Um, it may take several encounters for this feeling of anxiety to develop. [32]Take the common childhood fear of needles. After experiencing the discomfort they cause, many children become scared whenever a doctor or nurse approaches with one.

Of course, direct experience is not the only way a person becomes fearful. [33]People can also identify a threat by observing the reactions of others. Everyone does this in unfamiliar situations. However, it is most common among infants. [34]Numerous studies have shown that infants tend to carefully watch their caregivers. They do this to determine the proper reaction to something new. Take, for example, a child who sees a parent panic when a wasp approaches. That child will likely view these insects as dangerous in the future. In contrast, if the parent remains calm, the child is less likely to develop a fear of them.

The third process of fear acquisition according to Rachman is instruction. [35]It involves information sharing. Uh, once people are informed that something is dangerous, they usually become frightened of it. There are a number of ways this can happen . . . The first is when a person is told that something is dangerous. For example, a child might develop a fear of dogs after being warned by an older sibling that they bite. [36]Fear can also develop through indirect instruction. Um, a movie about sharks can result in people who watch it becoming scared about swimming in the ocean, for instance.

Now, fear acquisition is beneficial because it results in people being wary of things that might cause them harm. But sometimes, the processes I just described lead to the development of a phobia. Uh, this is a persistent and overwhelming fear of a specific object or situation. [37]Phobias can trigger a number of

---

섹션 4. 심리학 수업에서 교수가 공포 습득에 관해 이야기하는 것을 들으세요.

오늘 수업에서, 저는 위험이 수반된 정도와 관련하여 사람들이 왜 종종 같은 상황을 다르게 해석하는지 알아보고 싶네요. 구체적으로, Stanley Rachman에 의해 발전된 공포 습득 이론을 살펴보고 싶어요.

좋습니다... Rachman은 공포가 세 가지 과정... 경험, 관찰, 또는 교육을 통해 발전한다고 주장했어요. 이들 중 첫 번째는 나쁜 경험과 연관된 무언가에 대한 반응으로서의 공포를 수반합니다. 개인은 첫 번째 접촉에서는 그것에 대한 공포가 없을 것입니다. 하지만 [31]그것이 통증을 느끼는 것과 같은, 부정적인 반응을 야기한다면... 그러면 [31]그 사람은 미래에도 그것을 무서워할 가능성이 커요. 음, 이렇게 불안감이 발전하려면 여러 번의 접촉이 있을 수도 있습니다. [32]흔한 어린 시절 바늘에 대한 공포를 예로 들어 보겠습니다. 그것이 야기하는 불편을 경험한 후에, 많은 아이들이 의사나 간호사가 그것을 들고 다가올 때마다 겁에 질리게 됩니다.

물론, 직접적인 경험만이 사람이 두려워하게 되는 유일한 길은 아닙니다. [33]사람들은 다른 사람들의 반응을 관찰함으로써 위협을 확인할 수도 있죠. 낯선 상황들에서는 모든 사람들이 이렇게 합니다. 하지만, 이것은 유아들 사이에서 가장 흔하죠. [34]많은 연구들은 유아들이 그들을 돌보는 사람들을 주의 깊게 바라보는 경향이 있다는 것을 보여주었습니다. 그들은 새로운 것에 대한 적절한 반응을 결정하기 위해 이렇게 해요. 예를 들어, 말벌이 다가올 때 부모가 겁에 질린 것을 본 아이를 생각해 보세요. 그 아이는 미래에 이 곤충들을 위험하게 여길 가능성이 있습니다. 반대로, 부모가 평정을 유지한다면, 그 아이는 그것들에 대한 공포를 발전시킬 가능성이 더 적습니다.

Rachman에 따르면 공포 습득의 세 번째 과정은 교육입니다. [35]그것은 정보 공유를 수반합니다. 어, 일단 사람들이 뭐가 위험하다는 것을 알게 되면, 그들은 보통 그것을 무서워하게 됩니다. 이것이 발생할 수 있는 많은 방식이 있죠... 첫 번째는 사람이 무엇인가가 위험하다고 들었을 때입니다. 예를 들어, 아이는 나이가 더 많은 형제자매에게서 개들은 문다는 주의를 받은 후에 그것에 대한 공포를 발전시킬 수 있죠. [36]공포는 간접적인 교육을 통해서도 발전할 수 있습니다. 음, 예를 들어, 상어에 대한 영화는 그것을 보는 사람들이 바다에서 수영하는 것을 무서워하게 되는 결과로 이어질 수 있죠.

자, 공포 습득은 사람들이 그들에게 해를 끼칠 수도 있는 것들을 조심하도록 하는 결과로 이어지기 때문에 이롭습니다. 하지만 때때로, 제가 방금 설명했던 과정들은 공포증의 발달로 이어집니다. 어, 이것은 특정 사물이나 상황에 대한 지속적이고 압도적인

정답·스크립트·해석·해설

Hackers IELTS Listening Basic

physical symptoms, including dizziness, nausea, and increased heart rate. And they can have a significantly negative impact on a person's mental well-being. Such a person will often become obsessed with the source of his or her fear. [38]This leads to a high level of general anxiety.

Fortunately, there are a variety of treatments for these disorders. The most effective is exposure therapy. [39]People with a phobia are exposed to the thing that frightens them in a safe environment. There are two basic approaches psychologists can take when performing this type of therapy. The first is called graded exposure. The patient begins with short encounters with the feared object or situation. These sessions gradually become longer. The second approach is known as desensitisation. It is the same as graded exposure, only [40]the patient is taught to use relaxation skills such as deep breathing. Over time, the level of fear diminishes until it becomes manageable.

공포입니다. [37]공포증은 현기증, 메스꺼움, 그리고 심박수 증가를 포함하여, 많은 신체적 증상을 유발할 수 있어요. 그리고 그것들은 한 사람의 정신적 행복에 상당히 부정적인 영향을 줄 수 있습니다. 그런 사람은 자주 공포의 원인에 집착하게 될 것입니다. [38]이는 높은 수준의 일반적인 불안으로 이어집니다.

다행스럽게도, 이러한 질환에 대한 다양한 치료법이 있습니다. 가장 효과적인 것은 노출 치료죠. [39]공포증이 있는 사람들은 안전한 환경에서 그들을 겁먹게 만드는 것에 노출됩니다. 이러한 유형의 치료를 수행할 때 심리학자들이 사용할 수 있는 두 가지 기본적인 접근법이 있습니다. 첫 번째는 단계적 노출이라고 불립니다. 환자는 무서워하는 물건이나 상황과의 짧은 접촉으로 시작합니다. 이 세션은 서서히 길어집니다. 두 번째 접근법은 둔감화로 알려져 있습니다. 이것은 단계적 노출과 동일하지만, 단지 [40]환자가 심호흡과 같은 안정 기술을 사용하는 것을 배우죠. 시간이 흐르면서, 공포의 정도는 그것이 감당할 수 있어질 때까지 약해질 것입니다.

어휘   acquisition[æ̀kwizíʃn] 습득   observation[미 ὰ:bzərvéiʃn, 영 ɔ̀bzəvéiʃn] 관찰, 감시   encounter[미 inkáuntər, 영 inkáuntə] 접촉
discomfort[미 diskʌ́mfərt, 영 diskʌ́mfət] 불편, 가벼운 통증   caregiver[미 kέərgìvər, 영 kέəgìvə] 돌보는 사람
wasp[미 wɑ:sp, 영 wɔsp] 말벌   sibling[síbliŋ] 형제자매   phobia[미 fóubiə, 영 fə́ubiə] 공포증
persistent[미 pərsístənt, 영 pəsístənt] 지속적인   overwhelming[미 òuvərwélmiŋ, 영 àuvəwélmiŋ] 압도적인
dizziness[미 dízinis, 영 dízinəs] 현기증   nausea[nɔ́:ziə] 메스꺼움   obsess[əbsés] 집착하다   disorder[미 disɔ́:rdər, 영 disɔ́:də] 질환, 장애
desensitisation[di:sènsətaizéiʃn] 둔감화   deep breathing 심호흡   diminish[dimíniʃ] 약해지다, 줄어들다
manageable[mǽnidʒəbl] 감당할 수 있는

Questions 31-40

공포 습득

경험
- 31............을 느끼는 것과 같은 부정적인 반응이 공포를 야기함
- 예시: 어린 시절의 32............에 대한 공포

관찰
- 사람들은 다른 사람들을 관찰함으로써 33............을 인지함
- 유아들은 34............ 반응을 결정하기 위해 부모를 바라봄
- 예시: 부모가 겁에 질리면, 아이도 말벌을 무서워 함

교육
- 35............ 공유를 포함함
- 36............ 교육으로 인한 결과일 수도 있음
- 예시: 상어에 대한 영화는 사람들이 수영하는 것을 무서워하게 함

공포증
- 공포는 공포증의 발달로 이어질 수 있음
- 현기증, 메스꺼움, 그리고 심박수 증가와 같은 신체적 37............을 야기함
- 정신적 행복에 영향을 미침
- 높은 수준의 38............ 불안을 야기할 수 있음

노출 치료
- 사람들이 39............ 환경에서 공포에 직면함
- 단계적 노출: 세션이 점점 더 길어짐
- 둔감화: 환자가 안정 40............을 배움

---

31 해설 문제의 핵심어구(Negative reaction)가 언급된 지문 내용 중 'if it causes a negative reaction, such as the feeling of pain ~ the person will likely be frightened of it in the future.'에서 나쁜 경험이 통증을 느끼는 것과 같은 부정적인 반응을 야기한다면 그 사람은 미래에도 그것을 무서워할 가능성이 크다고 하였으므로, **pain**이 정답입니다.

32 해설 문제의 핵심어구(Childhood fear)가 언급된 지문 내용 중 'Take the common childhood fear of needles.'에서 흔한 어린 시절의 바늘에 대한 공포를 예로 들어 보겠다고 하였으므로, **needles**가 정답입니다.

33 해설 문제의 핵심어구(by observing others)와 관련된 지문 내용 중 'People can also identify a threat by observing the reactions of others'에서 사람들은 다른 사람들의 반응을 관찰함으로써 위협을 확인할 수도 있다고 하였으므로, **threat**이 정답입니다. 'identify'가 'recognise'로 바꾸어 표현되었습니다.

34 해설 문제의 핵심어구(watch parents)와 관련된 지문 내용 중 'Numerous studies have shown that infants tend to carefully watch their caregivers ~ to determine the proper reaction to something new'에서 많은 연구들은 유아들이 새로운 것에 대한 적절한 반응을 결정하기 위해 그들을 돌보는 사람들을 주의 깊게 바라보는 경향이 있다는 것을 보여주었다고 하였으므로, **proper**가 정답입니다. 'caregivers'가 'parents'로 바꾸어 표현되었습니다.

35 해설 문제의 핵심어구(Involves ~ sharing)가 언급된 지문 내용 중 'It involves information sharing.'에서 공포 습득의 세 번째 과정은 정보 공유를 수반한다고 하였으므로, **information**이 정답입니다.

36 해설 문제의 핵심어구(Can also result from)와 관련된 지문 내용 중 'Fear can also develop through indirect instruction.'에서 공포는 간접적인 교육을 통해서도 발전할 수 있다고 하였으므로, **indirect**가 정답입니다. 'develop through'가 'result from'으로 바꾸어 표현되었습니다.

37 해설 문제의 핵심어구(physical)가 언급된 지문 내용 중 'Phobias can trigger a number of physical symptoms, including dizziness, nausea, and increased heart rate.'에서 공포증은 현기증, 메스꺼움, 그리고 심박수 증가를 포함하여 많은 신체적 증상을 유발할 수 있다고 하였으므로, **symptoms**가 정답입니다. 'trigger'가 'Causes'로 바꾸어 표현되었습니다.

38 해설 문제의 핵심어구(high level of)가 언급된 지문 내용 중 'This leads to a high level of general anxiety.'에서 공포증은 높은 수준의 일반적인 불안으로 이어진다고 하였으므로, **general**이 정답입니다.

39 해설 문제의 핵심어구(confront fears)와 관련된 지문 내용 중 'People with a phobia are exposed to the thing that frightens them in a safe environment.'에서 공포증이 있는 사람들은 안전한 환경에서 그들을 겁먹게 만드는 것에 노출된다고 하였으므로, **safe**가 정답입니다. 'are exposed to the thing that frightens them'이 'confront fears'로 바꾸어 표현되었습니다.

40 해설 문제의 핵심어구(Patient learns)와 관련된 지문 내용 중 'the patient is taught to use relaxation skills such as deep breathing'에서 환자가 심호흡과 같은 안정 기술을 사용하는 것을 배운다고 하였으므로, **skills**가 정답입니다. 'is taught'가 'learns'로 바꾸어 표현되었습니다.

해커스인강 HackersIngang.com

 IELTS 인강

 교재 MP3

 리스닝 필수
단어암기장

 단어암기
MP3

고우해커스 goHackers.com

 IELTS 리딩/리스닝
무료 실전문제

 IELTS 라이팅/스피킹
무료 첨삭 게시판